Über die Verfasser

Ferdinand Fellmann, geb. 1939, Studium der Literaturwissenschaft und Philosophie in Münster, Gießen, Pavia und Bochum. 1967 Promotion, 1973 Habilitation. Von 1980 bis 1993 Professor für Philosophie an der Westfälischen Wilhelms-Universität Münster, seit 1993 Gründungsprofessor für Philosophie und Wissenschaftstheorie an der TU Chemnitz-Zwickau.

Wichtigste Buchveröffentlichungen: Das Vico-Axiom: Der Mensch macht die Geschichte (1976); Phänomenologie und Expressionismus (1982); Gelebte Philosophie in Deutschland (1983); Phänomenologie als ästhetische Theorie (1989); Symbolischer Pragmatismus. Hermeneutik nach Dilthey (1991); Lebensphilosophie. Elemente einer Theorie der Selbsterfahrung (1993).

Hans-Ludwig Ollig, geb. 1943, Studium der Philosophie und Theologie in Münster, Pullach, Frankfurt a. M., Freiburg. 1978 Promotion, 1983 Habilitation. Seit 1985 Professor für Philosophie an der Phil.-Theol. Hochschule St. Georgen in Frankfurt.

Wichtigste Buchveröffentlichungen: Religion und Freiheitsglaube. Zur Problematik von H. Cohens später Religionsphilosophie (1979); Der Neukantianismus, Stuttgart 1979; (Hg.) Materialien zur Neukantianismusdiskussion (1987); (Hg.) Philosophie und Zeitdiagnose (1991).

Wolfgang H. Pleger, geb. 1944, Promotion 1974, Habilitation 1982. 1983 bis 1991 Professor für Philosophie an der Westfälischen Wilhelms-Universität Münster, 1992 bis 1994 an der Pädagogischen Hochschule Karlsruhe, seit 1994 an der Universität Koblenz-Landau, Abt. Koblenz.

Wichtigste Buchveröffentlichungen: Widerspruch – Identität – Praxis. Argumente zu einer dialektischen Handlungstheorie (1986); Schleiermachers Philosophie (1988); Differenz und Identität. Die Transformation der philosophischen Anthropologie im 20. Jahrhundert (1988); Die Vorsokratiker (1991).

Ferdinand Fellmann (Hg.)

Geschichte der Philosophie im 19. Jahrhundert

Positivismus,
Linkshegelianismus,
Existenzphilosophie,
Neukantianismus,
Lebensphilosophie

rowohlts enzyklopädie

rowohlts enzyklopädie
Herausgegeben von Burghard König

Originalausgabe
Veröffentlicht im Rowohlt Taschenbuch Verlag GmbH,
Reinbek bei Hamburg, November 1996
Copyright © 1996 by Rowohlt Taschenbuch Verlag GmbH,
Reinbek bei Hamburg
Umschlaggestaltung Jens Kreitmeyer
Satz Aldus (Linotronic 500)
Gesamtherstellung Clausen & Bosse, Leck
Printed in Germany
2490-ISBN 3 499 55540 9

Inhalt

Einleitung

Die «Geschichte der Philosophie im 19. Jahrhundert» in einem Band erscheint auf den ersten Blick als riskantes Unternehmen. Ist es doch fast unmöglich, auf so gedrängtem Raum ein adäquates Bild einer ganzen Epoche zu zeichnen. Wenn sich der Herausgeber trotz solcher Bedenken zu dem Projekt entschlossen hat, so war dafür nicht nur der Wunsch von *rowohlts enzyklopädie* ausschlaggebend, die Lücke zwischen der dort erschienenen dreibändigen«Geschichte der Philosophie» vom Altertum bis Kant von Karl Vorländer und den zwei Bänden der «Philosophie im 20. Jahrhundert», herausgegeben von A. Hügli und P. Lübcke, zu schließen. Schwerer wiegt die Überlegung, wie in einer zukunftsorientierten Zeit, in der sich die Verteilung des Wissens radikal gewandelt hat, das Interesse für die Geschichte wachgehalten werden kann. Eine Generation, die auf der Schule und an der Universität nicht mehr mit den klassischen Texten aufwächst, sondern deren Aufmerksamkeit durch Informatik und Medientheorie absorbiert wird, braucht kurze Wege des Zugangs zur Geschichte. Hier kann die Problemgeschichte, die systematische Fragestellungen und historisches Bewußtsein verknüpft, wertvolle Vermittlerdienste leisten.

Inhalt

In der Tat reicht ein einziger Band nicht aus, um ein historisch überzeugendes Panorama des vielschichtigen 19. Jahrhunderts zu geben. «Gerechtigkeit für das 19. Jahrhundert» ist auf diese Weise kaum zu erreichen. Dazu bedürfte es weit ausholender Darstellungen, die den «Sitz im Leben» der verschiedenen philosophischen Strömungen aufzeigen. Aber es gibt noch eine andere Sichtweise, welche die Beschränkung auf die Problemgeschichte rechtfertigt: die Anschlußfähigkeit der Vergangenheit an den gegenwärtigen Stand der Reflexion. In der heutigen Zeit, in der die Tradition schwindet, wird geschichtliches Bewußtsein mehr und mehr zur Frage der Rezeption. Nicht die Vergangenheit, wie sie an sich war, sondern die Vorstellung, die wir uns von ihr bilden, macht Geschichte zu einer immer noch aktuellen Aufgabe.

Unter diesem Gesichtspunkt sind Korrekturen am Bild, das sich die akademische Philosophie in Deutschland vom Erbe des 19. Jahrhunderts gemacht hat, mehr als überfällig. Für das Selbstverständnis der deutschen Philosophen, die nach den Weltkriegen die ‹Rückkehr zum Geist› auf ihre Fahnen geschrieben hatten, war es zwingend, das 19. Jahrhundert vom Deutschen Idealismus her zu verstehen. «Von Hegel zu Nietzsche» lautet das von Karl Löwith formulierte Schema, dem zufolge ein revolutionärer Bruch durch das Jahrhundert geht, den zu heilen die Philosophen als ihre vordringliche Aufgabe ansahen. Als Ziel schwebte ihnen die Wiederherstellung der Metaphysik in geläuterter Form vor, ohne die spekulativen Zwänge, denen der Idealismus unterliegt und die ihn daran hindern, den Anschluß an die wissenschaftliche Rationalität der modernen Zeit zu gewinnen.

Sicherlich ist die Orientierung am Deutschen Idealismus aus der geistigen Situation unseres Jahrhunderts, dessen Fortschritte vorwiegend als Bedrohungen durch Naturalismus und Relativismus erlebt wurden, mehr als verständlich. Aber es handelt sich um eine Fixierung, die wie alle Fixierungen nur einen Punkt übermäßig beleuchtet. Unterbelichtet bleibt aus dieser Sicht das aus dem Empirismus gespeiste positivistische Denken des 19. Jahrhunderts, das die Hauptströmungen der Philosophie in England und Frankreich geprägt hat. Die Ausblendung des Positivismus verfälscht auch das Bild des Idealismus, der, auf sich allein gestellt, überschätzt wird. Die Überschätzung liegt in der Meinung, der Deutsche Idealismus enthalte das Projekt der Moderne in komprimierter systematischer Form, die nur noch der historischen Ausdifferenzierung bedürfe. Verabschiedet man sich von dieser einseitigen Sichtweise, so rückt der Deutsche Idealismus in ein anderes Licht. Statt als Anfang der Moderne zu fungieren, erscheint er als Ende der Aufklärung und erfordert insofern eine vom 19. Jahrhundert gesonderte Darstellung. Dieser Einschätzung entsprechend verschiebt sich auch die Chronologie. «19. Jahrhundert» als Epochenbegriff beginnt nicht mit dem Jahr 1800, sondern die Schwelle bilden die 30er Jahre, in denen sich in Deutschland nach dem

Tod Hegels und Goethes das Bewußtsein einer neuen Zeit herausbildet. Die Zeit des geistigen Niedergangs und der Epigonen, klagten die einen, die Zeit des wissenschaftlichen und moralischen Aufstiegs, hofften die anderen. Welche der beiden Sichtweisen sich erfüllen sollte, war im Jahre 1900 noch nicht abzusehen. Das Ende des 19. Jahrhunderts hat die Jahrhundertwende überlebt. Die Zäsur brachte erst der Erste Weltkrieg, der das geistige Klima radikal verändert hat.

Die Befreiung vom Deutschen Idealismus als Dreh- und Angelpunkt der gesamten weiteren Entwicklung gibt Raum für die Vorstellung, daß das 19. Jahrhundert mehrere gleichberechtigte philosophische Strömungen aufweist. Nicht zuletzt bedingt durch die Spezialisierung der empirischen Wissenschaften, wird die Philosophie in einer bis dahin nicht dagewesenen Weise polyzentrisch. Von den nebeneinander existierenden Strömungen wird zunächst der Positivismus dargestellt, der in deutschsprachigen Philosophiegeschichten in der Regel schlecht wegkommt: Auguste Comte in Frankreich, John St. Mill in England, Ernst Mach in Österreich und Richard Avenarius in Deutschland und in der Schweiz sind seine Hauptvertreter. Es folgt die revolutionäre Strömung des Linkshegelianismus, der die Dialektik dem Denken des 19. Jahrhunderts vererbt: Feuerbach und Marx sind die Protagonisten dieser Bewegung. Die Existenzphilosophie Max Stirners und Sören Kierkegaards bildet das individualistische Komplement des Linkshegelianismus. Am Leitfaden der mathematischen Wissenschaften führt der Neukantianismus den transzendentalen Gedanken Kants fort und stellt ihn auf eine breitere empirische Basis: Friedrich Albert Lange, Hermann Cohen, Paul Natorp, Wilhelm Windelband und Heinrich Rickert lauten die Namen, die über die akademischen Kreise hinaus gewirkt haben. Den Abschluß bildet die von Schopenhauers Willensmetaphysik ausgehende Linie der sog. Lebensphilosophie, die über Friedrich Nietzsche und Wilhelm Dilthey bis zum amerikanischen Pragmatismus von William James verläuft.

Die getroffene Auswahl ist alles andere als vollständig, sie kann aber unter problemgeschichtlichem Gesichtspunkt durchaus als repräsentativ gelten. Wollte man dagegen ein getreues Bild der gelebten Philosophie im 19. Jahrhundert zeichnen, so müßten all die zweit- und drittrangigen Denker genannt werden, welche die seinerzeit aktuellen Fragen und Diskussionen bestimmt haben. Das gilt beispielsweise für die lange Reihe der politisch orientierten Geister im Gefolge von Marx, für die Vulgärmaterialisten Karl Vogt und Ludwig Büchner, für die philosophierenden Naturforscher Ernst Haeckel und Emil Du Bois-Reymond sowie die Neuidealisten Hermann Lotze, Gustav Theodor Fechner und Eduard von Hartmann. All diese Namen verleihen dem 19. Jahrhundert seine unverwechselbare Physiognomie, die aber mittlerweile nur noch von historischem Interesse ist. Anders verhält es sich mit den der romantischen Epoche zugehörigen Philosophen Wilhelm v. Humboldt, Friedrich Schleiermacher und Friedrich Schlegel, deren Wirkung weit über den engeren Kreis der Philosophie hinausreicht und die daher den Rahmen des vorliegenden Bandes gesprengt hätten. Gleiches gilt für die Vertreter des Historismus mit Johann Gustav Droysen an der Spitze, die nicht ohne Bezug auf die Geschichtswissenschaft des 19. Jahrhunderts behandelt werden können. Manche Auslassungen sind schließlich dadurch bedingt, daß die Denker in den Bänden der «Philosophie im 20. Jahrhundert» berücksichtigt worden sind. Das trifft für Gottlob Frege und Charles S. Peirce zu, die mittlerweile zweifellos zu den Klassikern des 19. Jahrhunderts zählen.

Methode

Vorliegende Geschichte der Philosophie wird von der Überzeugung getragen, daß gegenwärtiges Philosophieren ohne den problemgeschichtlichen Hintergrund nicht sinnvoll ist. Die Erfahrung von Kontinuitäten und Brüchen verhilft dem philosophischen Gedanken zum kritischen Selbstbewußtsein. Das gilt insbesondere für das Erbe des 19. Jahrhunderts, das uns noch nicht in die Ferne epischer Zeitlosigkeit gerückt ist. Anders als etwa die antike Philosophie ist die Philosophie des 19. Jahrhunderts ein Stück unserer eigenen Vergangenheit, von deren Fragestellungen wir heute noch zehren. Das im 19. Jahrhundert entworfene Projekt der Moderne ist noch nicht zu Ende gebracht, was die Postmoderne-Diskussion immer wieder bestätigt. Mag auch der große Säkularisierungsschub, der das Geistesleben des 19. Jahrhunderts aufgewühlt hat – die Nihilismus-Thematik ist dafür ein sprechender Beleg –, heute an Aktualität eingebüßt haben, so haben die theologischen Kategorien Problemkonstellationen hinterlassen, ohne deren Kenntnis die Postmoderne-Diskussion unverständlich bliebe. Aber nicht nur in geistiger

Hinsicht sind und bleiben wir Kinder des 19. Jahrhunderts. Die Technisierung und Industrialisierung Europas, die damit verbundenen weitreichenden sozialen und politischen Veränderungen liefern den realgeschichtlichen Rahmen, ohne den die Entwicklung des philosophischen Gedankens in der Luft hinge.

Die Arbeit an der Geschichte der Philosophie im 19. Jahrhundert versteht sich als Absage an Tendenzen, sich von der Geschichte ganz zu verabschieden, wie sie in Teilen der analytischen Philosophie anzutreffen sind. Auch die etwas gemäßigtere Einstellung, welche die Geschichte nur noch als Steinbruch betrachtet, um Materialien zum Bau angeblich rein systematischer Theorien zu gewinnen, verkennt, daß die philosophischen Probleme selbst der historischen Entwicklung unterliegen und daher nur aus dieser heraus verstanden werden können. Philosophische Gedanken antworten demnach nicht nur auf die jeweiligen Zeitverhältnisse, sondern hängen untereinander zusammen, ähnlich wie Kunst immer gegen Kunst entsteht. Daher kommt auch und gerade ein systematisch orientiertes Philosophieren ohne historische Reflexion nicht aus.

Bei allem Bekenntnis zur Geschichte soll nicht verschwiegen werden, daß sich die vorliegende Darstellung vom Geist des Historismus unterscheidet. Für manchen Leser mag das als Defizit erscheinen, er mag den ‹historischen Sinn› vermissen, der ältere Philosophiegeschichten durchweht. Die hier praktizierte problemgeschichtliche Betrachtungsweise, die Geschichte im Hinblick auf ihre Anschließbarkeit an gegenwärtige Fragestellungen betreibt, verabschiedet sich vom narrativen Historismus, der die Vergangenheit um ihrer selbst willen erzählt. Es ist unübersehbar, daß die narrative Geschichtsauffassung in der akademischen Philosophie unserer Tage zu einer geistigen Verfassung geführt hat, die nur als ‹historische Krankheit› bezeichnet werden kann. Der ungeheure Aufwand, der betrieben wurde und an vielen Universitäten immer noch betrieben wird, um philosophiegeschichtliche Zusammenhänge nachzuerzählen, ist mitverantwortlich dafür, daß die Kontinentalphilosophie gegenüber der angelsächsischen Philosophie ihre führende Rolle eingebüßt hat.

Wenn Philosophen in großem Umfang zu Philologen werden, wenn das historische Interesse die sachliche Fragestellung überwuchert, dann ist es an der Zeit, das Verhältnis der Philosophie zu ihrer Geschichte neu zu definieren. Dafür bietet sich der Begriff der Rekonstruktion an. Rekonstruktion anstelle von Narration kann den Weg zur Historie ohne Historismus ebnen. Rekonstruktion ist dabei weniger im archäologischen als vielmehr im architektonischen Sinn gemeint. Es geht um die Wiederherstellung verfallener geistiger Räume mit dem Ziel, darin weiterleben zu können. Diese Zielstellung berechtigt zu einem zwar respektvollen, aber kreativen Umgang mit dem, was aus der Vergangenheit übriggeblieben ist. Und das ist von der Philosophie des 19. Jahrhunderts mehr als genug, um daraus das Gebäude weiterbauen zu können, in dem sich die Philosophie nun bald des 21. Jahrhunderts wird einrichten müssen.

Die Idee der Geschichte als Rekonstruktion geistiger Räume bestimmt die Art der Darstellung, die in diesem Band praktiziert wird. Die Repräsentanten der philosophischen Hauptströmungen werden in chronologischer Reihenfolge behandelt. Die Gliederung nach Autoren statt nach Sachthemen mag vom problemgeschichtlichen Standpunkt als Inkonsequenz erscheinen, ergibt sich aber aus der Überzeugung, daß auch wissenschaftliche Philosophie auf Personen bezogen bleibt. Denn im Unterschied zu den exakten Wissenschaften haben philosophische Probleme immer auch weltanschaulichen Charakter, sie fungieren als Symbole des menschlichen Welt- und Selbstverständnisses. Daher würde eine rein thematische Parzellierung des Stoffs das Spezifische der philosophischen Rationalität zerstören. Der Personenbezug darf allerdings nicht als Personenkult mißverstanden werden. Die Namen stehen vielmehr für Denkformen, die idealtypischen Charakter besitzen. Die Bezeichnungen «Comtismus» und «Marxismus» sind sprechende Belege dafür. In diesem Sinn spielen Namen in der Problemgeschichte eine Leitfunktion, die sich auch im Wandel des Kanons der Autoren niederschlägt. Die Berücksichtigung von Darwin im Rahmen der Philosophiegeschichte will in dieser Hinsicht ein Zeichen setzen und dem Einfluß Rechnung tragen, den um die Jahrhundertmitte die Biologie auf das philosophische Denken ausgeübt hat.

Eine Besonderheit der Darstellung liegt darin, daß längere Abschnitte aus den Originaltexten abgedruckt werden. Sie sind so ausgewählt worden, daß sie, anders als bloße Zitate, relativ eigenständige Argumentationszusammenhänge wiedergeben, sich zugleich aber organisch in die Darstellung einfügen. Die Originaltexte sollen einen Eindruck vom

Denkstil des jeweiligen Philosophen vermitteln und den Leser dort hinführen, wo sich ein längerer Aufenthalt lohnt: zu den Texten selbst.

Die Darstellung versucht, Überblickswissen auf einem Reflexionsniveau zu präsentieren, das auch den Ansprüchen der Philosophen vom Fach genügt. Allerdings soll der Eindruck der Überlegenheit von sog. Spezialisten vermieden werden, die in ‹ihren› Autoren aufgehen und durch Ausbreitung von Detailkenntnissen den Leser einschüchtern. Um einen möglichst großen Kreis von philosophisch Interessierten und Studierenden anzusprechen, die neben übersichtlicher Information auch Anregungen zum Weiterdenken suchen, werden einseitige Bewertungen nach Möglichkeit vermieden. Die Offenheit soll dokumentieren, daß Philosophie eine Geistesbeschäftigung ist, deren Sinn nicht in Dogmen liegt, sondern in der Fähigkeit, das Problembewußtsein zu stärken und, wenn erforderlich, neue Fragen zu formulieren. Die an der Rezeption orientierte rekonstruktive Methode der Philosophiegeschichte widerlegt Plato: ‹Ewige› Ideen können sich überleben, absolut ist nur das Hier und Jetzt der Fragen, die uns bedrängen.

Verfasser

Die Verfasser haben die einzelnen Teile selbständig verfaßt und zeichnen für deren Inhalt verantwortlich. Die philosophischen Profile der Verfasser, die sich alle schon mit eigenen Monographien einen Namen gemacht haben, sind zu ausgeprägt, als daß man von ‹Teamwork› sprechen könnte. Das äußert sich auch in der stilistischen Eigenart der Beiträge. Gerade diese Verschiedenheit macht die vorliegende Geschichte zu einem pluralistischen Universum, das sich nicht auf die Formel einer einheitlichen Schulrichtung bringen läßt.

Gleichwohl verbinden die Verfasser einige Grundüberzeugungen vom Umgang mit der Geschichte, die in der Einleitung dargelegt worden sind und die hier noch einmal präzisiert werden sollen: zunächst die Überzeugung, daß die philosophischen Strömungen im 19. Jahrhundert gedankliche Potentiale enthalten, die für das gegenwärtige Selbstverständnis immer noch von Bedeutung sind. Ferner die Überzeugung, daß die Philosophie im 19. Jahrhundert von einer realistischen Grundeinstellung getragen ist, ohne damit einem dogmatischen Naturalismus zu verfallen.

Schließlich die Überzeugung, daß Philosophie praktisch ausgerichtet ist und die Reflexion sich immer die Frage stellen muß, inwieweit die systematischen Konstruktionen das Selbstverständnis der Menschen zum Ausdruck bringen. Die vorliegende «Geschichte der Philosophie im 19. Jahrhundert» versteht sich über den Informationsgehalt hinaus somit als Beitrag zur Stärkung der philosophischen Reflexion, die erst dann ihre volle Höhe erreicht, wenn sie die Bedingungen berücksichtigt, unter denen die gegenwärtigen Problemkonstellationen entstanden sind.

Literatur

R. Bubner (Hg.): Geschichte der Philosophie VI. Deutscher Idealismus, Stuttgart 1978. – E. Coreth (Hg.): Philosophie des 19. Jahrhunderts, Stuttgart ²1989. – M. Dummett: Ursprünge der analytischen Philosophie, Frankfurt a. M. 1988. – A. Halder: Kunst und Kult. Zur Ästhetik und Philosophie in der Wende vom 19. zum 20. Jahrhundert, Freiburg/München 1964. – W. Hogrebe: Deutsche Philosophie im 19. Jahrhundert, München 1987. – K. Löwith: Von Hegel zu Nietzsche. Der revolutionäre Bruch im Denken des 19. Jahrhunderts, Hamburg ⁸1981. – M. Riedel (Hg.): Geschichte der Philosophie VII. 19. Jahrhundert: Positivismus, Historismus, Hermeneutik, Stuttgart 1981. – K. Sachs-Hombach: Philosophische Psychologie im 19. Jahrhundert. Entstehung und Problemgeschichte, Freiburg/München 1993. – H. Schnädelbach: Philosophie in Deutschland 1831–1933, Frankfurt a. M. 1983. – J. Speck (Hg.): Grundprobleme der großen Philosophen. Philosophie der Neuzeit, Bd. II–IV, Göttingen 1983–1991. – D. Sternberger: Panorama oder Ansichten vom 19. Jahrhundert, Frankfurt a. M. 1974. – F. Ueberweg: Grundriß der Geschichte der Philosophie. Bd. 4: Die deutsche Philosophie des 19. Jahrhunderts und der Gegenwart, Tübingen ¹³1951.

Ferdinand Fellmann

Positivismus

«Positivismus» hat zumindest in Deutschland bis heute keinen guten Klang. Tatsachenkult und blinder Fortschrittsglaube lauten die üblichen Verdikte, die vom Standpunkt der transzendentalphilosophischen Reflexion gegen den Positivismus ausgesprochen werden. Sicherlich gibt es im älteren Positivismus genug wissenschaftstheoretische und geschichtsphilosophische Naivitäten, die zur Satire auf die ‹Dummheit› des Jahrhunderts der Wissenschaften einladen. Aber ganz so naiv und unreflektiert, wie es die auf die Subjektivität ausgerichteten Denker wollen, war der Positivismus auch wieder nicht. Handelt es sich doch um eine dem Empirismus verpflichtete Fortsetzung der Aufklärung, die neben dem transzendentalen Idealismus bis heute ihre Berechtigung behalten hat. Abgesehen von seinem historischen Gewicht, das er als dominierende geistige Bewegung in Westeuropa besitzt, hat der Positivismus Standards für die Objektivität der Wissenschaften formuliert, an die sich auch das philosophische Denken halten muß.

Aus der Orientierung an der wissenschaftlichen Rationalität resultiert die für den Positivismus charakteristische antimetaphysische Haltung, die sich zum Ziel setzt, das philosophische Denken von Scheinproblemen zu befreien. Scheinprobleme sieht der Positivismus überall dort, wo Begriffe benutzt und Fragen gestellt werden, die sich nicht in empirische Erfahrung übersetzen lassen. Die Grundüberzeugung des Positivismus besteht nämlich darin, daß das menschliche Denken keine andere Aufgabe hat, als das Gegebene angemessen zu beschreiben. Von diesem sich bescheiden ausnehmenden Programm verspricht sich der Positivismus eine orientierungspraktische Einstellung zur Lebenswirklichkeit, die auf Letztbegründungen verzichtet. Die Beschreibung der Wirklichkeit, die sich der Positivismus des 19. Jahrhunderts auf die Fahnen geschrieben hat, wird im 20. Jahrhundert in subtilerer Form durch die Phänomenologie weitergeführt. In logisch-methodologischer Hinsicht wirkt das Programm besonders über den Neopositivismus des «Wiener Kreises» in den analytischen Strömungen der Gegenwartsphilosophie weiter.

Die Darstellung beginnt mit dem Begründer des französischen Positivismus, mit August Comte, wendet sich dann dem Hauptvertreter des

Positivismus in England, John Stuart Mill, zu und endet mit den Positivisten im deutschsprachigen Raum, mit Ernst Mach und Richard Avenarius. In diesen Kreis sind auch Charles Darwin und Herbert Spencer aufgenommen worden, weil sie die Entwicklung des Positivismus in der zweiten Hälfte des 19. Jahrhunderts nachhaltig beeinflußt haben. Insbesondere durch die Aufnahme Darwins in die Geschichte der Philosophie des 19. Jahrhunderts soll verdeutlicht werden, wie sehr das philosophische Denken dieses Zeitraums durch die Biologie als Leitwissenschaft geprägt worden ist. Diese Einsicht kann als Korrektiv der Schulphilosophie gelten, die dazu neigt, ihre Probleme absolut zu setzen und unabhängig von den Angeboten der Fachwissenschaften lösen zu wollen. Es gehört zum Erbe des Positivismus, die enge Verbindung von Philosophie und exakter Wissenschaft ein für allemal etabliert zu haben.

Literatur

J. Blühdorn / J. Ritter (Hg.): Positivismus im 19. Jahrhundert. Beiträge zu seiner geschichtlichen und systematischen Bedeutung, Frankfurt a. M. 1971. – L. Kolakowski: Die Philosophie des Positivismus, München ²1977.

Auguste Comte (1798–1857)

Leben und Werke

Auguste Comte: Das ist der Geist einer ganzen Epoche in einer Person. Sein Name steht in der zweiten Hälfte des 19. Jahrhunderts für den Positivismus (Comtismus), der die geistige Situation des nachrevolutionären Frankreich widerspiegelt. 1798 in Montpellier geboren, studierte Comte Mathematik und Naturwissenschaften an der neugegründeten École Polytechnique. Ab 1818 arbeitete er als Privatsekretär des Sozialreformers Saint-Simon (1760–1825), durch den er in der politisch-sozialen Ausrichtung seines wissenschaftlichen Denkens bestärkt wurde. Nach dem Bruch mit Saint-Simon trat Comte als Oberhaupt der von ihm selbst gegründeten positivistischen Schule auf, die in Frankreich, aber auch in England zahlreiche Anhänger fand. Gegen Ende seines Lebens – Comte starb 1857 in Paris – nahm seine Lehre mehr und mehr die Form einer Menschheitsreligion an. Zu dieser Entwicklung hat sicherlich eine unerwiderte Liebe beigetragen, die dem eher nüchternen Philosophen die emotionale Seite des Lebens erschloß und seinem Denken eine subjektive Richtung gab. In der Werthierarchie des Positivismus nimmt fortan die Frau als Verkörperung der selbstlosen Liebe die oberste Stelle ein.

Comte versteht den Positivismus nicht als eine philosophische Richtung neben anderen, sondern als integrale Denk- und Lebensform der Moderne. Dieser Anspruch spiegelt sich in der enzyklopädischen Form seiner Werke. Sein erstes Hauptwerk besteht aus einer Sammlung von Vorlesungen, die 1830 bis 1842 in sechs Bänden als «Cours de philosophie positive» erschienen sind (später als «Système de philosophie positive»), deren wichtigsten Teil die Soziologie bildet. 1844 folgt die populäre «Rede über den Geist des Positivismus», eine zum Gebrauch für die ‹Proletarier› gedachte Kurzfassung des positivistischen Systems. Während der «Cours» wissenschaftstheoretisch ausgerichtet ist, wendet sich

Comte in seinem zweiten Hauptwerk, «Système de politique positive» (1851–1854), dem Aufbau einer neuen Gesellschaftsordnung unter der Leitung der positiven Religion zu. Begleitet wird die «Politik» von einer Reihe propagandistischer Schriften, darunter dem «Positivistischen Katechismus» (1852). Seine definitive Gestalt wollte Comte dem System in einem mehrbändigen Werk, der «Subjektiven Synthese», geben, von dem lediglich der erste Band 1856 erschienen ist. Dieser bisher nicht ins Deutsche übersetzte Band mit dem Titel «Logique positive» enthält eine intuitionistisch ausgerichtete Philosophie der Mathematik als Grundlage der Logik. Die umfangreiche und für ein tieferes Verständnis des Positivismus wichtige Korrespondenz rundet Comtes Werk ab.

Positivistische Wissenschaftstheorie

Ausgehend von den empirischen Wissenschaften, entwickelt Comte eine «positive Philosophie», die sich mit der Frage beschäftigt, welchen Anforderungen wissenschaftliche Erkenntnis genügen muß, um technisch anwendbar zu sein. Anders als in der Transzendentalphilosophie geht es also nicht um die Frage nach den Bedingungen der Möglichkeit von Erkenntnis, sondern um eine allgemeine Methodologie oder Logik der Forschung, der zufolge wissenschaftliche Erkenntnis darin besteht, aus theoriegeleiteten Beobachtungen Gesetze zu formulieren. Unter einem Gesetz versteht Comte die Beschreibung von Relationen zwischen Tatsachen:

Es wird mir nun leicht sein, das Wesen der positiven Philosophie darzulegen. Für diese Philosophie sind alle Vorgänge unveränderlichen Gesetzen unterworfen; für sie ist es ein vergebliches Unternehmen, nach den ersten Ursachen oder letzten Zwecken zu forschen. Die positiven Erklärungen bieten keine Ursachen, welche die Erscheinungen erzeugen; man untersucht nur die Umstände, unter denen sie entstanden sind, und verknüpft sie durch die Beziehung im Nacheinander und durch ihre Ähnlichkeit untereinander.

In dieser Weise halte ich die allgemeinen Vorgänge im Weltall durch das Gesetz der Gravitation für erklärt, denn diese Theorie zeigt, wie die ungeheure Mannigfaltigkeit der astronomischen Tatsachen nur ein und

dieselbe Tatsache ist, nur von verschiedenen Gesichtspunkten aus be-
trachtet. Andererseits wird uns diese allgemeine Tatsache nur als die ein-
fache Ausdehnung eines uns vertrauten Vorganges dargestellt, den wir
deshalb für erkannt halten, nämlich als die Schwere der Körper auf der
Oberfläche der Erde. Sooft man auch hat bestimmen wollen, was diese
Anziehung und diese Schwere an sich selbst seien, so haben doch selbst
die bedeutendsten Männer diese beiden Prinzipien immer nur erklären
können, indem sie das eine aus dem anderen erklärten; entweder sagten
sie, die Anziehung sei nur eine allgemeine Schwere, oder: die Schwere sei
nur die Anziehung der Erde. Alles, was wir erreichen können, sind solche
Erwägungen; sie zeigen nur, daß zwei Arten von Vorgängen identisch
sind, von denen man lange angenommen hat, daß sie keine Beziehung
zueinander hätten. Niemand verlangt noch weiterzugehen (SO, 5).

Wie der letzte Satz bekräftigt, liegt der leitende Impuls der positiven
Philosophie im Verzicht auf Letztbegründungen, in der Weigerung also,
das Wissenwollen ins Absolute zu steigern. Nur durch Beschränkung auf
die Erfahrung hält Comte es für möglich, zu Erkenntnissen zu gelangen,
die Prognosen ermöglichen und die folglich den wissenschaftlichen Fortschritt garantieren. Aus dieser empiristischen Einstellung resultieren die
Vorbehalte des Positivismus gegenüber der Metaphysik, der vorgehalten
wird, Ziele anzustreben, welche die Fähigkeiten des menschlichen Geistes grundsätzlich übersteigen. Der metaphysische Absolutismus äußert
sich für Comte in der Erzeugung von Scheinproblemen, die sich auflösen,
sobald man die Relativität alles Gegebenen anerkennt:

Theoretisch unterscheidet sich die positive Philosophie durch das Bestre-
ben, alle Begriffe, die im Anfang als unbedingte gelten, als bedingte auf-
zufassen. Der Übergang vom Unbedingten zum Bedingten bildet eines
der wichtigsten Ergebnisse jeder geistigen Revolution. Vom wissen-
schaftlichen Standpunkt kann der Gegensatz zwischen dem Unbeding-
ten und dem Bedingten als das entscheidende Kennzeichen zwischen der
alten und modernen Philosophie gelten. Jede Erforschung der inneren
Natur der Dinge, der letzten Ursachen und deren Endziele ist etwas Un-
bedingtes; jede Erforschung der Gesetze der Vorgänge ist eine bedingte,
denn sie unterwirft den spekulativen Fortschritt der vervollkommneten
Beobachtung, ohne daß jedoch die bestimmte Wirklichkeit in irgend-
einem Gebiet vollkommen enthüllt werden kann. Der Bedingtheitscha-
rakter der wissenschaftlichen Auffassung ist von dem Begriff der natür-

*lichen Gesetze ebenso untrennbar, wie das Streben nach Kenntnissen
vom Unbedingten zu den theologischen Erfindungen oder zu den metaphysischen Wesenheiten gehört (SO, 79 f).*

In der durchgängigen Bedingtheit wissenschaftlicher Erkenntnis liegt zugleich die Einheit der positiven Methode begründet. Methodische Einheit
heißt aber nicht «Einheitswissenschaft», wie sie später dem logischen
Positivismus des «Wiener Kreises» vorschwebt. Comte läßt ausdrücklich
eine Vielheit von Theorien zu, sofern diese sich nur auf dem Boden methodisch kontrollierter Erfahrung bewegen. Der empiristische Grundsatz, für den sich Comte sowohl auf Descartes als auch auf Bacon beruft,
schließt Aussagen über die Wissenschaftspraxis und deren gesellschaftliche Folgen ein. Besonderes Gewicht legt Comte auf die arbeitsteilige
Organisation der Forschung, welche durch die methodologische Vereinheitlichung nicht rückgängig gemacht werden soll. Comte ist im Gegenteil der Meinung, daß die Philosophen eine eigene Klasse bilden, die sich
ausschließlich damit beschäftigt, den Fortschritt in den Spezialwissen-
schaften dadurch zu sichern, daß sie diese auf die empiristische Methode
der Verbindung von Beobachtung und Theorie verpflichtet. Das Ziel dieser methodologischen Kontrollinstanz sieht Comte darin, durch Etablie-
rung eines einheitlichen wissenschaftlichen Rationalitätsstandards die
Gesellschaft zu stabilisieren. Hier liegt der geschichtsphilosophische
Kern des Positivismus, der wissenschaftlichen Fortschritt und gesellschaftliche Ordnung miteinander verknüpft.

Das enzyklopädische Gesetz

Die wissenschaftstheoretischen Überlegungen münden in ein Klassifikationsschema des Wissens, dem Comte den Namen «enzyklopädisches
Gesetz» gegeben hat. Mit der Bezeichnung knüpft er an die Vorrede zur
Französischen Enzyklopädie von D'Alembert an. Von dieser Tradition,
die das Wissen nach den geistigen Vermögen Erinnerung, Verstand und
Einbildungskraft einteilt, weicht Comte allerdings darin ab, daß er die
Wissenschaften nach dem Allgemeinheitsgrad ihrer Gegenstände anord-
net. Das ergibt eine streng hierarchische Rangordnung der Wissenschaften, beginnend mit der abstraktesten, der Mathematik, die Comte zu-

gleich für die einfachste und damit am leichtesten zu erwerbende hält. Es folgen Astronomie, Physik, Chemie und Biologie. Den Abschluß bildet schließlich die konkreteste Wissenschaft, die Wissenschaft von der gesellschaftlich-geschichtlichen Welt oder die Soziologie, die Comte begründet hat. Wegen der Komplexität der zu untersuchenden Phänomene setzt die Soziologie logisch die Verfahren und Ergebnisse der vorangegangenen Wissenschaften voraus. Obwohl Comte die systematische Ordnung von der historischen Entwicklung unterschieden wissen will, sieht er darin so etwas wie ein idealtypisches Schema, das beim Studium der Wissenschaften befolgt werden sollte.

Comtes Wissenschaftsklassifikation, die in Wilhelm Windelbands berühmter Einteilung der Wissenschaften in «nomothetische» und «idiographische» weiterlebt, gehört zu den vieldiskutierten Themen der Philosophie des 19. Jahrhunderts. Das belegen die Reaktionen von John Stuart Mill, Herbert Spencer u. a., die große Mühe darauf verwandt haben, Comtes Klassifikationsschema zu korrigieren oder weiterzuentwikkeln. Der Aufwand um die Klassifikation ist heutzutage nur noch schwer verständlich, erklärt sich aber aus der seinerzeit überragenden Bedeutung des enzyklopädischen Gedankens. Die heutige Gleichgültigkeit gegenüber Systemen konnte sich Comte offenbar noch nicht leisten, da für ihn das System die Stelle der verabschiedeten Metaphysik einnimmt.

Eine wichtige Konsequenz des enzyklopädischen Gesetzes besteht darin, daß Comte die Psychologie nicht als selbständige Wissenschaft anerkennt. Denn die Einheit der Methode läßt die Introspektion als eigene Erfahrungsart neben der experimentell kontrollierbaren Beobachtung nicht zu. Im bekannten 45. Kapitel der «Soziologie» werden die psychischen Phänomene der Physiologie, speziell der Phrenologie zugeordnet. Dagegen haben schon Mill und Spencer Protest eingelegt. Gleichwohl wird man Comte nicht gerecht, wenn man hinter dieser Zuordnung lediglich eine geistige Beschränkung vermutet. Das Mißtrauen gegenüber der Introspektion spiegelt vielmehr die Grundüberzeugung des Positivismus, nur solchen Erscheinungen wissenschaftliche Bedeutung zuzuerkennen, die meßbar und somit prinzipiell allen Beobachtern zugänglich sind. Das ist eine methodische Vorsichtsmaßnahme, die angesichts der Exzesse des Intuitionismus und des Subjektivismus im 19. Jahrhundert durchaus ihre Berechtigung hat.

Das Dreistadiengesetz

Weitaus bekannter als das enzyklopädische ist das Dreistadiengesetz, nach dem sich laut Comte die Kulturen aller Völker entwickeln:

Bei dem Studium der Entwicklung des menschlichen Geistes von seinem einfachsten Ansatz bis auf unsere Zeit glaube ich ein großes Gesetz entdeckt zu haben, dem diese Entwicklung unterworfen ist. Ein solches Gesetz kann meiner Ansicht nach aufgestellt werden, indem man es entweder auf die Beweise stützt, die sich aus der Erkenntnis unserer Organisation ergeben, oder auf die Bestätigungen der Geschichte, die sich aus der Prüfung der Vergangenheit ergeben. Dieses Gesetz lautet: Jeder Zweig unserer Kenntnisse durchläuft der Reihe nach drei verschiedene theoretische Zustände (Stadien), nämlich den theologischen oder fiktiven Zustand, den metaphysischen oder abstrakten Zustand und den wissenschaftlichen oder positiven Zustand. Mit anderen Worten: Der menschliche Geist wendet in allen seinen Untersuchungen der Reihe nach verschiedene und sogar entgegengesetzte Methoden bei seinem Philosophieren an; zuerst die theologische Methode, dann die metaphysische und zuletzt die positive. Die erste ist der Punkt, an dem die Erkenntnis beginnt; die dritte der feste und endgültige Zustand, die zweite dient nur als Übergang von der ersten zur dritten (SO, 1 f).

Die erste Methode der Welterklärung, die theologische, führt alle Naturerscheinungen auf das Wirken willensbegabter, menschenähnlicher Wesen zurück. Die anthropomorphe Wissensform, die nach Comte von den Anfängen der Menschheit bis ins Hochmittelalter herrscht, durchläuft die aufeinanderfolgenden Phasen des Fetischismus, Polytheismus und Monotheismus. Dem Übergang vom Fetischismus zum Polytheismus mißt Comte besondere Bedeutung für die Geschichte des menschlichen Geistes zu, da hier erstmals Abstraktion praktiziert wird. Während nämlich die Fetischgötter an einzelne Naturgegenstände gebunden bleiben, werden die Götter des Polytheismus beweglich und verwalten jeweils eine ganze Klasse von Erscheinungen. Damit vollzieht sich der Übergang von Einzelvorstellungen zu Allgemeinbegriffen, der für Comte das Wesen jeder wissenschaftlichen Revolution ausmacht. Angesichts der wissenssoziologischen und .wissenschaftstheoretischen Bedeutung dieses Schritts wird verständlich, warum Comte dem Monotheismus in der Geistesgeschichte keine überragende Bedeutung mehr zubilligt. Er sieht in der Einheit des göttlichen Willens lediglich eine Verengung des polytheistischen Pluralismus.

Das zweite Stadium, das metaphysische, bleibt in Comtes Darstellung relativ unbestimmt. Es beginnt im Spätmittelalter und umfaßt die Versuche des neuzeitlichen Rationalismus, die natürliche und gesellschaftliche Welt aus reinen Vernunftbegriffen zu begründen. Hobbes und Rousseau gelten als Exponenten dieser negativen Übergangsphilosophie. Comte kritisiert insbesondere den philosophischen Naturbegriff, den er als wissenschaftlich unbrauchbaren Ersatz für den Gottesbegriff ansieht. Den heutigen Leser mag es überraschen, Hobbes und Rousseau unter den metaphysischen Philosophen wiederzufinden. Das erklärt sich aber aus dem positivistischen Wortgebrauch, dem zufolge Metaphysik die Beschäftigung mit sinnlosen, weil unlösbaren Problemen bedeutet.

Das letzte Stadium der Entwicklung, welches Comte für sich und seine Zeit in Anspruch nimmt, markiert den Sieg des wissenschaftlichen Geistes, der sich überall an reine Tatsachenfeststellung und Formulierung von Gesetzen hält. Comte nennt diesen Zustand «positiv». Das ist eine etwas mißverständliche Bezeichnung, da sie an «gesetzt» (positives Recht) denken läßt. Aber eher das Gegenteil ist gemeint. «Positiv» heißt bei Comte eine am Realitätsprinzip orientierte Form des Denkens, die ohne willkürliche Setzungen auskommt. Diesen Zustand hält Comte nicht nur für natürlich und normal, sondern auch für definitiv. In ihm regiert die Macht des Faktischen, die Praktikabilität, die, einmal erreicht, durch spekulative Vorstellungen nicht mehr rückgängig gemacht werden kann. Einen Rückfall vom positiven in den metaphysischen Zustand hält Comte daher für ausgeschlossen.

Das positive Stadium bildet einen Spätzustand, der sich erst am Ende der geistigen Entwicklung einstellt. Die Ausrichtung an den Tatsachen ist laut Comte aber in der Natur des Menschen angelegt. Daher legt Comte besonderen Wert auf die Feststellung, daß der positive Zustand lediglich eine Einstellung verallgemeinert, die wenigstens in den lebenswichtigen Bereichen des menschlichen Denkens schon am Anfang der Geschichte anzutreffen ist:

Die theologische Philosophie konnte selbst in der ersten Kindheit des einzelnen oder der Gesellschaft niemals allgemein werden; bei allen

Arten von Vorgängen galten die einfachsten und gewöhnlichsten Tatsachen immer als natürlichen Gesetzen unterliegend und wurden nicht von dem Willen übernatürlicher Wesen abgeleitet. Adam Smith hat in einem seiner philosophischen Essays sehr schön gesagt, daß sich zu keiner Zeit und in keinem Lande ein Gott für die Schwere finde (SO, 154).

Die Einschränkung der theologischen Weltsicht läßt erkennen, wie klar sich der Positivismus über die pragmatischen Grundlagen des Denkens war. Insofern beschreibt das Dreistadiengesetz nicht die Entstehung völlig neuer Formen des Geistes, sondern lediglich eine Ausbreitung der realistischen Denkweise, die überall und zu allen Zeiten im praktischen Umgang mit den Dingen anzutreffen ist. Die positivistische Wissenschaftsauffassung hält daher eine transzendentalphilosophische Begründung des Wissens für überflüssig.

Das Dreistadiengesetz, das Comte von Condorcet und Turgot übernommen hat, ist wegen seines unübersehbar geschichtsphilosophischen Charakters stark angezweifelt und kritisiert worden. Sicherlich handelt es sich nicht um ein Gesetz im streng naturwissenschaftlichen Sinne. Aber das schmälert seine Bedeutung für den Begriff der gesellschaftlichen Wirklichkeit nicht. Denn die Unterscheidung von Stadien läßt die anonymen Strukturen des Geistes hervortreten, die verborgen bleiben, wenn man sich an den ‹großen Denkern› orientiert. Comte macht es zum Programm, Geistesgeschichte als Entwicklung von Zuständen zu schreiben, denen gegenüber der individuelle Geist nur von untergeordneter Bedeutung ist. Folglich spricht Comte auch von «Geschichte ohne Namen». Entscheidend sind in seinen Augen allein die Denkformen, für die er komplexe Modelle des Übergangs entwickelt, wie sie in den heutigen Theorien des Epochenwandels weiterleben. Dazu gehören insbesondere die Beschreibung der Selbstauflösung des metaphysischen Stadiums durch ein Übergewicht begrifflicher Analyse sowie die Berücksichtigung kompensatorischer geistiger Bewegungen am Beispiel der Kunst:

Die ästhetische Erziehung wird einst die große Lücke ausfüllen, die aus dem Erlöschen der religiösen Gebräuche hervorgehen wird. Sie wird zu der Wendung führen, die das praktische Leben erfordert, wenn es nicht zu einem stumpfen und egoistischen Trachten ausarten soll. In allen Teilen Europas ist die ästhetische Entwicklung der industriellen immer nahe gefolgt und hat deren Gefahren beseitigt, indem sie überall dem Geiste eine allgemeinere und weniger zweckhafte Tätigkeit einprägte und die wohlwollendsten Gefühle erweckte (SO, 357 f).

Soziologie

Das herausragende Merkmal des positiven Stadiums ist die Existenz der Soziologie. Sie steht für die wissenschaftliche Durchdringung aller Bereiche des gesellschaftlichen Lebens, wie sie für uns heute zur Selbstverständlichkeit geworden ist. Comte verbindet mit der Soziologie einen Universalitätsanspruch, der die Subjektivität aus ihrer zentralen Rolle verdrängt. Anders als der Deutsche Idealismus, der an der Reflexion des individuellen Selbstbewußtseins festhält, geht der Positivismus zu den gesellschaftlichen Strukturen des Geistes über, die sich systematisch und historisch beschreiben lassen.

Die soziologische Wende der Philosophie macht sich insbesondere in der zweiten Phase von Comtes Denken, im «System der positiven Politik», bemerkbar. Er weist hier der Philosophie die Aufgabe zu, das gesellschaftliche Leben zu regeln. Comte spricht von «Systematisation», worunter er die endgültige Stabilisierung der gesellschaftlichen Strukturen versteht. Sie umfaßt alle Bereiche des geistigen Lebens: Denken, Fühlen und Handeln, die Comte als teleologischen Zusammenhang begreift. Den drei geistigen Feldern entsprechen: Wissenschaften, Moral und Politik. Der Philosophie fällt laut Comte die Aufgabe zu, alle drei Bereiche aufeinander abzustimmen. Diese funktionale Auffassung der Philosophie, die sich in Deutschland insbesondere bei Wilhelm Dilthey niederschlägt, richtet sich gegen die traditionelle Verpflichtung der Wissenschaften auf die Wahrheit um ihrer selbst willen. Reine Theorie hält Comte für ein gefährliches Ideal, das zu metaphysischen Utopien neigt und die Interessen des gesellschaftlichen Lebens außer acht läßt:

Nach der positiven Auslegung des hohen Gestaltungsprinzips darf der Geist im allgemeinen nur die Fragen behandeln, welche ihm vom Herzen zur gehörigen endgültigen Befriedigung unserer verschiedenen Bedürfnisse vorgelegt werden. Die Erfahrung hat nur zu sehr bewiesen, daß ohne diese unumgängliche Regel der Geist fast stets seinem willkürlichen

Hange nach müßigen und trügerischen Spekulationen folgen würde,
welche am zahlreichsten wie am leichtesten sind. Bei der Behandlung
aber einer jeden ihm vorgelegten Frage muß der Geist allein entschei-
den, sowohl über die Zweckmäßigkeit der Mittel als über die Zuverlässig-
keit der Ergebnisse. An ihm nur ist es, das Seiende zu erkennen, um was
sein wird, vorauszusehen und den Weg der Vervollkommnung zu finden.
Kurzum, der Geist soll stets das Werkzeug, darf aber nie der Sklave des
Herzens sein. So lauten die in Wechselwirkung stehenden Bedingungen
der endgültigen Harmonie, wie sie durch das positive Prinzip begründet
wird (PO, 16 f).

Wenn Comte hier den Geist an die Kette praktischer Bedürfnisse legt, so
steht dahinter die Überzeugung, daß der Mensch nicht in der Lage ist, die
gesellschaftliche Welt vollkommen frei zu gestalten. Philosophie im allgemeinen und Geschichtsphilosophie im besonderen haben sich an die
Entwicklung zu halten, die Comte in seinem Dreistadiengesetz endgültig
formuliert zu haben glaubt. Allerdings ist er der Meinung, daß die Philosophie mehr tun könne, als den gesetzmäßigen Verlauf der Dinge bloß zu
registrieren. Erkenntnis hat für ihn nur Sinn im Hinblick auf eine Praxis,
die darin besteht, korrigierend und fördernd in den natürlichen Entwicklungsgang einzugreifen. Denn sich selbst überlassen, würde der natürliche Verlauf der Dinge zu Umwegen und Abweichungen führen, die zu
vermeiden die eigentliche Aufgabe der Philosophie ist. Hier wird die
Kluft deutlich, die Comtes soziologische Philosophie von der revolutionären Geschichtsphilosophie von Karl Marx trennt.

Die Leistung der positiven Politik mißt Comte an der Theologie. Er
orientiert sich an der Soziallehre des Katholizismus, dessen bleibendes
Verdienst er darin sieht, die geistliche Macht von der weltlichen getrennt
zu haben. Die universale Ethik des Katholizismus beziehe ihre Stärke
daraus, daß sie die Organisation der Gesellschaft durch das Gefühl
menschlicher Brüderschaft und sozialer Zusammengehörigkeit vollzieht. Will die positive Fortschrittsreligion eine dem Katholizismus vergleichbare Durchschlagskraft ausüben, muß sie laut Comte die gefühls-
mäßige Seite des menschlichen Lebens stärker berücksichtigen. Denn das
Fühlen allein vermag die verschiedenen menschlichen Lebensäußerungen zu einer lebendigen Einheit zu verbinden:

In der Tat erfordert eine solche Einheit zuförderst ein notwendig subjektives Prinzip, wie es oben in dem beständigen Vorwalten des Herzens über den Geist aufgestellt wurde, ohne welches im Leben der Gesellschaft und selbst des einzelnen keine dauernde Harmonie möglich wäre, da es an einem Antrieb fehlte, stark genug, den vielfachen verschiedenartigen und oft entgegengesetzten Regungen eines so verwickelten Organismus ständig ein und dieselbe Richtung zu geben. Diese unentbehrliche innere Voraussetzung würde jedoch nicht entfernt genügen, wenn nicht gleichzeitig die Außenwelt uns von selbst eine von uns unabhängige objektive Grundlage böte in der allgemeinen Ordnung der verschiedenen Erscheinungen, welche die Menschheit beeinflussen, und deren offenbare Überlegenheit dem Gefühl der Liebe die Regelung der auseinanderstrebenden Neigungen ermöglicht, sobald das Erkenntnisvermögen uns die ganze Wirklichkeit unseres Geschicks entschleiert hat. Diese Enthüllung ist die Hauptaufgabe des Geistes, der fortan durch die positive Theorie der systematischen Gestaltung des Menschenlebens berufen in den Dienst des Herzens gestellt wird (PO, 19 f).

Das Zitat läßt erkennen, daß Comte unter dem Vorwalten des Gefühls nicht individuellen Subjektivismus versteht. Dieser mache vielmehr die Schwäche des religiösen Glaubens aus, die besonders im Protestantismus zutage getreten sei. Ihr könne nur abgeholfen werden durch das Realitätsprinzip, das den Menschen im Fühlen und Handeln einen wissenschaftlichen Anhaltspunkt bietet. Der Wissenschaft kommt damit die Funktion eines Ideals zu, ohne welches der subjektive Geist seinen Halt verlieren würde. Hier wird deutlich, daß Comtes System der positiven Politik eine politische Theologie darstellt, die theologische Begriffe in soziologische übersetzt. Die weltliche Fortschrittsreligion, die Comte predigt, ist historisch nur verständlich als Säkularisierung der christlichen Eschatologie. Das macht den Konservatismus Comtes aus, der in diesem Punkt seine Geistesverwandtschaft mit der Romantik nicht verleugnen kann.

Die den Positivismus kennzeichnende Wissenschaftsgläubigkeit findet ihren Ausdruck in der Hochschätzung der äußeren Wirklichkeit gegenüber dem Reich der Seele. Folglich begreift Comte den Menschen, wenn auch nicht, wie die französischen Materialisten, als Maschine, so doch als Lebewesen, dessen Verhalten von seiner Umgebung geprägt wird.

Zur gehörigen Erkenntnis dieser unbedingt erforderlichen Einwirkung der äußeren Ordnung muß man sich vergegenwärtigen, daß letztere neben der sogenannten Welt sämtliche Erscheinungen unseres eigenen Wesens einschließt, die, obwohl am meisten zu beeinflussen, nichtsdestoweniger ebenfalls unabänderlichen Naturgesetzen, dem Hauptgegenstand unseres positiven Forschens, unterliegen. Unsere wohlwollenden Regungen aber stimmen von Natur mit denjenigen dieser Gesetze überein, welche das soziale Bewußtsein unmittelbar regeln und uns zu dem geneigt machen, allen übrigen zu folgen, sobald unser Verstand ihren Einfluß erkundet hat. Die Harmonie des Gefühls ist daher, selbst im inneren und vor allem im öffentlichen Leben nur möglich durch die offenbare Notwendigkeit, das menschliche Dasein diesem äußeren Einfluß unterzuordnen, welcher allein unsere selbstischen Triebe gefügig macht, deren Übermacht unschwer unsere sympathischen Regungen lähmte, falls diese in der Außenwelt nicht diese Hauptstütze fänden, welche das Denken allein zur Regelung der Tätigkeit in den Dienst des Gefühls stellen kann (PO, 20f).

Der subjektive Standpunkt ist für Comte also nur unter der Voraussetzung annehmbar, daß der Mensch als soziologisch erforschtes Wesen, als *homo sociologicus,* in den Blick kommt. Insofern behält trotz aller Betonung des Gefühls die Einsicht in die Gesetzmäßigkeiten des Verhaltens das letzte Wort. Dahinter steht Comtes Überzeugung, daß die Kenntnis der natürlichen Ordnung die wohlwollenden, altruistischen Regungen des Menschen fördere. Diese Überzeugung ist wohl so zu verstehen, daß die wissenschaftliche Methode die Menschen am ehesten davon abbringt, ihren exzentrischen Neigungen zu folgen. Die Anerkennung der materiellen Lebensbedingungen hält Comte für den besten Weg, dem gesellschaftlichen Leben Halt zu geben:

Selbst soweit sie als wirkliches Verhängnis, d. h. als unserer Einwirkung verschlossen, erscheint, ist diese äußere Ordnung unumgänglich erforderlich zur Leitung unseres Daseins, trotz der leichtfertigen Einwände so manchen dünkelhaften Kopfes. Nehme man z. B. an, daß der Mensch der Notwendigkeit überhoben wäre, auf der Erde zu wohnen, und seinen Aufenthalt nach Belieben auf irgendeinem Planeten nehmen könnte, so wäre jeder Gedanke eines Gesellschaftslebens durch die unsteten und unvereinbaren Neigungen, denen sich dann die verschiedenen Einzelwesen hingäben, geradezu ausgeschlossen. Bei dem Wankelmut und

Unbestand unserer vielfachen und eines hohen Strebens baren Regungen ist uns ein stetes und ebenmäßiges Verhalten allein auf Grund dieser unüberwindlichen Voraussetzungen möglich, ohne welche es unserer schwachen Vernunft, wenn sie auch nichtige Anklagen erhebt, nie gelänge, ihre verworrenen Erwägungen zu klären. Unfähig, etwas zu schaffen, verstehen wir nur, eine unserem Können wesentlich überlegene Ordnung zu unserem Besten zu gestalten (PO, 24 f).

Die Bemerkung, daß die Erdgebundenheit des Menschen die Voraussetzung für die Ausbildung verläßlicher moralischer und sozialer Strukturen darstellt, läßt sich als Ausdruck einer Wende zur Lebenswelt interpretieren, wie sie später im Pragmatismus und in der Phänomenologie vollzogen wird. Insofern ist der Positivismus gar nicht so objektivistisch, wie man es ihm immer vorhält. Immerhin hat Comte in seinem letzten Werk, der «Synthèse subjective», eine intuitionistische Logik entwickelt und innerhalb dieser die Bilder den Zeichen vorgeordnet. Das erklärt auch die Annäherung des späten Positivismus an den Fetischismus. Sie gipfelt in der Verehrung des Raums als das «Große Milieu», in das alle Gedanken des menschlichen Geistes eingeschrieben sind. Damit bringt Comte zum Ausdruck, daß der subjektive Standpunkt nur dann nicht zum Subjektivismus führt, wenn man die Umwelt berücksichtigt, in der die Menschen ihr Leben führen. Die wissenschaftliche Erforschung der Erde als Lebensraum ersetzt in Comtes Augen metaphysische Ideen, die der Kontrolle durch das praktische Leben entzogen sind.

Folgerichtig hält sich Comte zur Begründung wissenschaftlicher Aussagen an die Gemeinschaft der Forscher. Um die konkrete Menschengemeinschaft geht es ihm auch, wenn er nicht dem einzelnen Menschen, sondern allein der Menschheit Wirklichkeit zuspricht und diese zum Gegenstand religiöser Verehrung macht. «Menschheit» bezeichnet im Positivismus nämlich keine abstrakte Idee, sondern die konkrete Abfolge der Generationen. Sie begründet den «menschlichen Gesichtspunkt», der die durchgängige Relativität wissenschaftlicher Erkenntnis anerkennt. Als «Philosophie des Relativen» will Comte den Positivismus aber nicht mit Relativismus verwechselt wissen. Denn das Dreistadiengesetz garantiert nach seiner Auffassung, daß die aufeinanderfolgenden Theorien zu immer größerer Annäherung an die Wirklichkeit führen.

Die positive Philosophie läuft also insgesamt nicht auf einen reflexionslosen Tatsachenglauben hinaus, auch wenn Comte ein solcher immer wieder unterstellt wird. Vielmehr stellt das Dreistadiengesetz einen Versuch dar, das systematische mit dem historischen Denken zu verbinden, d. h. im Umgang mit den Theorien das Bewußtsein ihres Gewordenseins wachzuhalten. Dadurch werden die Menschen in die Lage versetzt, Wissenschaft als Beschreibung ihres In-der-Welt-Seins aufzufassen. Die Wissenschaften im positiven Zustand schließen demnach Reflexion der eigenen historischen Bedingtheit ein, Wissenschaftstheorie und Wissenschaftsgeschichte gehören zusammen. Bemerkenswert ist in diesem Zusammenhang Comtes Gedanke, daß der Standpunkt der Immanenz, der konsequente Verzicht auf metaphysische Begriffe, die Voraussetzung für die Selbstbegegnung des menschlichen Geistes im wissenschaftlichen Denken bildet:

Alle unsere Theorien sind als Erzeugnisse unserer Intelligenz aufzufassen, die dazu bestimmt sind, unsere verschiedenen Grundbedürfnisse zu befriedigen, indem sie sich stets nur vom Menschen entfernen, um besser auf ihn zurückzukommen, nachdem sie die anderen Erscheinungen in dem Maße, als sie für die Erkenntnis unentbehrlich sind, erforscht haben, seis um unsere Kräfte zu entwickeln, seis um unsere Natur und unsere Lage besser zu beurteilen. Man kann von jetzt an erkennen, wie der vorherrschende Begriff der Menschheit im positiven Stadium notwendig eine vollständige geistige Systematisierung begründen muß, die mindestens derjenigen gleichwertig ist, die am Ende das theologische Zeitalter mit Hilfe des großartigen Gottesbegriffs ermöglicht hatte, der dann in der metaphysischen Übergangszeit in dieser Hinsicht so dürftig durch den unklaren Begriff der Natur ersetzt wurde (RG, 53).

Die Reorganisation der Moderne

Die Darstellung der positiven Philosophie hat sich bisher auf die Ebene der Entwicklung des Geistes beschränkt. Dabei ist der Aspekt ausgeblendet worden, der zur soziologischen Denkweise gehört, nämlich der Bezug aller geistigen Phänomene auf politische Machtstrukturen. Er tritt schon in der Darstellung des Dreistadiengesetzes hervor. Obwohl auch hier eindeutig die geistige Entwicklung das Schema bestimmt, ist doch jede Phase mit politischen Organisationsformen innerlich verknüpft. So soll der theologische Zustand der militärischen Verfassung der Gesellschaft entsprechen, der metaphysische mit der Herrschaft der Juristen zusammengehen und der positive Zustand schließlich die Industrie zum dominierenden Machtfaktor machen. Die Herrschaft der Juristen hat nach Comte zur Kulturkrise der Moderne geführt, die in der Anarchie der Französischen Revolution ihren Höhepunkt erreichte. Die Aufgabe der positiven Philosophie in sozialer Hinsicht sieht Comte daher in einer umfassenden Reorganisation Westeuropas unter der geistigen bzw. geistlichen Herrschaft einer neuen Klasse «philosophischer Priester». Dabei schwebt ihm als Leitbild die Organisation der katholischen Kirche im Mittelalter vor. Er unterscheidet sich aber von den Philosophen der Restauration, De Bonald und De Maistre, dadurch, daß er den mittelalterlichen Ordnungsgedanken mit dem modernen Fortschrittskonzept verbindet.

In der Reorganisation der Moderne berücksichtigt Comte ausdrücklich die Rolle der Arbeiterklasse, so daß gewisse Übereinstimmungen mit Karl Marx zu verzeichnen sind. Diese können aber nicht über den konservativen Charakter der Gesellschaftslehre Comtes hinwegtäuschen. Sein Zukunftsglaube ist alles andere als revolutionär. Als Grund für die integrierende und organisierende Kraft der positiven Philosophie gibt er an, daß allein eine Theorie, welche den Gang der gesamten Vergangenheit erklären kann, zur Gestaltung der Zukunft befähigt sei:

Allein der positive Geist kann, auf Grund seiner im hohen Maße relativen Natur, alle großen Geschichtsepochen als eben soviele bestimmte Phasen einer gleichen grundlegenden Entwicklung darstellen, wobei jede aus der vorangehenden hervorgeht und die folgende auf Grund unwandelbarer Gesetze vorbereitet, die ihren speziellen Beitrag zum gemeinsamen Vorwärtsschreiten festlegen, so daß er es stets gestattet, ohne Inkonsequenz oder Parteilichkeit allen möglichen Verfahrensweisen strenge philosophische Gerechtigkeit widerfahren zu lassen. Obgleich dieses unbestreitbare Privileg der rationalen Positivität zunächst rein theoretisch erscheinen muß, werden die echten Denker in ihr bald die erste notwendige Quelle des aktiven sozialen Einflusses erkennen, der schließlich der neuen Philosophie vorbehalten ist. Denn man kann heute versichern, daß die Lehre, die die gesamte Vergangenheit ausreichend erklärt haben wird, auf Grund dieser einzigen Leistung unvermeidlich die geistige Führung der Zukunft erhalten wird (RG, 127 ff).

Abgesehen von der sozialen Komponente, die nach Comte die positive Philosophie auszeichnet, läßt seine Beschreibung jedes Gespür für eine Dialektik des Fortschritts vermissen. So erscheint es uns heute als Naivität, daß die Herrschaft der Industrie zum Absterben des Militarismus führen würde. Hier waren andere Denker des 19. Jahrhunderts, insbesondere Jacob Burckhardt, der die Allianz von Industrialismus und Militarismus als Gefahr erkannte, weitaus hellsichtiger als Comte. Auch der Glaube an das Zusammengehen von Unternehmern und Philosophen bzw. Soziologen als der natürlichen Führungselite, der sich die Arbeiter und die Frauen widerspruchslos unterordnen, gehört zu den konservativen Utopien, die von der Wirklichkeit gründlich widerlegt worden sind. Diese Mängel berechtigen jedoch nicht, Comtes Vision eines positiven Gesellschaftszustands jeden prognostischen Wert abzusprechen. Denn blickt man vom heutigen Standpunkt des postindustriellen Zeitalters auf Comtes positiven Zustand zurück, so offenbart dieser unerwartet aktuelle Züge, die das Stichwort «Posthistoire» bezeichnet.

Sicherlich würde man dem positiven Zustand Comtes nicht gerecht, wenn man sich darunter das Ende der Geschichte in dem Sinn vorstellen würde, daß es keine unvorhersehbaren Ereignisse oder Ideen mehr geben werde. Auch für Comte steht die Geschichte niemals still, was sich aber nicht mehr ändert, ist die Funktionsordnung, nach der sich die geschichtliche Bewegung vollzieht. Die endgültige Funktionsordnung der Gesellschaft steht unter dem Zeichen des Nützlichkeitsprinzips und beinhaltet eine Verflüssigung und Dezentrierung der Macht, die ein Zeitalter des Ausgleichs einläutet. Ebenso wie in der Wissenschaft und der Technik bestimmte Fragen als sinnlos ausgeschieden werden, verlieren radikale und ideologisch motivierte Positionen im positiven Stadium ihren Sinn:

Die gesunde Philosophie beseitigt zwar gründlich alle notwendig unlösbaren Fragen: indem sie aber ihre Ablehnung begründet, vermeidet sie, in bezug auf sie etwas zu leugnen, was in Widerspruch zu jenem systematischen Außergebrauchkommen stünde, durch das allein alle wirklich undiskutierbaren Meinungen verlöschen. Auf Grund ihrer allgemeinen Indifferenz gegenüber jeder von ihnen unparteiischer und duldsamer, als ihre Gegner sein können, ist sie bestrebt, deren jeweiligen Einfluß sowie die Bedingungen ihrer Dauer und die Ursachen ihres Untergangs historisch zu würdigen, ohne jemals irgendeine absolute Ablehnung zum Aus-

druck zu bringen, selbst nicht, wenn es sich um Lehren handelt, die mit dem gegenwärtigen Zustand des Menschengeistes bei der Elite der Bevölkerung am unverträglichsten sind. So läßt sie nicht nur den verschiedenen übrigen monotheistischen Systemen neben dem, was heute bei uns seinem Ende entgegengeht, gewissenhaft Gerechtigkeit zuteil werden, sondern auch den verschiedenen polytheistischen, ja selbst fetischistischen Anschauungen, indem sie dieselben stets zu den entsprechenden Phasen der ihr zugrundeliegenden Entwicklung in Beziehung setzt. In dogmatischer Beziehung bekennt sie übrigens, daß irgendwelche Vorstellungen unserer Einbildungskraft, deren Wesen sie notwendig jeder Beobachtung unzugänglich macht, demzufolge ebenso wenig wirklich entschieden abgeleugnet wie behauptet werden können. Zweifellos hat niemand jemals die Nichtexistenz Apollos, Minervas usw. logisch bewiesen, noch die der orientalischen Feen oder der verschiedenen poetischen Schöpfungen; was den Menschengeist keineswegs daran gehindert hat, unwiderruflich die alten Glaubenssätze aufzugeben, als sie endlich aufgehört hatten, seiner Gesamtlage zu entsprechen (RG, 89).

Neben der hier geschilderten Gelassenheit und Toleranz gegenüber auslaufenden Modellen und Meinungen, die in der Lebenspraxis kein Fundament mehr haben, lassen sich an Comtes positivem Zustand eine Reihe konkreter Züge entdecken, die für die industriellen Gesellschaften charakteristisch sind. Nur zwei davon seien hier genannt: zum einen die Rolle des Expertenwissens in der politisch-sozialen Praxis. Gegenüber der platonischen Utopie des Philosophen-Königs hat Comte durchaus richtig gesehen, daß im Zuge der wissenschaftlichen Durchdringung aller Lebensbereiche den Experten Beraterfunktion zufällt, ohne die politisches Handeln nicht mehr denkbar ist. Zum anderen hat Comte entgegen Hegels Prognose vom Ende der Kunst die zunehmende Bedeutung erkannt, die dieser bei der Gestaltung der industriellen Gesellschaft zukommt. Er spricht von der Funktion der schönen Künste in einer Weise, welche an Schillers Programm der ästhetischen Erziehung des Menschengeschlechts denken läßt.

Mit Recht ist immer wieder darauf hingewiesen worden, daß die Schwäche der positiven Philosophie darin zutage tritt, daß sie zu einem pseudoreligiösen Traditionalismus tendiert. Man sieht hierin in der Regel einen Beweis dafür, daß sich die religiösen und metaphysischen Bedürfnisse des Menschen nicht ohne weiteres ausschalten lassen. Daran mag etwas Richtiges sein, schwerer wiegt jedoch ein anderes Versäumnis. Fasziniert durch die Unpersönlichkeit der naturwissenschaftlichen Methode, verkennt Comte die Rolle der Individualität. Denn ohne ständigen Zufluß subjektiver Kreativität muß die Systematisierung zur Erstarrung der Gesellschaft führen. Dieser Vorwurf trifft auch die Neigung Comtes, Ethik als angewandte Soziologie zu konzipieren, die das Handeln ausschließlich unter sozialtechnischem Gesichtspunkt bewertet. Die Macht der individuellen Gesinnung verdächtigt Comte des Protestantismus und der Anarchie, eine Beschränkung, die seine angelsächsischen Anhänger schon zu Lebzeiten zu heftigem Protest veranlaßt hat. Insbesondere sein Schüler John Stuart Mill hat Comtes sozialer Vision «Pedantokratie» vorgeworfen und ihm in diesem Punkt die Gefolgschaft verweigert.

Schriften

Prospectus des travaux scientifiques nécessaires pour réorganiser la société, Paris 1822 (dt.: Entwurf der wissenschaftlichen Arbeiten, welche für eine Reorganisation der Gesellschaft erforderlich sind, übers. v. W. Ostwald, Leipzig 1914). – Cours de philosophie positive, 6 Bde., Paris, 1830–1842, [5]1892–1894 (daraus dt.: Die Soziologie. Die positive Philosophie im Auszug, hg. v. F. Blaschke, Stuttgart [2]1974) (SO). – Rede über den Geist des Positivismus, übers. v. I. Fetscher, Hamburg 1979 (RG). – Système de politique positive ou traité de sociologie instituant la religion de l'Humanité, 4 Bde., Paris 1851–1854, [4]1912 (daraus dt.: Der Positivismus in seinem Wesen und seiner Bedeutung, übers. v. E. Roschlau, Leipzig 1894) (PO). – Catéchisme positiviste ou sommaire exposition de la religion universelle, en onze entretiens systèmatiques entre une femme et une pretre de l'Humanité, Paris 1852, Neuaufl. 1909 (dt.: Katechismus der positiven Religion, übers. v. E. Roschlau, Leipzig 1891). – Synthèse subjective ou système universel des conceptions propres à l'ètat normal de L'Humanité, Paris 1856.

Literatur

E. Evans-Pritchard: The sociology of Comte, Manchester 1970. – H. Gouhier: La jeunesse d'Auguste Comte et la formation du positivisme, Bd. 1: Sous le signe de la liberté, Paris 1933; Bd. 2: Saint-Simon jusqu'à la Restauration, Paris 1936; Bd. 3: Auguste Comte et Saint-Simon, Paris [2]1964. – F. A. von Hayek: Mißbrauch und Verfall der Vernunft, Salzburg [2]1979. – J. Lacroix: La Sociologie d'Auguste Comte, [2]1961. – K. Löwith: Weltgeschichte und Heilsgeschehen, Stuttgart [8]1990. – O. Massing: Fortschritt und Gegenrevolution. Die Gesellschaftslehre Comtes in ihrer sozialen Funktion, Stuttgart 1966. – J. St. Mill: Auguste Comte and Positivism, London ²1866 (dt. in J. St. Mills ges. Werken, übers. v. T. Gomperz, Bd. IX, Leipzig 1874). – O. Negt: Strukturbeziehungen zwischen den Gesellschaftslehren Comtes und Hegels, Frankfurt a. M. 1964. – W. Ostwald: Auguste Comte. Der Mann und sein Werk, Leipzig 1914. – M. Pickering: Auguste Comte: An intellectual biography, Oxford 1993. – R. C. Scharff: Comte after Positivism, Oxford 1995. – W. Schrader: Das Experiment der Autonomie. Studien zu einer Comte- und Marx-Kritik, Amsterdam 1977. – M. Steinhauer: Die politische Soziologie Auguste Comtes und ihre Differenz zur liberalen Gesellschaftstheorie Condorcets, Meisenheim am Glan 1966.

John Stuart Mill (1806–1873)

Leben und Werke

Seine bedeutendste Weiterentwicklung hat der französische Positivismus in England durch John Stuart Mill gefunden. Mill vertritt wie Comte eine an der gesellschaftlichen Entwicklung orientierte politische Philosophie und Ethik, weist aber als demokratisch und liberal eingestellter Geist die totalitären Tendenzen der Soziologie Comtes zurück. Auch in der Logik und Wissenschaftstheorie geht Mill über den Positivismus hinaus. Er gibt dem Empirismus eine fallibilistische Deutung, der zufolge alle Erkenntnisse prinzipiell der Revision unterliegen.

1806 in London geboren, wurde Mill von seinem Vater, dem Nationalökonomen und Psychologen James Mill (1773–1836), in einem einzigartigen Erziehungsexperiment zum Wunderkind abgerichtet. In frühester Jugend mußte er mehrere Sprachen lernen und sich Literatur und Wissenschaften aneignen. Das erklärte Ziel dieser Erziehungsmethode war die Herausbildung eines vollkommenen Positivisten. Nach schweren psychischen Krisen konnte sich Mill allmählich aus den Fesseln der positivistischen Denkform befreien. Unterstützt wurde diese Entwicklung durch die Begegnung mit der Frauenrechtlerin Harriet Taylor, die er später heiratete. Von Beruf war Mill Korrespondent in der Ostindischen Kompanie, der Londoner Kolonialverwaltung. Die Stelle ließ ihm genügend Raum für seine umfangreiche schriftstellerische Tätigkeit. Nach dem frühen Tod seiner Frau im Jahre 1858 lebte Mill abwechselnd in London und Avignon, wo sich das Grab seiner Frau befindet. Abgesehen von einem Zwischenspiel als Unterhausabgeordneter der liberalen Partei, in der er sich insbesondere für das Frauenwahlrecht einsetzte, widmete Mill den Rest seines Lebens der Vollendung seiner Werke. 1873 starb er im Alter von 67 Jahren in Avignon.

Mills Ruhm begründet das «System der deduktiven und induktiven

Logik» (1843), das zu den einflußreichsten philosophischen Werken des 19. Jahrhunderts zählt. Eine Ergänzung und zugleich Ausweitung der Logik in Richtung auf Psychologie und Erkenntnistheorie enthält das Spätwerk «Eine Prüfung der Philosophie Sir William Hamiltons» (1865), in der Mill seinen Empirismus gegen die idealistische Voraussetzung apriorischen Wissens verteidigt. Dieses kompendiöse, in zentralen Passagen aber äußerst originelle Werk hat die Entwicklung insbesondere der phänomenologischen Erkenntnistheorie nachhaltig beeinflußt. Mills zweites Hauptwerk, die «Prinzipien der politischen Ökonomie», ist 1848 erschienen und galt lange Zeit als Standardlehrbuch der klassischen englischen Nationalökonomie. Von den kleineren Schriften zur Ethik sind zu nennen: «Bentham» (1838) und «Der Utilitarismus» (1871). Letztere zählt noch heute zu den klassischen Texten im Ethikunterricht an den englischsprachigen Universitäten. Eine herausragende Stellung als Grundtext des politischen Liberalismus kommt der Schrift «Über die Freiheit» (1859) zu, in der Mill die individuellen Freiheitsrechte gegenüber staatlichen und gesellschaftlichen Zwängen zu begründen und auszuweiten versucht.

Logik und Wissenschaftstheorie

Mills «System der deduktiven und induktiven Logik» unterscheidet sich vom klassischen Typ der formalen Logik dadurch, daß es ausgesprochen methodologisch und wissenschaftstheoretisch ausgerichtet ist. Als empiristische Logik der Forschung wurde dieses Buch trotz seines gewaltigen Umfangs von weiten wissenschaftlich interessierten Kreisen aufgenommen. Von den sechs Büchern der Logik sind das 3. («Von der Induktion»), das Mill als den Hauptteil betrachtet, und das 6. («Von der Logik der moralischen Wissenschaften» [«moral sciences», in der ersten deutschen Übersetzung als «Geisteswissenschaften» wiedergegeben]) am bekanntesten geworden.

Unter Logik versteht Mill die «Wissenschaft vom Beweis», wobei Beweis alle Schlußverfahren der exakten Wissenschaften, aber auch des täglichen Lebens umfaßt:

Die Logik ist jedoch nicht dasselbe wie die Erkenntnis, obgleich ihr Bereich mit jenem der Erkenntnis von gleichem Umfange ist. Die Logik ist die gemeinsame Schiedsrichterin über alle besonderen Untersuchungen. Es kommt ihr nicht zu, Beweisgründe zu finden, sondern darüber zu entscheiden, ob man sie gefunden hat. Sie beobachtet nicht, sie erfindet nicht, sie entdeckt nicht, sondern sie urteilt. Sie lehrt den Wundarzt nicht, welche Erscheinungen er in Begleitung eines gewaltsamen Todes antrifft. Dies muß er aus seiner besonderen Erfahrung und Beobachtung oder aus jener anderer, seiner Berufsvorfahren und Genossen lernen. Allein die Logik sitzt über die Zulänglichkeit dieser Beobachtung und Erfahrung zur Rechtfertigung seiner Regeln und über die Zulänglichkeit seiner Regeln zur Rechtfertigung seines Verhaltens zu Gericht. Sie gibt ihm nicht Beweise, sondern lehrt ihn, was sie zu Beweisen macht und wie er über sie zu urteilen hat (GW 2, I, 8 f).

In diesem Sinn kommt der Logik der Status einer Wissenschaftslehre zu. Mill nennt sie mit Bacon «Wissenschaft der Wissenschaften selbst». Den Umfang der Logik als Wissenschaft macht Mill von ihren Erfordernissen als Kunstlehre, d. h. von ihren Zwecken, abhängig. Demnach braucht sich Logik nicht um die Grundlagen der Erkenntnis zu kümmern. Das unterscheidet sie in den Augen Mills wesentlich von Erkenntnistheorie und Metaphysik. Er betrachtet sie als «neutralen Boden», auf dem sich sowohl Empiristen als auch Aprioristen gemeinsam bewegen.

Das Kernstück der Millschen Logik, die Induktionslehre, die den Verfahren nachgeht, wie man von beobachteten Einzelfällen auf alle übrigen schließt, betrachtet die Induktion als diejenige Schlußform, die ausgehend von empirischen Daten zu neuem Wissen führt. Die Induktion setzt die Reduktion komplexer Ereignisse voraus. Zufällige Umstände werden ausgeschieden, um zu eindeutigen Ursache-Wirkungszusammenhängen zu gelangen. Ziel dieses Verfahrens ist die Formulierung von Naturgesetzen. Mill beschreibt vier Methoden experimenteller Forschung, in denen verschiedene Verfahren der Reduktion zur Anwendung kommen: die Übereinstimmungsmethode, die Differenzmethode, die Restmethode und die Variationsmethode. Alle vier Methoden bedienen sich in unterschiedlicher Weise des induktiven Schließens. Das Ergebnis der Übereinstimmungsmethode beispielsweise faßt Mill in folgendem Satz zusammen:

Wenn zwei oder mehr Instanzen des zu erforschenden Phänomens nur einen Umstand gemein haben, so ist der Umstand, in dem allein alle Instanzen übereinstimmen, die Ursache (oder Wirkung) des gegebenen Phänomens (GW 3, VIII, 90).

Es erübrigt sich, die vier induktiven Methoden im einzelnen anzuführen, zumal sie vom logischen Standpunkt als unzureichend angesehen werden müssen und daher auch keine den aristotelischen Schlußregeln vergleichbare allgemeine Anerkennung gefunden haben. Anlaß zu Diskussionen hat auch die Voraussetzung gegeben, auf die Mill die Induktionslogik gründet, nämlich der Satz von der Gleichförmigkeit der Natur oder die Uniformitätsannahme. Mill nennt sie das Grundprinzip oder Hauptaxiom der Induktion:

Es wäre jedoch ein großer Irrtum, wollte man diese weitumfassende Verallgemeinerung als irgendeine Erklärung des induktiven Verfahrens darstellen. Ich halte es im Gegenteil für einen Fall von Induktion, und zwar einer keineswegs sehr naheliegenden Induktion. Weitentfernt die erste Induktion zu sein, die wir vornehmen, ist es im Gegenteil eine der letzten oder wenigstens eine von denen, die am spätesten den Charakter streng wissenschaftlicher Genauigkeit erlangen. Als ein allgemeiner Satz hat dieselbe in der Tat kaum anderswo als bei Philosophen Eingang gefunden, und selbst von diesen sind, wie wir noch öfter wahrzunehmen Anlaß finden werden, ihr Umfang und ihre Grenzen nicht immer ganz richtig aufgefaßt worden. Die Wahrheit ist vielmehr die, daß diese große Verallgemeinerung selbst auf vorhergehende Verallgemeinerungen gegründet ist. Die verhüllteren Naturgesetze wurden mit ihrer Hilfe entdeckt, aber die näherliegenden Gesetze mußten bereits verstanden und als allgemeine Wahrheiten anerkannt sein, bevor man nur an sie denken konnte. Wir würden nie darauf verfallen sein, anzunehmen, daß alle Vorgänge nach allgemeinen Gesetzen stattfinden, wenn wir nicht zuvor bei einer großen Menge von Vorgängen die Gesetze selbst irgendwie kennengelernt hätten, und dies konnte auf keinem anderen Wege als durch Induktion geschehen (GW 2, III, 360 f).

Diese Ausführungen werfen die Frage auf, ob sich Mill mit der Behauptung, das Grundprinzip der Induktion sei selbst durch Induktion gewonnen, nicht in einem Zirkel bewegt. Das führt zu dem prinzipiellen Problem der Begründung der Induktion, das Mill durch eine Beschreibung der gewöhnlichen Praxis der Induktion im Sinne des Empirismus und Humes zu lösen versucht:

Um für einen Augenblick zu einem unserer früheren Beispiele zurückzukehren: weshalb verwerfen wir bei genau demselben Maß positiver sowohl als negativer Bezeugung nicht die Aussage, daß es schwarze Schwäne gibt, während wir jedem Zeugnis, das da behauptete, es gäbe Menschen, die ihre Köpfe unter den Schultern tragen, den Glauben versagen würden. Die erstere Aussage war glaublicher als die letztere. Aber warum? Solange keine von den beiden Erscheinungen tatsächlich beglaubigt war, welchen Grund hatten wir da, zu denken, daß die eine schwerer zu glauben ist als die andere? Offenbar den, daß in den Farben der Tiere weniger Beständigkeit herrscht als in dem Bau ihrer Hauptgliedmaßen. Aber woher wissen wir dies? Sicherlich aus der Erfahrung. Es scheint daher, daß wir der Erfahrung bedürfen, um zu wissen, in welchem Maße und in welchen Fällen oder welchen Arten von Fällen wir der Erfahrung vertrauen dürfen. Wir müssen die Erfahrung zu Rate ziehen, um zu lernen, unter welchen Umständen Schlüsse, die man aus ihr zieht, gültig sein werden. Wir haben keinen weiteren Prüfstein, dem wir die Erfahrung als solche unterwerfen könnten; aber wir machen die Erfahrung zu ihrem eigenen Prüfstein (GW 3, II, 6).

Der Witz dieses Gedankengangs liegt darin, daß es Mill gelingt, die Erfahrung aus sich selbst heraus, d. h. ohne Rückgriff auf apriorisches Wissen, zu begründen. Das geschieht mit Hilfe der Unterscheidung zwischen wissenschaftlicher und vorwissenschaftlicher Induktion, die Mill «enumerative Induktion» nennt. Diese ist zwar weniger verläßlich als die wissenschaftliche, dafür aber immer schon vollzogen, wo es empirische Erkenntnis gibt. Das Verhältnis beider Formen der Induktion läßt sich auch so ausdrücken, daß Verallgemeinerungen von unterschiedlicher Verläßlichkeit sich gegenseitig stützen, so wie in einer Seilschaft derjenige, der am weitesten vorausliegt, die anderen nachzieht. Es ist das vom gesunden Menschenverstand in der Praxis angewandte Verfahren, das laut Mill das Schema wissenschaftlicher Erkenntnis abgibt. Der Induktionslogik als Logik der Forschung kommt demnach keine andere Aufgabe zu als eben die, dieses Verfahren methodisch auszuarbeiten.

Während Mills Induktionslehre neben manchem, was überholt ist, durchaus Elemente enthält, die erst im 20. Jahrhundert Gegenstand fruchtbarer Diskussionen geworden sind, macht das im 19. Jahrhundert berühmte Kapitel über die Geisteswissenschaften («moral sciences») heute einen eher antiquierten Eindruck. Seine historische Bedeutung liegt darin, daß Mill im ausdrücklichen Widerspruch gegen Comte der Psychologie den Status einer selbständigen Wissenschaft zuerkennt und damit das Feld positiver Erkenntnis beträchtlich erweitert. Aber anders als später Dilthey, der den Geisteswissenschaften eine eigenständige Erkenntnisart, das Verstehen im Unterschied zum Erklären, zuordnet, sieht Mill in den Geisteswissenschaften nur die Anwendung der induktiven Methode auf ein anderes Gebiet, nämlich auf das menschliche Verhalten.

Die Geisteswissenschaften oder moralischen Wissenschaften gliedert Mill in die Wissenschaft vom Geist (mind) im engeren Sinn, die Psychologie, die Charakterkunde oder «Ethologie» sowie die Soziologie. Auf allen Gebieten besteht die Aufgabe der Forschung darin, die Gesetze der Erscheinungen induktiv festzustellen. Das sind in der Psychologie die Assoziationsgesetze, in der «Ethologie» charakterliche Entwicklungsgesetze und in der Soziologie hauptsächlich ökonomische Gesetze. Eine besondere Stellung räumt Mill der Geschichtswissenschaft ein, da sie es mit der Erforschung äußerst komplexer Konstellationen von Kausalfaktoren zu tun habe, die es schwer machen, über bloße Trendfeststellungen hinaus allgemeine Gesetze zu formulieren. Im Prinzip aber hält Mill am Ideal einer kausalen Geschichtserklärung fest, deren Ausbildung im Werk von Comte den seinerzeit höchsten Stand erreicht habe.

Die sich aufdrängende Frage, wie sich in der Geschichtswissenschaft die Freiheit des Menschen mit der naturwissenschaftlichen Methode vereinbaren läßt, beantwortet Mill in der Weise, daß die Naturgesetze selbst Mittel des menschlichen Handelns sind:

Daraus, daß alles, was geschieht, darunter auch menschliche Willensakte, die Wirkung von Ursachen ist, folgt nicht, daß Willensakte, selbst jene einzelner Individuen, nicht Ursachen von großer Wirksamkeit sein können. Wenn jemand bei einem Schneesturm schließen wollte, daß es für ihn, weil jährlich ungefähr die gleiche Anzahl Menschen durch Schiffbruch umkommt, nutzlos wäre, sich um die Rettung seines Lebens zu bemühen, so würden wir ihn einen Fatalisten nennen. Wir würden ihm sagen: die Bemühungen Schiffbrüchiger, ihr Leben zu retten, sind so wenig wirkungslos, daß das Durchschnittsmaß ihrer Anstrengungen eine der Ursachen ist, von welchen die faktische jährliche Anzahl von Todesfällen durch Schiffbruch abhängt. Wie ausnahmslos auch hier die Gesetze der sozialen Entwicklung sein mögen, sie können nicht ausnahmsloser oder unerbittlicher sein als jene, welchen die Naturgewalten gehorchen; und doch kann der menschliche Wille diese in Werkzeuge seiner Absichten verwandeln; und der Grad, in welchem er dies tut, macht den Hauptunterschied aus zwischen dem wilden und dem höchst zivilisierten Menschen (GW 6, XI, 353).

Die Vereinbarkeit des gesetzlich geregelten Verlaufs mit dem liberalistischen Glauben an den Fortschritt und die Machbarkeit der Geschichte führt Mill im Unterschied zu Comte zu der für die zweite Hälfte des 19. Jahrhunderts prägenden geschichtsphilosophischen Überzeugung, daß der Lauf der Welt wesentlich von herausragenden Persönlichkeiten bestimmt wird. Das sind in Mills Augen keine revolutionären oder gar anarchistischen Geister, sondern solche, welche die eigenen Ziele mit den Gesetzen des gesellschaftlichen Fortschritts zu verbinden wissen.

Ontologie und Erkenntnistheorie

Mills Logik beruht auf der Voraussetzung, daß wir die Wirklichkeit nur aufgrund von Sinneseindrücken erkennen. Diese Position mündet bei ihm aber nicht in einen Idealismus im Sinne Berkeleys, sondern in seiner «Prüfung der Philosophie von Sir William Hamilton» gelingt es dem späten Mill, eine für den kritischen Realismus wegweisende Antwort auf die Frage zu finden, wie auf rein sensualistischer Grundlage objektive Erfahrung möglich ist. Wenn die für den Wirklichkeitsbegriff konstitutive Gesetzmäßigkeit nicht auf apriorischen Grundsätzen beruht, muß es eine immanente Erklärung geben. Eine solche gewinnt Mill aus der Analyse der Erfahrung:

Die Vorstellung, die ich mir von der Welt bilde, wie sie in einem Moment existiert, umfaßt neben den Wahrnehmungen, die ich besitze (feel), eine unzählbare Mannigfaltigkeit von Wahrnehmungsmöglichkeiten: nämlich die Gesamtheit der Wahrnehmungen, die ich nach früherer Beobachtung unter irgendwelchen annehmbaren Umständen in diesem Moment

erfahren könnte, zusammen mit einer unbegrenzten und unbeschränk-
baren Menge anderer, die ich doch, obwohl ich nicht weiß, daß ich sie
erfahren kann, möglicherweise unter mir unbekannten Umständen er-
fahren könnte. Diese mannigfachen Möglichkeiten sind für mich der
wichtigste Punkt in der Welt. Meine gegenwärtigen Wahrnehmungen
sind für gewöhnlich von geringer Bedeutung und überdies flüchtig; die
Möglichkeiten dagegen sind dauernd, und das ist das Merkmal, das un-
sere Idee von der Substanz oder Materie von unserem Begriff der Wahr-
nehmung hauptsächlich unterscheidet (PH, 254f).

Daß Mill den Wahrnehmungsmöglichkeiten mehr Gewicht gibt als den
aktuellen Sinneseindrücken, entfernt ihn vom Empirismus, der sich
streng an das direkt Beobachtbare hält. Er stellt sich damit aber nicht auf
die Seite des Transzendentalismus, der neben den Sinneseindrücken
Denkformen annimmt, die von der Erfahrung unabhängig sind. Mills
Entdeckung besteht darin, daß unsere Wahrnehmungen das Gegebene
ergänzen und daß diese Ergänzung aus dem Chaos von Sinneseindrücken
Gegenstände macht. Die Wahrnehmungsmöglichkeiten fungieren somit
als Extrapolationen, nach denen wir die wechselnden Sinneseindrücke
ordnen, ohne auf Denkformen a priori angewiesen zu sein.

Aus dem Primat der Wahrnehmungsmöglichkeiten ergibt sich die zentrale Funktion der Intersubjektivität bei der Entstehung objektiver Erfahrung:

Andere Menschen haben nicht genau unsere Wahrnehmungen, wann
und wie wir sie haben; aber sie haben unsere Wahrnehmungsmöglich-
keiten. Alles, was uns selbst eine gegenwärtige Wahrnehmungsmöglich-
keit anzeigt, zeigt eine gegenwärtige Möglichkeit ähnlicher Wahrneh-
mungen auch ihnen an, soweit natürlich ihre Wahrnehmungsorgane
nicht von den unsrigen verschieden sind. Dies setzt das Schlußsiegel
unter unsere Vorstellung von den Möglichkeitsgruppen als der grund-
legenden Realität in der Natur. Die permanenten Möglichkeiten sind uns
und unseren Mitmenschen gemeinsam; die wirklichen Wahrnehmungen
sind es nicht. Das, was andere Menschen ebenso wie ich und aus densel-
ben Gründen wie ich erkennen, scheint mir realer zu sein als das, was sie
nicht erkennen, wenn ich es ihnen nicht sage. Die Welt gesetzmäßig auf-
einanderfolgender möglicher Wahrnehmungen ist in anderen Wesen
ebenso vorhanden wie in mir: sie hat also eine Existenz außer mir, sie ist
eine Außenwelt (PH, 258).

Die Übereinstimmung mit anderen Subjekten, welche die Objektivität der Erfahrung ausmacht, erfolgt demnach auf der Ebene der gemeinsamen Möglichkeiten, auf der die Privatheit des subjektiven Standpunkts aufgehoben wird. Hier zeigt sich, wie sehr Mills Erfahrungstheorie über den Sensualismus, der sich ausschließlich an die unmittelbaren Gegebenheiten des Bewußtseins hält, hinausgeht. An dieser Stelle ist ein Hinweis darauf angebracht, daß die phänomenologische Theorie der Erfahrung bei Husserl Intersubjektivität in ganz ähnlicher Weise zur Erklärung für die Objektivität der Wahrnehmung heranzieht.

Die Wahrnehmungsmöglichkeiten werden von Mill auch auf die Realität des eigenen Subjekts bezogen. Demzufolge wäre das Ich nichts anderes als der Glaube an die permanente Möglichkeit von Bewußtseinszuständen: Wenn ich einschlafe, tue ich das in der Gewißheit, im Moment des Erwachens die Bewußtseinszustände anzutreffen, von denen ich glaube, daß ich sie unter gegebenen Umständen haben werde. Allerdings stößt diese Anwendung der Möglichkeitskategorie auf die von Mill selbst herausgestellte Schwierigkeit, daß jeder vergangene oder zukünftige Bewußtseinsinhalt immer schon als mein eigener erfahren wird:

Wenn wir deshalb von der Seele als von einer Reihe von Bewußtseinszuständen sprechen, so sind wir genötigt, die Darstellung dadurch zu vervollständigen, daß wir sie eine Reihe von Bewußtseinszuständen nennen, die sich ihrer selbst als vergangen und zukünftig bewußt sind; und wir werden auf die Alternative beschränkt, entweder zu glauben, daß die Seele oder das Ich etwas von einer Reihe von Bewußtseinszuständen oder ihren Möglichkeiten Verschiedenes ist, oder das Paradoxon zu akzeptieren, das etwas, was ex hypothesi nur eine Reihe von Bewußtseinszuständen ist, sich selbst als eine Reihe erkennen kann (PH, 275).

Es ist bezeichnend für Mills antidogmatischen Denkstil, daß er die Schwierigkeit der Reflexivität eingesteht und die Vermutung äußert, daß das Selbstbewußtsein einen vom empiristischen Standpunkt letztlich unerklärlichen Tatbestand darstellt. Jedenfalls überschreitet Mill die Grenzen des Empirismus, wie er von Hume vertreten wird, und bereitet damit den Boden für die aktuellen Diskussionen der Subjektivität im Rahmen der modernen Philosophie des Geistes.

Utilitarismus und Liberalismus

Das heute noch lebendige Erbe Mills liegt auf dem Gebiet der praktischen Philosophie. Die Themen reichen von Fragen der politischen Ökonomie bis hin zur Moralphilosophie. Hier vertritt Mill einen hedonistischen Utilitarismus, allerdings in einer anspruchsvolleren und problembewußteren Form, als er von Jeremy Bentham vertreten wurde. In seiner klassischen Schrift «Der Utilitarismus» expliziert Mill die These, daß die Beförderung des allgemeinen Glücks das Kriterium moralisch richtigen Handelns ist. Seine Argumentation braucht den Vergleich mit Kants Ethik nicht zu scheuen. Den Anschluß an Kant stellt Mill selbst her, indem er die vom Kategorischen Imperativ geforderte Verallgemeinerbarkeit der Maximen inhaltlich gutheißt, die von Kant gegebene Begründung aber zurückweist. Während Kant die Gesetzesformel als ein Mittel ansieht, die Widerspruchsfreiheit im Wollen des Handelnden festzustellen, formuliert nach Mills Ansicht der Kategorische Imperativ nichts anderes als eine Abschätzung der Folgen, welche unsere Handlungen für alle Beteiligten haben. Um das Glück der größten Zahl zu garantieren, sieht die utilitaristische Ethik ihre Aufgabe darin, die Grenzen zu bestimmen, die jeder einzelne in der Verfolgung seiner Ziele einhalten muß. Die Grenzen liegen in der Verträglichkeit des eigenen Handelns mit den Interessen der anderen, von denen man verlangen kann, daß sie in ihrem Handeln die gleichen Rücksichten walten lassen. Damit ist die kritische Frage, die immer wieder an die utilitaristische Ethik gestellt wird, die Frage nämlich, worin denn das allgemeine Glück bestehe, rein formal beantwortet: Allgemeines Glück besteht in dem Zustand einer Gemeinschaft, der ihren Mitgliedern diejenige Freiheit gewährt, derer sie bedürfen, damit jeder sich selbst Zwecke setzen und diese in gemeinverträglicher Weise realisieren kann. In diesem Sinn fallen Glück und Nützlichkeit zusammen:

Ich muß noch einmal auf das zurückkommen, was die Gegner des Utilitarismus nur selten zur Kenntnis nehmen wollen: daß das Glück, das den utilitaristischen Maßstab des moralisch richtigen Handelns darstellt, nicht das Glück des Handelnden selbst, sondern das Glück aller Betroffenen ist. Der Utilitarismus fordert von jedem Handelnden, zwischen seinem eigenen Glück und dem der anderen mit ebenso strenger Unpartei-

lichkeit zu entscheiden wie ein unbeteiligter und wohlwollender Zu-schauer. In der goldenen Regel, die Jesus von Nazareth aufgestellt hat, finden wir den Geist der Nützlichkeitsethik vollendet ausgesprochen. Die Forderungen, sich dem anderen gegenüber so zu verhalten, wie man möchte, daß er sich einem selbst gegenüber verhält, und den nächsten zu lieben wie sich selbst, stellen die utilitaristische Moral in ihrer höchsten Vollkommenheit dar (DU, 30).

Mill begründet die utilitaristische Moral mit der These, daß Glück bzw. Nützlichkeit aus der Lust resultiert. Die Lust sei nämlich das einzige Gut, das die Menschen um ihrer selbst willen erstreben und das keiner weiteren Begründung bedarf. Der Rückgang auf die Lust als Fundament der Moral bereitet unserem Denken erhebliche Schwierigkeiten. Wie kann eine subjektive Empfindung, so fragt man sich, zu einem allgemeinverbindlichen Verhalten führen? Mill behebt diese Schwierigkeit durch eine Differenzierung des Lustbegriffs, deren Bedeutung nicht hoch genug veranschlagt werden kann. Während noch Bentham im Anschluß an Epikur nur eine Art von Lust, nämlich die sinnliche, kennt, unterscheidet Mill zwischen sinnlicher und geistiger Lust. Letztere schließt Verzicht auf unmittelbare Bedürfnisbefriedigung ein und stellt insofern eine höhere Form der Lust dar. Anders als Epikur, der die sinnliche Lust durch Mäßigung auf Dauer stellt, beschreibt Mill einen Vorgang der Substitution, den man mit Freud «Sublimierung» nennen kann. Geistige Lust ist demnach ein von der sinnlichen Befriedigung qualitativ verschiedener Bewußtseinszustand, der den Menschen über das Tier erhebt:

Es ist besser, ein unzufriedener Mensch zu sein, als ein zufriedenes Schwein; besser ein unzufriedener Sokrates als ein zufriedener Narr. Und wenn der Narr oder das Schwein anderer Ansicht sind, dann deshalb, weil sie nur eine Seite der Angelegenheit kennen. Die andere Partei hingegen kennt beide Seiten (DU, 18).

Was Mill hier zum Ausdruck bringt, ist nichts Geringeres als eine anthropologische Lesart der Willensfreiheit. Der Vorteil dieser Lesart liegt darin, daß Mill nicht wie Kant Vernunft und Sinnlichkeit voneinander trennt und den Menschen zum Bewohner zweier Reiche macht. Statt die Vernunft in Form der Selbstgesetzgebung absolut zu setzen, schöpft Mill die Plastizität der Sinnlichkeit aus und zeigt, daß Lust und Reflexion

durchaus miteinander vereinbar sind. Mill unterscheidet die Reflexions-
lust von der tierischen Zufriedenheit dadurch, daß jemand Erfüllung und
Verzicht durchlebt hat. Wer, wie sich Mill ausdrückt, «beide Seiten»
kennt, erreicht einen Bewußtseinszustand, den er nicht mehr aufgeben
möchte. Tut er es dennoch, so hat das entweder biologische Ursachen,
oder er handelt wider besseres Wissen. Moralische Verpflichtung ist
demnach für den Utilitarismus kein Apriori, sondern Resultat eines
Lernprozesses. Das äußert sich in Mills Glauben an den moralischen
Fortschritt. Allerdings plädiert er für eine realistische Einstellung, die
über dem Fortschrittsglauben nicht vergißt, daß man vom Leben nicht
mehr erwarten darf, als es geben kann. Der Realismus zeigt sich im Re-
spekt vor den «sekundären Prinzipien», auf deren Leitung moralische
Urteilskraft bei der Einschätzung der besonderen Situation angewiesen
ist:

*Welches Grundprinzip der Moral wir auch vertreten mögen, stets bedür-
fen wir untergeordneter Prinzipien, nach denen wir es anwenden können; und da die Unmöglichkeit, auf sie zu verzichten, allen Systemen
gemeinsam ist, kann diese nicht als Argument gegen irgendein bestimm-
tes System herhalten. Aber ernstlich so zu tun, als sei die Suche nach
sekundären Prinzipien dieser Art von vornherein vergeblich, als hätte die
Menschheit bis auf den heutigen Tag nicht einen einzigen allgemeinen
Schluß aus der Lebenserfahrung gezogen und als würde sie dies auch in
Zukunft nicht tun, ist, meine ich, der höchste Gipfel des Unverstandes,
der in einer philosophischen Auseinandersetzung jemals erreicht worden
ist (DU, 42 f).*

Diese Zeilen belegen, wie sehr der Utilitarismus dem Pragmatismus
nahesteht, dem die Erfahrung wichtiger ist als die Prinzipientreue. Wo
der Mensch die konkreten Folgen seines Handelns nicht abschätzen kann,
muß er auf die gängigen Verhaltensregeln zurückgreifen. Insofern vertritt Mill einen Regelutilitarismus, der den Menschen vor Überlastung
durch moralische Dauerreflexion bewahrt.

   Unter den Motiven, die zu moralischem Handeln bewegen, nennt Mill
neben den äußeren Sanktionen (Furcht vor Strafe) innere Sanktionen,
die das Gewissen ausmachen. Gemäß seinem hedonistischen Standpunkt
vernimmt Mill im Gewissen nicht die Stimme der Vernunft, sondern des

Gefühls. Als Gefühlsschranke, die den Menschen daran hindert, sein Luststreben ohne Rücksicht auf andere auszuleben, ist das Gewissen Ausdruck der Verbundenheit aller Menschen. Das moralische Empfinden ist nach Mill aber nicht angeboren, sondern entsteht aus der Erfahrung, daß alle Menschen verletzlich sind und daher der Schonung bedürfen. Das ist der Inhalt des Gemeinschaftsgefühls, das nach Mills Überzeugung mit fortschreitender Kultur den Sieg über den Egoismus davontragen wird:

Dieses Gefühl ist bei den meisten weit weniger stark als die egoistischen Regungen, oftmals fehlt es ganz. Aber für die, die es empfinden, besitzt es alle Eigenschaften eines natürlichen Gefühls. Es stellt sich ihnen nicht als ein anerzogener Aberglaube oder als ein von der Gesellschaft despotisch auferlegtes Gesetz dar, sondern als etwas, das sie auf keinen Fall entbehren möchten. Diese Überzeugung ist die fundamentale Sanktion der Moral des größten Glücks (DU, 59).

Der Beweis für das Nützlichkeitsprinzip, den Mill im 4. Kapitel gibt, ist heute noch Gegenstand kontroverser Diskussionen. Die kritischen Einwände beruhen allerdings darauf, daß man mehr verlangt, als Mill geben kann und will. Seinem empiristischen Ansatz gemäß beansprucht er keine rationale Begründung moralischer Imperative, sondern lediglich eine psychologische Erklärung dafür, wie aus dem Streben nach Glück ein Sollen wird, das die eigene Befriedigung einschränkt. Denn auch Mill weiß, daß moralische Verpflichtung in der Regel den Neigungen entgegensteht. Er drückt das so aus, daß die Menschen auch nach etwas streben, das nach gewöhnlichem Sprachgebrauch vom Glück verschieden, ihm geradezu entgegengesetzt ist, z. B. die Tugend. Aber Mill ist der Ansicht, daß sich bei genauerer Analyse des Glücksbegriffs herausstellt, daß dieser ein konkretes Ganzes bezeichnet, das aus verschiedenen Teilen zusammengesetzt ist, zu denen auch Verzicht gehören kann. Wie die Tugend zum Bestandteil des Glücks geworden ist, erklärt Mill folgendermaßen: Tugend war ursprünglich ein Mittel, Glück zu erlangen. Denn gelegentlich kann uneigennütziges Verhalten unser Glück erhöhen, etwa wenn wir seitens der anderen Anerkennung erfahren. Allmählich verselbständigt sich das Mittel und wird selbst zum Zweck. Den hier wirksamen Mechanismus der Verschiebung des Mittel-Zweck-Verhältnisses erläutert Mill am Beispiel des Geldes, das die Menschen nicht nur begehren, um es auszugeben, sondern auch, um es zu besitzen:

Man darf also in der Tat behaupten, daß Geld nicht nur um eines Zwecks willen, sondern auch als Teil eines Zwecks begehrt wird. Zunächst ein Mittel zum Glück, wird es schließlich zu einem Hauptbestandteil der Vorstellung, die man sich von seinem Glück macht. Dasselbe läßt sich von den meisten Lebenszielen sagen, von der Macht zum Beispiel oder vom Ruhm — wobei allerdings jedes dieser Ziele in gewissem Umfange mit einer unmittelbaren Befriedigung einhergeht, die ihnen zumindest dem Anschein nach von Natur aus eigen ist, was man vom Geld nicht sagen kann (DU, 64).

Die Pointe dieses Beispiels, das in einem Buch über Ethik von vielen als unpassend empfunden wird, liegt darin, daß ein Wechsel der Gefühlsmodalität vorliegt, welcher die Verschiebung vom Wollen zum Sollen ermöglicht. An die Stelle der wirklichen tritt die vorgestellte Lust, die mit dem Besitz von Geld verbunden ist. Das besagt für die Entstehung moralischer Verpflichtung aus dem Luststreben, daß sich diese in der Einbildungskraft vollzieht, wo die Lustmöglichkeiten den Vorzug vor der Lustwirklichkeit besitzen. Man kann den Grundgedanken Mills so zusammenfassen: Die moralische Verpflichtung, das Sollen, das zu den rätselhaftesten Erscheinungen des menschlichen Verhaltens gehört, stellt einen Kompromiß dar zwischen dem Luststreben einerseits, den Einschränkungen der Realität andererseits. Das Sollen leitet das sinnliche Begehren in altruistische Kanäle, welche die Menschen unabhängig von der Vernunft gefühlsmäßig miteinander verbinden.

Nach dem gleichen Schema leitet Mill den freien Willen aus dem sinnlichen Begehren ab. Der Wille unterscheidet sich von der Passivität des Begehrens durch Aktivität und Wahlfreiheit. Die Freiheit gewinnt der Mensch in der Erfahrung, daß Triebverzicht unter Umständen größere Lust bereitet als Trieberfüllung und daher dieser vorzuziehen ist. Durch Gewohnheit stabilisiert sich die neue Verhaltensweise, die dem Eigensinn ähnelt, welcher keine Rücksicht auf die möglichen Schmerzen und Nachteile seiner Haltung zu nehmen pflegt.

Es handelt sich also, verhaltenstheoretisch gesprochen, um eine Umkehrung der Antriebsrichtung, durch die der Mensch dazu gebracht wird, etwas zu begehren, weil er es will:

Der Wille (will), das aktive Prinzip, ist etwas anderes als das Begehren (disire), der Zustand passiver Reizbarkeit, und obgleich er im Begehren selbst entsprungen ist, kann er mit der Zeit eigene Wurzeln schlagen und sich von der Mutterpflanze so vollständig lösen, daß wir in Fällen gewohnheitsmäßiger Zwecke etwas häufig nicht deshalb wollen, weil wir es begehren, sondern deshalb begehren, weil wir es wollen – ein Beispiel für jene altvertraute Tatsache: die Macht der Gewohnheit, das in keiner Weise auf den Fall tugendhaften Handelns beschränkt ist (DU, 68).

Die niedere Herkunft der moralischen Verpflichtung aus dem Lustprinzip mag der Grund sein für die Widerstände, auf die Mills ‹Beweis› des Nützlichkeitsprinzips stößt. Die genetische Erklärung hat aber gegenüber dualistischen Moraltheorien den Vorteil, daß sie plausibel macht, warum moralische Forderungen sich gegenüber unseren Neigungen durchsetzen: weil Tugend und guter Wille aus dem gleichen Stoff gemacht sind wie unser Glück: aus dem Streben nach Lust.

Im letzten Kapitel der Utilitarismus-Schrift, das ursprünglich als selbständige Abhandlung über den Begriff der Gerechtigkeit konzipiert war, führt Mill auch die Idee der Gerechtigkeit auf die Nützlichkeit zurück. Er verfährt dabei ähnlich wie bei der Ableitung der Tugend und des Willens aus dem Lustprinzip. Er erkennt an, daß sich die Gerechtigkeit von der Nützlichkeit unterscheidet, hält es aber für unzulässig, daraus auf einen selbständigen Ursprung der Gerechtigkeit zu schließen. Gerechtigkeit entspringt dem Interesse eines jeden, von anderen nicht geschädigt zu werden, und dieses erreicht man nur dadurch, daß man die anderen nicht schädigt. Gerechtigkeit wird somit zum Bestandteil des Nützlichkeitsprinzips:

Von nahezu allen anderen irdischen Gütern läßt sich sagen, daß der eine sie braucht, der andere nicht. Viele von ihnen kann man, wenn nötig, ohne weiteres entbehren oder durch irgend etwas anderes ersetzen. Aber auf Sicherheit kann ein Mensch unmöglich verzichten. Von ihr hängt es ab, ob wir vor Unglück bewahrt bleiben und ob wir den Wert eines Guts über den flüchtigen Augenblick hinaus zu retten vermögen; denn wenn wir jedem hilflos ausgeliefert wären, der auch nur einen Moment lang stärker ist als wir, könnte allein die augenblickliche Befriedigung einen Wert für uns haben. Dieses nach dem Nahrungsbedürfnis unerläßlichste aller Grundbedürfnisse kann aber nur dann befriedigt werden, wenn der Mechanismus, durch den Sicherheit gewährt wird, ohne Unterbrechung in Funktion bleibt. Der Anspruch an unsere Mitmenschen, an der Sicherung dieser absoluten Grundlage unserer Existenz mitzuwirken, spricht Gefühle an, die soviel stärker sind als die, die sich an die gewöhnlichen Fälle von Nützlichkeit heften, daß der Unterschied des Grades (wie so oft in der Psychologie) zu einem Unterschied der Art wird. Der Anspruch nimmt jene Unbedingtheit, jene scheinbare Unendlichkeit und Unvergleichbarkeit mit allen anderen Erwägungen an, auf der der Unterschied zwischen dem Gefühl von Recht und Unrecht und dem Gefühl bloßer Zuträglichkeit und Unzuträglichkeit beruht (DU, 94 f).

Der mit dem Gerechtigkeitsgefühl verbundene Anspruch auf Existenzsicherung schließt die Gleichheit ein, die Mill als wesentlichen Bestandteil der Gerechtigkeit betrachtet. Denn, so ist der utilitaristische Gedankengang zu rekonstruieren, nur gleich verteilte Einschränkungen des Egoismus werden von den Menschen nicht als Kränkung empfunden. Insofern befördert das Recht als Verteilungsgerechtigkeit den inneren Frieden und trägt somit auf Dauer zum Glück der Gesellschaft bei.

Ob die Ableitung der Gerechtigkeit aus der Nützlichkeit als gescheitert angesehen werden muß, wie insbesondere aus kantianischer Sicht (namentlich von John Rawls) immer wieder behauptet wird, ist keineswegs ausgemacht. Denn Mill geht es nicht um eine Reduktion, sondern um eine Aufdeckung der Sinnverschiebung, die das individuelle Glücksstreben in der Gemeinschaft erfährt. Der Utilitarismus gipfelt in einer Sozialethik, welche die Menschen dazu bewegen will, die Bedingungen anzuerkennen, unter denen im gesellschaftlichen Leben Glück möglich ist. Die Bedingungen sind es, aus denen Mill den hohen Stellenwert der Gerechtigkeit in der Skala der Werte ableitet. Der Utilitarismus ist somit eine normative Ethik, die das menschliche Handeln nach rationalen Prinzipien beurteilt. Nur entspricht die Rationalität des moralischen Handelns nicht wie bei Kant einer rein praktischen Vernunft, sondern ergibt sich aus der pragmatischen Vernunft oder Urteilskraft, die moralische Werte wie Tugend und Gerechtigkeit mit der Idee des allgemeinen Wohlergehens verbindet.

Ihren Höhepunkt erreicht die praktische Philosophie in Mills Freiheitsschrift, die nicht das metaphysische Problem der Willensfreiheit behandelt, sondern die individuelle Handlungsfreiheit gegenüber den Ansprüchen des Staates und der Gesellschaft verteidigt. Mill erkennt vom Nützlichkeitsstandpunkt die Notwendigkeit des Staates zur Sicherung des Gemeinwohls an, vertritt aber die Meinung, daß die Einschränkungen des einzelnen sich auf die Fälle zu beschränken haben, in denen es darum geht, Schaden von anderen abzuwenden. Ansonsten könne der Mensch unbeschränkt über seinen Leib und seine Seele verfügen.

Mills Eintreten für die Alleinherrschaft des Individuums in Sachen, die es selbst betreffen, findet seine eindrucksvollste Illustration in der Forderung nach uneingeschränkter Meinungsfreiheit. Nur wenn gewährleistet ist, daß jeder seine Meinung öffentlich zur Diskussion stellen kann, kann die Erkenntnis Fortschritte machen:

Unsere gesicherten Überzeugungen haben keine verläßliche Schutzwache als eine ständige Einladung an die ganze Welt, sie als unbegründet zu erweisen. Wenn diese die Herausforderung nicht annimmt oder, falls sie sie annimmt, der Angriff fehlschlägt, so sind wir noch von der Gewißheit weit entfernt, aber wir haben das Beste getan, was der gegebene Stand menschlicher Vernunft zuläßt: wir haben nichts außer acht gelassen, was der Wahrheit eine Chance geben konnte, uns zu erreichen. Bleiben die Schranken offen, dann dürfen wir hoffen, daß man eine bessere Wahrheit, wenn es solche gibt, finden wird, sobald der Menschengeist sie zu erfassen fähig ist. In der Zwischenzeit können wir uns darauf verlassen, der Wahrheit so nahe gekommen zu sein, wie es in unsren Tagen möglich ist. Das ist der Betrag an Gewißheit, den ein fehlbares Wesen erreichen kann, und das der einzige Weg, ihn zu erlangen (ÜF, 31 f).

Diese Argumentation läßt erkennen, daß Mills engagierte Verteidigung des Individualismus mit dem Nützlichkeitsprinzip durchaus vereinbar ist. Denn wie die Meinungsvielfalt und der offene Meinungsstreit dazu dienen, der Wahrheit näherzukommen, so trägt auf sozialer Ebene die Vielfalt individueller Lebensformen dazu bei, das System auf lange Sicht zu verbessern. Gegen den Konformismus der von Comte propagierten gesellschaftlichen Reorganisation führt Mill daher das von Wilhelm von Humboldt entwickelte Persönlichkeitsideal ins Feld: Nicht angepaßte Funktionäre, sondern Querdenker, ja sogar Exzentriker sind unerläßlich, um die modernen Gesellschaften vor der Erstarrung zu bewahren und der

Tyrannei der Mehrheit entgegenzutreten. Überlegungen, die in der beginnenden Ära der großen ideologischen Kämpfe von besonderer Aktualität waren und bis heute nichts davon eingebüßt haben:

Gerade weil die Tyrannei der öffentlichen Meinung so stark ist, daß das Exzentrische einem zum Vorwurf gemacht wird, ist es erwünscht, daß man exzentrisch ist, um diese Tyrannei zu durchbrechen. Exzentrisches Wesen war immer reichlich dann und da vorhanden, wo Charakterstärke reichlich vorhanden war, und das Ausmaß der Exzentrizität in einer Gesellschaft stand immer im genauen Verhältnis zu dem Potential von Genie, Geisteskraft und sittlichem Mut, den sie enthielt. Daß so wenige wagen, exzentrisch zu sein, enthüllt die hauptsächliche Gefahr unsrer Zeit (ÜF, 93).

Mills Diagnose zeigt, wie weit der Utilitarismus vom Konformismus entfernt ist und in einen liberalen Pluralismus einmündet, der die Erstarrung des von Comte verkündeten Endzustands der Gesellschaft endgültig hinter sich läßt.

Schriften

Collected Works, hg. v. F. E. L. Priestley, London/Toronto 1963 ff. – Gesammelte Werke, hg. v. T. Gomperz, 12 Bde., Leipzig 1869–1886, Ndr. Aalen 1968 *(GW)*. – Eine Prüfung der Philosophie Sir William Hamiltons, übers. v. H. Wilmanns, Halle 1908 *(PH)*. – Betrachtungen über die repräsentative Demokratie, hg. v. K. L. Shell, Paderborn 1971. – Einige ungelöste Probleme der politischen Ökonomie, hg. v. H. G. Nutzinger, Frankfurt/New York 1976. – Über die Freiheit, hg. v. M. Schlenke, Stuttgart 1991 *(ÜF)*. – Der Utilitarismus, hg. v. D. Birnbacher, Stuttgart 1991 *(DU)*.

Literatur

H. Boucsein: John Stuart Mill und die Idee der Solidarität, Frankfurt a. M. 1983. – R. B. Brandt: A Theory of the Good and the Right, Oxford 1979. – G. Claeys (Hg.): Der soziale Liberalismus John Stuart Mills, Bonn 1987. – C. Douglas: John Stuart Mill: A study of his philosophy, Oxford 1994. – B. Gräfrath: John Stuart Mill ‹Über die Freiheit›. Ein einführender Kommentar, Paderborn/München/Zürich/Wien 1992. – J. Gaulke: John Stuart Mill, Reinbek bei Hamburg 1996. – N. Hoerster: Utilitaristische Ethik und Verallgemeinerung, Freiburg ²1977. – O. Höffe (Hg.): Einführung in die utilitaristische Ethik, Tübingen 1992. – H. Jacobs: Rechtsphilosophie und politische Philosophie bei John Stuart Mill, Bonn 1965. – W. R. Köhler: Zur Geschichte und Struktur der utilitaristischen Ethik, Frankfurt a. M. 1979. – M. Ludwig: Die Sozialethik John Stuart Mills, Zürich 1963. – L. Rössner: Reflexionen zur pädagogischen Relevanz der praktischen Philosophie John Stuart Mills, Frankfurt / Bern 1983. – R. Schumacher: John Stuart Mill, Frankfurt a. M. 1994. – U. Gähde / W. Schrade (Hg.): Der klassische Utilitarismus, Berlin 1992. – L. K. Sosoe: Naturalismuskritik und Autonomie der Ethik. Studien zu G. E. Moore und J. St. Mill, Freiburg / München 1988. – R. W. Trapp: «Nicht-klassischer» Utilitarismus: eine Theorie der Gerechtigkeit, Frankfurt a. M. 1988. – J.-C. Wolf: John Stuart Mills «Utilitarismus». Ein kritischer Kommentar, Freiburg / München 1992.

Charles Darwin (1809–1882)

Leben und Werke

Obwohl kein Philosoph im engeren Sinn des Worts, markiert der Naturforscher Charles Darwin auch in der Geschichte der Philosophie einen
epochalen Wendepunkt. Darwin hat die spekulative Naturphilosophie
endgültig überwunden und der Biologie zum Status einer positiven Wissenschaft verholfen. Dadurch ist für die Erkenntnistheorie, aber auch für
die Ethik und Anthropologie eine grundlegend neue Situation entstanden: Der Mensch verliert seine Sonderstellung und erhält einen Platz im
Entwicklungsgang der organischen Welt. Ähnlich wie der Comtismus ist
der Darwinismus zu einer Weltanschauung geworden, deren Durchsetzung das geistige Klima in der zweiten Hälfte des 19. Jahrhunderts radikal verändert hat.

Charles Darwin wurde 1809 in Shrewsbury (Schottland) geboren. Zunächst studierte er Medizin in Edinburgh, dann von 1828 bis 1831 Theologie in Cambridge. Während des Theologiestudiums erwachte sein
Interesse für Botanik und Geologie. Dadurch ergab sich für ihn die Gele-
genheit zu einer Weltreise von 1831 bis 1836 auf dem Forschungsschiff
«Beagle». Die Reise führte nach Südamerika, wo er insbesondere auf den
Galapagos-Inseln Materialien für seine Evolutionstheorie sammelte.
Nur für kurze Zeit übte Darwin das Amt eines Sekretärs der Geologi-
schen Gesellschaft Englands aus, um sich 1842, also schon in jungen Jahren, mit seiner Frau auf einen Landsitz in der Nähe Londons zurückzu-
ziehen. Hier arbeitete er fern vom akademischen und gesellschaftlichen
Leben über Jahrzehnte an seinem neuen naturwissenschaftlichen Weltbild. Dennoch kann man im Falle Darwins nicht vom Werk eines Einzel-
gängers sprechen; denn Darwin stand stets in engem Kontakt mit den
maßgeblichen Naturforschern und Philosophen seiner Zeit: zu Charles
Lyell, der in der Geologie das Prinzip des Aktualismus durchsetzte, zu

dem Botaniker Alfred Russel Wallace, der an denselben Gedanken wie Darwin arbeitete, diesem aber den Vortritt ließ, sowie zu Herbert Spencer, dessen evolutionistische Philosophie Darwin in seinen Forschungen bestärkte. Bei seinem Tod im Jahre 1882 war Darwin in der ganzen Welt so berühmt und anerkannt, daß er in der Westminster Abbey beigesetzt wurde.

Zu den philosophisch relevanten Schriften Darwins zählt sein Hauptwerk, «Die Entstehung der Arten» (1859), das schon am Tag seines Erscheinens großes Aufsehen erregte. Die Kunde von dieser revolutionären Theorie, die mit dem Dogma von der Konstanz der Arten bricht, verbreitete sich in der Gelehrtenwelt Europas und Amerikas wie ein Lauffeuer. In Deutschland hat vor allem Ernst Haeckel (1834–1919) als Verkünder des Darwinismus gewirkt. Insbesondere die Konsequenzen, die sich aus der Entwicklungstheorie für das Selbstverständnis des Menschen ergeben, erhitzten die Gemüter. Darwin selbst, der in seinem Hauptwerk zu dieser Frage lediglich Andeutungen macht, hat erst 1871 mit seinem Buch «Die Abstammung des Menschen und die geschlechtliche Zuchtwahl» in die Diskussion eingegriffen. Hier wird die Selektionstheorie auf die Ethik angewendet, so daß sich Darwin von biologischer Seite dem Utilitarismus nähert. Ein für die Anthropologie zentrales Thema behandelt Darwin in seinem Buch «Der Ausdruck der Gemütsbewegungen bei Menschen und Tieren» (1872). Von wissenschaftsgeschichtlichem Interesse sind Darwins 1839 erschienene «Reise eines Naturforschers um die Welt» sowie die umfangreiche Sammlung seiner Briefe.

Evolution und Selektion

In der «Entstehung der Arten» stellt Darwin den Evolutionsgedanken, der spätestens seit dem französischen Zoologen Lamarck die Geister beschäftigt und die Katastrophentheorie Cuviers ablöst, auf eine neue theoretische Grundlage. Er verabschiedet die alte Vorstellung, daß sich die Arten als Kollektivsubjekte entwickeln, und geht davon aus, daß nur noch Individuen als Träger der Evolution anerkannt werden können. Unter dieser Voraussetzung entwickelt Darwin eine mechanistische Theorie der Evolution, welche mit zwei Grundprinzipien arbeitet: «Kampf ums Dasein» und «Natürliche Auslese».

Mit «Kampf ums Dasein» beschreibt Darwin die Art und Weise, wie sich die Individuen im Hinblick auf ihre Umwelt sowie im Verhältnis zu den anderen Individuen verhalten. Entscheidend für das Verständnis dieser Metapher ist die Übertragung der Vorstellung des Kampfes auf alle Lebensäußerungen. Damit formuliert Darwin ein biologisches Äquivalent zum Energieerhaltungsprinzip in der anorganischen Natur sowie zum Egoismus in der Moral. Dabei ist zu beachten, daß der Kampf ums Dasein den Fortpflanzungserfolg einschließt. Das Streben aller Lebewesen, sich zu vermehren, wird als «grenzenlos» bezeichnet, insofern es uneingeschränkt dazu führen würde, daß der Lebensraum in kurzer Zeit von der Nachkommenschaft eines einzigen Elternpaars okkupiert wäre. Auf diese Weise bricht Darwin radikal mit der teleologischen Vorstellung vom hierarchischen Aufbau der Natur, in dem jedem Geschöpf seine Stelle von Gott angewiesen ist. Wie sehr die neue Sichtweise der romantischen Naturerfahrung widerspricht, hat Darwin selbst hervorgehoben:

Nichts ist leichter, als ganz allgemein die Existenz des Kampfes ums Dasein zuzugeben; nichts aber ist schwerer (wie ich wenigstens herausgefunden habe), als die Existenz des Kampfes ums Dasein beständig im Auge zu behalten. Ehe wir nicht tief von ihr durchdrungen sind, werden wir den Haushalt der Natur mit all seinen Einzelheiten der Verbreitung, der Seltenheit, des Häufigseins, des Aussterbens und der Veränderung der Geschöpfe nur halb begreifen oder gar völlig falsch verstehen. Wir sehen das Antlitz der Natur heiter erstrahlen; wir sehen überall nur Überfluß an Nahrung. Aber wir sehen nicht oder übersehen, daß die Vögel, die sorglos rings um uns singen, von Insekten oder Samen leben und damit ständig Leben vernichten. Oder wir vergessen, daß viele dieser Sänger oder ihre Eier und Nestlinge von Raubvögeln und anderen Feinden vernichtet werden. Wir behalten nicht immer im Auge, daß zwar heute reichlich Futter vorhanden sein kann, daß das aber doch nicht in allen Jahreszeiten notwendig der Fall ist (EA, 100 f).

Der Daseinskampf bildet die Grundlage für den Evolutionsmechanismus, den Darwin in Analogie zur «künstlichen Zuchtwahl», mit deren Praxis er als Taubenzüchter vertraut war, als «natürliche Auslese» bezeichnet. Die Bezeichnung hat Anlaß zu Mißverständnissen gegeben und vor allem den Vorwurf des Anthropomorphismus provoziert. Das ist sachlich aber ungerechtfertigt, da Darwin nicht müde wird, seinen Lesern einzuschärfen, die natürliche Auslese wirke allein «durch und für den Vorteil des Individuums». Die Entwicklung der Arten wird also als selbstregulatorischer Prozeß verstanden, dessen Zweckmäßigkeit sich nicht nach der Übereinstimmung der Individuen mit einer vorgegebenen Art, sondern einzig nach deren Lebensfähigkeit richtet, mag das Individuum auch beschaffen sein, wie es wolle. «Natürliche Auslese» besagt also nichts anderes, als daß sich nur diejenigen unter den Organismen erhalten, die im Besitz der besseren Mittel sind. Die Ausstattung ist aber nicht vorbestimmt, sondern hängt von den zufälligen Gegebenheiten der individuellen Organisation und der Umwelt ab:

In diesem Wettkampfe wird jede Veränderung, wie gering sie auch sein und aus welchen Ursachen sie auch entstanden sein mag, wenn sie nur irgendwie dem Individuum vorteilhaft ist, auch zur Erhaltung dieses Individuums beitragen und sich gewöhnlich auch auf die Nachkommen vererben. Diese werden daher mehr Aussicht haben, am Leben zu bleiben; denn von den vielen Individuen einer Art, die geboren werden, lebt nur eine geringe Anzahl fort. Ich habe dieses Prinzip, daß jede geringfügige, wenn nur nützliche Veränderung konserviert, «natürliche Zuchtwahl» genannt, um seine Beziehung zu der vom Menschen veranlaßten künstlichen Zuchtwahl zu kennzeichnen. Indessen ist der von Herbert Spencer gebrauchte Ausdruck «Überleben des Tüchtigsten» besser und zuweilen ebenso bequem. Wir haben gesehen, daß der Mensch durch die Zuchtwahl große Erfolge erzielen und daß er durch die Anhäufung kleiner, aber nützlicher Veränderungen, die die Natur ihm bietet, organische Wesen seinen eigenen Zwecken anpassen kann. Indessen ist die natürliche Zuchtwahl, wie wir später sehen werden, eine Macht, die unaufhörlich wirkt und den schwachen Bemühungen des Menschen ebenso sehr überlegen ist wie das Wirken der Natur dem der Kunst (EA, 99 f).

Durch den Rückgriff auf das Prinzip der natürlichen Auslese verzichtet Darwin auf die Teleologie der Art als eines konstanten Idealtypus. Er beschreibt, wie unter bestimmten Bedingungen die Unordnung grenzenloser Variation sich selbstorganisierend in lebensfähigere Ordnungen transformiert. Wenn auch nach heutiger Auffassung die Selektion sich nicht ausschließlich auf die unterschiedliche Sterblichkeit der Individuen, sondern auf den Genpool bezieht, und wenn auch Zweckmäßigkeiten anerkannt werden müssen, welche allein die Art betreffen, so bleibt

Darwins mechanistischer Grundgedanke der Selbstregulation durch Variation dadurch unberührt. Die noch heute gültige wissenschaftstheoretische Leistung Darwins besteht darin, durch die natürliche Auslese die Zweckmäßigkeit der organischen Welt aus einem Zusammenspiel von Zufall und Notwendigkeit abzuleiten. Es ist das Verdienst der Neukantianer, insbesondere von F. A. Lange, in der Selektionstheorie einen Anwendungsfall des transzendentalen Prinzips der Zweckmäßigkeit, welches Kant als «Gesetzmäßigkeit einer an sich zufälligen Verbindung des Mannigfaltigen» bestimmt, erkannt zu haben. Die Selektionstheorie braucht also wissenschaftstheoretisch nicht notwendig dem dogmatischen Materialismus zugerechnet zu werden, unter dessen Banner der Darwinismus von Haeckel und anderen Materialisten in Deutschland verbreitet wurde.

Neben dem wissenschaftstheoretischen ist noch ein weiterer Punkt zu nennen, in dem Darwin auf die Philosophie gewirkt hat. Er betrifft die Erkenntnistheorie und die ihr zugrundeliegende Auffassung vom Subjekt. Weitet man die Gedanken des Kampfes ums Dasein und der natürlichen Auslese von der organischen auf die geistige Konstitution des Menschen aus, so verliert die Annahme eines rein geistigen Subjekts ihren Sinn. Der Erhaltungsmechanismus liefert das Modell für Bewußtseinsprozesse, die in Kategorien des Handelns beschrieben werden. Damit arbeitet Darwin der funktionalistischen und voluntaristischen Subjekttheorie vor, die im Positivismus von Ernst Mach und im Pragmatismus von William James ihren Höhepunkt findet.

Entsprechend begünstigt Darwin die Entwicklung einer instrumentalistischen Auffassung der Erkenntnis. Erkennen ist demnach eine Form der Anpassung, die in zwei Richtungen verläuft: nach innen als Anpassung der Umwelt an den Organismus und nach außen als Anpassung des Organismus an die Umwelt. Die erste Richtung steht für die Spontaneität des Denkens, die zweite für die Rezeptivität des Empfindens. Die heute unter dem Namen «evolutionäre Erkenntnistheorie» auftretende naturalistische Rekonstruktion des Erkenntnisprozesses schließt direkt an Darwins Paradigma an.

Evolution der sittlichen Gefühle

Während sich die öffentliche Diskussion an der Frage entzündete, ob der Mensch vom Affen abstammt, lenkt Darwin in seiner «Abstammung des Menschen» die Aufmerksamkeit auf die biologischen Grundlagen der Moralität. Hinsichtlich der physischen Konstitution weist er nach, daß der Mensch den gleichen Erhaltungs- und Entwicklungsprinzipien unterworfen ist wie alle anderen Tiere. Auf den Einwand, der Mensch bilde, da er im Vergleich mit den Tieren mangelhafte Spezialisierung aufweist, eine Ausnahme vom Prinzip der natürlichen Zuchtwahl, antwortet Darwin, daß gerade das Nichtspezialisiertsein dem Menschen als Gemeinschaftswesen vorteilhaft ist:

Die geringe körperliche Kraft des Menschen, seine geringe Schnelligkeit, der Mangel natürlicher Waffen usw. werden mehr als ausgeglichen erstens durch seine intellektuellen Kräfte, die ihn noch im Zustande der Barbarei in den Stand setzen, Waffen, Werkzeuge usw. zu formen; zweitens durch seine sozialen Eigenschaften, welche ihn dazu führten, seinen Mitmenschen zu helfen und Hilfe von ihnen zu empfangen. Kein Land auf der Erde hat solchen Überfluß an gefährlichen Tieren wie Südafrika, kein Land birgt größere Gefahren und Beschwerden als die arktischen Gegenden, und doch behauptet sich eine der schwächsten Rassen, nämlich die Buschmänner in Südafrika ebenso wie die der zwergischen Eskimos in den arktischen Gegenden (AM, 77).

Gerade weil der Mensch, wie die moderne Anthropologie sich ausdrückt, ein «Mängelwesen» ist, kann er den Kampf ums Dasein mit anderen Mitteln bestreiten und darin seine Überlegenheit gegenüber den Tieren unter Beweis stellen. Aber nicht nur in körperlicher, sondern auch und vor allem in moralischer Hinsicht besteht nach Darwin zwischen Tier und Mensch kein prinzipieller, sondern nur ein gradueller Unterschied. An zahlreichen plastischen Beispielen erläutert er, daß Tiere sich in vieler Hinsicht wie Menschen verhalten und ihnen daher die gleichen Gefühle zugeschrieben werden können. Andererseits versucht er nachzuweisen, daß das moralische Gefühl oder das Gewissen keine metaphysische Instanz ist, sondern aus den sozialen Instinkten hervorgeht, welche der Mensch mit dem Tier gemeinsam hat. Im Anschluß an Herbert Spencer vertritt Darwin den Standpunkt der evolutionären Ethik, den er nach dem Prinzip der natürlichen Auslese biologisch begründet.

Wie Darwin sich die Entstehung des moralischen Gefühls oder Gewissens aus den natürlichen Anlagen vorstellt, läßt sich schrittweise rekonstruieren. Den Ausgangspunkt bilden die sozialen Instinkte, insbesondere Liebe und Mitgefühl mit Artgenossen. Je höher Lebewesen entwickelt sind, desto unbestimmter sind diese Instinkte, so daß sie sich auf immer weitere Kreise ausdehnen. Die Ausübung sozialer Instinkte erzeugt Lustgefühl, so daß auch hier der Standpunkt des Individuums gewahrt bleibt. Bei höher entwickelten Tieren und insbesondere bei Menschen kommt die Nötigung hinzu, verschiedene mit der Ausübung der Instinkte verbundene Empfindungen miteinander zu vergleichen:

Der Mensch kann nicht verhindern, daß frühere Eindrücke in seiner Seele beständig wieder auftauchen; hierdurch wird er veranlaßt, die Eindrücke von früher empfundenem Hunger, befriedigtem Rachedurst oder auf andere Menschen abgewälzten Gefahren mit dem fast immer gegenwärtigen Instinkt der Sympathie und mit seiner Kenntnis von dem, was andere als lobens- oder tadelnswert kennen, zu vergleichen. Diese Kenntnis kann er aus seiner Seele nicht verbannen und sie wird von der instinktiven Sympathie als ein wichtiges Moment angesehen. Es wird ihm dann erscheinen, als ob er von einem momentanen Instinkt oder einer Gewohnheit verführt worden sei, und dies verursacht bei allen Tieren Unbefriedigtsein, ja selbst Pein (AM, 142).

Das Gedächtnis und der Vergleich mit vergangenen Empfindungen haben den Effekt, die augenblickliche instinktive Regung in ein permanentes Verpflichtungsgefühl zu verwandeln, das den Menschen vom Tier unterscheidet. Dieser psychologische Mechanismus läßt erkennen, daß Moralität zwar aus Instinkten entsteht, aber an eine bestimmte intellektuelle Fähigkeit gebunden ist, die der Mensch am weitesten ausgebildet hat: die Phantasie. Damit verweist Darwin auf die Instanz, welche die Entwicklungsethik davor bewahrt, zum kruden Naturalismus zu werden. Die Phantasie, die dem Gedächtnis entspringt und zum Vergleich anregt, versetzt den Menschen in Distanz zu seinen instinktiven Regungen und fungiert somit als Vorform des Gewissens:

Die moralischen Fähigkeiten werden gewöhnlich und mit Recht höher geschätzt als die intellektuellen. Aber wir sollten im Auge behalten, daß die Aktivität des Geistes bei der lebhaften Wiedererinnerung früherer Eindrücke eine der fundamentalsten, wenn auch sekundären Grundlagen des Gewissens ist. Dies ist zugleich das stärkste Argument dafür, die intellektuellen Fähigkeiten des Menschenwesens in aller möglichen Weise zu erziehen und anzuregen. Ein Mensch mit einem stumpfen Geist, aber mit wohlentwickelten sozialen Affekten und Sympathien wird zweifellos zu guten Handlungen geleitet werden, wie er auch ein sehr feinfühliges Gewissen haben kann; aber alles, was die Phantasie lebhafter macht und die Gewohnheit zur Überlegung und Vergleichung früherer Eindrücke stärkt, macht auch das Gewissen feinfühliger und kann vielleicht schwache soziale Affekte und Sympathien kompensieren (AM, 270 f).

Die Betonung der kognitiven Prozesse im moralischen Empfinden führt Darwin schließlich zur Modifikation des utilitaristischen Moralprinzips vom größten Glück. Er objektiviert das Prinzip im Sinne der Solidarität. Diese Tendenz bringt er terminologisch darin zum Ausdruck, daß er statt vom «größten Glück» vom «allgemeinen Besten» als Norm und Motiv des moralischen Handelns spricht:

Wenn ein Mensch sein Leben wagt, um das eines Mitmenschen zu retten, so würde es daher korrekter sein, zu sagen, daß er für das allgemeine Beste handle, als zu sagen, er tue es für das allgemeine Glück der Menschheit. Ohne Zweifel sind Glück und Wohl eines Individuums häufig identisch; und ein zufriedener, glücklicher Stamm wird besser gedeihen als ein unzufriedener und unglücklicher. Wir haben gesehen, daß schon in einer frühen Periode der Geschichte die ausgesprochenen Wünsche der Gesamtheit großen Einfluß auf das Verhalten des Einzelnen ausgeübt haben mag; und da alle nach Glück streben, wird das Prinzip des «größtmöglichen Glücks» ein sehr wichtiger sekundärer Führer und wichtiges Ziel geworden sein. Der soziale Instinkt im Verein mit der Sympathie, die zu unserer Empfänglichkeit für die Billigung oder Mißbilligung anderer führte, hat jedoch sicher als der primäre Impuls und Führer gedient. Damit wäre die Meinung zurückgewiesen, daß man den Grund der edelsten Seite unserer Natur in dem niedrigen Prinzip der Selbstsucht zu suchen habe; es sei denn, daß man die Befriedigung jedes Tieres nach der Befolgung seiner eigenen Instinkte und die

Unzufriedenheit, wenn dies unmöglich war, selbstsüchtig nennen will
(AM, 153).

Dieses Zitat belegt, daß die Darwin häufig vorgeworfene Naturalisie-
rung der Moral keineswegs die Form eines unkritischen Biologismus
aufweist. Darwin ist sich durchaus darüber im klaren, daß das Sollen
nicht direkt aus dem Instinkt abgeleitet werden kann, sondern daß es
vermittelnder Schritte bedarf, um den Übergang plausibel zu machen.
Moralische Verantwortung erfordert nach Darwin ein gewisses Maß an
Distanzierung von den instinkthaften Antrieben. Die Distanzierung erfolgt über die Empfänglichkeit für die Reaktion des anderen, die den
Boden für ein sozial kontrolliertes Selbstverhältnis bereitet. Daher ist
Darwin nicht ganz im Unrecht, wenn er seine Rekonstruktion des
moralischen Gefühls als anthropologische Darstellung von Kants Begriff der Pflicht auffaßt.

Darwins Werk bringt nicht nur einen Paradigmawechsel in der Biologie, sondern hat eine tiefgreifende Veränderung des geistigen Klimas
zur Folge. Davon zeugen die heftigen weltanschaulichen Auseinander-
setzungen, welche die zweite Hälfte des 19. Jahrhunderts erschütterten.
Von seiten der Theologen wurde die Selektionstheorie als Angriff auf
die Idee der göttlichen Schöpfung und der damit verbundenen Sonderstellung des Menschen aufgefaßt.

Atheismus und Materialismus waren die Schreckgespenster, die an
die Wand gemalt wurden. Nach dem ersten weltanschaulichen Schock
konnten die Verfechter des Darwinismus aber zunehmend die positiven
Seiten der neuen Lehre für das menschliche Selbstverständnis zum Bewußtsein bringen. Die Idee der Eingliederung des Menschen in die Natur unter Voraussetzung einer realistischen Einschätzung der Lebensbedingungen hat schließlich dem Supranaturalismus ein Ende bereitet
und die moderne Auffassung von der Einheit der Natur endgültig etabliert.

Auch und gerade für die Philosophie bedeutet Darwins Werk einen
epochalen Einschnitt. Nach 1859 konnte man nicht mehr so philosophieren wie vorher. Die Zäsur betrifft in Deutschland vor allem den
teleologischen Naturbegriff, der in der Selektionstheorie seine unüber-
schreitbare Grenze findet. Entgegen allen Versuchen, die romantisch-
idealistische Naturphilosophie zu rehabilitieren, gilt: Hegel hätte kein

Darwinist werden können, da die schöpferische Rolle des Zufalls und der langen Zeiträume seinen Begriff des absoluten Geistes sprengt. Etwas günstiger steht es mit Kant, der die Zweckmäßigkeit als Gesetzlichkeit des Zufälligen definiert. Was Kant jedoch lediglich als regulatives Prinzip zuläßt, wird erst bei Darwin zu einer empirisch gut fundierten Hypothese. Insofern kann man den Darwinismus als Fortsetzung des Transzendentalismus auf realistischer Basis betrachten, und die Neukantianer haben die Dinge in der Tat so gesehen. Auf diese Weise hat der Darwinismus die akademische Philosophie in Deutschland dazu gebracht, den Standpunkt des reinen Bewußtseins zu verlassen und den Menschen als körperliches und handelndes Wesen zu begreifen. Die Wende der Erkenntnistheorie zur philosophischen Anthropologie, die um die Jahrhundertwende zu beobachten ist, ist dafür ein überzeugender Beleg.

Schriften

The Works of Charles Darwin, hg. v. P. H. Barrett u. R. B. Freeman, 29 Bde., London 1986–1989. – Gesammelte Werke in 13 Bänden, hg. v. F. M. Wuketits, übers. v. J. V. Carus, Tübingen 1992. – Die Abstammung des Menschen, übers. v. H. Schmidt, Stuttgart [4]1982 *(AM)*. – Über die Entstehung der Arten durch natürliche Zuchtwahl, übers. v. C. W. Neumann, Stuttgart (Reclam) 1967 *(EA)*. – Leben und Briefe von Charles Darwin, 3 Bde., hg. v. F. Darwin, übers. v. J. V. Carus, Tübingen 1992. – Mein Leben. Autobiographie, hg. v. N. Barlow, Frankfurt a. M. 1993.

Literatur

G. Altner (Hg.): Der Darwinismus. Die Geschichte einer Theorie, Darmstadt 1981. – R. W. Clark: Charles Darwin. Biographie eines Mannes und einer Idee, Frankfurt a. M. 1990. – D. Denett: Darwins dangerous ideas. Evolution and the meaning of life, New York 1995. – A. Desmond/J. Moore: Darwin, München 1992. – E.-M. Engels: Erkenntnis als Anpassung? Eine Studie zur Evolutionären Erkenntnistheorie, Frankfurt a. M. 1989. – A. Fenk (Hg.): Evolution und Selbstbezug des Erkennens, Wien/Köln 1990. – G. Heberer: Charles Darwin, Stuttgart 1959. – J. Hemleben: Charles Darwin, Reinbek bei Hamburg 1983. – A. Kelly: The Descent of Darwin. The Popularization of Darwinism in Germany 1860–1914, Chapel Hill 1984. – H. W. Koch: Der Sozialdarwinismus. Seine Genese und sein Einfluß auf das imperialistische Denken, München 1973. – G. Knapp: Der antimetaphysische Mensch. Darwin/Marx/Freud, Stuttgart 1973. – O. Küppers: Der Ursprung biologischer Information, München 1994. – E. Mayr: Eine neue Philosophie der Biologie, München 1991. – E. Mayr: Und

Darwin hat doch recht, München 1994. – M. L. Rybarczyk: Die materialistischen Entwicklungstheorien im 19. und 20. Jahrhundert. Darstellung und Kritik, Königstein/Ts. 1979. – A. u. K. Steinmüller: Charles Darwin. Vom Käfersammler zum Naturforscher, Berlin 1987. – S. Toulmin: Darwin und die Evolution der Wissenschaft, in: Dialektik 5, Köln 1982. – G. Vollmer: Evolutionäre Erkenntnistheorie. Angeborene Erkenntnisstrukturen im Kontext von Biologie, Psychologie, Linguistik, Philosophie und Wissenschaftstheorie, Stuttgart 1987. – F. M. Wuketits: Charles Darwin. Der stille Revolutionär, München 1987.

Herbert Spencer (1820–1903)

Leben und Werke

Herbert Spencer wurde 1820 als Sohn eines Schullehrers in Derby geboren. Nach einer mathematisch-naturwissenschaftlich ausgerichteten Erziehung durch seinen Vater war er zunächst Eisenbahningenieur. Nach wenigen Jahren gab er diesen Beruf auf, um sich seinen soziologischen und philosophischen Interessen zu widmen. Von 1848 bis 1853 war er Herausgeber der renommierten Zeitschrift «Economist» und verdiente später seinen Lebensunterhalt hauptsächlich als wissenschaftlicher Schriftsteller durch Veröffentlichungen in Zeitschriften. Mehrere akademische Ehrentitel schlug Spencer aus. Als Autodidakt fühlte er sich wie J. St. Mill weitgehend mit Comte verwandt, von dem er den für den Positivismus charakteristischen enzyklopädischen Stil übernahm.

Spencers Hauptwerk ist das zehnbändige «System der synthetischen Philosophie», das die Prinzipien der Biologie, der Psychologie, der Soziologie und der Ethik umfaßt, deren Grundlage ein eigener Band über «Erste Prinzipien» bildet (1862–1896). Neben diesem monumentalen und heute nur noch schwer lesbaren Werk sind als selbständige Schriften erschienen: «Soziale Statik» (1850), «Die Erziehung» (1861) und «Das Studium der Soziologie» (1873), «Die Tatsachen der Ethik» (1879) und «Die Gerechtigkeit» (1891), welche zum Teil außerordentliche Popularität genossen. Spencer ist als Hauptvertreter des englischen Positivismus anzusehen, der die Geschichtsphilosophie Comtes in eine Evolutionstheorie transformiert.

Evolutionismus

Mit dem Namen Spencers ist der Begriff Evolutionismus eng verbunden. In Anlehnung an die Biologie hat Spencer ein universelles Evolutionsprinzip entwickelt, dem zufolge alle Vorgänge in der Welt nach einem einheitlichen Entwicklungsgesetz ablaufen sollen. Spencer war der Überzeugung, daß sich der Begriff der universellen Evolution deduktiv aus den Gesetzen der Unzerstörbarkeit der Materie und der Erhaltung der Energie ableiten läßt. Das Prinzip der Evolution besagt, daß alle Naturvorgänge einschließlich der kulturellen Entwicklung vom Einfachen zum Komplexen verlaufen. In Spencers eigenen Worten:

Entwicklung, in ihrer einfachsten und allgemeinsten Gestalt, ist Integration des Stoffes und begleitende Zerstreuung der Bewegung, Auflösung dagegen ist Aufnahme von Bewegung und begleitende Desintegration des Stoffes (SP I, 289).

Spencers Evolutionsprinzip kann seinen Universalitätsanspruch allerdings nur dadurch aufrechterhalten, daß seine Formulierung sehr allgemein gehalten ist. Zwar trifft es zu, daß viele Systeme nur als dynamisches Gleichgewicht stabil bleiben und das moderne wissenschaftliche Weltbild daher näher bei Heraklit als bei Parmenides liegt. Aber daraus läßt sich kein wissenschaftlich verwendbares Ordnungsschema ableiten, welches alle Prozesse vom Werden der Planetensysteme bis zur sozialen und kulturellen Entwicklung umfaßt. Der konstitutionelle Fehler des Evolutionismus liegt bei Spencer darin begründet, daß er in der Biologie, von der er den Begriff der Evolution übernimmt, keine klaren Begriffe entwickelt. Im Anschluß an den französischen Zoologen Lamarck hält er die Embryonalentwicklung für den Prototyp der Stammesentwicklung und verfehlt damit die bei Darwin gereifte Einsicht, daß es sich bei der individual- und der stammesgeschichtlichen Entwicklung um zwei grundverschiedene Phänomene handelt.

Die wissenschaftstheoretische Schwäche des Evolutionismus darf aber nicht dessen zeitgeschichtliche Bedeutung verkennen lassen. Evolution wurde nämlich als Daseinsmetapher aufgefaßt, mit deren Hilfe es gelang, den positivistischen Fortschrittsglauben mit dem Liberalismus und seiner unbeschränkten Freiheit des Individuums zu einer einheitlichen

Weltanschauung zu verbinden. Allerdings läßt sich bei Spencer eine interessante Sinnverschiebung feststellen. Anfangs beseelte ihn ein überschwenglicher Optimismus, dem zufolge die Evolution durch den Ausgleich von Individuum und Gesellschaft einem Maximum an Vollkommenheit und Glück zustrebt. Inzwischen war durch die Entdeckung des zweiten Hauptsatzes der Thermodynamik das Schreckensbild des Wärmetods entstanden. Entsprechend verdüstert sich auch Spencers Reflexion über den Endzustand der Evolution. Er schließt die Möglichkeit nicht aus, daß die Dissolution auf Dauer die Oberhand gewinnt. So dämpft das «Allgegenwärtigwerden des Todes» den Fortschrittsoptimismus und leitet die pessimistische Stimmung des Fin-de-Siècle ein.

Nach der Jahrhundertwende hat der französische Lebensphilosoph Henri Bergson mit seinem Buch «Schöpferische Entwicklung» (1907) noch einmal den Versuch unternommen, Spencers Evolutionsprinzip in eine spiritualistische Metaphysik des Fortschritts zu transformieren. Mit dem Ersten Weltkrieg allerdings hat die Evolution als Daseinsmetapher endgültig ihre Attraktivität eingebüßt. Seither ist der Name Spencer fast ganz aus der philosophischen Diskussion verschwunden. Allerdings zu Unrecht, da Spencers Evolutionismus Elemente enthält, die in der Theorie der Postmoderne eine Rolle spielen. Das betrifft insbesondere die Überzeugung, daß Moral ein soziales Verhältnis ist, welches sich nicht restlos in Handlungsvorschriften übersetzen läßt. Moralische Normen fungieren als soziale Regeln mit Integrationsfunktion. Die höchste Stufe der Integration des individuellen Strebens in die gesellschaftliche Entwicklung ist erreicht, wenn im Leben der Menschen die Lust den allerdings unvermeidbaren Schmerz überwiegt. Man macht es sich daher zu leicht, wenn man Spencer als Vertreter eines rassistischen Sozialdarwinismus diskreditiert. In der Sozialphilosophie wie in der Ethik vertritt Spencer durchaus liberale Gedanken, die der gegenwärtigen Diskussion um die Möglichkeiten und Grenzen einer evolutionären Ethik Impulse geben können.

Soziologie

Spencers Sozialphilosophie ist wie die von Comte eindeutig geschichtsphilosophisch ausgerichtet. Spencer unterscheidet zwei Gesellschafts-
typen: den militaristischen und den industriellen. Den ersten, der die
unterste Stufe der Sozialentwicklung darstellt, beschreibt er als Despo-
tismus, welcher die Individuen unter die eiserne Disziplin staatlicher
Bevormundung zwingt. Der industrielle Gesellschaftstyp, den Spencer
in seiner Zeit heraufkommen sieht, ist dadurch geprägt, daß mit zuneh-
mender Befriedigung menschlicher Bedürfnisse der Existenzkampf immer humanere Formen annimmt und die regulative Funktion des Staates somit überflüssig wird. Die Menschen lernen, sich durch freiwillige
Selbstdisziplin den Gesetzen des Marktes anzupassen. Dem Staat
kommt dabei lediglich die Funktion zu, Verträge zu schützen und Ge-
waltverbrechen zu verhindern. Dagegen behindert nach Spencers Auffassung die Sozialgesetzgebung den natürlichen Interessenausgleich
und die Entwicklung durchsetzungsfähiger Individuen. Insbesondere
spricht er dem Staat das Recht ab, als Unternehmer aufzutreten, da alles, was ein Staat unternimmt, schlecht getan wird. Spencer geht sogar
so weit, den Unternehmern das Recht einzuräumen, ihr eigenes Papier-
geld zu drucken:

*Wir gehen einem Staatszustande entgegen, in dem die Autorität aufs
Minimum beschränkt, die Freiheit aber zum Maximum erhoben wird. Der
Mensch wird durch soziale Disziplin dem Leben in der Gesellschaft so
angepaßt sein, daß er eines äußeren Zwanges nicht mehr bedarf, sondern sich selbst zügeln wird. Der Einzelne wird sein Leben im höchsten
Grade mit dem sozialen Leben in Einklang bringen. Und das soziale Leben wird kein anderes Ziel mehr kennen, als das, das individuelle Leben
vor jedwedem Eingriffe zu sichern. Anstelle einer künstlichen Unifor-
mität nach einem offiziellen Muster wird die Menschheit genau wie die
Natur eine allgemeine Ähnlichkeit aufweisen, die aber durch unendlich
kleine Unterschiede vielfältig gestaltet sein wird (SP XI, Kap. 29).*

Hier tritt der utopische Charakter der Geschichtsphilosophie Spencers
hervor, der sich angesichts gegenwärtiger Entwicklungen allerdings keineswegs völlig wirklichkeitsfremd ausnimmt. Abgesehen von den syste-

matischen Schwachpunkten, die sich aus der Übertragung des Evolutionsprinzips auf die Gesellschaftsentwicklung ergeben, läßt sich an Spencer studieren, wie eine Theorie der Moderne unter konsequenter Ausschaltung der Religion allein auf den Grundlagen von Wirtschaft und Industrie aussieht. Damit setzt Spencer die Freihandelsideologie der Manchester-Schule fort. Vom französischen Positivismus unterscheidet er sich darin, daß er die quasi religiöse Verehrung der Menschheit, welche dem positiven Zustand metaphysische Stabilität verleiht, strikt ablehnt. Die Menschheit ist für Spencer eine Fiktion, wirklich ist allein das Individuum. Während das Leben der Tiere der Erhaltung der Gattung untergeordnet ist, lebt der Mensch nach dem Prinzip der Individualität. Dieses findet im Selbstbewußtsein sowie in lebenslanger Selbstgestaltung seinen Niederschlag. Mit dieser Auffassung ebnet Spencer dem modernen Individualismus und Pluralismus soziologisch den Weg. Der Endzustand, auf den die gesellschaftliche Entwicklung zustrebt, hat die «Beständigkeit des Heterogenen». Denn eine heterogene, d. h. eine differenzierte und mobile Gesellschaft ist nach Spencers Ansicht eher als eine homogene in der Lage, sich verändernden Umständen anzupassen. Das ist ein Gedanke, der heute in der Theorie der Postmoderne weiterlebt.

Evolutionäre Ethik

In der Ethik, der Spencer in seinem System die höchste Stelle einräumt, vertritt er im Anschluß an J. St. Mill den Utilitarismus. Allerdings weicht Spencer von Mill darin ab, daß er die Glückseligkeit als Zweck des Handelns nicht auf dem direkten Weg der Lustmaximierung für erreichbar hält:

Die von mir vertretene Ansicht ist die, daß die Ethik im eigentlichen Sinne – die Wissenschaft vom guten Handeln – die Entscheidung, wie und warum gewisse Handlungsweisen verderblich und gewisse andere wohltätig sind, zu ihrem Gegenstande hat. Diese guten und schlechten Resultate können nicht zufällige, sondern müssen notwendige Folgen der Ordnung der Dinge sein, und meiner Ansicht nach ist es nun eben die Hauptsache der Moralwissenschaft, aus den Gesetzen des Lebens und

den Existenzbedingungen abzuleiten, welche Arten des Handelns not-
wendigerweise Glück und welche Unglück zu erzeugen streben. Hat sie
dies getan, so müssen ihre Deduktionen als die Gesetze des Handelns
erkannt und ohne Rücksicht auf eine direkte Beurteilung von Glück oder
Elend befolgt werden (SP X, 64 f).

Aus dieser an die Adresse von Mill gerichteten Äußerung geht hervor, daß Spencer die Ethik nicht auf das Handeln, sondern auf das Geschehen richtet. Das moralische Gefühl urteilt danach, wie es in der Welt zugehen müßte, damit die Lust am Leben stärker ist als der Schmerz. Das Streben nach Lust dient dem Ziel der Erhaltung des Lebens, das in Spencers Augen alle anderen Zwecke übersteigt. Mit diesem Gedankengang gibt er der Ethik eine biologische Grundlage, ohne im Biologismus zu enden. Ziel ist eine evolutionäre Ethik, deren Leitfrage lautet, wie das moralische Empfinden aus den natürlichen Anlagen des Menschen entstanden ist und in welcher Form es mit den Gesetzen der gesellschaftlichen Entwicklung im Einklang steht.

Ausgangspunkt ist für Spencer der natürliche Egoismus, der allmählich in Altruismus übergehen soll und so den Menschen dazu befähigt, als Glied des gesellschaftlichen Organismus zu leben. Der Altruismus spielt bei Spencer eine zentrale Rolle, erschöpft aber seine Idee der Moral keineswegs. Daneben tritt als wesentlicher Inhalt des sittlichen Handelns das Gefühl der Gerechtigkeit, das dem einzelnen zugunsten der Allgemeinheit eine Selbstbeschränkung auferlegt. Das Gerechtigkeitsgefühl regt sich immer dann, wenn man miterlebt, wie andere zu Unrecht verletzt und ihrer Freiheit beraubt werden.

Spencers moralphilosophische Position läßt sich als evolutionärer Hedonismus bezeichnen. Die Evolution objektiviert das Luststreben und den Egoismus dadurch, daß der Mensch die Anerkennung durch die anderen als Lust erfährt. Beide Momente vereint Spencer im Begriff des Lebens, so daß man bei ihm die Tendenz beobachten kann, das Nützlichkeitsprinzip als Prinzip des Lebens zu interpretieren. Leben bedeutet zwar Kampf und Leiden, aber das Resultat ist für Spencer immer eine Steigerung der Lebensqualität. Damit wendet er sich gegen den christlichen Asketismus sowie gegen den Pessimismus, der sich zu seiner Zeit durch die Rezeption Schopenhauers ausbreitete.

Der Optimismus, zu dem sich Spencer durch die moralische Evolution veranlaßt sieht, schlägt sich in der Unterscheidung zweier Formen der Ethik nieder: einer relativen und einer absoluten. Die relative Ethik gilt für das Übergangsstadium, also für die militaristische Gesellschaftsform. Hier wäre es weder praktikabel noch moralisch wünschenswert, sein Handeln nach altruistischen Idealen auszurichten. Nur ein gesunder Egoismus, der vor den harten Tatsachen des Daseinskampfes die Augen nicht verschließt, kann nach Spencers Ansicht den Idealzustand des «ewigen Friedens» herbeiführen, der allerdings mehr den Vorstellungen Comtes als denen Kants entspricht. Im Zustand vollendeter Industrialisierung gilt dagegen die absolute Ethik, die dem Ziel der Evolution vollkommen angepaßt ist. Man kann sie mit Descartes auch als definitive Moral im Unterschied zur provisorischen bezeichnen. Ihr Prinzip ist die wechselseitige Kooperation aller mit allen nach den Regeln der Gerechtigkeit, also das, was man heute im anspruchsvollen Sinn als Solidargemeinschaft bezeichnet.

Die logischen Schwierigkeiten der evolutionären Ethik sind insbesondere von G. E. Moore hervorgehoben worden, der in seinen «Principia Ethica» (1903) gegen Mill und Spencer den Einwand des «naturalistischen Fehlschlusses» formuliert. Dieser verbietet es, aus biologischen Tatsachen Normen abzuleiten. Allerdings bleibt offen, ob der an sich richtige Einwand die Intention Spencers wirklich trifft. Man kann seine evolutionäre Ethik als Absage an die Möglichkeit einer apriorischen Moralbegründung lesen und darin den Versuch sehen, an deren Stelle eine Sozialtechnologie zu setzen. Jedenfalls bleiben zumindest zwei Punkte übrig, die für die gegenwärtige Ethik-Diskussion von Belang sind. Zum einen die Rückführung der moralischen Verpflichtung auf den Ausgleich von Gefühlen, die einander widerstreiten. Moral ist laut Spencer immer ein «Kompromiß», der einen allein beim Menschen anzutreffenden Bereich von «Zwischengefühlen» eröffnet. Deren Entwicklung setzt die Fähigkeit voraus, sich vorzustellen, wie der andere auf Handlungen emotional reagiert. Zum anderen ist die strenge Unterscheidung zwischen Familien- und Gesellschaftsethik zu nennen. Während Spencer die Funktion der Gesellschaft darin sieht, die Stärksten zu belohnen, bildet die Familie den Ort, an dem die Schwächeren Schutz finden. Zu Recht hat sich Spencer daher gegen den Vorwurf verwahrt, er predige in der Moral das Recht unbarmherziger Selbstbehauptung. Seine Unterscheidung von Sphären der Gerechtigkeit zeugt vielmehr von einem gesunden Realismus, der den Täuschungen einer universalen Moral entgeht. So ebnet Spencers Moralphilosophie dem ethischen Pluralismus den Weg, ohne die Idee moralischen Fortschritts aufzugeben.

Schriften

The Works of Herbert Spencer, Ndr. der Ausgabe von 1889–1904, 21 Bde., Osnabrück 1966–1967. – Social Statics: Or, the Conditions Essential to Human Happiness specified and the First of them Developed, London 1851. – System der synthetischen Philosophie, übers. v. B. Vetter, Stuttgart 1875 ff *(SP)*. – Eine Autobiographie, hg. v. L. u. H. Stein, Stuttgart 1905. – Die Kunst der Erziehung. Die geistige, moralische und körperliche Erziehung, hg. v. P. E. Maxheimer, übers. v. K. H. Ronde, Wiesbaden 1947.

Literatur

E. Böhlke: A system of synthetic philosophy. Grundzüge des philosophischen Denkens von Herbert Spencer, 2 Bde., Berlin 1988. – E.-M. Engels: Herbert Spencers Moralwissenschaft – Ethik oder Sozialtechnologie. Zur Frage des naturalistischen Fehlschlusses bei Herbert Spencer, in: K. Bayertz (Hg.): Evolution und Ethik, Stuttgart 1993. – O. Gaupp: Herbert Spencer, Stuttgart ⁵1923. – J. Guthmann: Entwicklung und Selbstentfaltung bei Herbert Spencer, Würzburg 1930. – M. Jaeger: Herbert Spencers Prinzipien der Ethik. Ihre gedankliche Zergliederung und Beurteilung, Hamburg 1922. – P. Kellermann: Kritik einer Soziologie der Ordnung. Organismus und System bei Comte, Spencer und Parsons, Freiburg 1967. – J. G. Muhri: Normen von Erziehung. Analyse und Kritik von Herbert Spencers evolutionistischer Pädagogik, München 1982. – J. D. Y. Peel: Herbert Spencer: The Evolution of a Sociologist, London 1971. – K. Schwarze: Herbert Spencer, Leipzig 1909. – A. Sinclair: Der Utilitarismus bei Sidgwick und Spencer, Heidelberg 1907. – L. Stein: Einführung in die Philosophie und Soziologie Herbert Spencers, Stuttgart 1905. – J. H. Turner: Herbert Spencer. A renewed Appreciation, Beverly Hills 1985. – D. Willshire: The social and political thought of Herbert Spencer, Oxford 1978.

Ernst Mach (1838–1916)

Leben und Werke

Der Positivismus im deutschsprachigen Raum weicht von Comte, aber auch von Mill und Spencer darin ab, daß er sich mehr auf die Analyse der vorwissenschaftlichen Erfahrung konzentriert. Die Wende zur Lebenswelt prägt das Denken von Ernst Mach, der nach eigenem Bekunden schon in früher Jugend mit der Philosophie Kants in Berührung gekommen ist, sich aber zunehmend davon entfernt hat. Die Entfernung von Kant entspricht dem impressionistischen Lebensgefühl, das Machs Erleben nachhaltig geprägt hat. So berichtet er später, daß sein ganzes Philosophieren nur die Explikation des Eindrucks sei, den an einem heiteren Sommertag die Natur auf ihn hinterlassen habe. Diese Äußerung ist sicherlich ein Stück nachträglicher Selbststilisierung, trifft aber den Wandel, den der Geist des Positivismus seit Comte durchgemacht hat: vom enzyklopädischen Naturalismus zur heiteren Gelassenheit des Fiktionalismus.

Mach wurde 1838 in Turas in Mähren geboren und ist in Niederösterreich aufgewachsen. Nach einem Studium der Mathematik und Physik wandte er sich der Medizin zu und kam so in Kontakt mit dem Wiener Physiologen Ernst Brücke, eine Begegnung, die das Denken Machs entscheidend prägte. Ab 1867 wirkte er als Professor in Prag, wo er sich physiologischen Arbeiten widmete. Hier entstanden seine wissenschaftsgeschichtlichen Studien, die ihn auf den Weg zur Philosophie brachten. Von 1895 bis 1901 bekleidete er in Wien eine Lehrkanzel für Philosophie, mit besonderer Berücksichtigung der Geschichte und Theorie der induktiven Wissenschaften. Seine letzten Lebensjahre sind überschattet von Angriffen, denen er sich wegen seines strikten Festhaltens an der Atomtheorie von seiten namhafter Physiker ausgesetzt sah. Er starb 1916 als bekannter und angesehener Gelehrter.

Die philosophischen Werke Machs lassen sich in zwei Themenkreise einteilen. Zum einen die wissenschaftsgeschichtlichen Untersuchungen, insbesondere die großen Werke «Die Mechanik in ihrer Entwicklung historisch-kritisch dargestellt» (1883) sowie «Die Prinzipien der Wärmelehre. Historisch-kritisch entwickelt» (1896). Die Darstellungen sind nicht nur als Beiträge zur Wissenschaftsgeschichte von Interesse, sondern lassen sich auch als Anwendungen der Erkenntnistheorie Machs lesen. Diese umfaßt den zweiten Themenkreis, in dessen Mittelpunkt die bahnbrechenden «Beiträge zur Analyse der Empfindungen» (1886) stehen. Die Ansätze hat er später zu seinem wissenschaftstheoretischen Hauptwerk «Erkenntnis und Irrtum. Skizzen zur Psychologie der Forschung» (1905) ausgebaut, das für den logischen Positivismus des «Wiener Kreises» grundlegend wurde. Aus den erkenntnistheoretischen Überlegungen ragt die These von der Unrettbarkeit des Ich heraus, die in der postmodernen Diskussion um die Dezentrierung des Subjekts wieder an Aktualität gewonnen hat.

Wissenschaftstheorie und Wissenschaftsgeschichte

Machs große wissenschaftsgeschichtliche Darstellungen der Mechanik und der Wärmelehre entspringen einem mehr als antiquarischen Interesse. Sie sind als Illustrationen seiner wissenschaftstheoretischen Grundüberzeugung konzipiert. Diese liegt auf der Linie des Empirismus, der das Ziel naturwissenschaftlicher Erkenntnis darin sieht, statt das ‹Wesen› der Dinge die Abhängigkeit der Erscheinungen voneinander zu erforschen. Dieser Standpunkt wird gestützt durch das Prinzip der Denkökonomie, welches besagt, daß alle wissenschaftlichen Begriffe und Theorien nur den Sinn haben, die Fülle der unübersichtlichen Erfahrungsgegebenheiten zum Zweck weiterer Erfahrungen zu ordnen. Naturgesetze haben demnach den Status von Beschreibungen, welche unsere Erwartungen unter der Leitung der Erfahrung einschränken.

Die orientierungspraktische Konzeption der Erkenntnis hat zur Folge, daß Wissenschaftsgeschichte nach Machs Überzeugung notwendig zur Wissenschaftstheorie gehört. Der Geschichte kommt dabei eine doppelte Funktion zu: Zum einen ersetzt sie die Annahme apriorischen Wissens, da sie die Geltung von Theorien aus ihrer Bewährung in der Zeit ableitet.

Zum anderen trägt sie zur Öffnung des Forschungsprozesses bei, indem sie die Wissenschaftler an die Veränderlichkeit ihrer Grundbegriffe erinnert:

Eine Ansicht, deren Entstehungsgeschichte wir kennen, ist uns wie eine mit Bewußtsein selbst erworbene Ansicht vertraut, und doch in ihrem Werden erinnerlich. Sie gewinnt nie dieselbe Unveränderlichkeit und Autorität wie jene, die uns anerzogen ist, und die wir fertig übernommen haben. Wir ändern die selbsterworbene Ansicht leichter (PW, 1 f).

Die historische Rekonstruktion führt Mach in der «Mechanik» zu der Einsicht, daß Newtons Begriffe der absoluten Zeit, des absoluten Raums und der absoluten Bewegung unhaltbare metaphysische Vorstellungen sind. Die Zeit ist für Mach nichts anderes als die Gesamtheit der erfahrbaren zeitlichen Relationen. Diese Auffassung hat Albert Einstein als Ausgangspunkt für die Entwicklung seiner Relativitätstheorie gedient. Aus der «Wärmelehre» ist insbesondere die Kritik am Kausalitätsprinzip hervorzuheben, welches Mach mit Hume und J. St. Mill auf Erwartung aus Gewohnheit zurückführt. Neben der logischen Notwendigkeit erkennt er keine selbständige physikalische Notwendigkeit an. Für den zwingenden Charakter der Kausalität gibt Mach folgende psychologische Erklärung:

Die verschiedene Kraft solcher Kausalitätsurteile treibt nun zur Untersuchung über die Natur derselben, und erzeugt eben das Hume-Kant'sche Problem: Wie kann das Bestehen eines Dinges A überhaupt zur notwendigen Bedingung des Bestehens eines anderen B werden? Beide Denker lösen dasselbe Problem in ganz verschiedener Weise, und zwar Hume in der schon erwähnten, der wir beipflichten. Kant hingegen imponiert die tatsächliche Kraft, mit der Kausalitätsurteile auftreten. Ihm schwebt nachweislich als Ideal das Verhältnis von (Erkenntnis-)Grund und Folge vor. Der angeborene Verstandesbegriff erscheint ihm sozusagen als Postulat, um das tatsächliche Bestehen der Kausalitätsurteile psychologisch zu verstehen. Daß es sich aber nicht um einen angeborenen, sondern um einen durch die Erfahrung selbst entwickelten Begriff handelt, lehrt die einfache Überlegung, daß der erfahrene Physiker sich einer neuen und zum ersten Mal beobachteten Tatsache gegenüber doch ganz anders verhält, als das unerfahrene Kind derselben gegenüber. Eine Er-

fahrungstatsache wirkt eben nicht durch sich allein, sondern setzt sich mit allen vorausgegangenen in psychische Beziehung. So kann allerdings der Eindruck entstehen, als ob wir durch eine einzelne Tatsache etwas erfahren könnten, was nicht in ihr selbst liegt. Dieses Etwas, was wir hinzutun, liegt eben in der Summe der vorausgegangenen Erfahrung (PW, 435).

Machs induktive Theorie wissenschaftlicher Begriffsbildung bestimmt die Art, wie er Wissenschaftsgeschichte konzipiert. Er beschreibt sie nicht als revolutionären, sondern als evolutionären Prozeß, der seinen festen Sitz im praktischen Leben hat. Zwischen vorwissenschaftlicher und wissenschaftlicher Einstellung liegt demnach kein Bruch, sondern überall lassen sich laut Mach kontinuierliche Übergänge aufweisen. Die Kontinuität der Entwicklung bedeutet nun freilich nicht, daß es sich um eine bloße Anhäufung von Tatsachenwissen handelt. Wie kein anderer betont Mach die erkenntnisfördernde Funktion von Gedankenexperimenten, die den Beobachtungen vorauseilen und den eigentlichen Motor des wissenschaftlichen Fortschritts bilden.

In «Erkenntnis und Irrtum», seinem ausgereiftesten Werk, hat Mach seinen wissenschaftstheoretischen Standpunkt allseitig ausformuliert. Hier treten insbesondere die biologischen Voraussetzungen ans Licht, die Erkennen als Mittel zum Überleben erscheinen lassen. Der Erfolg im Sinne der Lebenserhaltung wird damit zum Kriterium, das über den Wert des Wissens entscheidet. Mach beschreibt die Entwicklung des Wissens in zwei Stufen, auf denen der menschliche Geist in unterschiedlicher Weise die Sinneseindrücke verarbeitet. Die erste Stufe ist die der natürlichen Erfahrung, in der eine «Anpassung der Gedanken an die Tatsachen» in Form der Ergänzung des Gegebenen erfolgt. Die Ergänzung läßt sich besonders deutlich an der Gestaltwahrnehmung nachweisen. Die zweite Stufe umfaßt die wissenschaftliche Erkenntnis, die durch «Anpassung der Gedanken aneinander» geprägt ist. Das Resultat dieses Vorgangs sind die Naturgesetze, welche die Erfahrungen gemäß dem «Ideal der eindeutigen Bestimmtheit» auf den Begriff bringen. Beide Stufen, die der Anschauung und die des Denkens, gehören zusammen, so daß Mach auf das Zusammenspiel von Anschauung und Begriff großen Wert legt. Das Zusammenspiel vollzieht sich als Lernprozeß, in dem der Irrtum eine durchaus erkenntnisfördernde Rolle spielt.

Machs Rekonstruktion des Erkenntnisprozesses ist der Vorwurf des Psychologismus nicht erspart geblieben. Aber Mach ist sich der Differenz von Logik und Psychologie durchaus bewußt. Daher muß man «Erkenntnis und Irrtum» als pragmatische Erkenntnisanthropologie lesen. Dafür spricht der Charakter des Buchs, das zahlreiche Beispiele aus der Verhaltensforschung und der Ethnologie heranzieht, aus denen hervorgeht, daß sich im Laufe der geschichtlichen Entwicklung aufgrund des Ökonomieprinzips Konstanten im Verhalten herausgebildet haben, an denen die Relativität des Wissens ihre Grenze findet. So eröffnet Machs Wissenschaftstheorie eine umfassende kulturphilosophische Perspektive, der zufolge die Reinigung der Erfahrung von metaphysischen Begriffen den Fortschritt des Denkens garantiert.

Theorie der Empfindungskomplexe

Für seine Wissenschaftstheorie stützt sich Mach auf eine Phänomenologie der inneren Wahrnehmung, die er in seiner «Analyse der Empfindungen» entwickelt. Entgegen den Erwartungen, die der Titel heute weckt, enthält das Buch keine Psychologie der Empfindungen wie Schmerz, Freude, Scham usw., sondern behandelt den logischen Aufbau der Welt. Die Grundthese lautet, daß die Welt als Inbegriff von Relationen zwischen Erfahrungen beschrieben werden kann, deren Status weder psychischer noch physischer Natur ist:

Somit setzen sich die Wahrnehmungen sowie die Vorstellungen, der Wille, die Gefühle, kurz die ganze innere und äußere Welt, aus einer geringen Zahl von gleichartigen Elementen in bald flüchtigerer, bald festerer Verbindung zusammen. Man nennt diese Elemente gewöhnlich Empfindungen. Da aber in diesem Namen schon eine einseitige Theorie liegt, so ziehen wir vor, kurzweg von Elementen zu sprechen, wie wir schon getan haben. Alle Forschung geht auf die Ermittlung der Verknüpfung dieser Elemente aus (AE, 17 f).

Das klingt nach subjektivem Idealismus im Sinne Berkeleys, aber die Bevorzugung der Bezeichnung «Element» deutet schon darauf hin, daß Mach nicht in diesem Sinn verstanden werden möchte. Sein Ziel ist vielmehr, den Dualismus von Subjekt und Objekt, an dem die Neukantianer eisern festhalten, zu unterlaufen. Zu diesem in seiner Konsequenz einzigartigen Versuch kommt es, weil Mach die Welt mit den Augen des Sinnesphysiologen sieht. Die Sinnesphysiologie kann ihre Selbständigkeit aber nur behaupten, wenn sie ihren Forschungsgegenstand so definiert, daß er weder von der Psychologie noch von der Physik aufgesogen wird. Insbesondere letzteres war die Befürchtung Machs, die sich später auch bestätigen sollte. Er versucht daher einen neutralen Standpunkt zwischen der psychologischen und der physikalischen Betrachtungsweise einzunehmen, der letztlich auf eine Vereinigung beider Standpunkte hinausläuft. In den Empfindungen oder «Elementen» soll sich die Welt von innen und von außen zugleich zeigen.

Durch die Aufhebung des Unterschiedes zwischen innerer und äußerer Wahrnehmung werden gängige metaphysische Positionen obsolet. Gegen den Materialismus führt Mach ins Feld, daß es an den Elementenkomplexen nichts absolut Beständiges gibt, was auf eine an sich bestehende Realität hindeuten würde. Die Annahme unabhängig von Empfindungen existierender Körper betrachtet Mach lediglich als nützliche Fiktion, die den Sprachgewohnheiten folge. Andererseits verwirft Mach auch den Idealismus, da dieser mit der Unverfügbarkeit der Empfindungen unvereinbar sei. Ferner lasse sich keine feste Grenze zwischen dem Ich und der Welt ziehen. Mit der Auflösung der Welt in Empfindungen soll nach Mach auch der Unterschied zwischen Wirklichkeit und Schein verschwinden:

Der populäre Gedanke eines Gegensatzes von Schein und Wirklichkeit hat auf das wissenschaftlich-philosophische Denken sehr anregend gewirkt. Dies zeigt sich z. B. in Platons geistreicher und poetischer Fiktion der Höhle, in der wir, mit dem Rücken gegen das Fenster gekehrt, bloß die Schatten der Vorgänge beobachten (Staat VII, 1). Indem aber dieser Gedanke nicht ganz zu Ende gedacht wurde, hat derselbe auf unsere Weltanschauung einen ungebührlichen Einfluß genommen. Die Welt, von der wir doch ein Stück sind, kam uns ganz abhanden, und wurde uns in unabsehbare Ferne gerückt (AE, 9).

Das Zu-ende-Denken des platonischen Gedankens führt zu der Einsicht, daß die Schatten die Wirklichkeit sind, in der die Menschen leben, und daß es darüber hinaus keine höhere Wirklichkeit gibt. Der Positivismus Machs bietet somit ein ausgezeichnetes Beispiel für eine Philosophie der Höhle, in der Erscheinung und Wesen zusammenfallen. Denn die Höhle, die in Machs Augen für die Welt steht, kann der Mensch nicht verlassen, ohne die Realität seines praktischen Lebens zu verlieren. Dem Realitätsbezug des Denkens aber gilt Machs größte Sorge, da nur auf diesem Weg sichergestellt ist, daß die Menschen ihre Lebensbedingungen mit Hilfe der Wissenschaften selbst gestalten können.

Machs sog. «neutraler Monismus» kommt darin zum Ausdruck, daß er sich über die Natur der Elemente, in welche die Empfindungskomplexe zerfallen, nicht weiter äußert. Das braucht er auch nicht, da nicht sie, sondern die Relationen, genauer die «Relationen von Relationen», Gegenstand der Naturforschung sind. Die Relationen betrachtet Mach weniger logisch als pragmatisch; sie stehen für die Handlungszusammenhänge, in denen die Menschen die Welt erfahren. Die pragmatisch-relationale Betrachtung ermöglicht es, den traditionellen Subjekt-Objekt-Dualismus durch die Opposition von relativer Beständigkeit und Veränderung zu ersetzen. Sie bildet das durchgängige Schema, nach dem der Aufbau der Welt aus Elementenkomplexen analysiert werden kann. Nach diesem Schema sind die Namen der Körper nichts anderes als zweckmäßige Abkürzungen für relativ beständige Elementenkomplexe:

Als relativ beständig zeigt sich ferner der an einen bestimmten Körper (den Leib) gebundene Komplex von Erinnerungen, Stimmungen, Gefühlen, welcher als Ich bezeichnet wird. Ich kann mit diesem oder jenem Ding beschäftigt, ruhig und heiter oder aufgebracht und verstimmt sein. Doch bleibt (pathologische Fälle abgerechnet) genug Beständiges übrig, um das Ich als dasselbe anzuerkennen. Allerdings ist auch das Ich nur von relativer Beständigkeit. Die scheinbare Beständigkeit des Ich besteht vorzüglich nur in der Kontinuität, in der langsamen Änderung (AE, 2 f).

Damit vertritt Mach eine Art evolutionären Heraklitismus, den er allerdings nicht als Relativismus verstanden wissen möchte. Denn die relative Beständigkeit genügt dem Menschen, um sich in einer ständig verändernden Welt orientieren zu können. Folgerichtig hat Mach später Einsteins Relativitätstheorie als mit der natürlichen Weltauffassung unvereinbar zurückgewiesen.

Zur Feststellung des Beständigen innerhalb wechselnder Komplexe von Elementen entwickelt Mach Kombinationsschemata, die er mit den Buchstabenfolgen A, B, C... K, L, M... α, β, τ bezeichnet. Mit Hilfe derartiger Schemata sollen die Regeln verdeutlicht werden, nach denen das Gegebene durch weitere Erfahrungsmöglichkeiten ergänzt wird. Man kann dieses Verfahren als eine Transposition der Induktionsfiguren Mills ansehen, deren Instanzen ebenfalls mit Buchstaben bezeichnet werden. Hier tritt die Verwandtschaft zwischen der Induktionslogik Mills und der Erfahrungstheorie Machs besonders greifbar zutage.

Natürlich hat es schon zu Lebzeiten Machs nicht an Einwänden gegenüber seiner Erfahrungstheorie gefehlt. Neben den Angriffen, die Lenin vom materialistischen Standpunkt aus gegen ihn richtet, gehören Edmund Husserl und Max Planck zu den prominentesten Kritikern. Der Tenor ihrer Kritik lautet, daß die strikte Beschränkung auf das Gegebene in Verbindung mit dem Ökonomieprinzip die Objektivität der Erfahrung nicht erklären könne. Diese sei immer nur durch Überschreitung des Gegebenen möglich. Und in der Tat zeigen die Texte von Mach, daß er die Vermeidung der Subjekt-Objekt-Korrelation nicht streng durchzuhalten vermag. Eine weitere Schwierigkeit liegt in der Frage, welchen Status die Empfindungen besitzen, wenn sie nicht wahrgenommen werden. Mach gibt darauf keine explizite Antwort, aber manches deutet darauf hin, daß die Wirklichkeit der Elemente in ihrer Wirksamkeit liegt, so daß es vielleicht nicht ganz abwegig ist, die Elementenlehre als Transformation der Willensmetaphysik Schopenhauers zu lesen. Denn damit würde verständlich, wie Mach die Welt aus ontologisch indifferenten Elementen aufbauen und ihr zugleich eine Wirklichkeit zuschreiben kann, die dynamischer Natur ist.

Theorie des Ich

Die Auflösung der Welt in variable Empfindungs- oder Elementenkomplexe, die sich verschieden schnell ändern, findet ihre philosophisch spektakulärste Anwendung in der Interpretation des Ich, von dem Mach sagt, es sei «unrettbar». Er sagt dies keineswegs mit Bedauern, sondern im Ton unbeschwerter Fröhlichkeit, da er sich der Wirklichkeit, von der das Ich ein Teil ist, absolut sicher fühlt. Um so mehr richtet sich Mach gegen die idealistische Hypostasierung des «Ich denke» zum produktiven Ursprung der Welt. Die These, es gebe eine von der äußeren Erfahrung qualitativ unterschiedene Selbstanschauung, ironisiert er mit Hilfe einer Zeichnung des eigenen Gesichtsfeldes. Dieses wegen seiner Fremdartigkeit häufig reproduzierte Bild läßt die Annahme eines substantiellen Ich dadurch absurd erscheinen, daß der Kern der Subjektivität im Selbstbild leer bleibt. Zugespitzt formuliert: Wo der Idealist die Seele erwartet, findet der Positivist ein Loch.

Während Mach in der «Analyse der Empfindungen» seine Zeichnung nur knapp kommentiert, liefert er in «Erkenntnis und Irrtum» deren ausführlichere Beschreibung. Sie faßt das Selbstbild als Illustration der natürlichen Weltansicht auf, die jeder einzelne im wachen Bewußtsein vorfindet:

Ich finde mich im Raum umgeben von verschiedenen in demselben beweglichen Körpern. Diese Körper sind teils ‹leblos›, teils Pflanzen, Tiere und Menschen. Mein im Raume ebenfalls beweglicher Leib ist für mich ebenso ein sichtbares, tastbares, überhaupt sinnliches Objekt, welches einen Teil des sinnlichen Raumfeldes einnimmt, neben und außer den übrigen Körpern sich befindet, wie diese selbst. Mein Leib unterscheidet sich von den Leibern der übrigen Menschen nebst individuellen Merkmalen dadurch, daß sich bei Berührung desselben eigentümliche Empfindungen einstellen, die ich bei Berührung anderer Leiber nicht beobachte. Derselbe ist ferner meinem Auge nicht so vollständig sichtbar, wie der Leib anderer Menschen. Ich kann meinen Kopf, wenigstens unmittelbar, nur zum kleinsten Teil sehen. Überhaupt erscheint mein Leib unter einer Perspektive, der von jeder aller übrigen Leiber ganz verschieden ist. Denselben optischen Standpunkt kann ich anderen Leibern gegenüber nicht einnehmen. Analoges gilt in Bezug auf den Tastsinn, aber auch im Bezug auf die übrigen Sinne. Auch meine Stimme höre ich z. B. ganz anders, als die Stimme der anderen Menschen. Ich finde ferner Erinnerungen, Hoffnungen, Befürchtungen, Triebe, Wünsche, Willen usw. vor, an deren Entwicklung ich ebenso unschuldig bin, wie an dem Vorhandensein der Körper in der Umgebung. An diesen Willen knüpfen sich aber Bewegungen des einen bestimmten Leibes, der sich dadurch und durch das Vorausgehende als mein Leib kennzeichnet (EI, 5f).

Diese an Schopenhauers Analyse der Leiberfahrung erinnernde Beschreibung macht deutlich, daß der Empfindungskomplex, der Ich heißt, nur deswegen so genannt werden kann, weil sein Geltungsanspruch von der Gegenstandswahrnehmung prinzipiell unterschieden ist. Das Ich steht für eine psycho-physische Erfahrung, die nur von einem einzigen Menschen gemacht werden kann. Denn niemand kann mich, direkt wenigstens, so sehen, wie ich mich selbst wahrnehme. Das ist eine Umschreibung der bekannten Tatsache, daß Empfindungen kriterienlos sind. Nach dieser Lesart erhält Machs vielzitierter Satz von der Unrettbarkeit des Ich einen präzisen Sinn. Zurückgewiesen wird die metaphysische Interpretation der Selbsterfahrung, die das Selbst zum selbständigen, der Welt vorausliegenden Subjekt macht. Demgegenüber besteht Mach darauf, daß das Selbst ein Teil der Welt ist, genauer: Das Selbst ist die ganze Welt von einem einzigartigen, unübertragbaren Standpunkt aus gesehen. Der Standpunkt trennt zwar das Ich von den anderen, aber er isoliert es nicht, macht es nicht zur fensterlosen Monade, da das Ich aus denselben Elementen besteht wie die Welt. So kann Mach das Ich mit gutem Gewissen dahingeben, tauscht er doch dafür etwas Reales und Wertvolles ein: die Solidarität mit der Welt.

Damit leuchtet der moralische Horizont auf, in dem sich Machs Auflösung des Ich und der Welt in Elemente bewegt: Er sieht in dieser Lehre eine Form der Erlösung, die ohne Religion und ohne Transzendenz auskommt. Dafür spricht seine abwiegelnde Beurteilung des Todes:

Was wir am Tode so sehr fürchten, die Vernichtung der Beständigkeit, das tritt im Leben schon in reichlichem Maße ein. Was uns das Wertvollste ist, bleibt in unzähligen Exemplaren erhalten, oder erhält sich bei hervorragender Besonderheit in der Regel von selbst. Im besten Menschen liegen aber individuelle Züge, um die er und andere nicht zu trauern brauchen. Ja zeitweilig kann der Tod, als Befreiung von der Individualität, sogar ein angenehmer Gedanke sein. Das physiologische Sterben wird durch solche Überlegungen natürlich nicht erleichtert (EI, 3f).

Die Einschränkung des Werts der Individualität und die daraus folgende Kontinuität von Leben und Tod erinnern wieder an Schopenhauer, was noch einmal für die Vermutung spricht, daß zwischen dessen Willensmetaphysik und der Elementenlehre Machs eine unausgesprochene Ver-

wandtschaft besteht. In anderer Hinsicht unterscheidet sich Mach allerdings deutlich von Schopenhauer. Machs Denken hat nichts von dessen
Konservativismus und Pessimismus, sondern zieht im Gegenteil aus der
Veränderlichkeit der Welt optimistische Konsequenzen. Er sieht in der
Veränderlichkeit die Voraussetzung dafür, daß die Menschen ihre Lebenswelt nicht nur wissenschaftlich, sondern auch gesellschaftlich zum
Besseren wenden können. Diese optimistische Weltanschauung hat ihren konkreten Niederschlag in Machs Eintreten für fortschrittliche Be-
strebungen der Sozialdemokratie gefunden.

Überblickt man Machs Werk aus dem Abstand nun fast eines Jahrhunderts, so muß man feststellen, daß das Weiterleben des Positivismus in
der Philosophie des 20. Jahrhunderts nicht zuletzt ihm zu verdanken ist.
Insbesondere im «Wiener Kreis» blieb der Empirismus Machs bis zu
Beginn des Zweiten Weltkriegs lebendig. Neben dieser direkten Fortsetzung ist in jüngster Zeit eine indirekte Aktualisierung Machs zu beobachten. Das Impressionistische seines Empirismus macht ihn für
den «fröhlichen Positivismus» neostrukturalistischer und postmoderner
Strömungen zur interessanten Bezugsfigur. Aus dieser Perspektive
lohnt sich heute noch, oder besser heute wieder, die Beschäftigung mit
Machs Schriften, die selbst in den Punkten, die sich als wissenschaftlich
unhaltbar erwiesen haben, fruchtbare Perspektiven eröffnen.

Schriften

Die Mechanik in ihrer Entwicklung historisch-kritisch dargestellt, Darmstadt 1991. –
Die Analyse der Empfindungen und das Verhältnis des Physischen zu dem Psychischen, Darmstadt 1991 *(AE)*. – Erkenntnis und Irrtum. Skizzen zur Psychologie der
Forschung, Darmstadt 1991 *(EI)*. – Populärwissenschaftliche Vorlesungen, Wien
1987. – Die Prinzipien der physikalischen Optik. Historisch und erkenntnispsycholo-
gisch entwickelt, Frankfurt a. M. 1982. – Die Prinzipien der Wärmelehre. Historisch-
kritisch entwickelt, Frankfurt a. M. 1981 *(PW)*.

Literatur

A. Berlage: Empfindung, Ich und Sprache um 1900: Ernst Mach, Hermann Bahr und
Fritz Mauthner im Zusammenhang, Wien 1994. – J. T. Blackmore: Ernst Mach: His
work, life and influence, Berkeley/London (Univ. of California Press), 1972. – F. Bren-

tano: Über Ernst Machs ‹Erkenntnis und Irrtum›, hg. v. R. M. Chrisholm / J. C. Marek (Mit zwei Anhängen: Kleine Schriften über Ernst Mach; Der Brentano-Mach-Brief-wechsel), Amsterdam 1988. – R. Haller / F. Stadler (Hg.): Ernst Mach – Werk und Wirkung, Wien 1988. – D. Hoffmann / H. Laitko (Hg.): Ernst Mach – Studien und Dokumente zu Leben und Werk, Berlin 1991. – A. Keyserling: Der Wiener Denkstil. Mach / Carnap / Wittgenstein, Wien / Graz 1965. – W. J. Lenin: Materialismus und Empiriokritizismus. Kritische Bemerkungen über eine reaktionäre Philosophie (1909), in: Lenins Werke, Bd. 14, Berlin 1964. – H. Lübbe: Bewußtsein in Geschichten: Studien zur Phänomenologie der Subjektivität, Mach – Husserl – Schapp – Wittgenstein, Freiburg 1972. – E. W. Orth: Dilthey und der Wandel des Philosophiebegriffs seit dem 19. Jahrhundert. Studien zu Dilthey und Brentano, Mach, Nietzsche, Twardowsky, Husserl, Heidegger, Freiburg / München 1984. – H. Schnädelbach: Erfahrung, Begründung und Reflexion. Versuch über den Positivismus, Frankfurt a. M. 1971. – M. Sommer: Evidenz im Augenblick. Eine Phänomenologie der reinen Empfindung, Frankfurt a. M. 1987. – F. Stadler: Vom Positivismus zur ‹Wissenschaftlichen Welt-auffassung›, Wien / München 1982. – J. Thiele: Wissenschaftliche Kommunikation. Die Korrespondenz Ernst Machs, Kastellaun 1978. – R. Thiele: Zur Charakteristik von Mach's Erkenntnislehre, Hildesheim / New York 1981 (Ndr. der 1. Auflage, Halle 1914).

Richard Avenarius (1843–1896)

Leben und Werke

Richard Avenarius, der Begründer des «Empiriokritizismus», hat den Standpunkt der Immanenz in der Erkenntnistheorie mit letzter Konsequenz verfolgt. Verglichen mit Machs entspannter impressionistischer Geisteshaltung, repräsentiert Avenarius die radikale, zuweilen verkrampfte deutsche Version des erkenntnistheoretischen Positivismus. Die Radikalität äußert sich besonders augenfällig in der oft gekünstelt wirkenden Privatterminologie («empiriokritische Prinzipialkoordination» für den Subjekt-Objekt-Dualismus), die selbst die gutwilligsten Leser abschreckt und bis heute verhindert hat, daß die Schriften von Avenarius einem breiteren Publikum zugänglich sind.

Richard Avenarius, Bruder von Ferdinand Avenarius, der als Herausgeber des «Kunstwart» zu den einflußreichsten Kulturpropagandisten des Wilhelminischen Zeitalters gehörte, studierte in Zürich, Berlin und Leipzig. Hier besuchte er auch Vorlesungen des Physiologen Carl Ludwig, die sein philosophisches Denken nachhaltig geprägt haben. Noch während seiner Dozentenzeit in Leipzig gründete er mit anderen die «Vierteljahrsschrift für wissenschaftliche Philosophie», die er über zwei Jahrzehnte leitete. Von 1877 an war Avenarius Nachfolger von Wilhelm Windelband auf der Lehrkanzel für «induktive Philosophie» in Zürich, wo er bis zu seinem frühen Tod 1896 lehrte.

Seinen Ruf als Wissenschaftstheoretiker begründete Avenarius durch seine Habilitationsschrift «Philosophie als Denken der Welt gemäß dem Prinzip des kleinsten Kraftmaßes. Prolegomena zu einer Kritik der reinen Erfahrung» (1876). Die Ausarbeitung dieses Ansatzes erfolgte gut ein Jahrzehnt später in seiner zweibändigen «Kritik der reinen Erfahrung» (1888–1890). Dem kompendiösen und nur wenige Fachgenossen überzeugenden Hauptwerk folgte nur noch das kleinere Buch «Der menschliche Weltbegriff» (1891), das in manchen Teilen früher als die «Kritik» entstanden ist und sich daher eine gewisse Frische bewahrt hat. Diese Arbeit, die Avenarius im Gespräch auch als «meine Metaphysik» bezeichnet hat, ist insofern zukunftsweisend, als sie den Aufstieg der Weltthematik in der Philosophie des 20. Jahrhunderts vorbereitet hat.

Philosophie der Erfahrung

Man würde den von Avenarius vertretenen Standpunkt der reinen Erfahrung mißverstehen, wenn man in ihm einen Empirismus im Stil Bacons sehen wollte. Wie die Anlehnung an den Titel Kants erkennen läßt, entwickelt Avenarius den Erfahrungsbegriff im Rahmen einer Theorie des Bewußtseins. Aber anders als Kant verzichtet er auf die Annahme apriorischer Denkformen und versucht Erfahrung allein aus sich selbst zu begründen. Der sich daraus ergebenden Gefahr des Zirkelschlusses begegnet Avenarius damit, daß er unter Begründung etwas anderes als die deduktive Ableitung von Erfahrungsprinzipien versteht. Die zirkelfreie ‹Begründung› der Erfahrung kann in seinen Augen nur darin liegen, daß der Philosoph auf analytischem Weg reine Gegebenheiten expliziert, die der Begründung weder fähig noch bedürftig sind. Hierin zeigt sich die Zugehörigkeit des Empiriokritizismus zum Empirismus von Mill. Beiden ist das Vertrauen in die Tatsachen des Bewußtseins gemeinsam. Gegenüber dem «Vorgefundenen», wie es bei Avenarius heißt, gibt es keine andere sinnvolle Einstellung als die der Beschreibung.

Allerdings ist die reine Beschreibung des Vorgefundenen ein schwer erreichbares Ziel. Es erfordert philosophische Neutralisierung aller metaphysischen Setzungen sowie die Ausschaltung aller speziellen erkenntnistheoretischen Positionen. Dazu bedarf es der Reinigung der philosophischen Terminologie, die durch zahlreiche Dualismen geprägt ist. Insbesondere strebt Avenarius ähnlich wie Mach danach, den Dualismus des Psychischen und Physischen durch «ein Drittes» aufzuheben, das inhaltlich nicht weiter bestimmt wird. Das entspricht der bei Mach anzutreffenden monistischen Neutralisierungstendenz, die sich bei Avenarius im Methodischen fortsetzt, insofern die reine Beschreibung schließlich nur noch hypothetische Sätze der Form «Wenn..., dann...» zuläßt.

Natürlich fällt der Nachweis nicht schwer, daß Avenarius in seinen

Beschreibungen immer wieder in die gewohnten Denkschemata zurück-
fällt. Und vielleicht ist es auch illusorisch, gegen die natürliche Unterscheidung zwischen Innen und Außen, zwischen Subjekt und Objekt
philosophieren zu wollen. Aber hinter dieser geradezu heroisch an-
mutenden begrifflichen Anstrengung verbirgt sich ein philosophisches
Ethos, das dem Kritizismus Kants an Ernsthaftigkeit und Tiefe in nichts
nachsteht. Das konsequente Zu-ende-Denken des Immanenzstand-
punkts führt zu einem Monismus, der die Welt als Einheit vor jeder
Trennung zu denken versucht. Und ebenso wie der kantische Kritizismus
letztlich vom Vertrauen in die Kraft des schöpferischen Subjekts lebt,
spricht aus dem Empiriokritizismus das Vertrauen in die Weltwirklich-
keit, als deren Teil sich der Mensch empfindet und von der er sich getragen fühlt. Ein derartiges Lebensgefühl mag dem 20. Jahrhundert zunehmend abhanden gekommen sein, aber manches deutet heute darauf hin,
daß zur Objektivität Solidarität gehört, Solidarität mit den Menschen,
mit der Natur und vielleicht sogar mit dem Weltall. Der von Avenarius
angestrebte Standpunkt der reinen Erfahrung, auf dem die Zusammengehörigkeit von Ich und Welt formulierbar wird, ist Ausdruck seines
Strebens nach der Unschuld des naiven Bewußtseins.

Wissenschaft und Ökonomieprinzip

In seiner «Philosophie als Denken der Welt gemäß dem Prinzip des kleinsten Kraftmaßes» von 1876 entwickelt Avenarius eine Erfahrungstheorie
auf der Grundlage des Ökonomieprinzips. Der nominalistischen Regel,
im Denken die Annahmen nicht über das unbedingt notwendige Maß
hinaus zu vermehren, gibt Avenarius unter dem Eindruck des Darwinismus eine biologische Wendung. Diese besagt, daß ein Organismus sich
nach dem Prinzip des geringsten Kraftaufwands erhält. Die funktionale
Zweckmäßigkeit überträgt Avenarius auf die psychischen Prozesse, die
damit den organischen Prozessen vergleichbar werden:

Wie immer man die Seele und ihr Verhältnis zu unserem Leibe auffassen
möge, in jedem Falle muß man der Seele jene Zweckmäßigkeit zuspre-
chen, die als empirische dem Körper zuzuerkennen wir längst nicht mehr
zögern. Also: man kann zweifelhaft sein, ob die Zweckmäßigkeit der gei-

stigen Organisation als auf den zweckmäßigen Bedingungen des leibli-chen Organismus beruhend zu denken sei, oder mit derselben sogar identisch, oder endlich als auf eigentümlichen, der Seele immanenten Verhältnissen begründet; man kann aber nicht zweifeln, daß die Funk-tionen der Seele überhaupt zweckmäßig sein müssen, da dieselben für die Erhaltung des Individuums von viel zu eminenter Bedeutung sind, als daß wir diese Erhaltung für möglich erachten könnten, ohne die Seele in ihren Funktionen die Anforderungen der Zweckmäßigkeit in hohem Grade erfüllend zu denken (PK, 11).

Die funktionale Betrachtung der «Seele» (wir würden heute eher von «Bewußtsein» reden) vom Erhaltungsstandpunkt sieht wie ein krasser Biologismus aus, wie eine Verwechselung der idealen Gesetze des Den-kens mit den realen Gesetzen des Lebens. Aber ganz so naiv war Avena-rius keineswegs. Sein Bemühen ist gerade darauf gerichtet, die Idealität des Denkens und die Normativität seiner Gesetze aus dem Ökonomie-prinzip verständlich zu machen. Er begnügt sich nicht damit, das Denken als Verknüpfung von Vorstellungen zu definieren, sondern er versteht unter Denken immer die Lösung bestimmter Aufgaben. Diese liegt darin, die Fülle der Vorstellungen, mit denen das Bewußtsein ständig konfrontiert wird, zweckmäßig zu ordnen. Damit das Bewußtsein nicht im Chaos von Eindrücken untergeht, muß es die Komplexität reduzieren. Die Ordnungsleistung des Bewußtseins rekonstruiert Avenarius gemäß dem empiristischen Standpunkt rein immanent, d. h. ohne Zuhilfe-nahme apriorischer Denkformen. Wenn diese nicht zur Verfügung ste-hen, muß eine interne Gliederung der Vorstellungen erfolgen. Diese ergibt sich daraus, daß das Bewußtsein keine *tabula rasa* ist, sondern immer schon durch vergangene und verarbeitete Eindrücke geprägt ist. Die gespeicherten Eindrücke fungieren infolge ihrer Bewährung als Ord-nungsschemata für das aktuelle Erleben. Der traditionelle Dualismus von Sinnlichkeit und Verstand, von Rezeptivität und Spontaneität wird damit aufgehoben und durch einen Mechanismus der Selbststabilisierung der Erfahrung durch das bereits Erfahrene ersetzt.

Die Tätigkeit des Bewußtseins, unbekannte Vorstellungsmassen mit Hilfe bereits bekannter aufzufassen, interpretiert Avenarius als Abstrak-tion, die über das bloße Wiedererkennen hinausgeht. Was sich hier voll-zieht, ist die von der Logik beschriebene Subsumtion von Vorstellungen unter Begriffe. Denn die schon verarbeiteten früheren Vorstellungsmassen verhalten sich zu den relativ unbestimmten neuen Eindrücken wie das Allgemeine zum Besonderen. In deren gegenseitiger Durchdringung bei gleichzeitiger Differenzierung vermutet Avenarius die eigentlich logische Funktion des Begreifens, die mit dem Prozeß der Begriffsbildung zusammenfällt:

Begriff und Gesetz können ihre Funktion, Einzelvorstellungen – mögen diese nun Dinge oder Vorgänge enthalten – unter sich zu befassen (zu subsumieren) nur dadurch vollziehen und somit dem Prinzip der Kraftersparnis so hervorragend genügen, daß sie von den Einzelvorstellungen das in sich aufnehmen und sammeln, was diesen gemeinsam ist. Durch diese Zusammenfassung des Gemeinsamen stellen sie dann eine Einheit dar, welche als begriffliche die materiale Einheitlichkeit der Einzelvorstellungen (Dinge und Vorgänge) repräsentiert. Wie nun die Einzelvorstellungen in dem allgemeinen Begriff bzw. dem Gesetz ihre Einheit finden, so die niederen allgemeinen Begriffe und Gesetze wieder ihre Einheit in höheren, allgemeineren Begriffen und Gesetzen; an deren Spitze stehen dann die höchsten und allgemeinsten Begriffe und Gesetze, welche die höchsten Einheiten enthalten – das Allgemeinste unter sich befassen. So zeigt sich denn das Prinzip des kleinsten Kraftmaßes, in dem es die Wurzel des Triebes zu begreifen ist, nun auch als die Wurzel alles Strebens nach Einheit überhaupt, nach höherer Einheit insbesondere (PK, 27 f).

In der Einheit begrifflichen Denkens sieht Avenarius die Aufgabe der wissenschaftlichen Philosophie. Von den Einzelwissenschaften unterscheidet sich die Philosophie demnach nicht qualitativ, sondern nur graduell, insofern sich ihr Begreifen auf die Gesamtheit des Gegebenen richtet. Avenarius hat dabei nicht mehr wie Comte die methodische Vereinheitlichung der Wissenschaften vor Augen, sondern denkt an die Formulierung eines allgemeinen Weltbegriffs. Inhaltlich umfaßt dieser nach Avenarius eine einzige Gegebenheit, nämlich die Empfindung, die als veränderliche das Seiende ausmachen soll.

Interessanter als dieser sensualistische Monismus ist die formale Seite des Weltbegriffs. Sie lautet «reine Erfahrung», deren Herstellung das weite Feld der philosophischen Analyse ausmacht. Philosophie als Wissenschaft ist demnach nichts anderes als ein permanenter Prozeß der Reinigung der Erfahrung von Zutaten, die nicht im Gegebenen selbst liegen. Als derartige Zutaten betrachtet Avenarius die Begriffe wie Substanz und Kausalität, zu denen der Mensch insbesondere durch die Macht der Sprache verführt wird:

Gemäß dem Prinzip des kleinsten Kraftmaßes erzeugt sich eine Subsumtion einer Einzelvorstellung unter einem allgemeinen Begriff und, insofern die Einzelvorstellung ein zwar durch eine Erfahrung Gegebenes, seinen Bestimmungen nach aber ein Unbekanntes ist, durch diese Subsumtion unter den inhaltlich bekannten Begriff ein Begreifen. Es ist demnach das Begreifen ein kraftersparendes theoretisches Denken eines Gegenstandes, und die Gesamtheit der Gegenstände wird am kraftsparendsten gedacht, wenn diese unter einem allgemeinen Begriff gedacht werden. Dies Streben, die Gesamtheit der Gegenstände am kraftersparendsten, d. h. unter einem allgemeinen Begriff zu denken, und somit ein Begreifen aller Einzeldinge zu ermöglichen, ist die Philosophie. Der allgemeinste Begriff, unter welchem die Einzeldinge zu denken sind, muß das allen Einzeldingen Gemeinsame enthalten. Dies Gemeinsame aber muß, damit es wirklich ein Gegebenes sei, durch die Erfahrung, und zwar durch reine Erfahrung, gegeben sein. Jede einzelne Erfahrung endlich wird gewonnen durch die spezialwissenschaftlichen Beobachtungen und Erschließungen, die Reinheit der Erfahrung überhaupt durch Elimination des als zu gemischt Entdeckten. Somit hängt von dem Inhalt des in der reinen Erfahrung Gegebenen nunmehr die Gestaltung der Philosophie ab (PK, 49 f).

Die Aufgabe der Philosophie als Einheitswissenschaft ist demnach kritischer, geradezu therapeutischer Natur. Ihre Methode besteht laut Avenarius hauptsächlich in der «Elimination», also der Ausscheidung all dessen, was in der Entwicklung des Denkens von der reinen Gegebenheit wegführt. Hier zeigt sich, wie die Idee der wissenschaftlichen Philosophie auf empiristischer Grundlage über die Induktionslogik Mills hinausgelangt. Auf der Suche nach der reinen Erfahrung wird der Empiriokritizismus intuitionistisch. Er strebt nach einem immanenten Apriori. Dieses liegt in der Erfahrung, daß wir als Handelnde Teile der Welt sind, der wir als Erkennende gegenüberstehen. Die philosophische Analyse des In-der-Welt-Seins ist keine leichte und mit einem Schlag zu vollendende Aufgabe, sondern erfordert eine Vielzahl von Abstraktionsschritten, die

gleichsam in Gegenrichtung zum ‹normalen› Denken durchgeführt werden müssen.

An dieser Stelle darf nicht unerwähnt bleiben, daß Edmund Husserl im
ersten Band seiner «Logischen Untersuchungen» das Ökonomieprinzip
von Mach und Avenarius als Psychologismus scharf zurückweist. Später
hat er allerdings mit seiner phänomenologischen Reduktionslehre an die
empiriokritizistische Eliminationsmethode angeknüpft. Hier zeigt sich,
wie der Positivismus, konsequent zu Ende gedacht, zur transzendentalen
Phänomenologie als Wissenschaft der Erscheinungen führt.

Formalisierte Physiologie

Die gewaltige Arbeit der Reinigung des Denkens, die Avenarius der wissenschaftlichen Philosophie zur Aufgabe macht, bildet den Gegenstand
seiner zweibändigen «Kritik der reinen Erfahrung». Warum dieses Werk
letztlich als ein gescheiterter Versuch anzusehen ist, wird schlagartig
deutlich, wenn man es mit Husserls «Ideen zu einer reinen Phänomenologie und phänomenologischen Philosophie» (1913) vergleicht. Die hier
unter dem Stichwort «Reduktion» durchgeführten Bewußtseinsanalysen
überzeugen dadurch, daß sie sich an den Gegebenheitsweisen der Erfahrung orientieren. Dagegen hält sich Avenarius nicht an die unmittelbaren Bewußtseinsinhalte, sondern an die Physiologie. Das bringt von
vornherein ein unanschauliches Moment in seine Darstellung, in der sich
das konkrete Subjekt mit seinem Erleben nur schwer wiedererkennt. Das
Verfahren, welches Avenarius anwendet, läßt sich als Formalisierung der
Physiologie bezeichnen. Den Ausgangspunkt bildet das Individuum in
seiner Umgebung, eine unhintergehbare Relation, die Avenarius als
«empiriokritisches Axiom» formuliert:

*Jedes menschliche Individuum nimmt ursprünglich sich gegenüber eine
Umgebung mit mannigfaltigen Bestandteilen, andere menschliche Individuen mit mannigfaltigen Aussagen und das Ausgesagte in irgendwel-
cher Abhängigkeit von der Umgebung an: alle Erkenntnis-Inhalte der
philosophischen Weltanschauungen – kritischer oder nichtkritischer –
sind Abänderungen jener ursprünglichen Annahme (KE, XXI).*

An der Formulierung wird das Bemühen deutlich, den Subjekt-Objekt-Dualismus von vornherein durch Einbeziehung anderer Subjekte zu relativieren. Der Mensch steht nicht nur Gegenständen gegenüber, sondern lebt mit anderen Menschen in sich wandelnden Zuständen. So entsteht ein Netz von Annahmen, Aussagen und Inhalten, das sich insgesamt als «Vorgefundenes» beschreiben läßt. An die Stelle der Intentionalität des gegenständlichen Bewußtseins tritt die Wechselwirkung zweier gegenläufiger «Vitalreihen», einer rezeptiven, welche die Außenweltreize verarbeitet, und einer konsumtiven, welche die Motorik steuert. Sich selbst überlassen, würden beide Funktionen zum Tod des Individuums führen. Im Zusammenspiel dagegen bilden sie ein labiles Gleichgewicht, in dem sich das Bewußtsein als Steuerungsorgan ausbilden kann. Das Zusammenspiel der Vitalreihen erzeugt sog. «Vitaldifferenzen», auf die Avenarius alle Äußerungen des menschlichen Geistes rein funktional zurückzuführen sucht. Die Einzelheiten dieses funktionalistischen Modells brauchen hier nicht referiert zu werden. Nur auf eines sei hingewiesen: Der Erhaltungsbegriff, von dem die ganze Konzeption getragen ist, bleibt insofern vordarwinistisch, als Avenarius sich an der Idee einer «idealen Umgebung» orientiert, in die sich der Organismus bruchlos einfügt. Dadurch erhält seine Bewußtseinstheorie einen mehr statischen Charakter, da alle Bewußtseinsakte nur das Ziel haben, einen Zustand völliger Angepaßtheit herzustellen.

Der natürliche Weltbegriff

Die für Avenarius charakteristische Statik der Erfahrung prägt auch sein letztes Buch, dem er den Titel «Der menschliche Weltbegriff» gegeben hat. Ausgangspunkt für die Analyse der menschlichen Erfahrung ist der «natürliche Weltbegriff», auf den nun die Kritik der reinen Erfahrung hinauslaufen soll. Der Kern des natürlichen Weltbegriffs liegt erneut im Verhältnis des Individuums zur Umgebung. Letztere umfaßt nicht nur gegenständliche Daten, sondern auch intentionale Zustände von Mitmenschen, so daß der Subjekt-Objekt-Dualismus von vornherein neutralisiert wird:

Diese Zusammengehörigkeit und Unzertrennlichkeit der Ich-Erfahrung und der Umgebungserfahrung in jeder Erfahrung, welche sich verwirklicht; diese prinzipielle Zuordnung und Gleichwertigkeit beider Erfahrungswerte, indem beides: Ich und Umgebung zu jeder Erfahrung, und zwar im selben Sinne gehören; mit einem Wort: diese aller Erfahrung eigentümliche Koordination, in welcher das «Ich»-Bezeichnete das eine (relativ) konstante Glied, ein Umgebungsbestandteil, z. B. das ‹Baum›- oder ‹Mitmensch›-Bezeichnete, das andere (relativ) wechselnde Glied bildet, bezeichne ich als die empiriokritische Prinzipialkoordination (WB, 83 f).

Die für den Stil von Avenarius beispielhafte mühevolle Satzkonstruktion vermittelt einen Eindruck von der Schwierigkeit, den ontologischen Dualismus zu überwinden und die Gleichursprünglichkeit von Subjekt und Objekt logisch überzeugend zu formulieren. Hinter diesem Bemühen steckt aber nicht nur ein logisches, sondern auch ein weltanschauliches Motiv. Es geht Avenarius wie Mach um die Solidarität von Mensch und Ding sowie von Mensch und Mitmensch. Diese prinzipielle Gleichheit macht die Positivität des natürlichen Weltbegriffs aus. In ihr fühlt sich der Mensch im Einklang mit der Welt, ein Zustand, der sich theoretisch durch das Fehlen unlösbarer Fragen auszeichnet.

Avenarius geht nun der Frage nach, wie es zur Auflösung des natürlichen Weltbegriffs, zur Spaltung der Lebenswelt in eine Außenwelt und eine Innenwelt kommen konnte. Den Grund dafür sieht er in einer Fehldeutung der Erfahrung, der er den Namen «Introjektion» gibt. Er versteht darunter die Ansiedlung von Empfindungen und Gedanken im Inneren des Menschen, zunächst des Mitmenschen, sodann des Selbst. Die damit vollzogene Spaltung der Wahrnehmung in innere und äußere hält Avenarius für einen verhängnisvollen Irrtum, da die Menschen nach seiner Überzeugung in einer dualistisch gespaltenen Erfahrungswelt nicht oder nur schlecht leben können. Da diese Spaltung logisch jedoch nicht zwingend ist, sondern auf einer psychologischen Fehlleistung beruht, läßt sie sich rückgängig machen. In der «Wiederherstellung des natürlichen Weltbegriffs» liegt somit der eigentlich moralische Antrieb der Kritik der reinen Erfahrung.

Die Heilung der gespaltenen Welt erfolgt durch Ausschaltung der Introjektion. Diesen Vorgang nennt Avenarius «Restitution», worunter nicht einfach die Wiederherstellung, sondern eine geläuterte Erneuerung des natürlichen Weltbegriffs zu verstehen ist. Diese besteht darin, die Grenze zwischen Außen und Innen, zwischen Körper und Geist aufzuheben und den naiven Realismus philosophisch ernst zu nehmen. Von diesem Schritt verspricht sich Avenarius, daß alle theoretischen Aporien und logischen Paradoxien endgültig verschwinden. Somit führt die Wiederherstellung des natürlichen Weltbegriffs zum ‹ewigen Frieden› in wissenschaftstheoretischer Hinsicht, sie bereitet den Boden für einen kontinuierlichen Fortschritt der empirischen Wissenschaften, der durch keine Revolutionen mehr gestört sein wird:

Ich glaube, nach persönlichen Beobachtungen behaupten zu dürfen, daß es eine ganze Reihe naturwissenschaftlich gebildeter Vertreter des philosophischen Idealismus gibt, welche die Restitution ihres früheren ‹Realismus› als Erleichterung empfinden würden und dieselbe mit Freuden geschehen ließen, wenn sie nur eben wüßten, wie sie vom ‹Idealismus› mit – in logischer Hinsicht – gutem Gewissen davonkommen könnten (WB, 108 f).

Das in logischer Hinsicht gute Gewissen glaubt Avenarius den zum Realismus zurückgekehrten Idealisten durch den Nachweis verschaffen zu können, daß die Erfahrung rein als solche betrachtet die Konstruktion apriorischer Erkenntnisformen überflüssig macht. Denn die Erfahrung des Vorgefundenen in seiner unhintergehbaren Faktizität ist das Apriori, das der Idealismus vergeblich im Reich der Ideen sucht. Durch den «natürlichen Weltbegriff» wird noch einmal bestätigt, daß der Empiriokritizismus eine reine Immanenzphilosophie ist, für die der naive Realismus keiner Rechtfertigung bedarf, sondern lediglich die Abweichung von ihm. Gemessen am Realismus gibt es nichts als vorübergehende Systemvariationen, die sich auf lange Sicht von selbst auflösen. Das ist die Perspektive des Posthistoire, die aber nicht notwendig zum geistigen Wärmetod führen muß, sondern durchaus einen Pluralismus zuläßt, wie er später von William James ausgearbeitet worden ist.

Schriften

Philosophie als Denken gemäß dem Prinzip des kleinsten Kraftmaßes (Prolegomena zu einer Kritik der reinen Erfahrung), Berlin 1876, ³1917 *(PK)*. – Kritik der reinen Erfahrung, 2 Bde., Leipzig ³1921–1928 *(KE)*. – Der menschliche Weltbegriff, Leipzig ⁴1927 *(WB)*.

Literatur

O. Ewald: Richard Avenarius als Begründer des Empiriokritizismus, Berlin 1905. – F. Raab: Die Philosophie von Richard Avenarius. Systematische Darstellung und immanente Kritik, Leipzig 1912. – M. Sommer: Husserl und der frühe Positivismus, Frankfurt a. M. 1985.

Wolfgang H. Pleger

Linkshegelianismus –
Existenzphilosophie

Als Linkshegelianer werden alle unmittelbaren oder mittelbaren Schüler Hegels bezeichnet, die sich in Auseinandersetzung mit Hegels Philosophie als radikale Erneuerer verstehen, während die Rechtshegelianer die – auch in einem politischen Sinn – konservativen Momente seines Denkens betonen. Nach diesem Kriterium gehören alle hier behandelten Autoren: Feuerbach, Stirner, Kierkegaard und Marx zur Gruppe der Linkshegelianer. Sie denken revolutionär, d. h. gegen die Verhältnisse ihrer Zeit. Gleichwohl gibt es in ihrem Denken Unterschiede, die den Begriff der Existenzphilosophie als Kennzeichnung einer besonderen Strömung innerhalb des Linkshegelianismus rechtfertigen. Unter Existenzphilosophie mag hier in einer vorläufigen Charakteristik ein Denken verstanden werden, das die Situation des einzelnen Menschen als entscheidende Wirklichkeit thematisiert. Dieses trifft vor allem für Stirner und Kierkegaard zu.

Um den philosophischen Neuansatz der Linkshegelianer zu verdeutlichen, erscheint es sinnvoll, das Bild nachzuzeichnen, das sie sich von Hegel machen und von dem sie sich absetzen. Anzumerken ist jedoch, daß dieses Bild sehr vereinfacht ist und daß sie im übrigen in ihrem eigenen Denken dem Hegelschen Ansatz stärker verpflichtet bleiben, als sie es sich selbst eingestehen. Zutreffend ist es jedoch, wenn sie Hegels Denken unter Berufung auf die von ihm selbst verwendeten Begriffe als Idealismus bezeichnen. In seiner «Wissenschaft der Logik» von 1812 betont er, daß der Idealismus der Philosophie darin bestehe, das «Endliche» nicht als ein «wahrhaft Seiendes» anzuerkennen, und jede Philosophie wesentlich Idealismus sei. Hegel spitzt diesen Gedanken zu der These zu: Die Philosophie gewährt die Einsicht, daß die «Idee» wirklich ist, oder umgekehrt, allem Wirklichen komme nur insofern Sein zu, als es die «Idee» in sich habe und sie ausdrücke. Die Identität der Idee und der Wirklichkeit versteht Hegel als einen geschichtlichen Prozeß, der als ein fortschreitendes In-Erscheinung-Treten der Vernunft in die äußere Existenz beschrieben werden kann. Aufgabe der Philosophie ist es, die Verwirklichung der Idee in der Geschichte zur Sprache zu bringen.

In einer knappen, berühmt gewordenen Formulierung betont er: «Was vernünftig ist, das ist wirklich; und was wirklich ist, das ist vernünftig» (W 7,24). Nur derjenige, der die Wirklichkeit mit Vernunft betrachtet, kann sie in ihrer Wahrheit erkennen; aber das Wahre, das er erkennt, ist die Vernunft selbst. Eine Analogie für die Vermittlung von Vernunft und Wirklichkeit, die zugleich als Geschichte der Entäußerung der Idee zu verstehen ist, sieht Hegel in dem Gedanken der Menschwerdung Gottes, in der «Versöhnung» Gottes mit der Welt. Vermittlung und Versöhnung sind, strenggenommen, mehr als Analogien, sie sind nur zwei Ausdrücke für denselben Vorgang. Der Gedanke der Identität von Wirklichkeit und Vernunft ist Ausdruck der Einsicht, «daß Gott die Welt als *Vernunft* regiert», und daher dürfe man die göttliche Vernunft und die menschliche auch nicht grundsätzlich unterscheiden. Hegels Idealismus gründet sich auf die Überzeugung, daß sowohl die Natur «in sich vernünftig» ist als auch die Geschichte. Diese Überzeugung darf verstanden werden als Hegels Glaube an die Gegenwart Gottes in der Welt. Aufgabe der Philosophie kann es daher auch nicht sein, die Vernunft in die Welt hineinzutragen, sondern die in ihr enthaltene zum Bewußtsein zu bringen. Das Erkennen der in der Wirklichkeit enthaltenen Vernunft mit Hilfe des Denkens vollzieht sich auf dem Weg einer Dialektik.

Diese Dialektik ist dann nicht äußeres Tun eines subjektiven Denkens, sondern die eigene Seele des Inhalts, die organisch ihre Zweige und Früchte hervortreibt. Dieser Entwicklung der Idee als eigener Tätigkeit ihrer Vernunft sieht das Denken als subjektives, ohne seinerseits eine Zutat hinzuzufügen, nur zu. Etwas vernünftig betrachten heißt, nicht an den Gegenstand von außen her eine Vernunft hinzubringen und ihn dadurch bearbeiten, sondern der Gegenstand ist für sich selbst vernünftig; hier ist es der Geist in seiner Freiheit, die höchste Spitze der selbstbewußten Vernunft, die sich Wirklichkeit gibt und als existierende Welt erzeugt; die Wissenschaft hat nur das Geschäft, diese eigene Arbeit der Vernunft der Sache zum Bewußtsein zu bringen (W 7,84 f).

Wenn aber die Wirklichkeit in sich bereits die Vernunft enthält, dann ist es einleuchtend, daß die Philosophie theoretisch bleiben kann und muß. Jede subjektive Zutat würde den Prozeß des In-Erscheinung-Tretens der Vernunft nur verfälschen. Das Denken hat sich daher «die Gewalt» anzutun, nichts von seinem eigenen Meinen diesem Prozeß hinzuzufügen. Es hat vorbehaltlos die wirklichkeitsbestimmende Macht der Vernunft anzuerkennen.

Genau daran aber nehmen die Linkshegelianer Anstoß. Die Identität von Wirklichkeit und Vernunft wird von ihnen geleugnet. Sie unterscheiden zwischen beiden. Wenn man berücksichtigt, daß das Wort Kritik sich von dem griechischen Wort *krinein* (= unterscheiden) ableitet, dann wird verständlich, weshalb das Wort Kritik bei ihnen in das Zentrum ihres Denkens rückt. Sie sind die Kritiker schlechthin oder – theologisch gesehen – die «Unversöhnten» und die «Unversöhnlichen». Indem sie sich gegen Hegels Vermittlungsdenken wenden und das Prinzip der Kritik betonen, nähern sie sich in gewisser Weise wieder stärker Kantischem Denken an, bei dem – man denke nur an seine drei «Kritiken» – die Unterscheidung der Idee der Vernunft von der empirischen Wirklichkeit eine entscheidende Rolle spielte. Diese Annäherung trifft auch für eine Rehabilitierung des kritisch-moralischen Urteils zu, das bei Hegel im geschichtsphilosophisch gedeuteten Gesamtprozeß aufgehoben worden war und an Schärfe verloren hatte. An zahlreichen Stellen charakterisiert Hegel das kritisch-moralische Urteil als ein unzulängliches, weil es auf der Stufe der Negation und der Differenz verbleibt und nicht erkennen läßt, daß es das Denken mit einer «Idee» zu tun hat, die nicht so ohnmächtig ist, nur zu «sollen» und nicht auch zu «sein».

Aber wenn auch die Linkshegelianer und Existenzphilosophen die Differenz betonen, so unterscheiden sie sich von Kant doch in einem wesentlichen Punkt. Kants transzendentaler Idealismus ist aus der Perspektive der Vernunft heraus konzipiert. Die Vorrangstellung der Vernunft, die Orientierung des Denkens an ihr, ist für ihn ganz selbstverständlich. Das ändert sich bei den Linkshegelianern. Sie nehmen bei der Bestimmung des Verhältnisses der Vernunft zur Wirklichkeit eine Umkehrung vor. Sie brechen mit dem traditionellen Primat der Vernunft. Und folgerichtig gibt Karl Löwith seinem Buch «Von Hegel zu Nietzsche» den Untertitel «Der revolutionäre Bruch im Denken des 19. Jahrhunderts». Die Linkshegelianer ergreifen leidenschaftlich Partei für die Wirklichkeit. Sie sind auf der Suche nach der Wirklichkeit und sprechen in ihrem Namen. Die Wirklichkeit, das ist das Sinnliche, das Natürliche, das einzelne, aber auch wie bei Stirner und Kierkegaard der einzelne, der sich keinem Begriff fügt, sondern nur durch einen Namen benannt werden kann. Die

Vernunft bezieht sich dagegen auf das Allgemeine, und das ist niemals wirklich gegeben. Es steht in dem Verdacht, Ergebnis einer leeren Spekulation zu sein. Gelegentlich taucht die Frage auf, ob sich das Wirkliche überhaupt denken läßt. Ist die Wirklichkeit vielleicht das schlechterdings Unvernünftige und Irrationale? Und die Vernunft? Hat sie auch dann, wenn sie in der Wirklichkeit nicht anzutreffen ist, als Möglichkeit noch eine Verbindlichkeit? Oder ist sie ein leerer Gedanke oder gar ein die Wirklichkeit verschleiernder, ideologischer Schein?

Mit der Parteinahme für die Wirklichkeit geht die für das «Unmittelbare» einher. Die Wirklichkeit selbst wird als etwas unmittelbar Gegebenes interpretiert, wohingegen Hegels Gedanke der Vermittlung abgelehnt wird. Kierkegaards Kampf gegen das «Mediatisieren» ist nur der konsequenteste Ausdruck dieser Ablehnung. Daß sich das Unmittelbare dem Denken nicht fügt, ist für die Linkshegelianer kein Argument gegen seine Bedeutung, sondern eher eine Bestätigung für die beschränkte Reichweite des Denkens.

In ähnlicher Weise wird das Verhältnis von Theorie und Praxis umgekehrt und neu bestimmt. Der noch bei Hegel systemphilosophisch begründete Vorrang der theoretischen Einstellung wird ersetzt durch die Betonung des praktischen Interesses. Die interesselose, bloß theoretische Einstellung verpflichtet zu nichts und wird der konkreten Situation des Menschen nicht gerecht. Nur durch das praktische Engagement gibt sich der Mensch innerhalb der Wirklichkeit die Stellung, die ihm als einem bedürftigen, natürlich bedingten und daher leidenschaftlich interessierten Individuum zukommt.

Überhaupt kommt alles darauf an, die Aufmerksamkeit auf die konkrete Situation des Menschen zu richten. Das Interesse der Linkshegelianer, einschließlich der Existenzphilosophen, gilt nicht einer Philosophie des absoluten, des göttlichen Geistes, sondern dem «wirklichen» Menschen. Philosophie, sofern überhaupt noch an ihr festgehalten wird und sie nicht der Kritik an der Vernunft selbst zum Opfer fällt, kann sich nur noch als Anthropologie behaupten. Während bei Hegel die Anthropologie eine relativ untergeordnete Stellung innerhalb seiner umfassenden Philosophie des Geistes einnahm, wird bei den Linkshegelianern der anthropologische Ansatz zum Zentrum aller anderen Überlegungen. Und wenn Hegel den Idealismus als eine Denkweise charakterisiert, die das Endliche nicht als «wahrhaft Seiendes» anerkennt, so insistieren die

Linkshegelianer gerade auf der Endlichkeit des Menschen und sind mit Hegels Folgerung einverstanden, daß es dann eine «Idee» des Menschen nicht geben könne.

Die Gemeinsamkeit zwischen den hier behandelten Autoren betrifft aber nicht nur die Übereinstimmungen in ihren Denkmotiven, sondern zeigt sich darüber hinaus in ihrer Stellung innerhalb der Gesellschaft. Gemeinsam ist ihnen ein Universitätsstudium, in dem Philosophie einen entscheidenden Schwerpunkt bildet. Alle studieren, zumindest zeitweise, in Berlin; Feuerbach und Stirner noch bei Hegel, Marx bei dessen unmittelbaren Schülern, während Kierkegaard Schelling hört, der seit seiner Berufung nach Berlin im Jahre 1841 bereits die Hegelkritik eingeleitet hatte. In seinen Vorlesungen zur «Philosophie der Offenbarung» spricht er in mystischen Andeutungen von der «Unvordenklichkeit der Existenz» und beschwört den «dunklen Grund der Welt», der zu dem sich selbst durchsichtigen, absoluten Geist Hegels in unaufhebbarem Kontrast stehe. Aber trotz ihres Studiums gelangt keiner der hier genannten Linkshegelianer in eine akademische Laufbahn. Ihre Stellung innerhalb der bürgerlichen Gesellschaft ist die von Außenseitern. Sie entspricht ihrem Denken, wie umgekehrt erst ihr radikales Denken sie in diese gesellschaftliche Außenseiterposition bringt. Sie leben nicht in dem geschützten Freiraum einer Universität oder einer Amtskirche, sondern kämpfen innerhalb der bürgerlichen Gesellschaft gegen diese selbst. Die von ihnen angezettelten literarischen Fehden, die Anfeindungen von anderen, mehr oder minder prekäre wirtschaftliche Verhältnisse machen ihnen das Leben schwer. Diesen Schwierigkeiten zum Trotz entwickeln sie eine unermüdliche schriftstellerische Tätigkeit, ohne jedoch damit ihren Lebensunterhalt bestreiten zu können. Das Bild des Gelehrten lehnen sie ab und wählen bewußt das eines freien Schriftstellers, wobei das Attribut «frei» eher Ausdruck ihrer ungesicherten Position ist, als etwa dem Begriff von Freiheit zu entsprechen, den Hegel proklamierte: das Bei-sich-selbst-Sein des Geistes. Vielmehr sind sie außer sich, mit sich und mit anderen zerstritten. Gleichwohl sind sie es, die im 20. Jahrhundert eine maßgebliche Wirkung entfalten, und nicht ihre besser gestellten Professorenkollegen, die Lehrstühle an Universitäten innehaben.

Bei allen Gemeinsamkeiten dürfen jedoch die Unterschiede nicht übersehen werden. Feuerbach, der sich zum Ziel setzte, Theologie in eine sensualistische Anthropologie umzuwandeln, wird von Stirner kritisiert, weil er immer noch nach dem Wesen des Menschen fragt, während es darauf ankomme, den einzelnen zum Ausgangspunkt aller Überlegungen zu machen. Kierkegaard wiederum bleibt trotz seiner Betonung des einzelnen dem religiösen, ja dem christlichen Denken verbunden, radikalisiert dieses aber so, daß er sich in die Situation des vor Gott verzweifelnden einzelnen bringt. Marx dagegen greift zwar Feuerbachs Religionskritik auf, kritisiert aber dessen ungeschichtliche Auffassung vom Menschen und rechnet zugleich mit Stirners isoliertem einzelnen in aller Schärfe ab. Mit Kierkegaard hat er sich nicht auseinandergesetzt; aber man darf annehmen, daß sein Urteil über ihn ähnlich vernichtend ausgefallen wäre, während umgekehrt Marx' Denken in den Kategorien der Gesellschaft und ihrer Klassen Kierkegaard zutiefst zuwider gewesen wäre. Ob aber die Gemeinsamkeiten oder die Unterschiede von größerer Bedeutung sind, läßt sich nur entscheiden, wenn ihr Ansatz individuell betrachtet wird.

Schriften

Georg Wilhelm Friedrich Hegel: Werke in 20 Bänden, Frankfurt a. M. 1970 *(W)*.

Literatur

K. Löwith: Von Hegel zu Nietzsche. Der revolutionäre Bruch im Denken des neunzehnten Jahrhunderts, Frankfurt a. M. 1969.

Ludwig Feuerbach (1804–1872)

Wenn die *alte Philosophie* zu ihrem Ausgangspunkt den Satz hatte: *Ich bin ein abstraktes, ein nur denkendes Wesen, der Leib gehört nicht zu meinem Wesen*; so beginnt dagegen die *neue* Philosophie mit dem Satze: *Ich bin ein wirkliches, ein sinnliches Wesen: Der Leib gehört zu meinem Wesen; ja, der Leib in seiner Totalität ist mein Ich, mein Wesen selber* (W 3,302).

Leben und Werke

Ludwig Feuerbach wird am 28. 7. 1804 in Landshut geboren, wohin sein Vater, der bedeutende Strafrechtstheoretiker Paul Johann Anselm Ritter von Feuerbach (1775–1833), kurz zuvor als Professor berufen worden ist. Nach dem Besuch des Ansbacher Gymnasiums beginnt er bei dem Hegelianer Karl Daub in Heidelberg das Studium der Theologie. 1824 geht er an die Universität Berlin und wechselt dort, gegen den Willen seines Vaters, in die philosophische Fakultät über. Zwar hört er bei Schleiermacher Theologie, doch sein maßgeblicher philosophischer Lehrer wird Hegel. Im Jahre 1828 promoviert er mit der ganz im Geiste Hegels verfaßten Arbeit «De infinitate, unitate atque communitate rationis» (Über die Unendlichkeit, Einheit und Allgemeinheit der Vernunft). Von 1829 bis 1832 ist er Privatdozent an der Universität Erlangen. Daß er der Verfasser der anonym erschienenen «Gedanken über Tod und Unsterblichkeit» ist, bleibt nicht lange geheim. Mit dieser Schrift, in der er die individuelle Unsterblichkeit des Menschen negiert, verliert er, wie sein Vater richtig prognostiziert, jede Chance auf eine Stelle an einer Universität. 1833 erscheint seine «Geschichte der neueren Philosophie von Bacon bis Spinoza», 1837 seine «Darstellung, Entwicklung und Kritik der Leibnizschen Philosophie» und 1838 sein Buch «Pierre Bayle».

Im Jahre 1837 heiratet Feuerbach Bertha Löw und zieht mit ihr nach

Schloß Bruckberg bei Ansbach, wo die Familie seiner Frau eine Porzellanfabrik besitzt. Feuerbach führt dort das Leben eines Privatgelehrten.
Während in seinen Schriften bis zu diesem Zeitpunkt die Nähe zu Hegel
unübersehbar ist, grenzt er sich in seiner 1839 erschienenen Schrift «Zur
Kritik der Hegelschen Philosophie» eindeutig von ihm ab. 1841 erscheint
sein Hauptwerk «Das Wesen des Christentums», mit dem er mit einem
Schlag berühmt wird. 1848, im Jahr der bürgerlichen Revolution, laden
ihn Studenten zu Vorlesungen über «Das Wesen der Religion» ein, die
er, da ihm Hörsäle der Universität verweigert werden, im Rathaus hält.
In den Jahren 1852 bis 1857 arbeitet Feuerbach an der «Theogonie aus
den Quellen des classischen, hebräischen und christlichen Altertums».
Nach dem wirtschaftlichen Ruin der Porzellanfabrik übersiedelt er auf
den Rechenberg bei Nürnberg. Seither ist er auf die finanzielle Unter-
stützung durch Freunde angewiesen. In seinen letzten Lebensjahren verfaßt Feuerbach Studien zur «Willensfreiheit» und zur «Ethik». 1870 tritt
er der Sozialdemokratischen Arbeiterpartei bei. Feuerbach stirbt am
13. 9. 1872.

Philosophieren im Zeichen Hegels

Feuerbachs größte Nähe zur Philosophie Hegels ist in seiner Dissertation
von 1828 anzutreffen. In ihr formuliert er an zentraler Stelle den Gedanken, daß der Mensch sich durch sein Denken über seine Individualität
erhebe und die Stufe der Allgemeinheit annehme. Das ist in Anlehnung
an Hegels «Phänomenologie des Geistes» und an seine «Enzyklopädie der
philosophischen Wissenschaften» gesagt, auf die Feuerbach ausdrücklich
hinweist. Er bezieht sich aber auch auf weiter zurückliegende philosophische Autoren und nennt Heraklit und Aristoteles. Einen eigenen
Akzent bekommt seine These dadurch, daß er als Beleg für die Allgemeinheit des Denkens auf das Prinzip der Gemeinschaftlichkeit hinweist.
Die theoretische Allgemeinheit, die das Denken für sich in Anspruch
nimmt, erwächst ihm aus der praktisch bedeutsamen Gemeinschaft des
Denkenden mit einem anderen. In jedem Denkakt ist der andere schon
mitgedacht und potentiell in ihm enthalten:

im Denken... ist in mir selbst das andere Ich, ich bin zugleich Ich und der Andere, ununterschieden und nicht ein bestimmter Anderer, sondern der Andere überhaupt (als Gattung)... In einem einzigen Denkvorgang schon sind alle Menschen, ungeachtet der Größe ihrer Gegensätze, einander gleich; denkend bin ich verbunden, ja in der Einheit mit allen – ich bin alle Menschen (W 1,21 f).

Anders verhält es sich mit dem Bereich der Sinnlichkeit. In der Empfindung ist jeder vom anderen getrennt, denn niemand könne die Empfindung eines anderen im eigentlichen Sinn teilen. Der Versuch, über Empfindungen mit einem anderen Menschen zu sprechen, scheitert; denn das ausgesprochene Wort ist nicht geeignet, die Empfindung adäquat wiederzugeben. Da die Sprache immer nur ein Allgemeines ausdrückt, kann nur die Allgemeinheit des Gedankens dem anderen mitgeteilt werden, nicht aber die Besonderheit einer Empfindung. Die sinnliche Wahrnehmung, die Empfindung isoliert den Menschen, und erst das sprachlich vermittelte Denken schafft Gemeinschaft. Die Unterscheidung von Mensch und Tier ist insofern darin zu sehen, daß das Tier in seiner Sinnlichkeit isoliert bleibt und zu einer Gemeinschaft im eigentlichen Sinn nicht fähig ist. Das «Gattungsmäßige» ist beim Tier der «stumme» Vorgang der Fortpflanzung, durch den aber wieder nur isolierte Individuen geschaffen werden. Der Mangel an Gemeinschaft bei den Tieren hat seinen Grund darin, daß sich das Tier auf die Gattung im Sinne der Allgemeinheit nicht denkend zurückbeziehen kann. Das Denken in seiner Allgemeinheit macht die Vernunft aus. Sie ist nicht nur eine einzige, d. h. von sich nicht unterschiedene, sondern auch unendlich, da jede nur durch die Vernunft zu denkende Grenze von ihr überschritten wird.

Das sind Überlegungen, die Feuerbach nahezu unverändert Hegels Philosophie entnommen hat. Festzuhalten ist jedoch der Gedanke, daß er, indem er die Allgemeinheit der Vernunft aus der Gemeinschaftlichkeit der Denkenden ableitet, anders als Hegel, anthropologische, ja sozialanthropologische Motive in seinen Ansatz einfließen läßt.

Im Jahre 1830 erscheint anonym Feuerbachs Schrift «Gedanken über Tod und Unsterblichkeit», die sofort verboten und konfisziert wird. In ihr findet er nicht nur sein ihn fortan bewegendes Thema, das der Religionsphilosophie, sondern er distanziert sich auch weiter von Hegelschen Denkfiguren. Gleichwohl ist der Einfluß Hegels unverkennbar, und so enthält die Abhandlung Ambivalenzen und Uneindeutigkeiten. Feuerbach weist darauf hin, daß der Unsterblichkeitsglaube weder in der Antike noch im Mittelalter eine große Bedeutung gehabt habe. Die religionsgeschichtliche Voraussetzung verknüpfe sich vielmehr mit dem im Protestantismus zur Geltung kommenden Gedanken der Individualität, der einhergehe mit einer Auflösung der alten, Sicherheit gebenden Ordnungen und Institutionen. In dieser Situation sei jedoch nicht das Heil in einer Rückkehr zur Vergangenheit zu suchen, sondern in der vorbehaltlosen Respektierung der großen Ordnung der Natur. Es komme darauf an,

daß der Mensch, nachdem er lange genug auf echt mohammedanische Weise in den paradiesischen Träumen seiner Unsterblichkeit geschwelgt, lange genug in der wonnetaumelnden Anschauung seiner selbst und dem berauschenden Genuß seiner Individualität gelebt hat, an seine wahrhafte und vollständige Vergänglichkeit und Sterblichkeit sich erinnere und in dieser Erinnerung und Besinnung das Bedürfnis in sich erwecke, anderswo als in seiner eignen Individualität und dem Glauben an seine eigne Unsterblichkeit und Unendlichkeit die Quelle des Lebens und der Wahrheit, den Bestimmungsgrund seiner Handlungen und die Stätte des Friedens zu suchen... Es gibt keinen halben, keinen zwiespältigen und zweideutigen Tod; in der Natur ist alles wahr, ganz, ungeteilt, vollständig; die Natur ist nicht zwiespältig; sie lügt nicht; der Tod ist daher die ganze, die vollständige Auflösung deines ganzen und vollständigen Seins; es gibt nur einen Tod, der ganzer Tod ist, nicht etwas am Menschen abnagt, etwas übrigläßt» (W 1,95; 101).

Die unhintergehbare Instanz, die die Sterblichkeit des Menschen bedingt, ist die Natur. Hier ist gegenüber Hegel bereits ein anderer Ton angeschlagen. Leben und Natur werden substantiell gedacht. Feuerbach hat sich den pantheistischen Gedanken Spinozas «deus sive natura» zu eigen gemacht, wenn er betont, daß die Natur nicht nur Grund ihrer selbst, sondern mit dem Wesen Gottes identisch sei.

Diesem Ansatz entsprechend wird der lebendige Organismus als ein Individuum verstanden, d. h. als etwas Unteilbares. Tod bedeutet daher Auflösung seiner Individualität. Die Seele aber, die sich von dem Körper unterscheidet, endet mit dessen Tod. Sie kann ohne den Körper ebensowenig bestehen, «als der Herr noch Herr ist ohne Knecht». Und in einem anderen Bild vergleicht er die Seele mit dem Feuer einer Kerze, das auch nur solange brenne, wie ihm durch den Docht der notwendige Brennstoff zugeführt wird. Die Seele wird interpretiert als die Empfindung des Leibes, und das heißt, ohne ihren «Gegenstand», den Leib, kann sie nicht existieren.

Wenn Feuerbach auch damit rechnen mußte, daß ein offenes Bekenntnis zu diesen Gedanken ihn in Schwierigkeit bringt, so war der Ansatz hierzu keineswegs neu, sondern hatte einen geschichtlichen Anknüpfungspunkt in Schleiermacher, dessen Vorlesungen er in Berlin ja gehört hatte und der auf ihn einen erheblich größeren Einfluß ausgeübt hat, als er selbst zu erkennen gibt. Dieser hatte in seiner 1799 erschienenen Schrift «Über die Religion, Reden an die Gebildeten unter ihren Verächtern» bereits betont, daß das Gefühl der Unendlichkeit und Gottähnlichkeit, das der Mensch in sich spürt, nur dann eine Berechtigung habe, wenn er sich zugleich seiner Beschränktheit bewußt bleibt, der Zufälligkeit seiner ganzen Form, «des geräuschlosen Verschwindens seines ganzen Daseins im Unermeßlichen».

Feuerbach aber bleibt bei diesem «natürlichen» Verständnis der Seele nicht stehen. Die ihm durch Hegel nahegebrachte Philosophie des Geistes bringt sich zur Geltung:

die Seele ist Denken, Freiheit, Wille, Vernunft, Selbstbewußtsein. Denn als Geist, nicht mehr als Empfindung, ist die Seele nicht gerichtet und bezogen auf das Sinnliche und ihren Leib, ist sie nur in sich, also außer ihrem Körper, ist sie nur sich selbst Gegenstand, ist sie nicht vermittelst des Leibes, sondern vermittelst ihrer selbst, rein durch und in sich selbst Gegenstand. Die Seele macht auch auf dem Standpunkte der Vernunft Sinnliches, den Leib zum Objekte, aber hier ist er Objekt des Willens oder des Denkens, wo die Seele nicht vermittelst des Sinnlichen, sondern vermittelst ihrer selbst, nur in und durch sich selbst als außer dem Sinnlichen dasselbe zu ihrem Objekt macht. Wohl ist auch natürlich für uns, wenn wir den Leib zum Objekt des Denkens machen, die denkende Betrachtung und Erkenntnis desselben vermittelt durch die Empfindungen der Sinne, aber weder vermittelst der Sinne doch vermittelst des Hirns denken wir, die Sinne sind nur die äußerlichen Mittel, denken und erkennen kann man nur vermittelst des Denkens und Erkennens selbst, gleichwie auch die Vernunft nicht etwa mit dem Gehirne – eine solche Operation gehörte unstreitig zu den größten Kuriositäten unter der Sonne – mit sich selbst denkt, das Gehirn ist nur das sinnliche und darum äußerliche, erscheinende Organ, von dessen Wohl oder Mißgestaltung für das sinnliche Individuum der Eintritt in die Vernunft abhängt, das wahre und darum unsinnliche Organ des Denkens ist das Denken selbst, gleichwie das wahre Organ des Künstlers nicht die Hand oder der Pinsel, sondern die kunstbegabte Seele des Künstlers selbst ist (W 1,194 f).

Indem sich Feuerbach auf diese Weise auf den «Standpunkt der Vernunft» stellt, nimmt er einen Perspektivenwechsel vor, der es ihm erlaubt, die Frage des Todes, der Seele, der Unsterblichkeit neu zu formulieren. In dem Maße nämlich, in dem der Mensch durch sein Bewußtsein und Denken in die wesentliche Sphäre des Geistes und der Vernunft gelangt, existiert er über den Tod hinaus. Denkend ist er mit der Menschheit verbunden, die für ihn in Gestalt anderer Menschen nicht zufällig auch existiert. Selbst wenn es unstreitig ist, daß jeder Mensch seine eigene Existenz habe, so ist das Wesen jedes Menschen doch durch die Existenz der anderen bedingt. Feuerbach verbindet in ähnlicher Weise wie bereits in seiner Dissertation das Allgemeine der Vernunft, in das der Mensch denkend gelangt, die Existenz des einzelnen Menschen mit der Gemeinschaft anderer Menschen. Unsterblich ist der Mensch, insofern er konstitutiver Teil einer Gemeinschaft ist.

Nach deinem Tode also bleiben übrig andere, bleibt übrig dein Wesen, die Menschheit unbeschädigt und ungeschmälert durch deinen Tod. Ewig ist der Mensch; dafür bürgt der unendliche Geist selber, ewig ist der Geist, unvergänglich und unendlich das Bewußtsein, aller Natur und folglich auch dem Tode entnommen die Freiheit, der Wille, und ewig werden daher auch Personen, Bewußte, Wollende, Freie sein. Du selbst aber als bestimmte Person, nur Objekt des Bewußtseins, nicht selbst Bewußtsein, trittst notwendig einst außer Bewußtsein, und an deine Stelle kommt eine neue frische Person in die Welt des Bewußtseins (W 1, 205).

Diesem Ansatz entsprechend kommt also alles darauf an, über das einzelne und die Vereinzelung hinauszugelangen und das Bewußtsein der Allgemeinheit, der Menschheit, zu erreichen. Wodurch nun gelangt der Mensch über sich hinaus, und wodurch erreicht er die wesentliche Gemeinschaft der Menschen? Feuerbach antwortet: durch die Liebe. Die Liebe befreit den Menschen aus seinem bloßen Für-sich-Sein, aus seinem Isoliert-Sein, das strenggenommen gar kein Sein ist, sondern ein Nichts.

Sein ist beziehungsreiche Fülle, inhaltsvolle Verbindung, der unerschöpfliche Schoß der mannigfaltigsten Zusammenhänge, was ist, ist notwendig mit anderm, für andres, Sein ist Gemeinschaft, Fürsichsein aber Isolierung, Ungemeinschaftlichkeit; aber das Nichts ist eben auch das Ungemeinschaftlichste, Isolierteste, Unverträglichste, Ungeselligste, was es nur immer in der Welt gibt, wenn es anders ein Nichts gäbe, gleichwie es Fische und Bäume gibt. Der Mensch liebt und muß lieben (W 1, 213).

Liebend bindet der Mensch sein Sein an ein anderes, und anders als «Ehre» und «Geldsucht» ist die «wahre Liebe» dadurch ausgezeichnet, daß sie «das ganze Selbst des Menschen aufnimmt und in sich faßt». Der Tod ist daher das Nichts des bloßen Fürsichseins. Der in Liebe existierende Mensch kann dagegen darauf vertrauen, «in dem dankbaren Gemüte der Nachwelt fortzuleben». Wenn aber das Sein und das Leben durch «beziehungsreiche Fülle», das Nichts und der Tod durch Isoliertsein, Beziehungslosigkeit und Lieblosigkeit ausgezeichnet sind, dann ergibt sich aus dieser Kontrastierung ein neuer Ansatz für die Einschätzung des Lebens. Die «Gehaltlosigkeit» des Todes läßt das Qualitative des Lebens erst sichtbar werden. Alles kommt darauf an, der Nichtigkeit des Todes die Bedeutsamkeit des Lebens entgegenzusetzen. Während der Gedanke der Unsterblichkeit das Leben auf die Vorstellung einer Folge aneinandergereihter Zeitpunkte reduziert, ermöglicht die Betonung qualitativer Momente den Gedanken, das Leben als erfüllten Augenblick zu verstehen.

Jeder Augenblick des Lebens ist erfülltes Sein, von unendlicher Bedeutung, um seiner selbst willen, durch sich selbst gesetzt, in sich selbst befriedigte, geschloßne und gesättigte Fülle der Wirklichkeit, uneingeschränkte Bejahung seiner selbst, jeder Augenblick ein Trunk, der bis auf den Grund den Kelch der Unendlichkeit ausleert, der wie ein Wunderkelch des Oberon immer aus sich selbst wieder sich erfüllt (W 1, 266).

Feuerbach entwickelt in seinen «Gedanken über Tod und Unsterblichkeit» keine stringente Beweisführung. Die wichtigsten Aspekte seines Ansatzes sind:

- Das menschliche Leben, das als Einheit von Leib und Seele zu verstehen ist, löst sich im Tod auf und geht zurück in die umfassende Natur.

- Die menschliche Seele ist nicht nur leibgebundene Empfindung, sondern freier Geist und gehört als solche der unendlichen Allgemeinheit der Vernunft an.

- Kraft des Denkens partizipiert der Mensch an der Gemeinschaftlichkeit des Denkens anderer und damit an der Menschheit selbst.

- Die Liebe, die sein Sein an das anderer Menschen bindet, sichert ihm die dankbare Erinnerung der ohne ihn Weiterlebenden.

- Gegen den Gedanken der Unsterblichkeit in einem bloß quantitativen zeitlichen Sinne ist die Qualität des erfüllten Augenblicks zu setzen.

Eine explizite Auseinandersetzung mit der Philosophie Hegels findet sich in dem 1839 in den «Hallischen Jahrbüchern» erschienenen Aufsatz «Zur Kritik der Hegelschen Philosophie», nachdem Feuerbach in der zweiten Hälfte der dreißiger Jahre sich als Autodidakt mit naturwissenschaftlichen Fragen beschäftigt hat. Er sucht in den Naturwissenschaften nach einer neuen, empirischen Basis, von der aus er die Philosophie des absoluten Geistes kritisieren möchte.

Feuerbachs erster Kritikpunkt ist, daß Hegels Philosophie die Stellung eines absoluten End- und Höhepunkts in der Geschichte des Denkens beansprucht. Demgegenüber gilt es einzusehen, daß dessen Philosophie wie jede andere geschichtlich bedingt und daher überholbar ist. Es ist auch eine abwegige Vorstellung, anzunehmen, daß in einem einzigen Menschen das Denken der gesamten Menschheit kulminiere. Hegel kann nicht für sich beanspruchen, so Feuerbach, der «Messias» oder ein «spekulativer Dalailama» zu sein. Vielmehr ist Selbstbeschränkung das dem Individuum auferlegte Gesetz. Diesen Gedanken führt er noch weiter aus und kommt zu der Überlegung, daß die Wahrheit selbst als «Tochter der Zeit» geschichtlichen Bedingungen unterworfen sei – «veritas filia temporis». Daher komme es darauf an, sich einzugestehen, daß auch die Hegelsche Philosophie in den «nächsten Jahrhunderten» eine vergangene sein werde.

Aber nicht nur ihre Vergänglichkeit macht ihren Absolutheitsanspruch fragwürdig; sie ist in sich selbst keineswegs so voraussetzungslos, wie sie vorgibt. So thematisiert Hegel in seiner «Logik» das Problem des Anfangs und sieht dessen Lösung in dem Entschluß, mit dem «reinen Sein» zu beginnen. Aber weder ist es selbstverständlich, das reine Sein als Anfang zu setzen, noch überhaupt die Attitüde unbefragt zu akzeptieren, mit dem «Anfang der Philosophie» beginnen zu wollen. Wäre es nicht sinnvoller, die Idee des Anfangs aufzugeben und mit der «unmittelbaren Wirklichkeit» zu beginnen? Feuerbachs Alternative zu Hegels «reinem Sein» ist nicht zufällig die der «unmittelbaren Wirklichkeit», dessen nähere Bestimmung sein weiteres Denken in Atem halten wird.

Die Voraussetzungen der Hegelschen Philosophie deckt Feuerbach auch dadurch auf, daß er auf die Einflüsse Fichtes und Schellings hinweist. Im übrigen entstehe ein Bruch in dem Anspruch einer absoluten Philosophie auch durch die Unmöglichkeit, die Zeitlosigkeit des Absoluten adäquat darzustellen. Jede Darstellung sei vielmehr daran gebunden, die Einheit des Gedankens aufzulösen und an ihre Stelle das zeitliche Nacheinander der einzelnen Gedankenschritte zu setzen, das aber bedeute eine «Verzeitlichung des Gedankens». Dieser Verzeitlichung korrespondiert die Tatsache, daß auch derjenige, an den sich der Gedanke richtet, diesen nur in der Folge einzelner Gedankenschritte aufnehmen kann. Außerdem ist bei der Formulierung eines Gedankens immer schon sein möglicher Rezipient zu berücksichtigen. Auch der Beweis eines Philosophen sei immer nur als ein Beweis für jemanden von Bedeutung.

Damit wir seine Gedanken als wahr erkennen, damit wir sie nur verstehen können, dazu setzt er ebensogut in uns als in sich Vernunft, ein gemeinschaftliches Prinzip, ein gemeinschaftliches Maß voraus. Was er erkannt hat, sollen wir erkennen, was er gefunden, wir selbst wieder in uns finden, denn das Denken ist in uns. Alle Demonstration ist daher nicht eine Vermittlung des Gedankens in und für den Gedanken selbst, sondern eine Vermittlung mittels der Sprache zwischen dem Denken, inwiefern es meines ist, und dem Denken des andern, inwiefern es seines ist – wo zwei oder drei in meinem Namen versammelt sind, da bin ich: die Vernunft, die Wahrheit mitten unter euch –, oder eine Vermittlung des Ich und Du zur Erkenntnis der Identität der Vernunft oder eine Vermittlung, durch die ich bewähre, daß mein Gedanke nicht meiner, sondern

Gedanke an und für sich ist, welcher daher ebensogut wie der meinige der Gedanke des andern sein kann... Der Gedanke, in dem sich Ich und Du vereinigen, ist ein wahrer. Diese Vereinigung ist die Bestätigung, das Zeichen, die Affirmation der Wahrheit nur, weil sie selbst schon Wahrheit ist. Was einigt, ist wahr und gut. Der Einwand: also ist auch der Diebstahl usw. gut und wahr, denn auch in Ihm vereinigen sich oft Menschen, verdient keine Erwiderung, denn hier bleibt jeder für sich (W 3,19 f).

Da Hegel aber nicht von der Situation des wirklichen Menschen ausgegangen ist, bleibe seine Philosophie abstrakt. Es komme darauf an, sich von der Abstraktion eines «reinen Seins» zu befreien und sich dem «wirklichen», «konkreten» Sein zuzuwenden. Das konkrete Sein aber findet Feuerbach in der sinnlichen Anschauung. Die Hegelsche Philosophie treffe daher, wie die ganze neuere Philosophie, der Vorwurf eines «unvermittelten Bruchs mit der sinnlichen Anschauung». Gegen diesen Vorwurf sei auch Hegels «Phänomenologie des Geistes» kein Einwand, die ja scheinbar von der «sinnlichen Gewißheit» ausgeht; denn der einzige Sinn dieser Ausführungen sei der Nachweis, daß die «sinnliche Gewißheit» für sich keine Wahrheit beanspruchen kann. Die von Hegel zum Beweis vorgebrachte Überlegung, daß schon die Sprache, da sie sich im Allgemeinen bewege, den Wahrheitsanspruch der an das «Hier» und «Jetzt» gebundenen sinnlichen Gewißheit widerlegt, beweist nach Feuerbach nicht deren Unwahrheit, sondern nur das Unvermögen einer Sprache, die nur Ausdrücke für Allgemeines enthalte. Dagegen bringt Feuerbach seine nominalistische Sprachkritik zur Geltung:

Die Sprache gehört hier gar nicht zur Sache. Die Realität des sinnlichen, einzelnen Seins ist uns eine mit unserem Blute besiegelte Wahrheit. Auf dem sinnlichen Gebiete heißt es: Auge um Auge, Zahn um Zahn. Ad rem: Worte hin, Worte her. Zeige mir, was du da sagst. Dem sinnlichen Bewußtsein ist eben die Sprache das Unreale, das Nichtige. Wie soll also das sinnliche Bewußtsein dadurch, daß das einzelne Sein sich nicht sagen läßt, sich widerlegt finden oder widerlegt sein? Das sinnliche Bewußtsein findet eben gerade darin eine Widerlegung der Sprache, aber nicht eine Widerlegung der sinnlichen Gewißheit. Und hierin hat dasselbe auf seinem Gebiete vollkommen recht; sonst würden wir uns im Leben statt mit Sachen mit Worten abspeisen lassen (W 3,34).

Daher thematisiere Hegel in seiner «Phänomenologie» nicht wirklich die «sinnliche Gewißheit», sondern nur den Gedanken von der sinnlichen Gewißheit, und unter dieser Voraussetzung sei es nicht schwer, den Gedanken als Sieger über die sinnliche Gewißheit hervorgehen zu lassen.

Aber auch Schelling, der sich als Gegensatz zu Hegel präsentierte, sei derselbe Vorwurf zu machen. Bei ihm handele es sich nicht wie bei Hegel um einen subjektiven Idealismus, sondern um einen objektiven, der aber gleichwohl, nur von der entgegengesetzten Seite ausgehend, eine Philosophie des Absoluten darstelle. Die Philosophie des Absoluten ist aber – so Feuerbach – schon in ihrem Ansatz verfehlt. Gegen sie ist eine «genetisch-kritische» Methode zu setzen, die die natürlichen Bedingungen des Philosophierens berücksichtigt. Damit verbindet sich die Notwendigkeit des Rückgangs auf die Natur.

Die Philosophie ist die Wissenschaft der Wirklichkeit in ihrer Wahrheit und Totalität; aber der Inbegriff der Wirklichkeit ist die Natur (Natur im universellsten Sinne des Wortes). Die tiefsten Geheimnisse liegen in den einfachsten, natürlichen Dingen, die der jenseits schmachtende phantastische Spekulant mit Füßen tritt. Die Rückkehr zur Natur ist allein die Quelle des Heils (W 3,52).

Mit dieser programmatischen Äußerung ist die weitere Richtung für Feuerbach vorgezeichnet. An die Stelle des abstrakten Begriffs soll die konkrete Anschauung treten, an die Stelle der Sehnsucht nach einem Jenseits die Rückbesinnung auf die Wirklichkeit des Menschen.

Von der Theologie zur Anthropologie

Der Bereich, in dem die Suche nach der «unmittelbaren Wirklichkeit» ihren Ort hat, ist die Anthropologie, eine Disziplin, die in Hegels System nur eine untergeordnete Bedeutung hatte. Es ist die Ausrichtung auf Anthropologie, die Feuerbachs Hauptwerk «Das Wesen des Christentums» von 1841 seinen besonderen Charakter und seinen großen Erfolg sicherte. Die anthropologische Wende ist es, die Feuerbachs Religionskritik von der bei Kant durchgeführten Widerlegung aller Gottesbeweise unterscheidet. Feuerbach begnügt sich nicht damit, den Wahrheitsanspruch der Religion und im besonderen den des Christentums zu widerlegen. Er ist sich vielmehr der überragenden Stellung der Religion in der Geschichte der Menschheit bewußt und will daher ihre Bedeutung für das menschliche Leben verstehen. Dazu ist es allerdings notwendig, einen Perspektivenwechsel vorzunehmen. Religion darf nicht in der Sichtweise der Theologie dargestellt werden, sondern sie muß auf dem Hintergrund einer neu zu entwickelnden Anthropologie interpretiert werden. Es gilt zu erkennen, daß das «Geheimnis der Theologie die Anthropologie» ist.

Feuerbachs Vorgehen ist daher ideologiekritisch und hermeneutisch zugleich. Indem das «Geheimnis» der Theologie gelüftet wird, ihre Selbstinterpretation sich als haltlos erweist und die «Gegenstände» ihrer Verehrung als menschliche Projektionen erklärt werden, kann der Mensch zu einer tieferen Selbsterkenntnis kommen, die nicht nur von theoretischer Bedeutung ist, sondern eine praktisch-therapeutische Wirkung hat. Religion gehört dem Menschen wesensmäßig an, «Tiere haben *keine* Religion». Während aber die Theologie stets auf etwas hinwies, das jenseits des Menschen lag, geht es nun darum, im Menschen selbst nach dem Grund der Religion zu suchen. Daraus ergibt sich eine Umkehrung eines für objektiv Gehaltenen in ein Subjektives und umgekehrt.

Ist z. B. das Gefühl das wesentliche *Organ der Religion, so drückt das* Wesen Gottes *nichts andres aus als das* Wesen des Gefühls. *Der wahre, aber verborgene Sinn der Rede: «Das Gefühl ist das Organ des Göttlichen» lautet: Das Gefühl ist das* Nobelste, Trefflichste, d. h. Göttliche *im Menschen. Wie könntest du das Göttliche vernehmen durch das Gefühl, wenn das Gefühl nicht selbst göttlicher Natur wäre? (W 5,26 f).*

Die Beschäftigung mit der Geschichte der Religion und der Theologie ist daher auch nach der Lüftung des «Geheimnisses der Theologie» nicht überflüssig, da sie auf einzigartige Weise uns den Reichtum menschlicher Gefühle zugänglich macht. Theologie als Anthropologie interpretiert, lenkt den Blick auf die im Menschen «verborgenen Schätze». Ganz ähnlich hatte übrigens schon 45 Jahre früher der 25jährige Hegel in einer seiner sog. «theologischen Jugendschriften» argumentiert. Während es das Charakteristikum der «heidnischen» Religionen gewesen sei, ihre Götter mit einem besonderen Reichtum auszustatten, komme es nun darauf an, «die Schätze, die an den Himmel verschleudert worden sind, als Eigentum der Menschen» zurückzugewinnen.

Diesen Text hat Feuerbach nicht gekannt, und daher ist die gedankliche Übereinstimmung um so bemerkenswerter. Ihm liegt die Erkenntnis zugrunde, daß der Mensch überhaupt sein Wesen aufgespalten hat und einen Teil seiner selbst auf ein Wesen außer sich projiziert hat. Religion verdeutlicht daher nicht nur einen Zwiespalt im Menschen, sondern ebenso ein Bewußtsein der Unvollkommenheit. Die Vollkommenheit wird dagegen einem anderen Wesen zugeschrieben, von dem her die menschliche Unvollkommenheit be- und verurteilt wird.

Gleichzeitig aber macht Feuerbach darauf aufmerksam, daß der Gott des Christentums keineswegs nur als verurteilende und strafende Instanz gedeutet wird, sondern als Gott der Liebe. Als Beleg hierfür gilt die Lehre von der Inkarnation Gottes in Christus. Das Dogma vom Opfertod Christi wird interpretiert als die Aufhebung des Zwiespalts von Gott und Mensch. Die Vermenschlichung Gottes in Christus ist daher als eine im Gewande der Theologie auftretende Rückgängigmachung jenes Zwiespalts im Menschen anzusehen, der den Ursprung der Religion bildet. Wenn in der Erläuterung dieser Christologie das Johannesevangelium die These ausspricht: «Gott ist die Liebe», so ist für Feuerbach diese Aussage eine Bestätigung dafür, daß der Liebe die Macht der Versöhnung innewohnt. Auch hier sieht Feuerbach in der Liebe die entscheidende Chance des Menschen, sich von dem Gedanken eines jenseitigen Wesens zu befreien. Sie eröffnet ihm die Möglichkeit, sich auf seine eigenen Fähigkeiten zu besinnen und, unabhängig von allen religiösen Hoffnungen, sein Leben sinnvoll zu gestalten. Ebenso ist das Gebet, das seinen sachlichen und sprachlichen Ursprung in der Bitte hat, als Äußerungsform der menschlichen Hilfsbedürftigkeit, seines Elends und seiner Schwäche ernst zu nehmen. In ihm artikulieren sich die tiefsten Bedürfnisse und Hoffnungen der Menschen. Die anthropologische Wahrheit des Christentums ist darin zu sehen, daß sie, in einer freilich verklärten und daher unwahren Form, dem Leiden einen zentralen Platz eingeräumt hat. Ähnliches ließe sich an anderen christlichen Glaubensinhalten nachweisen. So spiegelt z. B. das Verhältnis von Gott, Christus und Maria das elementare menschliche Bedürfnis nach einer heilen Familie und zeigt wesentliche Aspekte der Liebe.

Die höchste und tiefste Liebe ist die Mutterliebe. Der Vater tröstet sich über den Verlust des Sohnes; er hat ein stoisches Prinzip in sich. Die Mutter dagegen ist untröstlich – die Mutter ist die Schmerzensreiche, aber die Trostlosigkeit die Wahrheit der Liebe (W 5,85).

Wesentlich ist dem Christentum seine Verkündigung durch das Wort, das als Wort Gottes interpretiert wird. Aber auch hier ist eine Umkehrung des Verhältnisses von Subjekt und Objekt nötig. Das Wort ist nicht deshalb bedeutsam, weil es von Gott kommt, sondern weil die Macht des Wortes selbst etwas Göttliches ist:

Worüber wir sprechen, darüber mildern sich unsre Leidenschaften; es wird helle in uns; der Gegenstand des Zorns, des Ärgers, des Kummers erscheint uns in einem anderen Lichte, in welchem wir die Unwürdigkeit der Leidenschaften erkennen... und nur wo der Mensch mit dem Menschen spricht, nur in der Rede, einem gemeinsamen Akte, entsteht die Vernunft. Fragen und Antworten sind die ersten Denkakte. Zum Denken gehören ursprünglich zwei (W 5,94; 100).

Anthropologisch neu zu deuten ist aber auch die Schöpfungslehre. Diese nimmt die Welt nicht als etwas, das von sich aus besteht, sondern interpretiert sie, in Analogie zu einem handwerklich Hergestellten, als ein Gemachtes. Auf diese Weise werden nicht nur ihre Existenzbedingungen nachvollziehbar, sondern sie wird der Verfügungsgewalt eines Produzenten unterstellt. In dem Schöpfungsgedanken manifestiert sich daher aufs deutlichste der Allmachtsgedanke des produzierenden Subjekts. In ihm kommt der tiefste Wunsch des Menschen nach totaler Verfügungsgewalt über die Welt zum Ausdruck. Ähnliches gilt für den Wunderglauben. In ihm werden alle aktuellen, natürlichen Widerstände negiert. Der Wunderglaube gipfelt in dem Glauben an die eigene Unsterblichkeit.

Während es Feuerbach in dem ersten Teil seines Buchs darauf ankommt, die anthropologische Wahrheit des Christentums deutlich zu machen, ein Unternehmen, das man nach einem neueren Sprachgebrauch als Entmythologisierung bezeichnen könnte, weist er im zweiten Teil auf Aspekte des Christentums hin, die sich nicht als Äußerungsformen des menschlichen Wesens deuten lassen, so vor allem der Offenbarungsgedanke. In ihm wird betont, daß der Mensch seine religiösen Empfindungen nicht von sich aus hat, sondern von einem Wesen außer ihm empfängt. Überhaupt gehören alle Aspekte, in denen der Mensch in die Passivität gedrängt wird, zu dem Negativen der Religion. Streng durchgeführt enthält jeder Glaube ein Moment der Passivität. Das Verhältnis von Aktivität und Passivität zeigt sich in aller Deutlichkeit im Unterschied von Liebe und Glaube. Während der Glaube die Erfüllung eines Wunsches von einem anderen Wesen erhofft, setzt der Gedanke der Liebe im Menschen eigene Kräfte frei. Die Liebe vereint Menschen, während der Glaube die Tendenz auf ein Dogma hat, das Ungläubige ausgrenzt und zu Feinden erklärt: Der Glaube ist wesentlich intolerant.

Da das Christentum aber sowohl Handlungen aus Liebe als auch aus dem Glauben sanktioniert, muß es sich auch die «Greueltaten» der christlichen Religionsgeschichte anrechnen lassen. Davon frei wäre es, wenn es nur das Gebot der Liebe gegeben hätte. Durch den Glauben ist aber auch die Liebe von dem Falschen und Bösartigen des Glaubens infiziert worden.

Die Liebe, die durch den Glauben gebunden ist, ist eine engherzige, *falsche dem Begriffe der Liebe, d. h.* sich selbst widersprechende *Liebe, eine* scheinheilige *Liebe, denn sie birgt den Haß des Glaubens in sich; sie ist nur gut, solange der Glaube nicht verletzt wird. In diesem* Widerspruch mit sich selbst *verfällt sie daher, um den* Schein der Liebe *zu behalten, auf die teuflischsten Sophismen, wie Augustinus in seiner Apologie der Ketzerverfolgungen. Die Liebe ist* beschränkt durch den Glauben; *sie findet daher auch die* Handlungen der Lieblosigkeit, *die der Glaube gestattet,* nicht im Widerspruch mit sich; *sie legt die Handlungen des Hasses, die um des Glaubens willen geschehen, als* Handlungen der Liebe *aus (W 5, 311f).*

Feuerbach sieht in der Liebe, die nicht an den Glauben gebunden ist, die einzige Chance der menschlichen Gattung. Die Liebe ist nicht angewiesen auf eine religiöse Ableitung. Sie ist eine autonome Kraft, die die Menschen verbindet, sie bedarf keiner Mittelsperson. Dort, wo der Mensch auf die menschliche Fähigkeit der Liebe setzt, wird ihm der Mensch selbst zum höchsten Wesen.

In seiner 1845 erschienenen Schrift «Das Wesen der Religion» erweitert Feuerbach seinen religionsphilosophischen Ansatz. Er begnügt sich nun nicht mehr damit, Religion als Projektion menschlicher Wünsche zu charakterisieren, sondern sucht nach einem realen Fundament dieses Gefühls. Dieses sieht er in der Natur. Und in Anlehnung an Schleiermacher, der in seinen «Reden über die Religion» diese als «Gefühl der schlechthinnigen Abhängigkeit» charakterisiert hatte, formuliert Feuerbach:

Das Abhängigkeitsgefühl des Menschen ist der Grund der Religion; der Gegenstand dieses Abhängigkeitsgefühls, das, wovon der Mensch abhängig ist und abhängig sich fühlt, ist aber ursprünglich nichts anderes als die Natur (WR, 229).

Während im Christentum die natürlichen Ursachen zu «Mittelursachen» degradiert wurden, die selbst über sich hinauswiesen auf Gott als der ersten Ursache, geht es nun darum zu erkennen, daß allein «die sogenannten Mittelursachen... die allein wirklichen und wirksamen» sind. Nur auf diese Weise kann die Eigenart und Autonomie der Natur zur Geltung kommen. Es ist wenig damit gewonnen, die Unerklärlichkeit der Natur dadurch zu beseitigen, daß man auf eine hinter ihr liegende, ebenso unerklärliche Instanz hinweist. Die Natur wird depotenziert, sie wird zu einem «überflüssigen Scheinwesen», wenn statt des Versuchs, die Natur aus sich selbst heraus verständlich zu machen, die Rätsel der Natur theologisch beseitigt werden. Daher gibt es nur die Alternative: Sieht man in Gott die alles entscheidende Instanz an, dann ist die Natur ein bloßes Scheinwesen; nimmt man die Selbständigkeit der Natur an, dann wird Gott überflüssig. Die Einsicht, daß der Ursprung des Lebens unbegreiflich ist, darf nicht dazu führen, im Aberglauben seine Zuflucht zu nehmen. Statt so ehrlich zu sein, ihre Unkenntnis hinsichtlich der natürlichen Ursachen des Lebens sich einzugestehen, «vergöttert» die Theologie ihre Ignoranz, «personifiziert» sie, «vergegenständlicht sie zu einem Wesen», das die menschliche Unwissenheit vermeintlich aufhebt und überwindet.

Während aber erst der Theismus einen Gott jenseits der Natur konzipierte, bewahren die Naturreligionen eine Nähe zu den sinnlichen Phänomenen. In der in ihnen enthaltenen polytheistischen Vielseitigkeit deuten sie das Verhältnis zur Natur als ein persönliches und die Mächte der Natur als inkarnierte Götter. Auf diese Weise bestätigt die Naturreligion die anthropologische Einsicht, nach der der Mensch in der Religion immer nur sich selbst begegnet.

Sensualistische Anthropologie –
eudämonistische Ethik

Feuerbachs anthropologischer Ansatz, den Sinnen und dem Gefühl einen angemessenen Platz zu sichern, vollzieht sich durchgängig als Versuch der Umkehrung Hegelscher Denkfiguren. So sagt er in seinen 1842 entstandenen «Vorläufigen Thesen zur Reformation der Philosophie»:

Der Philosoph muß das im Menschen, was nicht *philosophiert, was vielmehr* gegen *die Philosophie ist, dem abstrakten Denken* opponiert, *das also, was bei Hegel nur zur* Anmerkung *herabgesetzt ist, in den* Text *der Philosophie aufnehmen (W 3,234).*

Das aber, was dem abstrakten Denken opponiert, ist das Sensualistische und Materialistische. Beide Begriffe bedeuten für Feuerbach dasselbe, weil für ihn Materie den Charakter der Sinnlichkeit hat. Die Sinnlichkeit wird für ihn zum Kriterium der Wahrheit. Die Existenz von Gegenständen außer mir, ja auch meiner selbst als eines «wirklich Seienden» gelingt keinem rationalistischen Beweis, sondern nur der menschlichen Empfindung. Die Empfindungen des Leibes erschließen dem Menschen seine Zugehörigkeit zur Welt und damit die Existenz der Welt selbst. Der cartesische Beweis der Gegenstände «außer mir» wird dann hinfällig, wenn das Ich nicht auf eine «denkende Substanz» reduziert wird, sondern als ein leiblich organisiertes, empfindendes Wesen verstanden wird. Die Empfindungen meines Leibes bilden die Voraussetzung für jedes Denken; und keineswegs ist es einem weltlosen, denkenden Ich möglich, den eigenen Leib als ein welthaft existierendes Sein zu beweisen. Der Sinnlichkeit kommt eine unmittelbare Wahrheit zu.

Diesen Gedanken der unmittelbaren sinnlichen Wahrheit hält Feuerbach jedoch nicht konsequent durch. Er bleibt auch in seiner späteren Zeit zu sehr Hegelianer, um nicht zu leugnen, daß auch die sinnliche Wahrnehmung in einen komplizierten Vermittlungsprozeß eingebunden ist. Um die Wirklichkeit zu erfassen, bedarf es daher nicht der «pöbelhaften, rohen Sinne», sondern der «gebildeten». In den Bildungsprozeß der Sinne ist aber von Anfang an der andere Mensch einbezogen, mit dem jeder durch das Medium der Sprache verbunden ist.

Die Gewißheit selbst von dem Dasein anderer Dinge außer mir ist für mich vermittelt durch die Gewißheit von dem Dasein eines andern Menschen außer mir. Was ich allein sehe, daran zweifle ich; was der andere auch sieht, das erst ist gewiß (W 3,307).

Immerhin ist es bedeutsam, daß Feuerbach im Gegensatz zu Descartes, der den Beweis für die Existenz der «Gegenstände außer mir» über seinen Gottesbeweis unternahm, den anderen Menschen als Wahrheitskriterium einführt. Feuerbach schreibt der Sinnlichkeit gegenüber dem Denken erweiterte Erkenntnismöglichkeiten zu und entwickelt den Ansatz einer Philosophie der menschlichen Sinne. Das führt zu einer neuen Unterscheidung von Mensch und Tier:

Der Mensch unterscheidet sich keineswegs nur durch das Denken vom Tiere. Sein ganzes Wesen ist vielmehr sein Unterschied vom Tiere. Allerdings ist der, welcher nicht denkt, kein Mensch, aber nicht weil das Denken die Ursache, sondern nur weil es eine notwendige Folge und Eigenschaft des menschlichen Wesens ist. Wir brauchen daher auch hier nicht über das Gebiet der Sinnlichkeit hinauszugehen, um den Menschen als ein über den Tieren stehendes Wesen zu erkennen. Der Mensch ist kein partikuläres Wesen wie das Tier, sondern ein universelles, darum kein beschränktes und unfreies, sondern uneingeschränktes, freies Wesen, denn Universalität, Unbeschränktheit, Freiheit sind unzertrennlich... Wo sich aber ein Sinn erhebt über die Schranke der Partikularität und seine Gebundenheit an das Bedürfnis, da erhebt er sich zu selbständiger, zu theoretischer Bedeutung und Würde: – Universeller Sinn ist Verstand, universelle Sinnlichkeit Geistigkeit (W 3,317f).

Die menschliche Sinnlichkeit enthält in ihrer Universalität bereits die Attribute, die in dem traditionellen Dualismus von Sinnlichkeit und Verstand dem Verstand vorbehalten waren.

Das Prinzip der Sinnlichkeit enthält für Feuerbach auch den Ansatzpunkt für seine Überlegungen zur Ethik, die er im Gegenzug zur Kantischen als eine eudämonistische konzipiert. Das entscheidende anthropologische Kriterium der Ethik liegt im Streben nach Glückseligkeit. Dieses bestimmt auch den Willen des Menschen. Das von idealistischen Philosophen vertretene Prinzip der Willensfreiheit ist seiner Meinung nach dagegen völlig haltlos. Das von ihnen als Beweis vorgebrachte Beispiel des Selbstmords ist nicht beweiskräftig. Zwar kann sich jeder Mensch töten, der es will, diesen Willen zu wollen steht ihm aber nicht mehr frei. Erst wenn das Leben in einen unaufhebbaren Gegensatz zu dem Streben nach Glückseligkeit getreten ist, erlöscht der Lebenswille, und so ist auch der Selbstmord nur als Ausdruck eines das Unglück vermeidenden Glücksstrebens zu verstehen. Der Rede von der Willensfreiheit ist daher die Einsicht entgegenzuhalten: Die Willensfreiheit, die sich im Selbstmord manifestieren soll, hat nur derjenige, dem das Leben zur Qual geworden ist. Wille und Glückseligkeitstrieb meinen dasselbe.

Eine am individuellen Glücksstreben orientierte Ethik scheint nun jedoch dem reinen Egoismus das Wort zu reden und daher ungeeignet zu sein, das Zusammenleben der Menschen anders als im Sinne eines Kampfes aller gegen alle um das je eigene Glück zu denken. Diese Konsequenz ist aber nicht nötig, wenn man bedenkt, daß der «Glückseligkeitstrieb» – wie etwa ein Blick auf die intimen Verhältnisse der Familie zeigt – nur unter gleichzeitiger Berücksichtigung des Glücksstrebens der anderen Mitglieder der Familie zu seinem Ziel kommt. Aber auch im ökonomischen Bereich gilt, daß Produzenten und Konsumenten nur bei Respektierung der wechselseitigen Interessen auf Dauer ihren Vorteil erlangen können.

Wenn das Glückseligkeitsstreben aller anderen als die Bedingung dafür gesehen wird, daß das eigene an sein Ziel kommt, dann ist es auch möglich, die Ethik unter universalistischen Prämissen zu formulieren. Feuerbach greift dabei auf die in vielen Kulturen bekannte «goldene Regel» zurück. Diese Überlegung macht es möglich, gut und böse als ethische Zentralbegriffe allgemein so zu bestimmen: Gut ist, was dem menschlichen «Glückseligkeitstriebe» gemäß ist; böse, was ihm mit Wissen und Willen widerspricht.

Schmerz und Leid widersprechen dem Glückseligkeitsstreben elementar, und daher ist das von Schopenhauer ethisch qualifizierte Mitleid eine bedeutsame moralische Kategorie. Alle moralischen Begriffe haben ihren empirischen Grund in der Empfindungsfähigkeit des Menschen. So hat z. B. auch die «Stimme» des Gewissens ihre empirische Basis:

Die Stimme des Gewissens ist ein Echo von dem Racheruf des Verletzten. Man hat im Gewissen ein über- und außermenschliches Wesen zu entdecken geglaubt, aber über diesem deus ex machina vergessen, daß auch hier homo homini deus, der Mensch dem Menschen Gott ist, nur daß hier der menschliche Gott kein Retter, sondern Rächer ist. Das Ich außer mir, das Sinnliche Du, ist der Ursprung des übersinnlichen Gewissens in mir. Mein Gewissen ist nichts anderes als mein an die Stelle des verletzten Du sich setzendes Ich, nichts anderes als der Stellvertreter der Glückseligkeit des andern auf Grund und Geheiß des eigenen Glückseligkeitstriebes (W 4, 370).

Zur Wirkungsgeschichte

Feuerbachs Wirkung beginnt bereits nach dem Bekanntwerden seiner Autorschaft der «Gedanken über Tod und Unsterblichkeit» und verstärkt sich nach dem Erscheinen von «Das Wesen des Christentums». Für Marx etwa wird Feuerbach zum entscheidenden Anstoß seiner eigenen Hegelkritik. Nicht nur Feuerbachs Religionskritik, auch sein anthropologischer Ansatz werden für ihn bedeutsam. Die Überlegung, von der natürlichen Bedürftigkeit des Menschen auszugehen, bleibt für ihn, trotz seiner schon bald einsetzenden Kritik an der ungeschichtlichen Denkweise Feuerbachs, ein Motiv seines eigenen Denkens. Diese Einschätzung wird auch von Engels geteilt, der in seiner 1888 erschienenen Schrift «Ludwig Feuerbach und der Ausgang der klassischen deutschen Philosophie» schreibt:

Da kam Feuerbachs «Wesen des Christenthums». Mit einem Schlag zerstäubte es den Widerspruch, indem es den Materialismus ohne Umschweife wieder auf den Thron erhob. Die Natur existiert unabhängig von aller Philosophie; sie ist die Grundlage, auf der wir Menschen, selbst Naturprodukte, erwachsen sind; außer der Natur und den Menschen existiert nichts, und die höhern Wesen, die unsere religiöse Phantasie erschuf, sind nur die phantastische Rückspiegelung unsers eignen Wesens... Man muß die befreiende Wirkung dieses Buchs selbst erlebt haben, um sich eine Vorstellung davon zu machen. Die Begeisterung war allgemein: Wir waren alle momentan Feuerbachianer (MEW 21, 272).

Für die Religionskritik von Sigmund Freud und Ernst Bloch wird Feuerbach zum wichtigen Bezugspunkt. Aber auch ein Theologe wie Karl Barth nimmt Feuerbachs Ansatz als «eine nur theologisch zu begründende Antithese zu aller Theologie ernst». Ebenso hat Rudolf Bultmanns Konzept einer Entmythologisierung, d. h. seine existentielle Interpretation biblischer Texte, in Feuerbachs anthropologischer Deutung der Religion ihren Vorläufer. Im Rahmen der philosophischen Anthropologie findet sich bei Adolf Portmann und Helmuth Plessner das Konzept einer «Anthropologie der Sinne», wie es von Feuerbach vorgedacht wurde.

Schließlich knüpft die dialogische Philosophie von Martin Buber, Karl Löwith, Ferdinand Ebner, Friedrich Gogarten u. a. direkt an Feuerbachs Überlegung an, die Beziehung von Ich und Du als Grundlage der Bildung der Person anzunehmen.

Schriften

Sämtliche Werke, hg. v. W. Bolin u. F. Jodl, Nachdruck der Ausgabe von 1903–1911, eingeleitet v. K. Löwith, mit drei v. H.-M. Sass hg. Ergänzungsbänden, Stuttgart 1960 ff. – Werke in sechs Bänden, hg. v. E. Thies, Frankfurt a. M. 1975 *(W)*. – Das Wesen der Religion, hg. von A. Esser, Heidelberg 1983 *(WR)*. – Das Wesen des Christentums, Stuttgart 1989. – Geschichte der neueren Philosophie von Bacon bis Spinoza, Leipzig 1990.

Literatur

H. Arvon: Ludwig Feuerbach, Paris 1964. – H.-J. Braun: Ludwig Feuerbachs Lehre vom Menschen, Stuttgart / Bad Cannstatt 1971. – H.-J. Braun: Die Religionsphilosophie Ludwig Feuerbachs, Stuttgart / Bad Cannstatt 1972. – M. Buber: Das Problem des Menschen, Heidelberg 1982. – F. Engels: Ludwig Feuerbach und der Ausgang der klassischen deutschen Philosophie, Berlin 1984 *(MEW 21)*. – W. Jaeschke: Feuerbach redivivus, Eine Auseinandersetzung mit der gegenwärtigen Forschung, Hegel-Studien XIII, 1978. – E. Kamenka: The Philosophy of Ludwig Feuerbach, London / New York 1970. – K. Löwith: Das Individuum in der Rolle des Mitmenschen, Darmstadt 1969. – H. Lübbe / H.-M. Sass (Hg.): Atheismus in der Diskussion, Kontroversen um Ludwig Feuerbach, München / Mainz 1975. – H.-M. Sass: Ludwig Feuerbach mit Selbstzeugnissen und Bilddokumenten, Reinbek bei Hamburg 1988. – A. Schmidt, Emanzipatorische Sinnlichkeit, Ludwig Feuerbachs anthropologischer Materialismus, München 1988. – W. Schuffenhauer: Ludwig Feuerbach und der junge Marx, Berlin 1972. – F. D. E. Schleiermacher, Über die Religion, Reden an die Gebildeten unter ihren Verächtern, Stuttgart 1969. – E. Thies (Hg.): Ludwig Feuerbach, Darmstadt 1976 (Wege der Forschung, Bd. 187).

Max Stirner (1806–1856)

Ich bin nur dadurch Ich, daß Ich Mich mache,
d. h. daß nicht ein Anderer Mich macht, sondern
Ich mein eigen Werk sein muß (EE, 256).

Leben und Werke

Stirners Denken gehört in exemplarischer Weise dem deutschen Vormärz an, einer Zeit des Aufbruchs und des Aufruhrs gegen eine verkru-
stete Gesellschaftsordnung, die – anders als in Frankreich – ohne eine
vorherige Revolution ab 1819 einer Phase der Restauration entgegen-
schritt. Soweit der Aufruhr in Schriften zum Ausdruck kam, mußten
ihre Verfasser mit einer unnachsichtigen Zensurbehörde rechnen. Stirner, der eigentlich Johann Caspar Schmidt hieß und sein Pseudonym
wegen seiner auffällig hohen Stirn wohl schon zu seiner Studentenzeit
erhalten hatte, gibt dem Prinzip des Aufruhrs den Namen der «Empörung». Die Empörung hat für ihn einen noch radikaleren Charakter als
selbst eine Revolution, denn diese zielt darauf ab, an die Stelle der alten
Institutionen des Feudalwesens neue zu setzen. In der Empörung geht es
dagegen darum, sich «emporzurichten». Es sei nicht das Gebot, die alte
politische Verfassung durch eine neue zu ersetzen, sondern schlechthin
«verfassungslos» zu werden.

Stirner empört sich gegenüber jedem und allem. Überall ist mit Einschränkung und Herrschaft zu rechnen: Staat, Gesellschaft, Religion, die
«Idee» der Menschheit, das Recht, die Moral, schließlich das Denken.
Wenn man versuchte, diese Empörung auf einen Nenner zu bringen, so
könnte man sagen: Stirner geht es um das Prinzip der Herrschaftsfreiheit, der Anarchie – aber auch in diesem Begriff hätte er vermutlich den
zu beseitigenden Herrschaftsanspruch einer neuen «Idee» gesehen.

Max Stirner wird am 25. 10. 1806 in Bayreuth geboren. Er studiert in Berlin (1826–28), Erlangen (1828–29), Königsberg (1829) und nach längerer Unterbrechung wieder in Berlin (1832–34). In Berlin hört er Hegel, Schleiermacher, Michelet und Marheineke. Nach seinem Lehramtsexamen (1834/35) und einem Referendariat an der königlichen Realschule zu Berlin (1835/36) bemüht er sich erfolglos um eine Anstellung an einem öffentlichen Gymnasium der Provinz Brandenburg. Eine erste Ehe endet mit dem Tod seiner Frau im Kindbett (1837). Im Jahre 1839 beginnt Stirner eine fünfjährige Unterrichtstätigkeit an einer Berliner Privatschule. Neben Rezensionen, Artikeln und Übersetzungen ist als sein einziges größeres Werk «Der Einzige und sein Eigentum» anzusehen, das Ende 1844 erscheint (Erscheinungsdatum 1845) und das sofort durch die sächsische Kreisdirektion beschlagnahmt und verboten wird. Kurz darauf wird jedoch das Verbot von dem Minister des Inneren mit folgender Begründung aufgehoben: «Von dem Buch sei wahrhaftig keine nachteilige Wirkung auf die Leser zu erwarten, vielmehr zeige es die beklagenswerten Resultate der Philosophie, die der Verfasser selbst anwende, und es werde auf Abscheu stoßen. Die ‹religiös-sittliche Ansicht des Lebens› könne kaum wirksamer gefördert werden als durch Bekanntmachung dieses niedrigen und beschränkten Standpunktes».

In Berlin lernt Stirner die um Bruno Bauer sich versammelnden Junghegelianer kennen, die Gruppe der sog. «Freien», und unter ihnen auch seine zweite Frau Marie Dänhardt, der er sein Buch widmet. Ihr Vermögen ermöglicht es ihm, seine Unterrichtstätigkeit aufzugeben und freier Schriftsteller zu werden. Ein mit Hilfe des Geldes seiner Frau organisierter Milchvertrieb bleibt ohne Erfolg und ruiniert beide finanziell. Das Ehepaar trennt sich. Stirner kommt 1853/54 zweimal in Schuldarrest und stirbt 1856.

Die Empörung

Die Sammlung kleiner Schriften Stirners, die vor dem Erscheinen seines Buchs «Der Einzige und sein Eigentum» entstanden sind, zeigen ihn fast ausnahmslos als einen rebellierenden Schriftsteller, der gegen die einengenden gesellschaftlichen Verhältnisse seiner Zeit aufbegehrt. Eine Ausnahme bildet lediglich seine Examensarbeit aus dem Jahre 1834

«Über Schulgesetze», in der er, noch im Banne Hegels, eine Ableitung des «Begriffs» des Schulgesetzes aus dem des Schülers unternimmt, die, wenn man nicht die zweifellos ernste Absicht des Verfassers unterstellte, als eine Persiflage Hegelscher Spekulation gelten könnte. So sind «Schulgesetze» für ihn «Gesetze für die Schüler» und als solche «der auseinandergesetzte Inhalt des Begriffs *Schüler*». In ähnlich «spekulativer» Weise leitet der Verfasser aus dem Begriff des Kindes den des Lehrers ab:

Das Verhältnis der Kinder unter sich ohne höhere Beaufsichtigung und Vermittlung wird ein unsittliches und unbefriedigendes. Aus diesem Kampfe und seiner Ungezügeltheit geht das Bedürfnis eines vermittelnden Bandes hervor. Was das Ich im Verhältnis zum gleichen Ich nicht fand, die Verständigung mit anderen, das sucht es jetzt im Anschließen an jenen Höheren und im Streben sich mit ihm zu verständigen. Hier aber tritt ihm der Reichtum einer noch ungeahnten Welt, ein Individuum mit einer ihm unbekannten Fülle des Inhalts entgegen. Es ist sich seines Unterschiedes von diesem bewußt und hat dies Bewußtsein des Unterschiedes zugleich mit der unmittelbaren Gewißheit, daß jene Fülle des Ichs keine ihm schlichthin fremde und unerreichbare sei. So sehen wir die Ahnung, die Hoffnung und das Erstreben jenes Höheren, die Achtung und die Hingebung an dasselbe erwachen. Der höhere Mensch wird von jenem alles Große in ihm ahnenden Ich um Mitteilung seiner gebeten und auf diese Weise zum – Lehrer gemacht (P, 12 f).

Stirners Ausführungen zeigen ein dürftiges Verständnis der Hegelschen Philosophie, und wenn er in seinen ab 1842 erscheinenden Artikeln auch seine Rolle als Hegelschüler überwunden zu haben glaubt, so sind diese kaum als eine fundierte Hegelkritik zu verstehen, sondern als sein «eigenwilliger» Versuch, sich von allen Fesseln zu befreien. Es sind die Fesseln der Erziehung, der Kirche und des Staates.

Von den Fesseln der Erziehung spricht Stirner in seinem 1842 in der «Rheinischen Zeitung» erschienenen Artikel «Das unwahre Prinzip unserer Erziehung oder Humanismus und Realismus». In ihm kommt bereits sein anarchistischer Ansatz zum Ausdruck. Den Hintergrund seiner Überlegungen bilden die Bildungskonzepte seiner Zeit: Der humanistischen Bildung wird eine am «praktischen Leben» orientierte «realistische» Bildung gegenübergestellt. Stirner verwirft beide, da sie den Schüler auf verschiedene Weise einem «Wissen» unterwerfen wollen. Es reiche aber nicht aus, auf der Stufe des Wissens stehenzubleiben; denn das Wissen als «ein Haben und Besitz beschwert» den Menschen nur. Es komme darauf an, sich das Wissen so anzueignen, daß es zu einem Movens des Willens werde. Der «Wille», die «Eigenwilligkeit», die «Ungezogenheit» des Kindes bilden die entscheidenden Voraussetzungen für die Entwicklung zum freien Menschen:

so kann auch das letzte Ziel der Erziehung nicht mehr das Wissen *sein, sondern das aus dem Wissen geborene* Wollen, *und der sprechende Ausdruck dessen, was sie zu erstreben hat, ist: der* persönliche *oder* freie Mensch. *Die Wahrheit selbst besteht in nichts anderem als in dem Offenbaren seiner selbst, die Befreiung von allem Fremden, die äußerste Abstraktion oder Entledigung von aller Autorität, die wiedergewonnene Naivität... die kindliche Eigenwilligkeit und Ungezogenheit hat so gut ihr Recht als die kindliche Wißbegierde. Die letztere regt man geflissentlich an, so rufe man auch die natürliche Kraft des Willens hervor, die* Opposition. *Wenn das Kind sich nicht fühlen lernt, so lernt es gerade die Hauptsache nicht (P 88; 94).*

Gegen den Willen und den Trotz des Kindes sei nicht «die bequeme Schutzwehr der Autorität» zu stellen, sondern lediglich die «Härte meiner eigenen Freiheit». Ist das Ziel der Pädagogik der «neuen Zeit» die «Ausbildung der *freien Persönlichkeit*», so mag man die Befürworter dieses Prinzips «meinetwegen Personalisten» nennen.

In ähnlicher Weise unternimmt es Stirner, sich von den Fesseln der Kirche und der Religion zu befreien. In einem anonym erschienenen Artikel «Über die Verpflichtung der Staatsbürger zu irgendeinem Religionsbekenntnis», der mit einiger Wahrscheinlichkeit von Stirner stammt, bringt der Verfasser die Einstellung des «projektierten Vereins der ‹Freien›» zur Geltung.

Überdies wissen wir wohl, daß im Namen Gottes und der Religion Scheiterhaufen errichtet, Dolche gezückt, Verfolgungen verhängt worden sind; der größte Bogen, der je aus Englands Papierfabriken hervorgegangen ist, würde nicht genügen, um eine vollständige Martyrologie der Schlachtopfer der Religion aufzunehmen. Von der Philosophie ist nichts dergleichen bekannt; sie ist nur immer die Unterdrückte und Verfolgte gewesen und wird diese edlere Stelle auch schwerlich gegen die der Ver-

folgung vertauschen wollen. Allerdings haben die Zeiten sich etwas gebessert: man steinigt nicht mehr, man kreuzigt nicht mehr, man verbrennt nicht mehr; – aber man hat noch andere, nicht weniger probate Mittel: man vertreibt die Lehrenden von Amt und Brot... Was wollen denn nun die «Freien», was so lächerliche Anklagen hervorrufen konnte? Die Antwort ist einfach: sie wollen eben frei sein, frei von allem Glauben, aller Überlieferung und Autorität, weil diese unmenschlich sind (P, 112).

Auch sei die These nicht aufrechtzuerhalten, daß allein die Religion die Bedingung der Moral und der Sittlichkeit ist, wie von der Kirche immer wieder behauptet werde. Es sei nicht nötig, sich die Moral «aus zweiter Hand» zu besorgen, denn das «Edle und Große» sei «in der Menschennatur und in der Geschichte der Menschheit» zu suchen.

Entschieden wendet er sich gegen die Verquickung von Staat und Kirche. Schließlich sei es der «christliche Staat» gewesen, der seine Stellung gegenüber «Altlutheranern», gegen «Juden» und andere Glaubensgemeinschaften mißbraucht habe. Seine Überlegungen gipfeln in dem Appell, der Unvernunft der Kirche Widerstand zu leisten, die Religion zu verabschieden, aus der Kirche auszutreten.

Eine Kritik des Staates findet sich in Stirners Artikel «Einiges Vorläufige vom Liebesstaat», der 1843 in dem ersten und einzigen Heft der «Berliner Monatsschrift» erschien. Hier setzt sich Stirner mit dem «Sendschreiben» des Freiherrn vom Stein auseinander und der These, daß dessen Reformen von 1807/08 durch die bald einsetzende Phase der Restauration zunichte gemacht worden wären. Dagegen möchte er zeigen, daß dessen Reformansätze sich niemals auf der Höhe der Prinzipien der Französischen Revolution befunden hätten. Das werde vor allem darin deutlich, wie bei Stein die Begriffe «Gleichheit» und «Freiheit» konzipiert seien.

Gleichheit bedeute bei ihm lediglich, daß an die Stelle einer vielfach abgestuften Erbuntertänigkeit «nur die *Eine Erbuntertänigkeit Aller*» getreten sei. Durch die Beseitigung der vielen Herren sei aber lediglich die Macht des Einen gestärkt worden. Ähnliches gelte für die Polizeigewalt und die Justiz. In allen Fällen sei es nicht um Abschaffung von Untertänigkeit, sondern lediglich um deren Konzentration in einer Zentralgewalt gegangen. Während die Französische Revolution für eine Gleichheit der Bürger kämpfte, sei hier nur von einer Gleichheit der

Untertanen die Rede, und während in jener der «Wille» der Bürger zur Geltung kommen sollte, ginge es hier nur um «Wünsche».

Ähnlich verhalte es sich mit dem Begriff der Freiheit. Von vornherein sei die Freiheit eingeschränkt worden, da diese nach den Worten Steins nur akzeptiert wird, wenn jeder seine Kräfte frei «in moralischer Richtung» entwickeln könne. Moralisch heiße aber im gegebenen Kontext lediglich, daß jeder seine «Pflicht» erfüllt. Damit laufe die proklamierte Freiheit auf die Devise hinaus: «Ihr seid *frei*, wenn ihr eure *Pflicht* tut!» Während in Frankreich eine revolutionäre Freiheit zum Zuge gekommen sei, habe es sich in Preußen lediglich um eine «christliche Freiheit» gehandelt, und diese sei von allen selbstverständlich als «Pflicht der – *Liebe*» interpretiert worden. Die Liebe werde als Verpflichtung verstanden, sich gegenseitig füreinander aufzuopfern, und in dieser Verbindung von Pflicht und Liebe gehe man geradezu einem «Liebesstaat» entgegen. Das Prinzip, das in einem politisch bedeutsamen Sinn über das der Liebe hinausgehe, sei die «Selbstbestimmung», der «freie Wille». Diejenigen aber, die sich auf diese Prinzipien beriefen, gelten als «Unruhestifter» und seien unerwünscht in einem Staat, in dem die Devise gelte: «Ruhe ist die erste Bürgerpflicht!»

Der Einzige

Stirners Buch «Der Einzige und sein Eigentum» ist ebenfalls bestimmt durch Empörung, Protest und Kritik. Er knüpft an die von Feuerbach entwickelte Religionskritik an, möchte diese jedoch sofort überbieten. Er entwirft eine Kritik zweiter Stufe. Dieses Konzept teilt Stirner mit anderen Schriftstellern des deutschen Vormärz. Das Motiv hierfür sahen sie darin, daß die «deutschen Zustände» noch nicht einmal das Niveau der Französischen Revolution erreicht hätten, während sie selbst bereits über diese hinausdächten. Sie empfanden sich daher im Verhältnis zu ihrer Zeit in einem Zustand extremer Ungleichzeitigkeit.

Während es in Deutschland dem aufgeklärten Bürgertum darum ging, die Ideen von Freiheit, Gleichheit und allgemeinen Menschenrechten gegenüber den restaurativen feudalen Mächten zur Geltung zu bringen, vermutet Stirner etwa in diesen «Ideen» nur einen neuen Herrschaftsanspruch. Um seinen eigenen, der Zeit weit vorauseilenden Ansatzpunkt der Kritik deutlich zu machen, entwirft er ein geschichtsphilosophisches Schema, das an Hegel anknüpft, es zugleich aber überbieten soll. Die Epochen gliedern sich so:

In der Antike verstanden die Menschen die Welt als eine «natürliche Ordnung», in die sie sich einfügten und in der sie ihr eigenes Wohlergehen suchten und auch fanden. Das zeige sich nicht nur in den verschiedenen Schulen der griechischen Philosophie, deren Denken um den Begriff der Eudämonie kreiste, sondern auch bei den Juden, die «besonders nach einem langen, mit Kindern und Gütern gesegneten Leben» trachteten. Theoretisch war diese Epoche dadurch bestimmt, daß versucht wurde, der natürlichen Weltordnung auf den Grund zu kommen. Und es gelang ihr, indem sie den in ihr enthaltenen «Geist» aufspürte. So das Konzept der alten Welt.

Das neue, in der Spätantike einsetzende und mit dem Christentum sich fortentwickelnde Denken ist dadurch charakterisiert, daß nun der Geist von der Welt unterschieden, von ihr abgetrennt und als eine eigene Größe interpretiert wird. Stirner beschreibt den folgenreichen Übergang des Denkens der «Alten» zu dem der «Neuen» so:

Die Alten dienten, Wir sahen es, dem Natürlichen, Weltlichen, der natürlichen Weltordnung, aber sie fragten sich unaufhörlich, ob sie denn dieses Dienstes sich nicht entheben könnten, und als sie in stets erneuten Empörungsversuchen sich todmüde gearbeitet hatten, da ward ihnen unter ihren letzten Seufzern der Gott *geboren, der «Weltüberwinder».
All ihr Tun war nichts gewesen als* Weltweisheit*, ein Trachten hinter und über die Welt hinaus zu kommen. Und was ist die Weisheit der vielen folgenden Jahrhunderte? Hinter was suchten die Neuen zu kommen? Hinter die Welt nicht mehr, denn das hatten die Alten vollbracht, sondern hinter den Gott, den jene ihnen hinterließen, hinter den Gott, «der Geist ist», hinter alles, was des Geistes ist, das Geistige (EE, 28 f).*

Die Identifizierung von Geist und Gott führte dazu, daß nun der Geist selbst vergöttert wurde. Aber der Glaube an den Geist ist ein «Gespensterglaube». Er liegt überall dort vor, wo angenommen wird, daß hinter jedem Ding ein «apartes Wesen» verborgen liege, ein Geist, den es zu entdecken gälte. Wer z. B. wie Feuerbach die Existenz des Geistes auf Gott beschränkt, könne der Meinung sein, mit der Religionskritik den

Gespensterglauben überhaupt gebannt zu haben. Während Feuerbach glaubt, es reiche aus, wenn man statt Gott den Menschen zum «höchsten Wesen» erklärt, gilt es vielmehr zu erkennen, daß mit «dem Menschen» oder «dem Wesen des Menschen» nur ein neues Gespenst an die Stelle des alten getreten ist. Das Gespenst von «dem Menschen» werde ich nur los – so Stirner –, wenn ich mich ganz radikal auf mich selbst besinne und einsehe, daß «Ich» weder Gott bin noch «der» Mensch, weder das höchste Wesen noch «Mein» Wesen. Entscheidend sei es vielmehr, sich von jedem Wesensdenken zu befreien.

Auf der Suche nach der alles entscheidenden Wirklichkeit geht es Stirner nicht um «den Menschen», aber auch nicht – wie noch Fichte – um «das Ich», sondern «einzig» um «mich selbst». Der Kampf gegen das Allgemeine erfolgt von der einzigen Wirklichkeit aus, die es «für mich» geben kann, und die bin «ich selbst». Stirner sucht die Überlegung zur Geltung zu bringen, daß nicht nur «das Allgemeine», «das Geistige», «die Ideen» Gespenster sind, d. h. «aparte Wesen», denen in der Wirklichkeit nichts entspricht, sondern daß auch die Rede über einzelnes in der Sprache abstrakter Allgemeinheit erfolgt und deshalb unangemessen ist. Aus diesem Grund kann auch nicht «das Ich» an die Stelle allgemeiner Ideen treten, sondern lediglich die Wirklichkeit, die «ich selbst» bin. Stirner versucht in radikaler Weise, nicht etwa nur einen Blick auf das einzelne zu lenken, sondern aus der Perspektive des einzigen einzelnen heraus zu sprechen, dessen Wirklichkeit ihm selbst zu eigen ist, und das ist er selbst. Er nimmt einen radikal solipsistischen Standpunkt ein, wenn er behauptet: Die Gedanken sind «meine Gedanken», die Welt ist «meine Welt». Er charakterisiert diesen Ansatz als «Egoismus».

Um diesen Ansatz durchführen zu können, ist es notwendig, sich einzugestehen, in welchem Maß «meine Gedankenwelt» von «Gespenstern» besetzt ist, die ich fälschlicherweise für «meine Gedanken» halte.

In diesem Zusammenhang kommt dem Protestantismus eine fatale Rolle in der Geschichte zu. Durch den Protestantismus erst wurde der «Geist Gottes» verinnerlicht und übte fortan als «Stimme des Gewissens» seine unbeschränkte Herrschaft über den Menschen aus. Diesen Mechanismus der Gewissensbildung beschreibt Stirner am Beispiel der Familie:

So hält es z. B. nicht schwer, von den Geboten der Eltern sich zu emanzipieren ... allein der aufgekündigte Gehorsam fährt einem leicht ins Gewissen, und je weniger man auch den einzelnen Zumutungen nachgibt, weil man sie rationalistisch aus eigener Vernunft für unvernünftig erkennt, desto gewissenhafter hält man die Pietät, die Familienliebe fest, und vergibt sich um so schwerer eine Versündigung gegen die Vorstellung, welche man von der Familienliebe und der Pietätspflicht gefaßt hat ... Die aus Hans und Grete usw. bestehende Familie, deren Herrschaft machtlos geworden, ist nur verinnerlicht, indem sie als ‹Familie› überhaupt übrig bleibt (EE, 95).

Hat man aber einmal diesen Mechanismus der Verinnerlichung des «Geistes» durchschaut, dann ist es auch möglich, sich von seinem Herrschaftsanspruch zu befreien. Das ganze Reich der «Geister» verliert seine Verbindlichkeit. Weder hat «die Wahrheit» einen Anspruch auf mich, noch «der Staat», noch «die Gesellschaft», noch «die Menschheit», noch «die Religion», noch «das Recht», noch «die Vernunft».

Diesen Gedanken nimmt Stirner nun zum Leitfaden für die Beurteilung der politischen Verhältnisse seiner Zeit. Unter dem Stichwort «politischer Liberalismus» kritisiert er die «Idee des Nationalstaates», die die Stelle der Monarchie einnehmen solle. Auch hier wiederholt sich der Prozeß der Verinnerlichung des Herrschaftsanspruchs des Geistes in einem größeren politischen Rahmen. Während nämlich der Herrschaftsanspruch des Monarchen auf die ihm jeweils konkret gegebene Verfügungsgewalt beschränkt war, ist der «Rechtsanspruch», den der moderne Nationalstaat erhebt, ausnahmslos, d. h. universal. Während der politische Liberalismus vorgibt, die politische Freiheit des Bürgers zu erkämpfen, macht er die tatsächliche Unfreiheit des einzelnen perfekt; denn die «politische Freiheit» beinhalte gerade nicht die Freiheit des einzelnen vom Staat und seinen Gesetzen, sondern die Gebundenheit des einzelnen im Staat und an die Staatsgesetze. Ebenso fragwürdig ist die staatliche Garantie des Eigentums. Zwar gibt der Rechtsstaat vor, das Eigentum seiner Bürger zu schützen, aber diese Garantie ist für den bedeutungslos, der über kein Eigentum verfügt, etwa den Proletarier. Da er nichts zu verlieren hat, braucht er für sein ‹Nichts› den genannten Schutz nicht. Er kann im Gegenteil nur gewinnen, wenn jener «Staatsschutz» den «Schützlingen» entzogen wird. Der liberale Rechtsstaat entpuppt sich daher als eine Schutzmacht der

Besitzenden, wohingegen die Arbeiter, die Besitzlosen nur die Nachteile der Staatsmacht zu spüren bekommen. Für die Arbeiter stellt sich die «Staatsmaschine» in einem ganz anderen Licht dar:

Aber die Klasse der Arbeiter bleibt, weil in dem, was sie wesentlich sind, ungeschützt (denn nicht als Arbeiter genießen sie den Staatsschutz, sondern als seine Untertanen haben sie einen Mitgenuß von der Polizei, einen sogenannten Rechtsschutz), eine diesem Staate, diesem Staate der Besitzenden, diesem «Bürgerkönigtum», feindliche Macht. Ihr Prinzip, die Arbeit, ist nicht seinem Werte nach anerkannt: es wird ausgebeutet, eine Kriegsbeute der Besitzenden, der Feinde. Die Arbeiter haben die ungeheuerste Macht in Händen, und wenn sie ihrer einmal recht inne würden und sie gebrauchten, so widerstände ihnen nichts: sie dürften nur die Arbeit einstellen und das Gearbeitete als das Ihrige ansehen und genießen. Dies ist der Sinn der hie und da auftauchenden Arbeiterunruhen. Der Staat beruht auf der – Sklaverei der Arbeit. Wird die Arbeit frei, so ist der Staat verloren (EE, 126 f).

Diese Formulierungen können den Eindruck erwecken, Stirner rede dem «Kommunismus» das Wort, doch hat er sich von der von den Kommunisten vertretenen Idee einer «Arbeitergesellschaft» entschieden distanziert. Er sieht im Kommunismus keine Chance, die Situation des einzelnen zu verbessern; denn die kommunistische Gesellschaft wird sich als eine «neue Herrin», als ein «neuer Spuk», ein «neues höchstes Wesen» aufspielen, das uns «in Dienst und Pflicht nimmt». Auch der Kommunist arbeitet nicht für sich, sondern für «die Gesellschaft», für «die Menschheit». Durch den Kommunismus ist nur eine Idee durch eine andere ersetzt und eine Macht durch eine andere. Auch im Kommunismus gibt der einzelne seine Interessen auf zugunsten einer «heiligen Gesellschaft», der er sich unterordnet. Gerade dazu aber ist der Egoist nicht bereit. Er vertraut ganz allein auf seine eigenen Kräfte, sein eigenes Vermögen und seine ihm selbst zur Verfügung stehende Gewalt.

Der Egoismus ist keine neue Lehre, die einen theoretischen Sieg über andere Lehren davontrüge, denn jeder Gedanke untersteht der Gewalt des Egoismus, und daher kann nur der egoistische Kampf, d. h. der Kampf der Egoisten untereinander, die notwendige Klarheit herbeiführen. Ganz unverhohlen bekennt sich Stirner, übrigens unter philosophiegeschichtlicher Berufung auf die Sophisten, zu dem Prinzip der Gewalt.

Die Gewalt ist eine schöne Sache und zu vielen Dingen nütze; denn «man kommt mit einer Hand voll Gewalt weiter, als mit einem Sack voll Recht». Ihr sehnt euch nach Freiheit? Ihr Toren! Nähmet Ihr die Gewalt, so käme die Freiheit von selbst (EE, 184).

Das Prinzip der Gewalt wird im übrigen nicht erst durch den Egoisten in den Staat hineingebracht, vielmehr nimmt es der Staat für sich immer schon in Anspruch. Staatliche Gewalt wird von ihm lediglich in verschleiernder Weise Recht genannt. Jedes Recht aber reicht nur so weit, wie es Mittel gibt, es durchzusetzen. «Wer die Gewalt hat, der hat – Recht.» Das Recht des Stärkeren führt notwendig zu dem «Krieg Aller gegen Alle», und nur in ihm habe ich die Chance, darüber zu bestimmen, «was ich haben will». Das bedeutet jedoch nicht, daß in jedem Fall Gewalt einzusetzen ist. Vielmehr unterliegt das Prinzip der Gewalt einer klug zu handhabenden Kosten-Nutzen-Rechnung: So kann z. B. die Freundlichkeit der Alten und Schwachen, das «Lächeln eines Kindes» für mich wertvoll sein, und diesem Wert entsprechend lasse ich mir ihre Zufriedenheit etwas «kosten».

Der andere Bereich betrifft die kluge Wahrnehmung der egoistischen Interessen im Verhältnis zu gleich Starken oder Stärkeren. Hier kann es sinnvoll sein, sich mit anderen Egoisten zusammenzuschließen und einen «Verein von Egoisten» zur Erreichung der eigenen Ziele zu gründen. Den naheliegenden Verdacht, daß damit doch ein überindividuelles Allgemeines geschaffen werde, das einen Herrschaftsanspruch gegenüber dem einzelnen entwickelt, weist Stirner mit der Bemerkung von sich, daß der einzelne dem Verein selbstverständlich nur so lange angehöre, wie dieser ihm nützt.

Stirner verbindet mit dem Gedanken des Egoismus ein utilitaristisches Prinzip, da er den einzelnen als jemanden versteht, dessen Wirklichkeit in einer fortschreitenden Verwertung und Vernutzung der von ihm angeeigneten Welt besteht. Der einzelne, jenes «vergängliche» und «endliche» Ich, verwertet und «verzehrt» sich selbst im «Verzehr» der von ihm angeeigneten Dinge. Darüber hinaus hat der einzelne keine Idee zu verwirklichen. Überhaupt ist es ein Mißverständnis, wenn zwischen dem wirklichen Ich des Menschen und seinem angeblichen Wesen ein Unterschied gemacht wird und dem Menschen die Aufgabe gestellt wird, sein «wahres Wesen» zu erreichen. Der einzelne ist zu jedem Zeitpunkt das, was er zu sein vermag. Ebensowenig wie es für einen «Baum» oder einen «Hund» die Aufgabe gibt, das «Wesen des Baumes» oder des «Hundes» zu verwirklichen, hat der Mensch eine über ihn hinausreichende Aufgabe.

Wie aber die Wirklichkeit des einzelnen nicht weiter reicht als sein Vermögen, sich die Welt anzueignen, so bleibt sie auch nicht hinter ihm zurück. Derjenige etwa, der sich als Schriftsteller durch die Pressezensur eingeschränkt fühlt, beschränkt sich eben selbst durch seinen Wahn, der Zensur unterworfen zu sein. Wer glaubt, er sei durch etwas beschränkt, ist zuallererst durch seinen Glauben an eine Schranke beschränkt. Jede «Petition» um größere Pressefreiheit etwa ist deswegen schon im Ansatz verfehlt, weil sie die Freiheit als etwas definiert, das «gewährt» oder «geschenkt» wird. Sie verkennt, daß Freiheit nicht auf dem Weg der «Emanzipation», d. h. der Freilassung des Unmündigen aus väterlicher oder staatlicher Gewalt, verwirklicht wird, sondern nur auf dem Weg der «Selbstbefreiung».

Zwar ist es illusorisch zu leugnen, daß die Selbstbefreiung auf Widerstand stößt und daß dieser Widerstand um so bedeutsamer ist, je weniger «ich» bereit bin, Freiheit nur als «Gedankenfreiheit» zu verstehen, aber die «Eigenheit» gilt es mit allen Mitteln zu verteidigen. Unter «Eigenheit» versteht Stirner den Prozeß, in dem sich der einzelne selbst zu dem macht, der er ist. Der einzelne ist nicht ein Exemplar einer Gattung, eines Volks, einer Gesellschaft, nicht das Produkt seiner Eltern oder seiner Klasse. Er verdankt sich ganz sich selbst: «Ich bin nur dadurch Ich, daß Ich Mich mache.» Aber was ist das für ein Ich, das sich selbst macht?

Die Frage nach dem, was das Ich sei, ist falsch gestellt, weil sie auf eine Wesensaussage über das Ich hinausläuft, eine «Idee» des Menschen unterstellt. Aber «ich» bin keine Idee, sondern anders und mehr als eine Idee, «ich» bin «unaussprechlich». Die Frage nach dem Was des Menschen muß ersetzt werden durch die Frage: Wer ist der Mensch? Die Was-Frage zielt immer auf den Begriff der Sache ab, sie sieht von mir ab. Die Frage «Wer bin ich?» dagegen findet ihre Antwort in der Person des Fragenden, an die sie sich richtet. In immer neuen Wendungen geht Stirner gegen die Verhexungen des allgemeinen Sprachgebrauchs vor, der den Dingen die Priorität einräumt und das denkende und sprechende Ich ihnen zu- und unterordnet. Aber diese Rangfolge ist umzukehren.

Die Dinge schaut man recht an, wenn man aus ihnen macht, was man will (unter Dingen sind hier Objekte, Gegenstände überhaupt verstanden, wie Gott, unsere Mitmenschen, ein Liebchen, ein Buch, ein Tier usw.). Und darum sind die Dinge und ihre Anschauung nicht das Erste, sondern Ich bin's, mein Wille ist's… Hieran knüpft sich die Einsicht, daß jedes Urteil, welches Ich über ein Objekt fälle, das Geschöpf *meines Willens ist, und wiederum leitet Mich jene Einsicht dahin, daß Ich Mich nicht an das* Geschöpf, *das Urteil, verliere, sondern der* Schöpfer *bleibe, der Urteilende, der stets von neuem schafft. Alle Prädikate von den Gegenständen sind meine Aussagen, meine Urteile, meine – Geschöpfe (EE, 378).*

Aber das Prinzip der Herrschaftsfreiheit läßt sich noch weiter steigern. Ebensowenig wie das Ich bereit ist, sich von den Dingen beherrschen zu lassen, wird es den Gedanken eine Herrschaft einräumen. Die allseits geforderte Gedankenfreiheit wird zu einer Gefahr, da die Freiheit des Gedankens zu der des Denkenden in eine Konkurrenz tritt. Daraus folgt:

Sind die Gedanken frei, so bin Ich ihr Sklave, so habe Ich keine Gewalt über sie und werde von ihnen beherrscht. Ich aber will den Gedanken haben, will voller Gedanken sein, aber zugleich will ich gedankenlos sein, und bewahre Mir statt der Gedankenfreiheit die Gedankenlosigkeit. Kommt es darauf an, sich zu verständigen und mitzuteilen, so kann Ich allerdings nur von den menschlichen *Mitteln Gebrauch machen, die Mir, weil Ich zugleich Mensch bin, zu Gebote stehen. Und wirklich habe Ich nur* als Mensch *Gedanken, als Ich bin Ich zugleich* gedankenlos. *Wer einen Gedanken nicht los werden kann, der ist soweit nur* Mensch, *ist ein Knecht der* Sprache, *dieser Menschensatzung, dieses Schatzes von* menschlichen *Gedanken. Die Sprache oder «das Wort» tyrannisiert Uns am ärgsten, weil sie ein ganzes Heer von* fixen Ideen *gegen uns aufführt (EE, 388 f).*

Wie kann sich der einzelne von der Herrschaft des Gedankens befreien? Nur dadurch, daß er gegen die im Denken enthaltene Tendenz der Verselbständigung des Gedankens sich selbst als Herr und Schöpfer seiner Gedanken bewußt bleibt, dem sowohl die Freiheit des Gedankens wie die Freiheit vom Gedanken, d. h. die «Gedankenlosigkeit» zu Gebote steht. In der Gedankenlosigkeit versinkt alles in ein «schöpferisches Nichts», aus dem heraus sich der einzelne und seine Welt in einem sich fortwährend erneuernden Prozeß selbst wieder hervorbringt und macht.

Zur Wirkungsgeschichte

Die erste ausführliche Auseinandersetzung mit Stirner erfolgte durch Marx und Engels in «Die Deutsche Ideologie». Es handelt sich um eine vernichtende Kritik, deren Umfang allein den des Buchs von Stirner weit übertrifft. Stirner ist für sie «Sankt Max», ein verhinderter «Heiliger» oder aber der «ignorante Schulmeister». Der Inhalt ihrer Kritik konzentriert sich darauf, daß Stirner die realen Kämpfe der Klassen zu einer bloßen Geschichte von Ideen «verdünnt» habe und daß sein «egoistischer» Ansatz Ausdruck einer kleinbürgerlichen ökonomischen Denkweise sei, d. h. selbst der Gesellschaftsstruktur angehöre, die sie kritisiert. Im übrigen bleibe er dem Hegelschen Denken verhaftet oder dort, wo er dieses überschreite, dem Feuerbachs. Gleichwohl ist nicht nur wegen des Umfangs der Ausführungen nicht zu übersehen, daß Stirner für sie eine große Herausforderung dargestellt hat. Am deutlichsten zeigt sich das in ihrer Einstellung zur Frage der Gewalt.

Anders sind die deutlichen Übereinstimmungen im Denken Nietzsches zu beurteilen. Diese sind Ausdruck der untergründigen Wirkungsgeschichte Stirners. Metaphysikkritik, Verdächtigung der Vernunft, des Denkens, des Allgemeinen überhaupt, die Religionskritik, die Verteidigung der Gewalt, die Betonung des Willens, der Gedanke, daß die Welt eine vom Ich produzierte sei, die Skepsis gegenüber Staat und Gesellschaft, der Perspektivismus u. a. m. sind Denkmotive, die Nietzsche mit Stirner verbinden. Erstaunlich ist es daher, daß Nietzsche sich mit Stirner nicht explizit auseinandergesetzt hat.

Stirners Anarchismus und seine Theorie der Gewalt haben deutliche Spuren bei Bakunin, Sorel und Carl Schmitt hinterlassen. Als ästhetische Figur des unmoralischen, von allen gesellschaftlichen Bindungen befreiten einzelnen ist Dostojewskis ‹Raskolnikow› anzusehen.

Interessant ist, in welcher Weise der von Stirner entwickelte Gedanke der «Verinnerlichung» des Gehorsams in Freuds Theorie der Gewissensbildung wiederauftaucht.

Von besonderer Bedeutung ist Stirners Einfluß auf die Existenzphilosophie im 20. Jahrhundert. Der Gedanke, daß der einzelne ein Werk seiner selbst sei, bestimmt das Denken Sartres durchgängig. Erstaunliche Übereinstimmungen finden sich auch bei Camus. In seinem Buch «Der Mensch in der Revolte» bestimmt er «die metaphysische Revolte» als

eine «Bewegung, mit der ein Mensch sich gegen seine Lebensbedingungen und die ganze Schöpfung auflehnt», und ganz ähnlich wie Stirner
behauptet er: «Um zu sein, muß der Mensch revoltieren.» Die Aussage
aber: «Ich empöre mich, also sind wir» macht deutlich, daß Camus nicht
bei der Situation des einzelnen stehengeblieben ist, sondern einen Weg
zu dem Gedanken der menschlichen Solidarität gesucht hat.

Stirners Überlegungen zu einer «antiautoritären» Erziehung haben
ihre Fortsetzung gefunden in der Pädagogik von Alexander S. Neill bis
zur «Antipädagogik» eines Eduard v. Braunmühl und seine Religions-
und Kirchenkritik in dem umfangreichen Werk von Karl-Heinz
Deschner zur «Kriminalgeschichte des Christentums».

Schriften

P. Gallissaire / A. Sauge (Hg): Max Stirner Œuvres Complètes, Lausanne 1972. – Klei-
nere Schriften, hg. v. J. H. Mackay, Berlin 1914. – Der Einzige und sein Eigentum,
Stuttgart 1972 *(EE)*. – Parerga, Kritiken, Repliken, hg. v. B. A. Laska, Nürnberg 1986
(P).

Literatur

A. Camus: Der Mensch in der Revolte, Reinbek 1980. – H. G. Helms, Die Ideologie der
anonymen Gesellschaft, Max Stirners «Einziger» und der Fortschritt des demokrati-
schen Selbstbewußtseins vom Vormärz bis zur Bundesrepublik, Köln 1966. – B. Kast:
Die Thematik des Eigners in der Philosophie Max Stirners, Bonn 1979. – K. Löwith:
Von Hegel zu Nietzsche, Der revolutionäre Bruch im Denken des neunzehnten Jahr-
hunderts, Frankfurt a. M. 1969. – J. H. Mackay: Max Stirner, Sein Leben und Werk,
Berlin 1898, Ndr. Freiburg 1977. – K. Marx, Werke II, hg. v. H. J. Lieber u. P. Furth,
Darmstadt 1971. – D. McLellan, Die Junghegelianer und Karl Marx, München 1974. –
U. Simon: Zur Kritik der Philosophie Max Stirners, 1982.

Sören Kierkegaard (1813–1855)

allein mich selbst kann ich absolut wählen, und diese absolute Wahl meiner selbst ist meine Freiheit, und allein indem ich mich selbst absolut gewählt habe, habe ich einen absoluten Gegensatz gesetzt, nämlich den von Gut und Böse (GW 2, 238).

Leben und Werke

Auf der Suche nach der alles entscheidenden Wirklichkeit wählt Kierkegaard – darin Feuerbach ähnlich – seinen Ausgangspunkt bei Hegel, und ähnlich wie jener wirft er ihm abstraktes Denken vor. Abstrakt ist für Kierkegaard ein Denken, das von den konkreten Bedingungen der individuellen Existenz des Menschen absieht. In seiner 1846 erschienenen «Abschließenden unwissenschaftlichen Nachschrift» thematisiert er die ihn allein interessierende Wirklichkeit, die menschliche Existenz, zugleich aber weist er auf die mit ihr verbundene unauflösbare Paradoxie hin:

Eben weil das abstrakte Denken vom Standpunkt der Ewigkeit her (sub specie aeterni) betrachtet, sieht es ab von dem Konkreten, von der Zeitlichkeit, vom Werden der Existenz, von der Not des Existierenden: daß dieser nämlich aus dem Ewigen und dem Zeitlichen, hineingestellt in die Existenz, zusammengesetzt ist... Mit der Existenz umgehen ist eine überaus schwierige Sache, ebenso wie mit der Bewegung. Denke ich sie, so hebe ich sie auf, und damit denke ich sie nicht. Da könnte es wohl richtig scheinen zu sagen, daß es etwas gibt was sich nicht denken läßt: das Existieren. Aber da ist die Schwierigkeit wiederum, daß die Existenz es dadurch zusammen setzt, daß der Denkende existiert (GW 16,II,1 u. 9).

Sören Kierkegaard wird am 5. 5. 1813 als jüngstes von sieben Kindern in Kopenhagen geboren. 1830 immatrikuliert er sich an der dortigen Universität und studiert Theologie. Zugleich lernt er dort die Hegelsche Philosophie und die Strömungen der deutschen Romantik kennen. Bevor er sich jedoch intensiver der Philosophie zuwendet, schließt er sein Theologiestudium im Juli 1840 mit der theologischen Prüfung ab. Aber bereits ein Jahr später legt er eine philosophische Dissertation «Über den Begriff der Ironie mit ständiger Rücksicht auf Sokrates» der philosophischen Fakultät vor, die ihn im September 1841 promoviert. Obwohl Kierkegaard – seinem Vater zuliebe – Mitglied des Kgl. Pastoralseminars wird, hat er sich bereits gegen ein kirchliches Lehramt entschieden. 1841 löst Kierkegaard seine Verlobung mit Regine Olsen auf, die er ein Jahr zuvor geschlossen hatte.

Nach einem Studienaufenthalt in Berlin erscheinen in kurzen Abständen Kierkegaards Schriften, die er oftmals unter einem Pseudonym herausgibt. Die wichtigsten seien genannt: 1843: «Entweder – Oder» (von Victor Eremita), «Furcht und Zittern» (von Johannes de Silentio), «Die Wiederholung» (von Constantin Constantius); 1844: «Philosophische Brocken oder ein Bröckchen Philosophie» (von Johannes Climacus), «Der Begriff Angst» (von Vigilius Haufniensis); 1845: «Drei Reden bei gedachten Gelegenheiten», «Stadien auf dem Weg des Lebens» (von Hilarius Buchbinder), «Achtzehn erbauliche Reden»; 1846: «Abschließende unwissenschaftliche Nachschrift zu den Philosophischen Brocken»; 1847: «Erbauliche Reden in verschiedenem Geist»; 1848: «Christliche Reden»; 1849: «Die Krankheit zum Tode» (von Anti-Climacus); 1850: «Einübung im Christentum» (von Anti-Climacus); 1851: «Zur Selbstprüfung der Gegenwart empfohlen»; 1852: «Urteilt selbst» (postum erschienen); 1854: «War Bischof Mynster ein Wahrheitszeuge?» und 1855: «Der Augenblick» (Flugblatt). Nebenher führt er umfangreiche Tagebücher, die nach seinem Tod erscheinen.

Das Jahr 1855 bedeutet für Kierkegaard die Katastrophe. Seine Versuche, mit seiner ehemaligen Verlobten wieder in Kontakt zu treten, sind endgültig gescheitert; das Vermögen seines Vaters, das ihm ein Leben als Schriftsteller ermöglichte, verbraucht; seine Kräfte im Kampf gegen Vertreter der Amtskirche und gegen, wie er meint, ihn verunglimpfende Redakteure der Lokalpresse verzehrt. Anfang Oktober wird Kierkegaard nach einem Schlaganfall ins Hospital eingeliefert, wo er am 11. 11. 1855 stirbt.

Ironie

Er ist erstaunlich, mit welcher Sicherheit Kierkegaard bereits in seiner Dissertation gegenüber dem spekulativen Ansatz der Hegelschen Philosophie Denkmotive zur Geltung bringt, die ihn fortan bewegen werden: Fragen der individuellen Existenz. Es ist kein Zufall, daß es Kierkegaard in seiner Untersuchung um das Problem des historischen Sokrates geht und nicht um eine Darstellung der platonischen Philosophie. Nicht das philosophische System, zu dem das platonische Werk in einer langen Rezeptionsgeschichte geronnen ist, sondern die Geschichtlichkeit des «unergründlichen», «existentiellen» Denkers Sokrates bildet den Gegenstand seiner Auseinandersetzung. Leitmotivisch stellt er seiner Dissertation eine Stelle aus Platons «Politeia» voran, die nicht nur sein Sokratesbild charakterisiert, sondern ebenso ihn selbst:

Es mag einer in die kleinste Pfütze fallen oder mitten in das größte Meer, so muß er doch um nichts weniger schwimmen... Also müssen wir auch schwimmen und versuchen, uns aus dieser Geschichte zu retten, sei es in der Hoffnung, daß irgendein Delphin uns auffangen wird, oder auf irgendeine andere wunderbare Rettung (GW 31, Titelblatt).

Der Gedanke, der ihn an dieser Stelle fasziniert haben mag, besteht nicht nur in der Bedeutungslosigkeit des Unterschieds von «Pfütze» und «Meer» für jemand, der den festen Boden unter den Füßen verloren hat, sondern in der Einsicht, daß Rettung nicht von der Fähigkeit des Schwimmenkönnens zu erwarten ist, sondern nur von anderswo her.

Sokrates ist für Kierkegaard zweifellos der Mensch, der den festen Boden unter den Füßen verloren hat, und wenn er im weiteren Text auch nicht mehr das Bild vom Schwimmen verwendet, so ist mit der von ihm gebrauchten Metapher des «Schwebens» doch genau dieser Sachverhalt gemeint. Sokrates ist für ihn der Ironiker, und diesen beschreibt er so:

Der Ironiker hebt das Individuum aus der Unmittelbarkeit des Daseins heraus, dies ist das Befreiende, darnach aber läßt er es – ähnlich wie dies in der Sage dem Sarg Mohammeds widerfährt – in der Schwebe bleiben zwischen zwei Magneten, dem anziehenden und dem fortstoßenden Moment (GW 31, 49 Anm.).

Einen eindeutigen Beleg für die These, daß Sokrates ein Ironiker war, sieht er in der «Apologie», die er mit Schleiermacher und anderen für ein historisches Zeugnis hält. Es ist gerade Sokrates' ambivalente und agnostische Haltung gegenüber dem Tod, die mit der platonischen Lehre von der Unsterblichkeit der Seele nicht in Einklang zu bringen ist und daher aufs deutlichste die sokratische Ironie zum Ausdruck bringt.

In dieser Beziehung meint Sokrates denn auch vor den andern Menschen einen Vorzug zu haben; denn er fürchtet den Tod nicht, dieweil er über ihn überhaupt nichts weiß. Dies ist nun nicht bloß ein Sophismus, sondern zugleich auch eine Ironie. *Indem er die Menschen nämlich der Todesfurcht entledigt, gibt er ihnen zum Ersatz die beängstigende Vorstellung eines unentrinnlichen Etwas, von dem man schlechterdings nichts weiß, und um hierin Ruhe zu finden, muß man ganz ohne Zweifel daran gewöhnt sein, sich erbauen zu lassen mit derjenigen Beruhigung, die im Nichts liegt... Solch ein Seelenschlaf und* solch ein Nichts *dürften nun vornehmlich dem* Ironiker *ansprechend sein, welcher hier ja der Relativität des Lebens gegenüber das Absolute hat, jedoch so gewichtslos, daß er sich daran nicht verheben kann, sintemal er es hat in der Gestalt des Nichts (GW 31,85 ff).*

Hier wird die dem historischen Sokrates untergeschobene romantische Denkfigur, die sich Kierkegaard zu eigen gemacht hat, in aller Deutlichkeit ausgesprochen: Distanzierung von der Wirklichkeit, der «Unmittelbarkeit des Daseins», Erreichung eines «Schwebezustandes» zwischen der Wirklichkeit des Lebens und dem Absoluten und der «Beruhigung, die im Nichts liegt». Die Grundbewegung der Ironie, ihr Schweben im Nichts, wird von Kierkegaard als durchgängiges Thema des sokratischen Denkens zur Sprache gebracht. So läßt sich z. B. die sokratische Aussage: «Ich weiß, daß ich nichts weiß» angemessen nur aus der Perspektive der Ironie verstehen.

Dies ist eben das feine ironische Muskelspiel. Der Umstand, daß er weiß, daß er nichts weiß, macht ihn froh, und es ist ihm deswegen unendlich leicht zumute, wohingegen die andern sich zu Schanden plagen um Kupferpfennige. Die Unwissenheit wird von Sokrates niemals spekulativ begriffen, sondern sie ist ihm so bequem, so leicht bei sich zu tragen. Er ist ein Asmus omnia secum portans, und dieses «alles» (omnia) ist Nichts. Je froher ihn dies Nichts macht, nicht als Ergebnis, sondern als unendliche Freiheit, um so tiefer ist die Ironie (GW 31,95 Anm.).

Die Ironie ist für Kierkegaard die Macht der Negativität, die Sokrates eingeführt hat. Er sei von der Ironie derart ergriffen gewesen, daß er selber ihr Opfer geworden ist. Die Ironie drückt nach Kierkegaard das Wesen der Subjektivität aus, und das besteht darin, sich von allen Gegebenheiten losreißen zu können. Die «totale Ironie» läßt nichts übrig, oder besser, das, was übrigbleibt, ist das «totale Nichts». Allerdings begnügt sich die Ironie nicht mit der bloßen Negation, sie ist vielmehr «eine negative Macht im Dienst einer positiven Idee». Hinsichtlich des Positiven gibt es jedoch zwischen Sokrates und Platon bedeutsame Unterschiede: Sokrates habe seine Zeitgenossen aus der «Substantialität» gleich «nackten Schiffbrüchigen» vertrieben, er habe die Wirklichkeit umgestürzt und die «Idealität» «von ferne geschaut», sie aber nicht ergriffen.

Platon dagegen ist es um das von Sokrates nur geschaute, aber nicht betretene Reich der Idee selbst gegangen. So bleibt Sokrates eine schillernde Figur. Er schwebt zwischen der Wirklichkeit, deren Boden er nur leicht berührt, und dem «eigentlichen Reich der Idealität», das «für ihn noch fremd daliegt». Aus diesem Grund ist es auch gerechtfertigt, ihn als einen «Sonderling» zu betrachten. Den Schwebezustand dieses Sonderlings hat Aristophanes in seiner Komödie mit dem genau treffenden Titel «Die Wolken» dargestellt und daher in souveräner Handhabung künstlerischer Freiheit zugleich ein historisch getreues Sokratesbild entworfen.

Der Schwebezustand, in dem sich das Subjekt befindet, läßt sich nicht mit Hilfe der «spekulativen Dialektik» Hegels, sondern nur mit den Mitteln einer «negativen Dialektik» beschreiben,

die ständig bei sich selber bleibt, nicht zu den Bestimmungen des Lebens und der Idee herausgeht und daher sich allerdings einer Freiheit erfreut, welche die von der zusammenhängenden Folge auferlegten Fesseln verachtet, die Dialektik, die da im abstraktesten Sinne nichts als eine Macht, ein König ohne Land ist, sich ergötzend an der bloßen Möglichkeit, im Augenblick des scheinbaren Besitzes von allem auf alles zu verzichten, obwohl doch so der Besitz wie der Verzicht nur eingebildet sind, eine Dialektik, ... die da nichts vermißt, nichts begehrt, sich selber genug ist,

leichtsinnig und flüchtig gleich einem verlaufenen Kinde über alles hin-
springt... Während nämlich die eigentlich philosophische, die spekula-
tive Dialektik vereinigend ist, ist die negative Dialektik, weil sie der Idee
den Abschied gibt, ein Makler, welcher fortwährend Umsätze in einer
niederen Sphäre macht, d. h. sie ist trennend (GW 31,139; 155).

Wie sehr Kierkegaard bei seiner Beschreibung der sokratischen Ironie
von seinen eigenen Denkvoraussetzungen ausgeht, kann man daran erkennen, daß er diese als einen Schwebezustand zwischen «Idee» und
«Wirklichkeit» charakterisiert und damit einen Gegensatz einführt, der
weder für das sokratische noch für das platonische und auch nicht für
das Denken Hegels angemessen ist, auf den er sich im übrigen immer
wieder bezieht. In ähnlicher, ebenfalls von Hegel abweichender Weise
wird der Begriff «konkret» dem «Wirklichen», dem «Empirischen»,
dem «Leben» zugeordnet und der Begriff «abstrakt» dem «Ideellen»,
«Gedanklichen», dem «spekulativen System». Das alles sind Unter-
scheidungen, die für ihn selbst maßgeblich sind und die im übrigen
zeigen, in welchem Maß nach dem Tod Hegels ein neuer Wirklichkeitsbegriff sich verbreitet hat. Mit Hegel ist Kierkegaard darin einig, daß
Sokrates zu Recht verurteilt worden sei, weil er nicht berechtigt war, die
Gesetze des Staates und das positive Verhältnis der Jugendlichen zu ihren Eltern ironisch in Frage zu stellen, ohne einen Weg aus diesem Zustand der Negativität zu zeigen.

   Die Differenz gegenüber Hegel sieht Kierkegaard darin, daß Hegel
die sokratische Ironie mißverstanden habe. Ironie besteht nicht darin,
«das Abstrakte konkret zu machen», wie Hegel meinte, sondern umgekehrt, «gerade durch das unmittelbar Konkrete hindurch das *Abstrakte*
zum *Vorschein* kommen zu lassen.» Entscheidend ist es zu erkennen,
daß «in der Ironie eine Wahrheit liegt», und die besteht darin, daß sie
sich «wider die ganze zu einer gewissen Zeit und unter gewissen Verhältnissen gegebene Wirklichkeit» richtet. Indem die Ironie aufs Ganze
geht, gehört sie dem «metaphysischen Gebiete» an. Von Bedeutung ist,

daß die Ironie sich nunmehr nicht mehr länger wider diese oder jene
einzelne Erscheinung kehrt, wider ein einzelnes Daseiendes, sondern
daß das gesamte Dasein dem ironischen Subjekt fremd und dieses wie-
derum dem Dasein fremd geworden ist, daß das ironische Subjekt sel-

ber, indem die Wirklichkeit *für es ihre Giltigkeit verloren hat, in gewissem Maße zu etwas Unwirklichem geworden ist (GW 31,263).*

Die Gefahr der Ironie besteht darin, daß sie nicht nur alle moralische Verbindlichkeit auflöst, sondern überhaupt das «Stetige» und «Zusammenhängende» des Lebens und dieses seinen «Stimmungen» überliefert. Von Bedeutung ist es daher, daß die «Seele», nachdem sie sich «aus dem Gebundensein ihres Lebens im Endlichen» befreit und sich in das «Meer der Ironie» gestürzt hat, anschließend sich erfrischt und gestärkt der Wirklichkeit zuwendet. Man darf sich nicht der Ironie willenlos überlassen, sondern muß sie zu beherrschen lernen. Ironie als ein beherrschtes Moment zeige sich in ihrer Wahrheit gerade dadurch, daß sie lehre, «die Wirklichkeit zu verwirklichen».

Ästhetik oder Ethik?

Das erste größere Werk, mit dem Kierkegaard als freier Schriftsteller an die Öffentlichkeit tritt, ist sein 1843 erscheinendes Buch «Entweder – Oder». Zwar handelt es sich nicht mehr, wie noch bei seiner Dissertation, um eine wissenschaftliche Abhandlung, doch sind die Gemeinsamkeiten bei beiden Arbeiten größer, als Unterschiede in Stil und Thematik vermuten lassen. Die Gemeinsamkeiten sind vor allem darin zu sehen, daß es sich in beiden Fällen um die Charakterisierung typischer Haltungen, um Lebenseinstellungen handelt. Ist schon der Begriff der Ironie als eine Haltung des Subjekts gegenüber der Wirklichkeit im ganzen zu verstehen, so werden in «Entweder – Oder» drei weitere mögliche Lebenseinstellungen dargestellt.

Kierkegaard hat das Buch unter dem Pseudonym «Victor Eremita» veröffentlicht und damit seine Situation der Vereinzelung und Vereinsamung angedeutet. Die Verwendung eines Pseudonyms erfolgt bei ihm nicht in der Absicht, seine Autorschaft geheim zu halten – in dieser Hinsicht hat er wenig Anstrengungen unternommen –, sondern mit dem Ziel, ein reflektiertes Verhältnis zu sich als Autor zu gewinnen. Nach Maßgabe seiner Dissertation könnte man sagen, über das Pseudonym versucht Kierkegaard, zu sich selbst ein ironisches Verhältnis zu gewinnen.

So stellt er sich in der Einleitung als «Herausgeber» dem Leser vor und berichtet, wie er das Manuskript, auf der Suche nach Geld, durch gewaltsame Öffnung eines in einem Antiquariat erstandenen Sekretärs entdeckte. In den Sekretär hatte er sich auf den ersten Blick «verliebt» und ihn schließlich, trotz des hohen Preises, gekauft. Doch der Sekretär läßt sich nicht öffnen. Der Gegenstand seiner Verliebtheit bleibt verschlossen; er öffnet ihn mit Gewalt, findet aber nicht das erwartete Geld, sondern einen anderen, verborgenen «Schatz», nämlich ein Manuskript, und mit ihm findet und erfindet er sich selbst als Autor, dem sich die Aufgabe stellt, über sich und sein Verhältnis zur Wirklichkeit in immer neuen Anläufen Rechenschaft zu geben.

Kierkegaard stellt in «Entweder – Oder» zunächst zwei Existenzweisen vor, die er als «ästhetisches» und als «ethisches» «Stadium» charakterisiert. Das Ästhetische wird durch das bestimmt, was der Mensch unmittelbar ist. Der Ästhetiker lebt in der Mannigfaltigkeit des natürlich und gesellschaftlich unmittelbar Gegebenen. Dem Bereich der Sinne und der Sinnlichkeit hingegeben, ist der Ästhetiker darauf aus, das Leben zu genießen, und im Spannungsfeld von Unglück und Glück lebt er im Hier und Jetzt. Ein Repräsentant dieser Lebensweise ist die Figur des Don Juan bei Mozart. Er ist das Beispiel des kraftvollen Verführers, der ohne ein geschichtliches Verhältnis zu seinem eigenen Selbst dem elementar Sinnlich-Erotischen hingegeben ist. Doch zu ihm gibt es ein Gegenstück. Es ist der reflektierte Verführer, der Intrigen plant und seine Befriedigung in der Reflexion des Genusses findet. Während der erste von Genuß zu Genuß eilt, genießt der reflektierte Don Juan «den Betrug», er genießt «die List». Der unmittelbare Genuß ist vorbei, und genossen wird nun die «Reflexion über den Genuß». Um das Prinzip des Genusses rein zur Geltung kommen zu lassen, vermeidet es der Ästhetiker, soziale Bindungen einzugehen. Aber auch ohne diese Bindung ist er letztlich ein unfreier Mensch. Er ist an den Genuß und an die Bedingungen, unter denen er erreichbar ist, gebunden. Die Situation des genußsüchtigen Ästhetikers ist der Zustand der Verzweiflung. Dieser allein ermöglicht es ihm, seine Existenzweise aufzugeben. Voraussetzung ist jedoch, daß er sich seiner verzweifelten Situation bewußt wird. Die Kritik des Stadiums der Ästhetik setzt einen Standpunkt außerhalb ihrer voraus: Es ist der der Ethik. Erst dem Ethiker erschließt sich eine wesentliche Dimension, die dem Ästhetiker fehlt, die der freien Wahl. Die ethische Dimension zeigt sich darin, daß sich das Subjekt selbst wählt. Damit wählt es zugleich das Absolute; denn nur sich selbst kann das Subjekt «absolut wählen», und diese «absolute Wahl» ist ein Akt der Freiheit. Aber indem es sich selbst absolut wählt, setzt es einen «absoluten Gegensatz», «nämlich den von Gut und Böse».

Dieser Gegensatz führt dazu, daß sich der Mensch der Forderung der Ethik unterstellt, die selbst die des Allgemeinen ist, ohne dabei zu vergessen, daß er als ein konkret Existierender ein einzelner ist, der niemals im Allgemeinen aufgeht. Die ethische Aufgabe besteht darin, im Blick auf das Allgemeine seine eigene konkrete Existenz zu verwirklichen. Auf diese Weise wird in jeder ethischen Entscheidung die Idealität der Forderung des Allgemeinen mit der Wirklichkeit der je eigenen Existenz in Beziehung gebracht und konkretisiert. Die ethische Entscheidung führt daher zur Selbstverwirklichung des existierenden einzelnen.

Das ethische Stadium eröffnet die Möglichkeit von Schuld und Reue. Mit ihnen ist eine Existenzweise verbunden, die jenseits der ethischen liegt; es ist die religiöse. Dadurch wird jedoch der disjunktive Charakter des Titels «Entweder – Oder» aufgehoben. Seine primäre Intention richtete sich gegen Hegel, der in der dialektischen Bewegung gerade nicht die Widersprüche als sich gegenseitig ausschließende verstanden hatte, sondern als die sich bedingenden, vorwärtsweisenden Momente des Begriffs. Dem setzt Kierkegaard die Härte der Entscheidung entgegen, für die es kein «Sowohl – Als Auch», sondern nur ein «Entweder – Oder» gibt. Indem Kierkegaard aber schließlich auf das «Stadium» des Religiösen hinweist, bekommen das Ästhetische und das Ethische den Rang zu überwindender Stadien. Die Frage drängt sich auf, ob Kierkegaard, bei aller Kritik an Hegel, gerade dadurch, daß er die verschiedenen Existenzweisen als Stadien betrachtet, die sich durch das Prinzip der Negation gegenseitig erzeugen, an dessen Denkfiguren festhält.

Mit seinem Buch «Entweder – Oder» ist das gedankliche Feld weiter differenziert, in dem sich Kierkegaard fortan bewegen wird. Sein Interesse an der «Wirklichkeit» gewinnt deutlichere Konturen. Aber die «Wirklichkeit» ist für ihn nichts Selbstverständliches, sondern in hohem Maß problematisch. Die Gefahr des Wirklichkeitsverlustes, und damit des Verlustes der Verbindlichkeit des eigenen Daseins, ist allgegenwärtig, und es besteht die ständige Versuchung, sich ihr hinzugeben. Ihr ist der Ironiker wie der Ästhetiker erlegen. In seinem Buch «Die Wiederholung» nennt Kierkegaard eine weitere Möglichkeit: die Erinnerung. Die Erinnerung ist als ein bloß betrachtender Zustand zu begreifen, in ihm verhalten wir uns zur Vergangenheit nur theoretisch. Die Alternative hierzu ist die «Wiederholung», in der sich jemand erneut den wirklich gewesenen Umständen aussetzt und dabei auch die Erfahrung riskiert, daß eine Wiederholung im strengen Sinn nicht möglich ist. Gleichwohl verleiht erst die Bereitschaft zur Wiederholung dem Leben die «Konstanz», die notwendig ist für ein verbindliches und verantwortungsvolles Leben. Und es ist daher kein Zufall, daß Kierkegaard als Pseudonym für diese Schrift den Namen «Constantin Constantinus» wählt. Es ist bemerkenswert, wie Kierkegaard in seinen Schriften bekenntnishafte Beschreibungen seiner desolaten persönlichen Situation und fiktive erzählerische Passagen mit philosophischer Reflexion verbindet. In «Die Wiederholung» empfängt er von einem «namenlosen Freund» folgende briefliche Mitteilung:

Mein Leben ist zum Äußersten gebracht, ich ekle mich am Dasein, es ist geschmacklos, ohne Salz und Sinn... Man steckt den Finger in die Erde, um zu riechen, in welchem Land man ist, ich stecke den Finger ins Dasein – es riecht nach – Nichts. Wo bin ich? Was will das sagen: die Welt? Was bedeutet dieses Wort? Wer hat mich in dieses Ganze hineingenarrt und läßt mich nun da stehen? Wer bin ich? Wie kam ich in die Welt hinein, warum wurde ich nicht gefragt, warum nicht bekannt gemacht mit Sitten und Herkommen, sondern einfach in Reih und Glied gesteckt, als sei ich von einem Seelenverkäufer gekauft? Wieso wurde ich Teilhaber in der großen Unternehmung, die man Wirklichkeit nennt? (W II, 62 f).

Ohne Zweifel ist Kierkegaard selbst der Empfänger des Briefs, der als «stummer Mitwisser» tituliert wird, wie der Absender, der «namenlose Freund». Obgleich aber Kierkegaard in seinen Schriften sich immer nur mit sich selbst zu beschäftigen scheint, entwickelt er Reflexionen, deren Bedeutung weit über seine Person hinausreicht.

Die Absurdität des Glaubens

In seinem ebenfalls 1843 erschienenen Buch «Furcht und Zittern» bewegt sich Kierkegaard nicht mehr im Spannungsfeld von ästhetischer und ethischer Existenz, sondern thematisiert das Verhältnis des Ethischen zum Religiösen. Der Titel des Buches ist einem Paulusbrief entnommen und charakterisiert für Kierkegaard die Situation des Glaubenden schlechthin. Glaube ist für ihn weder ein unmittelbares Gefühl noch eine dogmatische Wahrheit und auch kein moralisches Gebot. Er ist eine «Leidenschaft», die man selbst nicht ergreift, sondern von der man ergriffen wird und für die es keinen Beweis einer Richtigkeit gibt. Bewußt wählt Kierkegaard ein extremes, wenngleich keineswegs marginales Beispiel aus dem Alten Testament. Es ist die (1. Mose 22 erzählte) Geschichte von der «Opferung Isaaks». Kierkegaards Frage lautet: Wodurch erweist sich in dieser Geschichte Abrahams Glaube, und, mehr noch, inwiefern ist diese Frage für uns von Interesse?

Der ethische Ausdruck für das, was Abraham tat, ist, daß er Isaak morden wollte, der religiöse ist, daß er Isaak opfern wollte. Aber in diesem Widerspruch liegt gerade die Angst, die wohl einen Menschen um den Schlaf bringen kann, und doch wäre Abraham nicht der, der er ist, ohne diese Angst. Oder tat vielleicht Abraham überhaupt nicht das, was da erzählt wird, war es vielleicht aufgrund jener Zeitverhältnisse etwas ganz anderes, so laßt uns ihn vergessen; denn wie wäre es der Mühe wert, sich des Vergangenen zu erinnern, das nicht ein Gegenwärtiges werden kann (W III, 26).

Die Angst resultiert daraus, daß sich die Leidenschaft des Glaubens jeder Verständlichkeit und jedem Denken entzieht. Das gilt nicht nur für den außenstehenden Betrachter, der Abrahams Vorhaben als paradox und absurd ansehen muß, sondern auch für den Glaubenden selbst. Aus diesem Grund liegt der Glaube nicht nur außerhalb der Ethik, sondern außerhalb der Philosophie. Die paradoxe Situation Abrahams ergibt sich daraus, daß er einerseits alle eigenen Wünsche aufgibt, «resigniert» und sich dem Willen Gottes unterwirft und gleichzeitig bis zum letzten Augenblick an eine Rettung glaubt. Die sich daraus ergebende Absurdität läßt sich durch kein Denken und kein Einfühlen verständlich machen:

Wenn ich… über Abraham nachdenken soll, dann bin ich wie vernichtet. Jeden Augenblick habe ich dann jenes ungeheure Paradox vor Augen, welches der Inhalt von Abrahams Leben ist, jeden Augenblick werde ich zurückgestoßen, und mein Gedanke kann, trotz all seiner Leidenschaft, nicht in das Paradox eindringen, nicht um eine Haaresbreite weiterkommen… Doch deshalb meine ich keineswegs, daß der Glaube etwas Geringes ist, sondern im Gegenteil, er ist das Höchste (W III, 29).

Unredlich sei es, wenn die Philosophie, der die Dimension des Glaubens verschlossen bleibt, ihn als etwas «Untergeordnetes», als etwas «Aufzuhebendes» betrachtet und nicht einfach ihr Unvermögen ihm gegenüber einräumt. Auch Kierkegaard selbst gesteht, daß ihm die Bewegung des Glaubens nicht möglich ist, denn er könne «nicht die Augen schließen» und sich «zuversichtlich in das Absurde stürzen». Aber diese Unmöglichkeit sei nicht etwas, dessen er sich «rühme».

Charakteristisch ist für den Glauben, daß er den Menschen vereinzelt. Im Glauben sieht sich der Glaubende dem Absoluten gegenübergestellt, und dabei ist das für die Gemeinschaft verbindliche ethische Allgemeine außer kraft gesetzt. «Der Glaube ist nämlich dieses Paradox, daß der einzelne höher steht als das Allgemeine», d. h. das Ethische. Wer das nicht erkennt, kann auch – so Kierkegaard – bei der griechischen Philosophie stehenbleiben, die eine überzeugende Ethik entwickelte. Im Glauben ist die Ethik suspendiert, aber das bedeutet, daß der Glaubende in seiner Vereinzelung auch von seinen Mitmenschen abgeschnitten ist. Er kann sich ihnen nicht verständlich machen; er kann nicht über seinen Glauben sprechen, ja, er muß ihnen als «wahnsinnig» erscheinen. Dieser Zustand der Vereinzelung ist keineswegs angenehm, vielmehr gilt es zu erkennen, «daß es das Furchtbarste von allem ist, als einzelner zu existieren». Der Glaubende kann seiner Sache niemals sicher sein, denn ständig wird er geprüft, und in jedem Augenblick gibt es die Möglichkeit, «reumütig» sich zu dem Allgemeinen zurückzuwenden. Es ist unentscheidbar, ob es sich bei dieser Möglichkeit um eine «Anfechtung» oder um eine «Wahrheit» handelt. Auch wenn also der einzelne glaubt, über dem ethisch Allgemeinen zu stehen, so kann er sich gegenüber anderen nicht darauf berufen; denn die Frage, ob es sich bei seiner Glaubensentscheidung um «Wahnsinn» oder um «Wahrheit» handelt, ist für jedes Denken unbeantwortbar.

Das Verhältnis von Angst und Glaube ist auch das Thema seines Buchs «Der Begriff Angst», das 1844 erschien. Auch in ihm geht es um das problematische Verhältnis des Subjekts zur Wirklichkeit. Kierkegaard macht an einem scheinbar untergeordneten Beispiel deutlich, daß die Hegelsche Logik dem Problem der Wirklichkeit nicht gerecht geworden ist; denn der Zufall, der doch ganz wesentlich zur Wirklichkeit gehört, kann die Logik nicht in sich aufnehmen.

Ebenso scheitert die Logik an der Wirklichkeit des Bösen, das sie zu etwas bloß Negativem umdeutet. Hegels Philosophie ist charakterisiert durch Überheblichkeit, wenn sie meint, alles erklären zu können, statt mit Schleiermacher der griechischen Unterscheidung zwischen dem, was man versteht, und dem, was man nicht versteht, zu folgen. Die Wirklichkeit, auf die doch alles ankommt, läßt sich nicht begrifflich fassen; sie hat – mit Schelling zu reden – den Charakter eines «unvordenklichen Seins».

Gleichwohl hat die Angst, von der Kierkegaard spricht, nicht mit einzelnen Vorkommnissen in der Wirklichkeit zu tun; dafür wird von ihm der Begriff Furcht gewählt. Das, worauf sich die Angst bezieht, ist nichts Wirkliches, es ist vielmehr das Nichts selbst. Aber gleichwohl geht von dem Nichts eine Wirkung aus. Es «gebiert die Angst». Das Nichts ist für Kierkegaard keineswegs etwas Bestimmungsloses. Nichts ist es nur in dem Sinn, daß es nichts Wirkliches ist. Aber das Qualitative des Nicht-Wirklichen besteht darin, daß es sich im Verhältnis zum Menschen als das Mögliche präsentiert, und das Verhältnis hierzu ist das der Freiheit. Angst, Möglichkeit und Freiheit bilden für ihn einen unlöslichen Zusammenhang; Angst ist «die Wirklichkeit der Freiheit als Möglichkeit für die Möglichkeit».

Kierkegaard versteht sein Buch «Der Begriff Angst» nicht als eine philosophische Abhandlung, sondern als eine religiöse Reflexion über den Begriff der «Erbsünde». Wesentlich kommt es ihm darauf an, deutlich zu machen, daß diese nicht als eine in mythischer Vorzeit entstandene Begebenheit interpretiert wird, sondern als ein jeden Menschen zu jeder Zeit betreffendes Problem. Und dabei zeigt es sich, daß die Erbsünde ihren jederzeit aktuellen Ursprung in der Verbindung von Freiheit und Angst hat. Die Freiheit ist dabei nicht zu verstehen als Angst, in einer bestimmten Situation z. B. das Böse zu tun, sondern überhaupt «zu können». Diese Freiheit macht angst. Man kann sie vergleichen mit einem «Schwindligsein». Daher sagt Kierkegaard: Die Angst ist der «Schwindel der Freiheit». Warum aber macht Freiheit angst, warum bedeutet für ihn Freiheit nicht Glück und Lebenssteigerung? Kierkegaard versteht Freiheit wesentlich als Handlungsfreiheit und konfrontiert diese mit dem Begriff der Schuld. Diese entsteht nicht erst durch fehlerhafte Handlungen, sondern durch die mit der Freiheit immer schon gesetzte Handlungsmöglichkeit. Sie entsteht dadurch, daß die Freiheit nicht bei sich selbst bleiben kann als reine Möglichkeit, sondern daß sie ihre eigene Möglichkeit wahrnimmt und die «Endlichkeit ergreift», um sich daran zu halten. Aber gerade dadurch entsteht ein Schwindel, und die Freiheit sinkt «ohnmächtig um».

Die Paradoxie der Schuld besteht darin, daß sie durch das Ergreifen der Endlichkeit entsteht, daß aber der Versuch, die Endlichkeit nicht zu ergreifen, nicht nur unmöglich ist, sondern auch keineswegs den Zustand der Unschuld bewahrt. Denn in dem Moment, in dem der Mensch überhaupt ein Wissen von seiner Freiheit hat und damit die Möglichkeit des Handelnkönnens, hat er den Zustand der Unschuld bereits verloren.

Kierkegaard betont in Übereinstimmung mit dem Paradiesmythos den Gedanken, daß der Zustand der Unschuld an den der Unwissenheit gebunden sei. Daher steckt umgekehrt in jedem Bewußtsein der Freiheit bereits Schuld. Dort, wo die Frage der Unschuld zum Thema wird, geschieht dieses niemals aus einem Zustand der Unschuld heraus, sondern aus dem Wissen der Freiheit und damit der Schuld. Die Frage der Unschuld kommt immer schon zu spät, sie beinhaltet eine Reflexion auf das, was vergangen und unwiederbringlich verloren ist. Da Angst, Wissen, Freiheit und Schuld eine unlösbare Einheit bilden, hat es keinen Sinn, der Angst ausweichen zu wollen, noch ihr das Ideal der Furchtlosigkeit entgegenzusetzen:

In Grimms Märchen gibt es eine Erzählung von einem jungen Burschen, der auf Abenteuer ausgig, um das Gruseln zu lernen. Wir wollen jenen Abenteurer seinen Weg gehen lassen, ohne uns darum zu bekümmern, ob er auf seinem Weg das Entsetzliche traf. Dagegen will ich sagen, daß dies ein Abenteuer ist, das jeder Mensch zu bestehen hat: sich ängstigen lernen, damit man nicht verloren ist, entweder weil man sich niemals geängstigt hat, oder weil man in der Angst versunken ist; wer aber sich recht ängstigen lernte, der hat das Höchste gelernt (W I, 141).

Derjenige, der sich niemals geängstigt hat, ist deshalb verloren, weil ihm das Reich des Wissens, der Möglichkeit und der Freiheit verschlossen blieb. Derjenige, der in der Angst versunken ist, ist ohne Glauben, denn nur dieser ist in der Lage, zu den «Schrecken der Möglichkeit» ein Gegengewicht zu bilden. Allerdings hat der Glaube für Kierkegaard stets den Charakter eines «credo, quia absurdum».

In seinem ebenfalls 1844 erschienenen Buch «Philosophische Brocken oder ein Bißchen Philosophie», das Kierkegaard selbst als sein Hauptwerk bezeichnet hat, thematisiert er die Absurdität des Glaubens im Vergleich mit dem Konzept der sokratischen Mäeutik. Während die sokratische Methode sich von dem Gedanken leiten läßt, daß die Wahrheit nicht in den Schüler hineingebracht wird, sondern bereits in ihm ist, muß der Lehrer der Glaubenswahrheit sie ihm nicht nur nahebringen, sondern er müßte ihn in die Lage versetzen, sie zu verstehen. Das aber übersteigt die Fähigkeit eines Menschen, und daher ist der Lehrer des Glaubens Gott.

Kierkegaard versteht den christlichen Glauben – und nur von ihm ist die Rede – als ein Gnadengeschenk. Es gibt keine Möglichkeit, durch eigene theoretische oder praktische Anstrengung zu ihm zu gelangen. Aus diesem Grund hält er auch alle Gottesbeweise für verfehlt. Einen Gottesbeweis zu führen ist nicht nur deswegen unmöglich, weil in ihm von dem einzigen adäquaten Verhältnis des Menschen zu Gott, nämlich dem des Glaubens, abstrahiert wird, sondern weil es überhaupt «eine schwierige Sache» ist, «beweisen zu wollen, daß etwas da ist».

So schließe ich ständig nicht auf das Dasein hin, sondern vom Dasein her, ob ich mich nun in der Welt der sinnlichen Handgreiflichkeit befinde oder in der des Gedankens. Auf die Art beweise ich nicht, daß ein Stein da ist, sondern daß das Etwas, das da ist, ein Stein ist. Das Gericht beweist nicht, daß ein Verbrecher da ist, sondern beweist, daß der Angeklagte, der ja da ist, ein Verbrecher ist (W V, 38 f).

Das Dasein Gottes ist nur für den da, der den Beweis «losläßt». Daher geht es Kierkegaard auch nicht um den Beweis des Glaubens, sondern um seine Interpretation. Das Glaubensereignis ist zu verstehen als jener «Augenblick», in dem das Ewige in das Zeitliche eintritt, d. h. als das Ereignis, daß Gott «Knechtsgestalt» angenommen hat. Die Paradoxie

des Glaubens gipfelt in der Entscheidung, sich auf «den Augenblick» ein-
zustellen, nämlich den «Gott in der Zeit» (W V, 101).

Im Jahre 1846 veröffentlichte Kierkegaard eine umfangreiche Fortsetzung zu den «philosophischen Brocken», die er bewußt untertreibend als
«Abschließende unwissenschaftliche Nachschrift zu den philosophischen
Brocken» betitelt. Sie übertrifft das Werk, das sie kommentieren soll,
schon vom Umfang her bei weitem. Aber auch gedanklich stellt das Buch
eine weiterführende, vertiefte Auseinandersetzung sowohl mit der He-
gelschen Philosophie als auch mit theologischen Lehren seiner Zeit dar.
Die ihn bewegende Aufgabe lautet, die Eigenart des «Existierens» im
Gegensatz zur philosophischen Spekulation und orthodoxer christlicher
Lehre herauszuarbeiten. In dieser Hinsicht kann das Werk als Grund-
buch des von Kierkegaard entwickelten Existenzialismus angesehen werden. Es ist daher sinnvoll, die für ihn zentralen Begriffe darzustellen:
Besondere Bedeutung kommt dem «Subjekt» und der «Subjektivität» zu.
Dazu gehören alle Fragen, die den Menschen als ein Individuum betreffen, Fragen, an denen er «leidenschaftlich», «unendlich interessiert» ist,
von denen das Individuum «seine ewige Seligkeit» abhängig macht. Im
Gegensatz dazu bezieht sich der Bereich des «Objekts» und der «Objektivität» auf Sachverhalte, zu denen das Subjekt in einer interessenlosen
Distanz bleiben kann. Es ist der Bereich, in dem sich die Wissenschaft
bewegt. Deren Ziel ist es gerade, alles Subjektive auszuschalten. Kierkegaard weist darauf hin, daß beide Bereiche völlig unterschiedlich sind und
sich auch nicht vermitteln lassen.

Daher ist es notwendig, für beide Bereiche einen unterschiedlichen
Wahrheitsbegriff anzunehmen. Die objektive, wissenschaftliche – aber
auch die philosophisch-spekulative – Wahrheit hat einen hypothetischen
und zugleich approximativen Charakter, sie ist immer nur relativ. Die
subjektive Wahrheit ist individuell, konkret und absolut. Auf den Bereich der religiösen Wahrheit angewandt, die immer eine subjektive ist,
heißt das, daß die am Objektivitätsideal orientierte historisch-kritische
theologische Forschung niemals eine Glaubenswahrheit entdecken kann.
Die Wahrheit des Glaubens ist vielmehr eine Sache der Entscheidung, die
durch historische Gelehrsamkeit nicht ersetzt werden kann. Indem aber
die wissenschaftliche Forschung vorgaukelt, sie könne die Glaubensentscheidung überflüssig machen, besteht zwischen Glauben und Wissen
geradezu eine Feindschaft. Glaube ist daher nicht weniger als Wissen,

sondern etwas ganz anderes. Die subjektive Wahrheit bedeutet nicht nur, daß ein Subjekt etwas als wahr anerkennt, sondern sie besteht «in der Verwandlung des Subjekts in sich selbst».

Die unvermittelbare Trennung dieser beiden Konzepte von Wahrheit versucht Kierkegaard zu verdeutlichen, indem er auf eine Überlegung von Lessing zurückgreift. In einem Brief an den «Herrn Direktor Schumann zu Hannover» aus dem Jahre 1777 hatte Lessing auf die Paradoxie hingewiesen, die darin bestehe, daß wir über die religiöse Wahrheit des Christentums nur historische Zeugnisse besitzen, ihr durch Wunder beglaubigter Offenbarungscharakter daher uns Gegenwärtigen verschlossen sei. Seine Zweifel gipfeln in der Bemerkung, daß der «garstige breite Graben», der zwischen beiden Wahrheitsansprüchen bestünde, für ihn unüberwindlich bleibt, obgleich er «oft und ernstlich» den «Sprung» versucht habe.

Kierkegaard greift Lessings Bild von dem Sprung auf und bestätigt das damit verbundene Paradox des Glaubens. Es gibt tatsächlich keinen allmählichen Übergang von historisch-objektiver, wissenschaftlicher Wahrheit zu der religiös-subjektiven Glaubenswahrheit. Der Glaube läßt sich nur durch einen Sprung gewinnen. Kierkegaard hält jeden Versuch der «Vermittlung» beider Bereiche für unredlich, weil dieser nur die unaufhebbare Härte der Glaubensentscheidung verschleiert. Die subjektive Wahrheit muß nicht in jedem Fall einen religiösen Charakter haben, und es muß auch nicht die des Christentums sein, aber für Kierkegaard hat die subjektive Wahrheit in der Aufgabe, ein Christ zu werden, ihre höchste Zuspitzung erfahren. Unreligiös formuliert verbindet sich mit dem Gedanken der subjektiven Wahrheit die Aufgabe, überhaupt ein Subjekt zu werden; es ist die «höchste Aufgabe», die «jedem Menschen gesetzt ist». Nur auf diese Weise bekommt die Existenz des Menschen eine «ethische Qualität». Unter Ethik versteht Kierkegaard in der «Abschließenden unwissenschaftlichen Nachschrift» nicht mehr, wie noch in «Furcht und Zittern», den Handlungsanspruch, der sich aus der Idee der Allgemeinheit ergibt, sondern die Bereitschaft, für die eigene Entscheidung die Verantwortung zu übernehmen. Die Entscheidung bezieht sich aber nicht primär auf äußere Handlungen, sondern auf etwas «Innerliches»: Das Ethische ist die Innerlichkeit. Der Imperativ, der von dieser Ethik ausgeht, lautet: Wage, ein einzelnes Individuum zu werden! Diese Aufgabe begleitet das ganze Leben, ja ist die Aufgabe des Lebens selbst. Diesen Gedanken verdeutlicht Kierkegaard an einem Vergleich:

Wenn in einem schriftlichen Examen den jungen Leuten vier Stunden zur Anfertigung der Arbeit gegeben sind, so tut es nichts zur Sache, ob der Einzelne vor der Zeit fertig wird oder die ganze Zeit gebraucht. Hier ist also die Aufgabe eins und die Zeit etwas Zweites. Aber wo die Zeit selbst die Aufgabe ist, wird es ja zu einem Fehler, vor der Zeit fertig zu werden... So auch, wo das Leben die Aufgabe ist. Mit dem Leben fertig werden, ehe das Leben mit einem fertig wird, das heißt ja, gerade nicht mit der Aufgabe fertig werden (GW 16, I, 154f).

Zu der Aufgabe des Lebens gehört es z. B., den eigenen Tod als ein zeitlich ungewisses, aber unausweichliches Ereignis zu verstehen. Alles das, was in «Feiertagsreden» so im allgemeinen über die Sterblichkeit des Menschen gesagt wird, befreit das Subjekt nicht von der Aufgabe, zu dem eigenen Tod sich in ein Verhältnis zu setzen. Nur auf diese Weise gewinnt das Individuum Subjektivität; denn

ist das Subjektivwerden die Aufgabe, so ist für das einzelne Subjekt das Den-Tod-Denken nicht so etwas überhaupt, sondern eine Handlung; denn gerade darin liegt die Entwicklung der Subjektivität, daß der Mensch handelnd in seinem Denken über seine eigene Existenz sich selbst durcharbeitet; daß er also wirklich das Gedachte denkt, indem er es verwirklicht; daß er also nicht nur einen einzelnen Augenblick denkt: nun mußt du jeden Augenblick darauf achten, sondern daß er eben jeden Augenblick darauf achtet. Hier wird nun freilich alles immer subjektiver, wie es ganz natürlich ist, wenn es auf die Sache losgeht, die Subjektivität zu entwickeln (GW 16, I, 159f).

Ähnliches gilt für die Frage der Unsterblichkeit. Da geht es nicht darum, so wie ein «dressierter Privatdozent» – gemeint ist vermutlich Feuerbach – nach der Unsterblichkeit des Menschen «abstrakt» verstanden als «Mensch überhaupt» zu fragen, denn die Frage nach der Unsterblichkeit ist wesentlich keine «gelehrte» Frage; sie ist eine Frage der «Innerlichkeit», und das bedeutet, daß sie nur vom Subjekt, d. h. «subjektiv», gestellt und beantwortet werden kann. Objektiv läßt sich die Frage ebensowenig beantworten wie die nach der Existenz Gottes. Es gilt einzusehen, daß die Attitüde des Beweisen-Wollens hier nicht angebracht ist. Entscheidend ist vielmehr, in welcher Weise die Frage der Unsterblichkeit mit der Subjektivität verbunden ist. Und da zeigt sich: Die Unsterblichkeit ist zu verstehen als das «leidenschaftliche Interesse» der Subjektivität, und im Interesse besteht gerade der Beweis. Auf diese Weise führt Kierkegaard zwei unterschiedliche Begriffe von Erkenntnis und Wahrheit ein:

Alles wesentliche Erkennen betrifft die Existenz, oder: nur das Erkennen, dessen Beziehung zur Existenz wesentlich ist, ist wesentliches Erkennen. Das Erkennen, das nicht nach innen gewandt in der Reflexion der Innerlichkeit die Existenz betrifft, ist wesentlich betrachtet zufälliges Erkennen, sein Grad und Umfang ist wesentlich betrachtet gleichgültig (GW 16, I, 188).

Wenngleich Kierkegaard immer wieder die Existenzfrage mit dem Anspruch des Christentums in Beziehung bringt, so identifiziert er doch beide Bereiche nicht. Seit seiner Dissertation hat er in der griechischen Philosophie die Möglichkeit eines existierenden Denkens anerkannt. So hat Sokrates im Hinblick auf die Frage der Unsterblichkeit gezeigt, was es heißt, existentiell zu denken:

Betrachten wir Sokrates! ... Er stellt das Problem objektiv problematisch hin: wenn es eine Unsterblichkeit gibt. Dann war er also... ein Zweifler? Keineswegs! Denn für dieses «Wenn» setzt er sein ganzes Leben dran, er wagt zu sterben, und er hat sein ganzes Leben mit der Leidenschaft der Unendlichkeit so eingerichtet, daß es als annehmbar befunden werden mußte – wenn es eine Unsterblichkeit gibt. Gibt es einen besseren Beweis für die Unsterblichkeit der Seele? (GW 16, I, 192)

Dieses Beispiel macht deutlich, wie im Sinne Kierkegaards überhaupt existentielle Fragen zu beantworten sind, nämlich nicht wissenschaftlich, nicht spekulativ, sondern praktisch, d. h. so, daß der Existierende die Antwort, für die er sich entscheidet, zum Leitfaden seiner Lebensführung macht. Der Akzent liegt dabei auf der Frage: Welche Bedeutung hat ein Gedanke für meine Existenz? Jedes Denken, das von der eigenen Existenz absieht, ist abstrakt, leere Spekulation.

Verzweiflung

Für seine «Abschließende unwissenschaftliche Nachschrift» wählte Kierkegaard als Pseudonym den Namen «Johannes Climacus», in Anlehnung an einen griechischen Einsiedler aus dem 6. Jahrhundert, der ein Buch mit dem Titel «klimax tou paradeisou» (Die Leiter zum Paradies) geschrieben hat. Für sein letztes, im eigentlichen Sinn philosophisches Werk, «Die Krankheit zum Tode», aus dem Jahre 1849 wählt er als Pseudonym «Anti-Climacus» und deutet damit eine Haltung der Umkehr und des Abstiegs an. In «Die Krankheit zum Tode» wird das Problem der Existenz in einer weiteren Radikalisierung des Gedankens zugespitzt.

Der Titel des Buchs ist der Geschichte von der Auferweckung des Lazarus von den Toten entnommen, in der Jesus sagt: «Diese Krankheit ist nicht zum Tode» (Joh. 11,4). Diese Aussage veranlaßt Kierkegaard zu der Überlegung, daß überhaupt keine körperliche Krankheit, ja nicht einmal der Tod selbst, als Krankheit zum Tode zu bezeichnen ist, sondern einzig – die Verzweiflung. Die Verzweiflung, die den Namen «Krankheit zum Tode» verdient, ist die Verzweiflung des Selbst. Das Selbst nimmt in dieser Schrift die Stelle ein, die in der «unwissenschaftlichen Nachschrift» dem Subjekt und der Subjektivität zukam. Das eigene Selbst ist für den Menschen das Wichtigste und zugleich das Problematischste, es ist das, was ihn zur Verzweiflung treibt. Kierkegaards Überlegungen zum Selbst bilden das Zentrum seiner existentiellen Anthropologie, zu der alle vorherigen Schriften als Vorbereitung verstanden werden können.

Die Entwicklung des Selbst, die zu verstehen ist als ein «Fortschritt im Bewußtsein des Selbst», scheint, wie auch diese Formulierung vermuten läßt, sich der Hegelschen Dialektik des Selbstbewußtseins anzunähern. Während jedoch mit der Hegelschen Dialektik der Gedanke verbunden bleibt, daß die jeweils negierte Stufe auch in der jeweils höheren «aufbewahrt» bleibt, gibt es für Kierkegaard nur das ausschließende «Entweder – Oder». An die Stelle der Vermittlung tritt der «Sprung», der radikale Bruch, die Entscheidung, die Umkehr. Gleichwohl nähert sich Kierkegaard in «Die Krankheit zum Tode» einem Stufen- oder Stadienmodell an, wie er es bereits in «Entweder – Oder» entworfen hatte. Deutlich wird das an den drei Stufen, die das Selbst durchlaufen kann. Unter Selbst versteht Kierkegaard den Sachverhalt, daß es dem Menschen möglich ist, sich als ein Verhältnis zu verstehen, das sich zu sich selbst verhält. Das Selbst meint daher nicht einfach, daß der Mensch in der Weise eines Verhältnisses existiert, also z. B. als Verhältnis von Leib und Seele, sondern die Tatsache, daß zu diesem Verhältnis selbst noch einmal ein Verhältnis möglich ist. Das Selbst ist daher gegenüber dem Verhältnis von Leib und Seele «das positive Dritte». Bei dem Selbst handelt es sich daher im Vergleich zu dem Verhältnis von Leib und Seele um eine höhere Stufe der Reflexion; in diesem Sinn nennt Kierkegaard das Selbst «Geist». Mit dieser Stufe der Reflexion beginnt Kierkegaard sein Buch:

Der Mensch ist Geist. Aber was ist Geist? Geist ist das Selbst. Aber was ist das Selbst? Das Selbst ist ein Verhältnis, das sich zu sich selbst verhält oder ist das am Verhältnis, daß das Verhältnis sich zu sich selbst verhält; das Selbst ist nicht das Verhältnis, sondern daß das Verhältnis sich zu sich selbst verhält (W IV, 13).

Die Existenz dieses Verhältnisses, das das Selbst ist, zeichnet den Menschen gegenüber dem Tier aus, das nicht über ein Selbst verfügt. Der Mensch aber kommt von seinem Selbst nicht los, es ist das, was ihn zur Verzweiflung treibt. Kierkegaard unterscheidet drei Formen der Verzweiflung: (1) verzweifelt sich nicht bewußt sein, ein Selbst zu haben. Diese bezeichnet er als «uneigentliche Verzweiflung», (2) verzweifelt nicht man selbst sein wollen und (3) «verzweifelt man selbst sein wollen».

Die erste Art der Verzweiflung ist dadurch charakterisiert, daß sich der Mensch nicht bewußt ist, daß er verzweifelt ist. Dieser Fall liegt dann vor, wenn er sich nicht bewußt ist, ein Selbst zu haben. Aus diesem Grund ist ihm auch das Mißverhältnis, in dem er sich zu sich selbst befindet, nicht bewußt. Es wäre eine oberflächliche Betrachtung, zu meinen, daß derjenige, der sich nicht für verzweifelt hält, es auch nicht ist. Denn auch eine Krankheit des Körpers kann dem Kranken verborgen sein und nur dem Arzt offenbar. Ebenso weiß auch der Seelenkundige besser über den Vorgang der Verzweiflung Bescheid als der Verzweifelte. Daher wird er sich auch mit der Aussage eines Menschen, er sei verzweifelt, ebensowenig zufrieden geben wie mit der, er sei es nicht.

Sowohl die Simulation der Verzweiflung wie ihre Leugnung erweisen sich bei genauerer Betrachtung als Formen der Verzweiflung. Daher ist auch die Verzweiflung die gewöhnliche Situation des Menschen, und es muß als eine ganz außerordentliche Ausnahme angesehen werden, wenn ein Mensch «in Wahrheit» nicht verzweifelt ist. Diejenigen, die von sich sagen, sie seien nicht verzweifelt, die im Gegenteil in hervorragender Weise all ihre äußeren Angelegenheiten regeln, befinden sich auf einer sehr tiefen Stufe der Verzweiflung. Die «sogenannte Sicherheit und Zufriedenheit», mit der sie das Leben meistern, hindern sie gerade daran zu erkennen, daß sie ein Selbst sind; d. h., sie verleugnen verzweifelt ihr Selbst.

Der Übergang von dieser «uneigentlichen» Form der Verzweiflung zur eigentlichen besteht in der Bewußtwerdung des eigenen Selbst. Und dies geschieht in der Regel unter der Einwirkung von äußeren Schicksalsschlägen. Um zur eigentlichen Verzweiflung zu kommen, ist in jedem Fall ein Prozeß der Bewußtwerdung nötig. Das Bewußtsein ist das Entscheidende für das Selbst; denn mit dem entwickelten Bewußtsein entsteht ein Selbstbewußtsein, und dieses steigert den Willen. Im Willen aber manifestiert sich das Selbst.

Das sich als Wille bewußt werdende Selbst ist sich seiner Freiheit bewußt, ja, «das Selbst ist Freiheit». Mit der Freiheit ist allerdings zugleich das Bewußtsein der unendlichen Verantwortlichkeit verbunden. Obwohl das Bewußtwerden des eigenen Selbst mit dem Bewußtsein der Verzweiflung einhergeht, ist diese Entwicklung oder dieser Schritt zum eigenen Selbstbewußtsein für den Menschen die gefährlichste, aber auch einzig weiterführende Möglichkeit.

Der Verzweifelnde, der unwissend darüber ist, daß er verzweifelt ist, ist, verglichen mit dem, der sich dessen bewußt ist, bloß um ein Negatives weiter entfernt von der Wahrheit und Rettung. Die Verzweiflung selbst ist eine Negativität, die Unwissenheit darüber ist eine neue Negativität. Um aber die Wahrheit zu erreichen, muß man durch jede Negativität hindurch; denn hier gilt es, was die Volkssage über das Aufheben eines gewissen Zaubers erzählt: Das Stück muß ganz und gar rückwärts durchgespielt werden, sonst wird der Zauber nicht behoben (W IV, 42).

Derjenige aber, der in einer krisenhaften Situation auf sein Selbst aufmerksam geworden ist, mag sein Selbst – d. h. sich selbst – nicht so, wie es ist. Er möchte ein anderer sein, ein anderes Selbst haben. Er hält sein Selbst für ein Kleid, das man wechseln kann, wenn man es nicht mehr mag. Aber was wäre, wenn der Mensch wirklich ein anderes Selbst bekäme, wenn er wirklich ein anderer würde – könnte er sich dann überhaupt noch selbst erkennen?

Die entgegengesetzte Form der Verzweiflung ist die, man selbst sein zu wollen. Sie hat den Charakter des Trotzes. Sie hat ihren Grund darin, daß der darin Befangene sein Selbst sich selbst verdanken will. Er will nur alles aus sich selbst sein. Er ist sich als eines unendlichen Selbst bewußt.

Um verzweifelt man selbst sein zu wollen, braucht man Bewußtsein eines unendlichen Selbst. Dieses unendliche Selbst ist indessen eigentlich nur die abstrakteste Form, die abstrakteste Möglichkeit des Selbst. Und das ist dieses Selbst, das er verzweifelt sein will, das Selbst von jedem Verhältnis zu einer Macht, die er gesetzt hat, losreißend, oder es von der Vorstellung losreißend, daß es eine solche Macht gibt. Mit Hilfe dieser unendlichen Form will das Selbst verzweifelt über sich selbst gebieten oder sich selbst erschaffen, sein Selbst zu dem Selbst machen, das es sein will, bestimmen, was er in seinem konkreten Selbst mithaben will und was nicht (W IV, 66).

Es will über sich selbst gebieten, sich selbst erschaffen, sein Selbst zu dem machen, das es selbst sein will, und jede Fremdbestimmung ablehnen. Das heißt aber auch, daß es jede Hilfe ablehnt. Aus diesem Grund lehnt es auch die ab, die «kraft des Absurden» von Gott kommen könnte. Beide Formen der Verzweiflung, verzweifelt nicht man selbst sein wollen oder verzweifelt man selbst sein wollen, bezeichnet Kierkegaard als «Sünde». Sünde ist die Verzweiflung deshalb, weil im Positiven wie im Negativen das Selbst sich lediglich auf sich selbst bezieht und nicht von Gott her begründet sein will. Der Gegenbegriff zu dem der Sünde ist nicht der der Tugend, sondern der des Glaubens. Er beinhaltet die dem Verstand widersprechende, paradoxe Entscheidung, das eigene Selbst, obwohl es es selbst ist und sein will, in Gott gegründet sein zu lassen.

Zur Wirkungsgeschichte

Kierkegaards Wirkungsgeschichte beginnt mit einiger Verzögerung erst zu Beginn des 20. Jahrhunderts. In diesem Zusammenhang ist zunächst die «dialektische Theologie» von Rudolf Bultmann, Karl Barth, Emil Brunner und Friedrich Gogarten zu nennen, die gegenüber dem «Kulturprotestantismus» die absolute Unverfügbarkeit und Andersartigkeit Gottes betonte.

Innerhalb der Philosophie hat Kierkegaard in Martin Heideggers «Sein und Zeit» unverwechselbare Spuren hinterlassen. Wesentliche «Existenzialien» wie «Angst», «Freiheit», das «Sein zum Tode», das «Gewissen» u. a. haben einen direkten Bezug zu Kierkegaard. Von zentraler Bedeutung ist Kierkegaard auch für die Philosophie von Karl Jaspers geworden, der die Begriffe «Existenzerhaltung», «Sprung» und «Existenzmitteilung» in Anlehnung an Kierkegaard formulierte. Jean-Paul Sartre und Albert Camus haben Kierkegaards Existenzialismus aus seinen religiösen Bezügen gelöst und in Übereinstimmung mit ihm die unvertretbare Verantwortlichkeit des einzelnen betont. Diese Herauslösung war möglich, weil Kierkegaard selbst wesentliche Momente der Existenz unabhängig von religiösen Implikationen formuliert hat.

Erstaunlich ist dagegen, daß Theodor W. Adorno, der in seiner Habilitationsschrift «Kierkegaard. Konstruktion des Ästhetischen» diesen scharf kritisierte und ihm den «kleinbürgerlichen» Standpunkt einer «Klassenmoral» vorwarf, in seinen späteren Schriften die Unaufhebbarkeit individueller Subjektivität gegenüber jedem Herrschaftsanspruch des «Systems» verteidigte und damit zentrale Denkmotive Kierkegaards aufgriff, ja den Titel seines Hauptwerks «Negative Dialektik» direkt dessen Werk entnahm.

Schriften

Samlede Vaerker, Udg. af A. B. Drachmann, J. L. Heiberg og H. O. Lange, Kopenhagen 1920–1936. – Gesammelte Werke, übers. u. mit Anmerkungen versehen v. E. Hirsch, Abt. 1 ff, Düsseldorf 1950 ff. – Gesammelte Werke in 31 Bden., hg. v. E. Hirsch u. H. Gerdes, Gütersloh 1984 ff (Lizenzausg. d. Diederich-Verlags) *(GW)* – Werke, übers. u. m. Glossar, Bibliographie sowie einem Essay zum Verständnis des Werkes, hg. v. L. Richter, Reinbek bei Hamburg 1960 ff *(W)*.

Literatur

Th. W. Adorno: Kierkegaard, Konstruktion des Ästhetischen, Frankfurt a. M. 1966. – H. Fahrenbach: Kierkegaards existenzdialektische Ethik, Frankfurt a. M. 1968. – E. Pivcevic: Ironie als Daseinsform bei Kierkegaard, Gütersloh 1960. – L. Richter: Begriff der Subjektivität bei Kierkegaard, Würzburg 1934. – P. P. Rohde: Sören Kierkegaard mit Selbstzeugnissen und Bilddokumenten, Reinbek bei Hamburg 1990. – C.-A. Scheier: Kierkegaards Ärgernis. Die Logik der Faktizität in den «Philosophischen Bissen», Freiburg 1983. – H.-H. Schrey (Hg.): Sören Kierkegaard, Darmstadt 1971. – W. Schulz: Existenz und System Sören Kierkegaards, Pfullingen 1966. – H. Schweppenhäuser: Kierkegaards Angriff auf die Spekulation, Frankfurt a. M. 1967. – M. Theunissen (Hg.): Materialien zur Philosophie Soeren Kierkegaards, Frankfurt a. M. 1979. – Ders.: Der Begriff der Verzweiflung, Frankfurt a. M. 1993.

Karl Marx (1818–1883)

An die Stelle der alten bürgerlichen Gesellschaft mit ihren Klassen und Klassengegensätzen tritt eine Assoziation, worin die freie Entwicklung eines jeden die Bedingung für die freie Entwicklung aller ist (W II, 843).

Leben und Werke

Eine Auseinandersetzung mit Marx steht nach der Auflösung der Sowjetunion unter einem neuen Vorzeichen. War es schon bisher schwierig, den Marxismus als eine in vielfältige Verästelungen gespaltene Lehre von der geschichtlich-politischen Wirklichkeit zu unterscheiden, auf die sie sich bezog, wird es nun in neuer Weise bedeutsam, nach dem Mann zu fragen, von dem jene Lehre und ein bedeutsamer Teil der Geschichte des 20. Jahrhunderts ihren Ausgang nahmen. Die von Ernst Bloch aufgeworfene Frage: Hat der Marxismus das Werk von Karl Marx bis zu seiner Kenntlichkeit oder bis zu seiner Unkenntlichkeit verändert, kann nur der beantworten, der die wesentlichen Intentionen des Marxschen Werks kennt.

Karl Marx wird am 5. 5. 1818 als drittes von neun Kindern des Rechtsanwalts Heinrich Marx und seiner Ehefrau Henriette, die beide aus einer Rabbinerfamilie stammen, in Trier geboren. Um als Anwalt auch am Gericht zugelassen zu werden, konvertiert der Vater zum Protestantismus. Ab 1835/36 studiert Marx zunächst in Bonn, dann in Berlin Jura, Philosophie und Geschichte und promoviert 1841 mit einer philosophischen Dissertation über das Thema «Über die Differenz der demokritischen und epikureischen Naturphilosophie» in Jena. 1842 arbeitet er für die in Köln erscheinende «Rheinische Zeitung» und übernimmt am 15. 10. ihre redaktionelle Leitung. In mehreren Artikeln setzt er sich mit der sozialen Frage auseinander. Im März 1843 erklärt Marx den Austritt aus der Redaktion «der jetzigen Zensurverhältnisse wegen». Die Zeitung wird mit Wirkung vom 1.4.1843 verboten. Am 12.6.1843 heiratet Marx Jenny von Westphalen, die Tochter des liberalen und aufgeklärten Regierungsrats Johann Ludwig von Westphalen, den Marx verehrt und dem er seine Dissertation widmete.

Mit seiner Frau zieht er im Oktober 1843 nach Paris und studiert die Werke der französischen Sozialisten. Zusammen mit Arnold Ruge gibt er im Februar 1844 dort auch die «Deutsch-Französischen Jahrbücher» heraus, von denen nur ein Heft erscheint. Es enthält die Beiträge von Marx «Zur Judenfrage» und «Zur Kritik der Hegelschen Rechtsphilosophie. Einleitung». In Paris, wo er Bakunin, Proudhon und Heine kennenlernt, schließt er mit Engels eine lebenslange Freundschaft. Im Januar 1845 wird Marx auf Verlangen der preußischen Regierung wegen antipreußischer Artikel im Pariser «Vorwärts» aus Frankreich ausgewiesen. Er geht mit seiner Frau nach Brüssel, wo er bis zum Februar 1848 bleibt. In einem Schreiben an den Trierer Oberbürgermeister tritt Marx aus dem preußischen «Untertanenverband» aus und wird damit staatenlos. Zunehmend gerät er nun auch in finanzielle Schwierigkeiten, aus denen ihm Engels bis zu seinem Tod immer wieder heraushilft. Im Zuge der 1848er Februarrevolution wird Marx von der belgischen Polizei verhaftet und anschließend ausgewiesen. Die französische Regierung aber macht den unter Guizot ergangenen Ausweisungsbefehl rückgängig und lädt ihn nach Paris ein. Im selben Monat veröffentlicht er das «Manifest der kommunistischen Partei», zu dem Engels einen Vorentwurf gemacht hatte.

Nach der Erhebung der Berliner Arbeiter am 18.3.1848 kehren Marx und Engels nach Deutschland zurück und organisieren das Erscheinen der «Neuen Rheinischen Zeitung». Sie ergreift Partei für die Arbeiter, die «Plebejer», und ruft gleichzeitig zum Kampf gegen das zaristische Rußland auf. Marx wird wegen des Aufrufs zum bewaffneten Widerstand angeklagt, von dem Kölner Geschworenengericht jedoch freigesprochen. Als Staatenloser wird er am 16.5.1849 aus Deutschland ausgewiesen, woraufhin er in London seinen endgültigen Wohnsitz nimmt.

Von der als Nachfolgeblatt zur «Neuen Rheinischen Zeitung» geplanten «Politisch-ökonomischen Revue» erscheinen im Laufe des Jahres 1850 nur fünf Lieferungen, darin u. a. Marx' «Klassenkämpfe in Frankreich». Es handelt sich um eine Analyse des Scheiterns der 48er Revolution. Gleichwohl ist Marx von dem Bevorstehen einer proletarischen Revolution überzeugt und entwickelt den Gedanken einer «Revolution in Permanenz». Zu den politisch organisierten deutschen und französischen Sozialisten, die ebenfalls nach England geflohen waren und ein «Flüchtlingskommittee» gebildet hatten, ergeben sich schon bald Differenzen, die zu einer theoretischen und praktischen Isolierung von Marx und Engels ihnen gegenüber führen. In dieser Situation, d. h. ab 1851, stürzt sich Marx erneut in das Studium der Nationalökonomie und benutzt zu diesem Zweck die Bibliothek des Britischen Museums. Seine finanzielle und familiäre Situation (eigene Krankheit, die seiner Frau und seiner Kinder, von denen drei sterben) bleibt weiterhin prekär. Um sie zu verbessern, verfaßt Marx in der Zeit von 1851 bis 1862 Zeitungsartikel, u. a. für die «New York Tribune», eine Tätigkeit, die ihn zur Auseinandersetzung mit der Tagespolitik zwingt, im übrigen aber seinen theoretischen Interessen widerspricht.

1864 wird in London die «Working Men's Association» gegründet, die sog. «Erste Internationale». In ihr spielt Marx eine führende Rolle. In Deutschland hat kurz zuvor, d. h. 1863, Ferdinand Lassalle den «Allgemeinen Deutschen Arbeiterverein» gegründet, dessen Politik Marx entschieden bekämpft. 1867 erscheint der auf drei Bände angelegte 1. Band des Hauptwerks von Marx «Das Kapital» mit dem Untertitel «Kritik der politischen Ökonomie. Der Produktionsprozeß des Kapitals».

Im Jahre 1875 werden der «Allgemeine Deutsche Arbeiterverein» und die 1869 von Bebel und Liebknecht gegründete «Sozialdemokratische Arbeiterpartei Deutschlands» in Gotha zusammengeschlossen. Das dabei entworfene «Gothaer Programm» wird von Marx scharf kritisiert. Die in der «Ersten Internationale» sich entwickelnden Flügelkämpfe führen zu ihrer Auflösung im Jahre 1876. Am 14. 3. 1883 stirbt Karl Marx. Sein umfangreiches Werk erscheint erst nach seinem Tod. Der zweite Band «Das Kapital» wird 1885, der dritte 1894 von Engels herausgegeben. 1905 bis 1910 erscheinen die «Theorien über den Mehrwert», 1913 der Briefwechsel zwischen Marx und Engels. Die 1927 begonnene «Marx-Engels-Gesamtausgabe» ist noch nicht abgeschlossen.

Die Frühschriften

Eine Lektüre der Marxschen Dissertation legt die Frage nach Ansätzen der späteren, für ihn charakteristischen Denkfiguren nahe. Doch scheint schon das Thema «Differenz der demokritischen und epikureischen Naturphilosophie» lediglich von philosophiegeschichtlichem Interesse zu sein. Gleichwohl zeigen sich bei genauerem Zusehen wichtige theoretische Weichenstellungen. Marx bekennt sich, trotz einiger bedeutsamer Differenzen, in einem Ausmaß zu Hegel, das im Jahre 1841 keineswegs mehr selbstverständlich ist. Auch wenn in dem Haupttext der Dissertation, soweit er erhalten ist, Hegel nicht erwähnt wird, ist sein Interpretationsansatz bis in die Wortwahl hinein von Hegelschem Denken bestimmt. Marx interpretiert Epikur, im Unterschied zur traditionellen Philosophiegeschichte, in der er immer nur als unbedeutender Schüler Demokrits galt, als eigenständigen Denker. Für ihn ist Epikur der Denker der «Absolutheit» und der «Freiheit des Selbstbewußtseins».

Um das Prinzip der Freiheit zu retten, hat Epikur – so Marx – anders als Demokrit, der der «Notwendigkeit» das Wort redete, dem «Zufall» einen entscheidenden Platz in seinem System eingeräumt. Freiheit und Selbstbewußtsein sind aber für Marx aufs engste verbunden. Die Freiheit des Selbstbewußtseins erweist sich im Akt des Denkens, denn das denkende Subjekt überschreitet jede Grenze. Wie aber läßt sich die Freiheit des Denkens annehmen in einem Konzept, dessen Ausgangspunkt die Atome und der leere Raum ist? Physikalisch gesprochen wird sie möglich durch den «Zufall», so daß Epikur geradezu von einem «Zufalle des Denkens» spricht. In der Perspektive des menschlichen Selbstbewußtseins geschieht das Denken durch einen Akt der Reflexion. Dabei überwindet der Mensch die «Macht der Begierde», alles das, was in ihm «bloße Natur» ist, und macht sich selbst zum Objekt. Das Ergebnis dieses Akts der «Repulsion» ist das Selbstbewußtsein.

Naturphilosophisch läßt sich dieser Vorgang deuten als eine Reflexion der Natur auf sich selbst:

Im Hören hört daher die Natur sich selbst, im Riechen riecht sie sich selbst, im Sehen sieht sie sich selbst. Die menschliche Sinnlichkeit ist so das Medium, in dem, als in einem Fokus die Naturprozesse sich reflektieren und zum Lichte der Erscheinung entzünden (W 1, 59).

Hegelsche Denkfiguren der Dialektik werden auf diese Weise mit Schellingscher Naturphilosophie verbunden, aber im Unterschied zu beiden wird von Marx ein entschiedener religionskritischer Akzent hinzugefügt. So wird für ihn Prometheus, der in der Tragödie von Aischylos die Götter schmäht, «der vornehmste Heilige und Märtyrer im philosophischen Kalender», und mit Epikur kritisiert er diejenigen, die glauben, der Mensch bedürfe des Himmels. Der Götterglaube ist Ausdruck menschlicher Dummheit und Aberglaubens.

Aber erst aus den Vorarbeiten zur Dissertation wird ersichtlich, in welcher Weise Marx die von ihm behandelte philosophiegeschichtliche Epoche mit der eigenen Zeit, d. h. der nach dem Tod Hegels, vergleicht. In der Hegelschen Philosophie ist, so Marx, die Welt in ihrer Totalität theoretisch erfaßt worden und damit ihr «Umschlagen in ein praktisches Verhältnis zur Wirklichkeit» vorbereitet worden. Die Risse, die sich im spekulativen System Hegels zeigen, sind nicht dadurch zu beheben, daß ihr theoretischer Anspruch gemindert wird oder man sich mit den «realen Bedürfnissen» arrangiert, sondern nur dadurch, daß sich die Philosophie auf ein ganz neues Feld der Auseinandersetzung begibt. Dieses wird dadurch möglich, daß die Philosophie die ihr eigene Form der «Praxis» erkennt, und diese ist zu verstehen als «Kritik». Die Praxis der Philosophie tritt auf in der Gestalt von Theorie. Es handelt sich um eine kritische Theorie, die die einzelne Existenz am «Wesen», die besondere Wirklichkeit an der Idee mißt.

Das Prinzip der Kritik führt zu einer Spaltung der Philosophie. Während sie sich zum einen als Philosophie zu vollenden sucht, steht sie zugleich in einem Spannungsverhältnis zu einem anderen, zu etwas, das sie nicht ist.

Indem die Philosophie als Wille sich gegen die erscheinende Welt herauskehrt, ist das System zu einer abstrakten Totalität herabgesetzt, das heißt, es ist zu einer Seite der Welt geworden, der eine andere gegenübersteht. Sein Verhältnis zur Welt ist ein Reflexionsverhältnis. Begeistert mit dem Trieb, sich zu verwirklichen, tritt es in Spannung gegen Anderes. Die innere Selbstgenügsamkeit und Abrundung ist gebrochen. Was innerliches Licht war, wird zur verzehrenden Flamme, die sich nach außen wendet. So ergibt sich die Konsequenz, daß das Philosophisch-Werden der Welt zugleich ein Weltlich-Werden der Philosophie, daß ihre

Verwirklichung zugleich ihr Verlust, daß, was sie nach außen bekämpft, ihr eigener innerer Mangel ist (Frühschriften, 17).

Diese Überlegungen markieren das Zentrum des Marxschen Denkens zur Zeit der Abfassung seiner Dissertation. Sie stehen zu ihr in einem losen, aber doch aufweisbaren Zusammenhang. Das Verbindende ist der Gedanke des partikularen, kritischen Selbstbewußtseins des einzelnen. Die Abgrenzung gegenüber Hegel ergibt sich nicht nur durch seine Religionskritik, sondern durch das Prinzip der Kritik überhaupt. Es ist die Kritik an einer Philosophie, die fälschlicherweise meinte, bereits die Totalität der Welt in sich aufgehoben zu haben. Auf eine Formel gebracht, besteht Marxens Abkehr vom Hegelschen Systemdenken darin, daß er dessen philosophisches Vermittlungs- und Versöhnungsdenken in Frage stellt und statt dessen auf die «unversöhnten» Differenzen der Wirklichkeit hinweist. Sie machen die Notwendigkeit der Praxis deutlich. Diese Motive seines Denkens zeigen sich in seinem Artikel «Zur Kritik der Hegelschen Rechtsphilosophie. Einleitung» von 1844. In seine Kritik nimmt er auch Aspekte der Religionskritik Feuerbachs mit auf, wie folgende Formulierung belegt:

Der Mensch, der in der phantastischen Wirklichkeit des Himmels, wo er einen Übermenschen suchte, nur den Widerschein *seiner selbst gefunden hat, wird nicht mehr geneigt sein, nur den* Schein *seiner selbst, nur den Unmenschen zu finden, wo er seine wahre Wirklichkeit sucht und suchen muß.*

Das Fundament der irreligiösen Kritik ist: Der Mensch macht die Religion, *die Religion macht nicht den Menschen. Und zwar ist die Religion das Selbstbewußtsein und das Selbstgefühl des Menschen, der sich selbst entweder noch nicht erworben oder schon wieder verloren hat... Sie ist die* phantastische Verwirklichung *des menschlichen Wesens, weil das menschliche Wesen keine wahre Wirklichkeit besitzt. Der Kampf gegen die Religion ist also mittelbar der Kampf gegen* jene Welt, *deren geistiges* Aroma die Religion ist.

Das religiöse *Elend ist in einem der Ausdruck des wirklichen Elendes und in einem die* Protestation *gegen das wirkliche Elend. Die Religion ist der Seufzer der bedrängten Kreatur, das Gemüt einer herzlosen Welt, wie sie der Geist geistloser Zustände ist. Sie ist das* Opium des Volks *(MEW 1, 378).*

Kritik verbindet sich für Marx mit dem Motiv, die «Wirklichkeit», die «wahre Wirklichkeit» des Menschen zum Ausgangspunkt alles Denkens und Handelns zu machen. Darin eingeschlossen ist der Gedanke, daß es Hegels Philosophie nicht gelungen ist, der Wirklichkeit gerecht zu werden. Die Situation des «wirklichen Menschen» wird für Marx zum Angelpunkt seines philosophischen Neuansatzes. Aber wie ist dieses möglich? Im wesentlichen durch eine Kritik, die radikal wird.

Die Waffe der Kritik kann allerdings die Kritik der Waffen nicht ersetzen, die materielle Gewalt muß gestürzt werden durch materielle Gewalt, allein auch die Theorie wird zur materiellen Gewalt, sobald sie die Massen ergreift. Die Theorie ist fähig die Massen zu ergreifen, sobald sie ad hominem *demonstriert, und sie demonstriert* ad hominem, *sobald sie radikal wird. Radikal sein ist die Sache an der Wurzel fassen. Die Wurzel für den Menschen ist aber der Mensch selbst. Der evidente Beweis für den Radikalismus der deutschen Theorie, also für ihre praktische Energie, ist ihr Ausgang von der entschiedenen* positiven *Aufhebung der Religion. Die Kritik der Religion endet mit der Lehre, daß der Mensch* das höchste Wesen für den Menschen *sei, also mit dem* kategorischen Imperativ, alle Verhältnisse umzuwerfen, *in denen der Mensch ein erniedrigtes, ein geknechtetes, ein verlassenes, ein verächtliches Wesen ist (MEW 1, 385).*

Aber auch hier weist Marx darauf hin, daß man nicht so schlechthin von «dem Menschen» sprechen kann, sondern daß sich die Menschen in sehr unterschiedlichen gesellschaftlichen Verhältnissen befinden. Das Volk ist in Klassen aufgeteilt, und die geschichtliche «Emanzipation des Menschen» kann nur von einer Klasse ausgehen, die einen «universellen Charakter» besitzt. Diese ist das Proletariat. Es ist die Klasse, «welche einen universellen Charakter durch ihre universellen Leiden besitzt». Die Emanzipation des Menschen ist abhängig von dem Zusammenspiel einer kritisch gewordenen Philosophie und einer revolutionären Praxis des Proletariats. Während es die Aufgabe jener ist, den bestehenden Druck bewußt zu machen und zu publizieren, erkämpft das Proletariat durch die Verwirklichung seiner Bedürfnisse zugleich die von der Philosophie vorgedachte «Emanzipation des Menschen». Philosophie und Proletariat bilden daher eine praktisch-revolutionäre Allianz.

In seinen «Ökonomisch-philosophischen Manuskripten» von 1844, die erstmals 1932 erschienen, erörtert Marx die Situation des Proletariats unter der Themenstellung der «Entfremdung» und «Selbstentfremdung» des Menschen. Diese «Manuskripte» stellen einen entscheidenden Wendepunkt im Marxschen Werk dar, da sie zeigen, in welchem Maß sich Marx seit seiner Übersiedlung nach Paris mit ökonomischen Fragen auseinandersetzte. Die französischen Sozialisten, aber auch die ökonomischen Studien von Engels spielen dabei eine wichtige Rolle. Die «ökonomisch-philosophischen Manuskripte», auch «Pariser Manuskripte» genannt, verbinden daher ganz unterschiedliche theoretische Elemente. Die Ansätze der Nationalökonomie von Adam Smith und David Ricardo erweitern die Religionskritik Feuerbachs, die für ihn gleichwohl die Basis seines theoretischen Ansatzes bleibt. Feuerbach ist für ihn überhaupt der «wahre Überwinder» der alten Philosophie. Mit ihm vollzieht Marx eine anthropologische Wende, die dazu führt, daß er den Menschen nicht mehr als bloß «subjektiven Geist» im Sinne Hegels interpretiert, sondern als ein natürlich bedingtes, sinnliches Wesen. Mit Feuerbach und gegen Hegel betont Marx, daß der Mensch «von Haus aus *Natur*» ist.

Der Mensch ist unmittelbar Naturwesen. Als Naturwesen und als lebendiges Naturwesen ist er teils mit natürlichen Kräften, *mit* Lebenskräften *ausgerüstet, ein* tätiges *Naturwesen; diese Kräfte existieren in ihm als Anlagen und Fähigkeiten, als* Triebe; *teils ist er als natürliches, leibliches, sinnliches, gegenständliches Wesen ein* leidendes, bedingtes und beschränktes Wesen, wie es auch das Tier und die Pflanze ist, d. h. die Gegenstände *seiner Triebe existieren außer ihm, als von ihm unabhängige* Gegenstände; *aber diese Gegenstände sind* Gegenstände *seines* Bedürfnisses, zur Betätigung und Bestätigung seiner Wesenskräfte und unentbehrliche, wesentliche Gegenstände … Der Hunger *ist ein natürliches* Bedürfnis; *er bedarf also einer* Natur *außer sich, eines Gegenstandes außer sich, um sich zu befriedigen, um sich zu stillen. Der Hunger ist das gegenständliche Bedürfnis eines Leibes nach einem außer ihm seienden, zu seiner Integrierung und Wesensäußerung unentbehrlichen* Gegenstande *(Frühschriften, 274).*

Der Feuerbachsche Naturalismus bietet für Marx eine Antwort auf die Frage nach dem «wirklichen» Menschen. Wirklichkeit heißt Natürlichkeit. Die Tatsache nun, daß sich der Mensch gegenüber der Natur in einem Verhältnis der Bedürftigkeit, des Leidens und der Leidenschaft befindet, bildet für Marx den Ausgangspunkt, das Naturverhalten des

Menschen genauer zu bestimmen. Die Antwort des Menschen auf seine Bedürftigkeit ist eine spezifische Tätigkeit: die «Arbeit». Mit dem Begriff der Arbeit geht Marx einen Schritt über Feuerbachs anthropologischen Naturalismus hinaus; aber zugleich bringt er einen wesentlichen Aspekt der Philosophie Hegels unter neuem Vorzeichen zur Geltung. Ausdrücklich würdigt er Hegels philosophische Rehabilitierung der Arbeit, um dann allerdings eine entscheidende Einschränkung hinzuzufügen:

Das Große an der Hegelschen «Phänomenologie» und ihrem Endresultat – der Dialektik der Negativität als dem bewegenden und erzeugenden Prinzip – ist also einmal, daß Hegel die Selbsterzeugung des Menschen als einen Prozeß faßt, die Vergegenständlichung als Entgegenständlichung, als Entäußerung, und als Aufhebung dieser Entäußerung; daß er also das Wesen der Arbeit faßt und den gegenständlichen Menschen, wahren, weil wirklichen Menschen, als Resultat seiner eigenen Arbeit begreift… Hegel steht auf dem Standpunkt der modernen Nationalökonomie. Er erfaßt die Arbeit als das Wesen, als das sich bewährende Wesen des Menschen; er sieht nur die positive Seite der Arbeit, nicht ihre negative… Die Arbeit, welche Hegel allein kennt und anerkennt, ist die abstrakt geistige (Frühschriften, 269 f).

Unter Aufnahme der Feuerbachschen Anthropologie formuliert Marx den Begriff der Arbeit neu. Er versteht unter Arbeit den «lebendigen», «wirklichen» Prozeß der Auseinandersetzung des Menschen mit der Natur. Die Arbeit ist die tätige Antwort des Menschen auf seine natürliche Bedürftigkeit.

Dieser Prozeß ist durch die spezifischen gesellschaftlichen Verhältnisse, in denen er stattfindet, gestört. Diese Störung bezeichnet Marx als Entfremdung, die zugleich eine «Selbstentfremdung» des Menschen ist. Der Grund für die Entfremdung ist darin zu sehen, daß der Arbeiter seine Arbeitskraft nicht in eigener Regie zur Anwendung bringt, sondern daß er mit seiner Tätigkeit dem Verwertungsprozeß des Kapitals untersteht, und dieser orientiert sich am Begriff der Ware. In der Perspektive des Kapitals wird daher auch der Arbeiter zu einer Ware.

Die niedrigste und die einzig notwendige Taxe für den Arbeitslohn ist die Subsistenz des Arbeiters während der Arbeit und so viel mehr, daß er seine Familie ernähren kann und die Arbeiterrasse nicht ausstirbt. Der

gewöhnliche Arbeitslohn ist nach Smith der niedrigste, der mit der simple humanité, nämlich einer viehischen Existenz verträglich ist.
Die Nachfrage nach Menschen regelt notwendig die Produktion der Menschen wie jeder andere Ware. *Ist die Zufuhr viel größer als die Nachfrage, so sinkt ein Teil der Arbeiter in den Bettelstand oder den Hungertod ab. Die Existenz des Arbeiters ist also auf die Bedingung der Existenz jeder anderen Ware reduziert. Der Arbeiter ist zu einer Ware geworden, und es ist ein Glück für ihn, wenn er sich an den Mann bringen kann (W I, 511).*

Marx unterscheidet vier Aspekte der Entfremdung. Der erste beinhaltet den Gedanken, daß die vom Arbeiter hergestellten Produkte ihm als eine ihm nicht gehörende, fremde Welt entgegentreten und – indem die Natur in eine Warenwelt umgeformt wird – die Natur als Lebensgrundlage des Menschen verschwindet. Der zweite Aspekt betont, daß es sich bei der Herstellung von Produkten um eine dem Arbeiter aufgezwungene, unfreie Tätigkeit handelt.

Der Arbeiter kann nichts schaffen ohne die Natur, ohne die sinnliche Außenwelt. Sie ist der Stoff, an welchem sich seine Arbeit verwirklicht, in welchem sie tätig ist, aus welchem und mittelst welchem sie produziert.
Wie aber die Natur das Lebensmittel der Arbeit darbietet, in dem Sinn, daß die Arbeit nicht leben kann ohne Gegenstände, an denen sie ausgeübt wird, so bietet sie andererseits auch die Lebensmittel in dem engeren Sinn dar, nämlich die Mittel der physischen Subsistenz des Arbeiters selbst.
Je mehr also der Arbeiter die Außenwelt, die sinnliche Natur, durch seine Arbeit sich aneignet, umso mehr entzieht er sich Lebensmittel nach der doppelten Seite hin, erstens, daß immer mehr die sinnliche Außenwelt aufhört, ein seiner Arbeit angehöriger Gegenstand, ein Lebensmittel seiner Arbeit zu sein; zweitens, daß sie immer mehr aufhört, Lebensmittel im unmittelbaren Sinn, Mittel für die physische Subsistenz des Arbeiters zu sein… In der Entfremdung des Gegenstandes der Arbeit resümiert sich nur die Entfremdung, die Entäußerung in der Tätigkeit der Arbeit selbst.
Worin besteht nun die Entäußerung der Arbeit? Erstens, daß die Arbeit dem Arbeiter äußerlich ist, d. h. nicht zu seinem Wesen gehört, daß er sich daher in seiner Arbeit nicht bejaht, sondern verneint, nicht wohl, sondern unglücklich fühlt, keine freie physische und geistige Energie

entwickelt, sondern seine Physis abkasteit und seinen Geist ruiniert. Der Arbeiter fühlt sich daher erst außer der Arbeit bei sich und in der Arbeit außer sich. Zu Hause ist er, wenn er nicht arbeitet, und wenn er arbeitet, ist er nicht zu Hause. Seine Arbeit ist daher nicht freiwillig, sondern gezwungen, Zwangsarbeit (W I, 562 ff).

Der dritte Aspekt bedeutet, daß sich der Arbeiter bei seiner Tätigkeit von dem Wesensbegriff des Menschen entfremdet, demgemäß er – im Unterschied zum Tier – als ein bewußt, frei und universell produzierendes Lebewesen zu verstehen ist. Durch die Entfremdung von seinem «Gattungswesen», wie Marx sich ausdrückt, wird die Wesensbestimmung zu einem bloßen Mittel der Lebenserhaltung degradiert. Und schließlich beinhaltet der vierte Aspekt die Entfremdung des arbeitenden Menschen von allen anderen Menschen. Im Arbeitsprozeß produziert der Arbeiter nicht nur Produkte, sondern gesellschaftliche Verhältnisse; er produziert sowohl den Kapitalisten wie seinen Konkurrenten am Arbeitsplatz.

Die bewußte Lebenstätigkeit unterscheidet den Menschen unmittelbar von der tierischen Lebenstätigkeit. Eben nur dadurch ist er ein Gattungswesen. Oder er ist nur ein bewußtes Wesen, d. h. sein eigenes Leben ist ihm Gegenstand, eben weil er ein Gattungswesen ist. Nur darum ist seine Tätigkeit freie Tätigkeit. Die entfremdete Arbeit kehrt das Verhältnis dahin um, daß der Mensch, eben weil er ein bewußtes Wesen ist, seine Lebenstätigkeit, sein Wesen nur zu einem Mittel für seine Existenz macht. ... Eine unmittelbare Konsequenz davon, daß der Mensch dem Produkt seiner Arbeit, seiner Lebenstätigkeit, seinem Gattungswesen entfremdet ist, ist die Entfremdung des Menschen von dem Menschen. Wenn der Mensch sich selbst gegenübersteht, so steht ihm der andere Mensch gegenüber. Was von dem Verhältnis des Menschen zu seiner Arbeit, zum Produkt seiner Arbeit und zu sich selbst, das gilt von dem Verhältnis des Menschen zum anderen Menschen, wie zu der Arbeit und dem Gegenstand der Arbeit des anderen Menschen... Durch die entfremdete Arbeit erzeugt der Mensch also nicht nur sein Verhältnis zu dem Gegenstand und dem Akt der Produktion als fremden und ihm feindlichen Menschen; er erzeugt auch das Verhältnis, in welchem andere Menschen zu seiner Produktion und seinem Produkt stehen, und das Verhältnis, in welchem er zu diesem anderen Menschen steht... Also durch die entfremdete, entäußerte Arbeit erzeugt der Arbeiter das Verhältnis eines der Arbeit fremden und außer ihr stehenden Menschen zu dieser Arbeit. Das Ver-

hältnis des Arbeiters zur Arbeit erzeugt das Verhältnis des Kapitalisten zu derselben, oder wie man sonst den Arbeitsherrn nennen will (W I, 567–571).

Während Marx in den «Pariser Manuskripten» Feuerbach als denjenigen bezeichnet, in dessen Schriften seit Hegel «eine wirkliche theoretische Revolution enthalten ist», erfolgt in den wahrscheinlich im März 1845 verfaßten «Thesen über Feuerbach» eine deutliche Kritik an ihm. Nun sieht er in ihm den Repräsentanten eines bloß «anschauenden Materialismus». Zwar kommt ihm das Verdienst zu, die «Sinnlichkeit» betont zu haben, aber diese verbleibt, so Marx, im Bereich der «Anschauung». Demgegenüber ist es das Verdienst des «Idealismus», daß er die «tätige Seite» hervorgehoben hat, wenngleich diese nur «abstrakt» und «theoretisch» erfaßt wird. Marx faßt seinen eigenen, neuen anthropologischen Ansatz, der zugleich eine pragmatische Wahrheitstheorie enthält, wie folgt zusammen:

Die Frage, ob dem menschlichen Denken gegenständliche Wahrheit zukomme – ist keine Frage der Theorie, sondern eine praktische *Frage. In der Praxis muß der Mensch die Wahrheit, i. e. Wirklichkeit und Macht, Diesseitigkeit seines Denkens beweisen. Der Streit über die Wirklichkeit oder Nichtwirklichkeit des Denkens – das von der Praxis isoliert ist – ist eine rein* scholastische *Frage… Alles gesellschaftliche Leben ist wesentlich* praktisch. *Alle Mysterien, welche die Theorie zum Mystizism veranlassen, finden ihre rationelle Lösung in der menschlichen Praxis und in dem Begreifen dieser Praxis… Die Philosophen haben die Welt nur verschieden* interpretiert, *es kömmt drauf an, sie zu* verändern (W II, 1–4).

Die anthropologische Neubestimmung, die in den Thesen «ad Feuerbach» enthalten ist, besteht darin, daß Marx von dem Naturalismus Feuerbachs Abschied nimmt und den Menschen nicht nur als sinnliches Wesen definiert, sondern als ein tätiges, arbeitendes, praktisches, das im übrigen auch nicht nur als ein Individuum zu verstehen ist, sondern als «Ensemble der gesellschaftlichen Verhältnisse».

Von der Anthropologie zur Geschichtsphilosophie

Die «Thesen über Feuerbach» markieren den Abschluß der Marxschen Frühschriften. In «Die deutsche Ideologie», die Marx und Engels in den Jahren 1845/46 gemeinsam in Brüssel abfassen, wird der Begriff der Arbeit als anthropologischer Schlüsselbegriff in einen gesellschaftlichen Zusammenhang gestellt und zugleich eine geschichtsphilosophische Perspektive entwickelt, die für alle weiteren ökonomischen Analysen verbindlich bleiben sollte. In welchem Maß das Werk die Handschrift des einen oder des anderen der beiden Verfasser trägt, läßt sich nicht mehr genau feststellen; sicher ist jedoch, daß die darin entwickelten Gedanken ein fester Bestandteil des Marxschen Ansatzes geworden sind.

Der im Titel verwendete Begriff «Ideologie» bedeutet, daß dem «Bewußtsein», der «Philosophie», dem, «was die Menschen sagen, sich einbilden, sich vorstellen», Mißtrauen entgegenzubringen ist. Ideologie ist das «herrschende Bewußtsein», und das ist stets das «Bewußtsein der Herrschenden», die aber, gerade mit Hilfe des «herrschenden Bewußtseins», versuchen, ihre Herrschaft zu verschleiern. Sie tun es, indem sie die bestehende Herrschaft als unveränderlich, d. h. als «ewiges Gesetz» ausgeben. Im Gegensatz zu der «Ideologie» ist es die erklärte Absicht der Autoren, «von den wirklichen Voraussetzungen» auszugehen, und die sehen sie in den «wirklichen Individuen» und ihren Aktionen, durch die sie die jeweils vorgefundenen «materiellen Lebensbedingungen» umformen. Bei den Aktionen, von denen die Rede ist, handelt es sich um die Arbeit, die als Wesensmerkmal des Menschen schlechthin anzusehen ist:

Man kann die Menschen durch das Bewußtsein, durch die Religion, durch was man sonst will, von den Tieren unterscheiden. Sie selbst fangen an, sich von den Tieren zu unterscheiden, sobald sie anfangen, ihre Lebensmittel zu produzieren, ein Schritt, der durch ihre körperliche Organisation bedingt ist. Indem die Menschen ihre Lebensmittel produzieren, produzieren sie indirekt ihr materielles Leben selbst.

Die Weise, in der die Menschen ihre Lebensmittel produzieren, hängt zunächst von der Beschaffenheit der vorgefundenen und zu reproduzierenden Lebensmittel ab. Diese Weise der Produktion ist nicht bloß nach der Seite hin zu betrachten, daß sie die Reproduktion der physischen Existenz der Individuen ist. Sie ist vielmehr schon eine bestimmte Art der Tätigkeit dieser Individuen, eine bestimmte Art, ihr Leben zu äußern, eine bestimmte Lebensweise *derselben. Wie die Individuen ihr Leben äußern, so sind sie. Was sie sind, fällt also zusammen mit ihrer Produktion, sowohl damit, was sie produzieren, als auch damit, wie sie produzieren. Was die Individuen also sind, das hängt ab von den materiellen Bedingungen ihrer Produktion (W II, 16 f).*

Von diesem Ansatz aus erfolgt nun eine Darstellung der Geschichte der menschlichen Produktion und Produktivität. Der Motor, der diese Geschichte in Gang setzt, besteht in der notwendigen Befriedigung menschlicher Bedürfnisse: Essen und Trinken, Wohnung, Kleidung «und noch einiges andere». Aber mit Hegel sind sich die Autoren darin einig, daß das befriedigte Bedürfnis stets ein neues hervorruft. Mit der Entwicklung neuer Bedürfnisse geht die Entwicklung von Fähigkeiten und Instrumenten einher. Vermehrung der Bedürfnisse und «gesteigerte Produktivität» führen zur Teilung der Arbeit, die ihren Ausgangspunkt hat in der unterschiedlichen Verteilung der Körperkräfte und Bedürfnisse, aber auch bloßer Zufälle, d. h., sie erfolgt «naturwüchsig».

Mit der Teilung der Arbeit verbindet sich die Entwicklung unterschiedlicher Formen des Eigentums. Die Autoren unterscheiden vier: Die erste ist zu verstehen als «Stammeigentum». Sie entspricht einer unentwickelten Stufe der Produktion, für die Jagd, Fischfang, Viehzucht und Ackerbau typisch sind. Sie geschieht «naturwüchsig» innerhalb der Familie. Sie nimmt ihren Ausgangspunkt in der «Teilung der Arbeit im Geschlechtsakt». Die zweite Form findet sich als «das antike Gemeinde- und Staatseigentum», mit der durch die Unterscheidung von Stadt und Land bedingten Arbeitsteilung. Die dritte Form ist das «feudale oder ständische Eigentum» mit geringer Teilung der Arbeit. Aber erst die vierte Stufe, die gegenwärtige Form des Eigentums, hat zu einem neuen Typ von Arbeitsteilung geführt, es ist die «Teilung der materiellen und geistigen Arbeit». Sie bedeutet, «daß der Genuß und die Arbeit, Produktion und Konsumtion, verschiedenen Individuen zufallen». Diese Stufe stellt eine äußerst prekäre Situation dar, weil die «drei Momente, die Produktionskraft, der gesellschaftliche Zustand und das Bewußtsein, in Widerspruch untereinander geraten». Es kommt daher alles darauf an, diese Form der Arbeitsteilung zu überwinden. Das ist aber erst möglich in einer *kommunistischen Gesellschaft, wo jeder nicht einen ausschließlichen Kreis der Tätigkeit hat, sondern sich in jedem beliebigen Zweige ausbilden kann, die Gesellschaft die allgemeine Produktion regelt und mir eben dadurch möglich macht, heute dies, morgen jenes zu tun, morgens zu jagen, nachmittags zu fischen, abends Viehzucht zu treiben, nach dem Essen zu kritisieren, wie ich gerade Lust habe, ohne je Jäger, Fischer, Hirt oder Kritiker zu werden (W II, 36).*

Die auf diese Weise garantierte «persönliche Freiheit» ist nur möglich in der «kommunistischen Gesellschaft», die als eine «Vereinigung der Individuen» zu verstehen ist.

Die Entwicklung des Eigentums und der entsprechenden Form der Arbeitsteilung folgt einer bestimmten Logik. Diese zeichnet sich dadurch aus, daß ein «Widerspruch zwischen den Produktivkräften und der Verkehrsform» eintritt, ein Widerspruch, der nur durch eine «Revolution» aufgelöst werden kann. Damit der bevorstehende «kommunistische Revolution» gelingen kann, in der nicht mehr nur eine Klasse durch eine neue ersetzt wird, sondern die Herrschaft von Klassen überhaupt überwunden wird, ist die «massenhafte Erzeugung» des «kommunistischen Bewußtseins wie zur Durchsetzung der Sache selbst eine massenhafte Veränderung der Menschen nötig». Beides kann aber nur «in einer praktischen Bewegung, in einer *Revolution* vor sich gehen».

Wodurch aber wird eine Revolution in Gang gesetzt? Diese Frage und ihre geschichtsphilosophisch motivierte Antwort bilden den leitenden Gedanken für das «Manifest der kommunistischen Partei» von 1848, das zur Programmschrift nicht nur für Marx und Engels wird, sondern auch für den «Bund der Kommunisten», in dessen Auftrag es verfaßt wurde. Als Autoren zeichnen Marx und Engels gemeinsam; aber im Vorwort zur deutschen Ausgabe bemerkt Engels, daß der «Grundgedanke» des Manifests ausschließlich Marx angehöre. Den Ausgangspunkt des Manifests bildet die These, daß die Geschichte aller bisherigen Gesellschaft eine Geschichte von Klassenkämpfen sei.

In der «Gegenwart» hätten sich die Klassenkämpfe vereinfacht und zugespitzt, so daß sich «zur Zeit» nur noch zwei große Klassen gegenüberstehen, «Bourgeoisie und Proletariat».

Die Bourgeoisie… hat alle feudalen, patriarchalischen, idyllischen Verhältnisse zerstört… und kein anderes Band zwischen den Menschen üb-

*riggelassen, als das nackte Interesse, als die gefühllose «bare Zahlung».
Sie hat die heiligen Schauer der frommen Schwärmerei, der ritterlichen
Begeisterung, der spießbürgerlichen Wehmut in dem eiskalten Wasser
egoistischer Berechnung ertränkt. Sie hat die persönliche Würde in den
Tauschwert aufgelöst und an die Stelle der zahllosen verbrieften und
wohlerworbenen Freiheiten die eine gewissenlose Handelsfreiheit gesetzt. Sie hat, mit einem Wort, an die Stelle der mit religiösen und politischen Illusionen verhüllten Ausbeutung die offene, unverschämte, direkte, dürre Ausbeutung gesetzt (W II, 820).*

In dieser Darstellung der Geschichte wird die überwundene Epoche, der
Feudalismus, nicht verklärt, und doch ist die Geschichte insgesamt eher
eine Verfallsgeschichte und nicht eine Geschichte des Fortschritts. Die
Gegensätze spitzen sich zu, werden unerträglich, erreichen schließlich
einen Punkt, an dem der Untergang nicht nur der Klasse der Bourgeoisie
unvermeidlich wird, sondern der von Klassen überhaupt. Paradoxer-
weise führt gerade die ungehemmte Entwicklung der Bourgeoisie ihren
eigenen Untergang herbei.

*Die wesentlichste Bedingung für die Existenz und für die Herrschaft der
Bourgeoisklasse ist die Anhäufung des Reichtums in den Händen von Privaten, die Bildung und Vermehrung des Kapitals; die Bedingung des Kapitals ist die Lohnarbeit. Die Lohnarbeit beruht ausschließlich auf der
Konkurrenz der Arbeiter unter sich. Der Fortschritt der Industrie, dessen
willenloser und widerstandsloser Träger die Bourgeoisie ist, setzt an die
Stelle der Isolierung der Arbeiter durch die Konkurrenz ihre revolutionäre Vereinigung durch die Assoziation. Mit der Entwicklung der großen
Industrie wird also unter den Füßen der Bourgeoisie die Grundlage selbst
weggezogen, worauf sie produziert und die Produkte sich aneignet. Sie
produziert vor allem ihre eigenen Totengräber. Ihr Untergang und der
Sieg des Proletariats sind gleich unvermeidlich... An die Stelle der alten
bürgerlichen Gesellschaft mit ihren Klassen und Klassengegensätzen tritt
eine Assoziation, worin die freie Entwicklung eines jeden die Bedingung
für die freie Entwicklung aller ist (W II, 832; 843).*

Obwohl diese Entwicklung der Geschichte selbst «unvermeidlich» ist,
kommt den «Kommunisten» in ihr doch eine entscheidende Rolle zu.
«Sie haben keine von den Interessen des ganzen Proletariats getrennten
Interessen», sondern vertreten «stets das Interesse der Gesamtbewe-

gung». Da sie «theoretisch vor der übrigen Masse des Proletariats die Einsicht in die Bedingungen, den Gang und die allgemeinen Resultate der proletarischen Bewegung» voraushaben, sind ihre «theoretischen Sätze» keine von ihnen erfundenen «Ideen», sondern «nur die allgemeine Ausdrücke tatsächlicher Verhältnisse eines existierenden Klassenkampfes».

Im Zuge der Aufhebung des Privateigentums findet eine Umwälzung aller gesellschaftlichen Verhältnisse statt: Moral, Recht, Familie, Erziehung, «Vorstellungen, Anschauungen und Begriffe, mit einem Wort», das «Bewußtsein» der Menschen ändert sich. Die Konstanz solcher «Wahrheiten» wie «Freiheit» und «Gerechtigkeit» hatte nur deswegen den Schein «ewiger Wahrheiten», weil über lange Zeit die gesellschaftlichen Konstellationen gleich geblieben waren. Das Ziel der Revolution ist die «Erkämpfung der Demokratie». Im Gegensatz jedoch zu verschiedenen Vertretern des Sozialismus, die meinen, die neue Gesellschaft lasse sich auch friedlich erreichen, betonen die Autoren, daß die Kommunisten «offen» den «gewaltsamen Umsturz der bisherigen Gesellschaftsordnung» propagierten. Die «herrschenden Klassen» hätten daher allen Grund, vor der «kommunistischen Revolution» zu zittern.

Kritik der politischen Ökonomie

Nach dem Scheitern der 48er Revolution verwirft Marx seine ursprüngliche Annahme, daß «Deutschland am Vorabend einer bürgerlichen Revolution steht» und «die deutsche bürgerliche Revolution also nur das unmittelbare Vorspiel einer proletarischen Revolution sein kann». Erneut und mit noch größerer Intensität vertieft er sich in ökonomische Studien. Im Jahre 1859 erscheint im Verlag Duncker in Berlin der erste Band einer auf mehrere Bände geplanten Studie «Zur Kritik der politischen Ökonomie», in der Marx die Begriffe «Ware» und «Geld» analysiert. Die Frage, weshalb er sich so intensiv mit diesem «ökonomischen Dreck» – wie er selbst sagt – befaßt, läßt sich nur beantworten, wenn man das durchgängige Motiv seines Denkens nicht aus dem Auge verliert. Dieses ist in einer bestimmten anthropologischen These zu sehen, die Marx im Anschluß an Hegel als «Selbsterzeugung des Menschen durch Arbeit» denkt. Selbsterzeugung ist Produktion, und diese versteht er als gesellschaftlich vermittelte «Aneignung der Natur».

Entscheidend ist nun, daß der Mensch, um sich zu produzieren, Produkte herstellt, entscheidend aber auch, daß er sich von seinem Produkt lösen und es zu einem disponiblen, veräußerbaren Gegenstand machen kann, d. h. zu einer Ware. Marx interpretiert die Ware in zweifacher Hinsicht, nämlich als «Gebrauchswert» und als «Tauschwert». Er beruft sich dabei auf Aristoteles, der in seiner «Politik» bereits bemerkte, daß bei jedem Gut unterschieden werden könne zwischen der Möglichkeit, es zu gebrauchen oder zu tauschen. Gebrauchswert und Tauschwert unterscheiden sich dadurch, daß der Gebrauchswert der Ware und ihre «natürliche handgreifliche Existenz» zusammenfallen. Der Gebrauchswert hat nur Bedeutung für den Gebrauch und realisiert seinen Wert im Prozeß der Konsumtion.

Bei dem Tauschwert einer Ware wird dagegen von dem konsumtiven Gebrauch abgesehen und statt dessen sein Wert als Gegenstand des Tauschs beachtet. Die qualitativen Momente des Gebrauchswerts spielen dabei keine Rolle, sondern nur der quantitativ meßbare Wert im Verhältnis zu anderen Waren. Auf diese Weise werden qualitativ so unterschiedliche Dinge wie Weizen, Tabak oder Bücher vergleichbar. Als Tauschwerte werden sie auf quantitative Größen reduziert. Von Bedeutung ist aber nun, daß durch die Tauschwertoptik nicht nur die Dinge disqualifiziert werden, sondern auch die Arbeit, die Tauschwerte produziert. Tauschwerte stellen gleiche, unterschiedslose Arbeit dar. In ihr ist die Individualität des Arbeitenden ausgelöscht. Arbeit, die Tauschwerte produziert, ist daher «abstrakt allgemeine Arbeit». In der Produktion von Tauschwerten ist die Individualität der arbeitenden Subjekte ausgelöscht. Sie sind nur noch «bloße Organe *der* Arbeit».

Eine höhere Stufe der Tauschwertoptik ist erreicht, wenn es nicht mehr darum geht, Gebrauchswerte in Tauschwerte umzuwandeln und umgekehrt, sondern wenn es sich ausschließlich um einen Austausch von Tauschwerten handelt. Für diesen Fall ist es notwendig, eine besondere Ware in Umlauf zu bringen, die einen allgemeinen Wertmaßstab für Tauschwerte darstellt. Die Ware, der diese Qualität zukommt, ist das Geld.

Im Geld hat das Prinzip des Tauschwerts seine letzte Zuspitzung erfahren, es ist die «absolute Form des Tauschwerts». Der Tauschwert der Ware ist, wie sich nun zeigt, selbst nur Mittel zum Zweck der Akkumulation von Geld oder der «Schatzbildung». Marx entwickelt eine Psychologie des «Schatzbildners», mit der er zugleich das «Geheimnis» der bürgerlichen Gesellschaft aufdeckt:

Der lebendige Trieb der Schatzbildung ist daher der Geiz, für den nicht die Ware als Gebrauchswert, sondern der Tauschwert als Ware Bedürfnis ist... Der Schatzbildner verachtet die weltlichen, zeitlichen und vergänglichen Genüsse, um dem ewigen Schatz nachzujagen, den weder die Motten noch der Rost fressen, der ganz himmlisch und ganz irdisch ist (MEW 13, 106 f).

Marx stellt dieses Motiv des Kapitalismus in einen religionsgeschichtlichen Kontext: Der «Schatzbildner» ist, mit dem für ihn typischen «Asketismus» und «tatkräftiger Arbeitsamkeit», seiner religiösen Zugehörigkeit nach «wesentlich Protestant und mehr noch Puritaner».

Die Unterscheidung von Gebrauchswert und Tauschwert der Ware bildet auch den Ausgangspunkt des 1867 erschienenen ersten Bandes «Das Kapital. Kritik der politischen Ökonomie» mit dem weiteren Untertitel «Der Produktionsprozeß des Kapitals». In dem Abschnitt «Der Fetischcharakter der Ware und sein Geheimnis» erläutert Marx, weshalb er der Ware eine solch zentrale Rolle für das Verständnis der kapitalistischen Gesellschaft zuschreibt. Während der oberflächliche Betrachter den gesellschaftlichen Reichtum als eine «ungeheure Warenansammlung» ansieht und diese als eine Ansammlung von Dingen, wird der «mystische Charakter der Ware» von ihm regelmäßig übersehen.

Eine Ware scheint auf den ersten Blick ein selbstverständliches, triviales Ding. Ihre Analyse ergibt, daß sie ein sehr vertracktes Ding ist, voll metaphysischer Spitzfindigkeit und theologischer Mucken... Es ist nur das bestimmte gesellschaftliche Verhältnis der Menschen selbst, welches hier für sie die phantasmagorische Form eines Verhältnisses von Dingen annimmt. Um daher eine Analogie zu finden, müssen wir in die Nebelregion der religiösen Welt flüchten. Hier scheinen die Produkte des menschlichen Kopfes mit eigenem Leben begabte, untereinander und mit den Menschen in Verhältnis stehende selbständige Gestalten. So in der Warenwelt die Produkte der menschlichen Hand. Dies nenne ich den Fetischismus, der den Arbeitsprodukten anklebt, sobald sie als Waren produziert werden, und der daher von der Warenproduktion unzertrennlich ist (W IV, 46; 48).

Übersehen wird dabei, daß es sich bei der Ware um das Ergebnis eines unter bestimmten Produktionsverhältnissen abgelaufenen Produktionsprozesses handelt, bei dem eine doppelte «Metamorphose» stattgefunden hat, nämlich die der Umwandlung eines Gebrauchswerts in einen Tauschwert und die der individuellen Tätigkeit eines Arbeiters in abstrakte, allgemeine Arbeit. Das also, was die Ware nicht zeigt, ist, daß sie zu interpretieren ist als das unter einer «dinglichen Hülle» versteckte «gesellschaftliche Verhältnis». Der Käufer einer Ware erwirbt also nicht nur ein Ding – wie sehr er dies auch glauben mag –, sondern erfüllt eine bestimmte Funktion innerhalb dieses gesellschaftlichen Verhältnisses.

Die Analyse der Ware erfolgt, wie bereits diese Ausführungen zeigen, nicht in der Perspektive der klassischen Nationalökonomie, für die die Bildung von «Reichtum» der letzte Orientierungspunkt ist, sondern in der Absicht, hinter der «dinglichen Hülle» die «gesellschaftlichen Verhältnisse» sichtbar zu machen. Marx' Analyse ist daher stets beides: Darstellung der Entwicklung des Kapitals, d. h. Nationalökonomie, und Aufdeckung der entfremdeten Produktionsverhältnisse, d. h. Kritik der politischen Ökonomie. Der entscheidende Aspekt ist für ihn der zweite. Diesem Ansatz entsprechend behandelt «Das Kapital» die «Metamorphose» der Ware in Geld, die des Geldes in Kapital und schließlich die Produktion des absoluten und des relativen Mehrwerts.

Ähnlich wie Hegel in seiner «Phänomenologie des Geistes» die verschiedenen Formen des Bewußtseins auseinander hervorgehen läßt, versteht Marx die Entwicklung des Kapitals als eine Stufenfolge ökonomischer Phänomene, die einer eigenen Logik unterliegen. Wie Hegel weist Marx darauf hin, daß die Logik der Sache nicht in jedem Fall mit der geschichtlichen Entwicklung übereinstimmt. So ist z. B. der Entwicklungslogik des Kapitals entsprechend das Geld das letzte Produkt der Warenzirkulation, aber es ist zugleich die «erste Erscheinungsform des Kapitals».

Die Entstehung des Geldes darf überhaupt nicht als ein einmaliger historischer Akt angesehen werden, sondern es handelt sich um eine «Geschichte», die sich «täglich vor unseren Augen abspielt». Logische und historische Darstellung des Kapitals sind daher zwei mögliche Perspektiven auf denselben ökonomischen Sachverhalt.

Betrachtet man die Erzeugung der «ersten Form des Kapitals», d. h. des Geldes, als Ergebnis der Warenzirkulation, dann ist zu beachten, daß diese Zirkulation in zwei Formen auftaucht, nämlich als Tausch von Ware gegen Geld und als Tausch von Geld gegen Ware, abgekürzt als «W-G-W»; oder aber als Tausch von Geld gegen Ware und von Ware gegen Geld, abgekürzt «G-W-G». Die erste Darstellung der Warenzirkulation ist am Gebrauchswert der Ware orientiert: Jemand besitzt eine bestimmte Ware, verkauft diese und kauft von dem Geld eine neue Ware, die er braucht.

Die zweite Form der Warenzirkulation ist dagegen am Tauschwert jener besonderen Ware interessiert, die das Geld darstellt. Dieser Tausch hat jedoch nur dann einen Sinn, wenn das Quantum des Geldes, das aus dem Tausch hervorgeht, größer ist als das in den Tausch eingebrachte. Eine Warenzirkulation in der Form G-W-G hat daher nur dann Sinn, wenn sie zu der Formel G-W-G′ führt, wobei G′ größer ist als G. Den Betrag, um den G vergrößert wurde, bezeichnet Marx als «Mehrwert (surplus value)». Warenzirkulation in der Form G-W-G′ hat den Sinn, Mehrwert zu erzeugen. Während der am Gebrauchswert orientierte Prozeß W-G-W im Konsum der gekauften Ware sein Ziel erreicht, ist der Prozeß G-W-G′ tendenziell unbegrenzt.

Marx beruft sich bei dieser für ihn zentralen Interpretation der Kapitalbildung wiederum auf Aristoteles, dessen Unterscheidung der am Gebrauchswert orientierten «Ökonomik» von der geldorientierten «Chrematistik» zum Leitfaden seiner eigenen Darstellung wird. Er zitiert Aristoteles, der über die Chrematistik ausführt, daß für sie die «Zirkulation» des Geldes die Quelle des Reichtums sei.

Aristoteles nun verurteilt die Chrematistik, die auf unbegrenzte Vermehrung des Reichtums ausgerichtet ist, aufs schärfste, weil alles Unbegrenzte und Maßlose einem «vollkommenen Leben» widerspricht. Selbst wenn Marx in seiner Kritik andere Akzente setzt, die moralische Verurteilung des auf Gelderwerb ausgerichteten «Triebes» des Kapitalisten findet sich auch im «Kapital». Das, was den Kapitalisten bewegt, ist der «absolute Bereicherungstrieb, diese leidenschaftliche Jagd auf den Wert». Um aus dem Geld Mehrwert zu erzeugen, ist der Kapitalist bereit, einen Umweg zu machen und sein Geld vorübergehend in Ware umzutauschen. Denn wie «lumpig» auch immer eine Ware aussehen mag, der Kapitalist weiß doch, daß es sich bei ihr nur um eine versteckte Form von Geld handelt und daher um ein Mittel, um aus Geld «mehr Geld» zu machen.

Aber wie ist die Bildung von Mehrwert möglich? Die erste, nahelie-
gende, aber falsche Antwort ist: durch den Handel. Die Annahme, daß der
Verkäufer einer Ware Mehrwert dadurch bildet, daß er sie zu einem höheren Wert wieder verkauft, als er sie selbst gekauft hat, ist unzutreffend;
denn bei der Zirkulation von Waren tritt derselbe Händler einmal als
Käufer und dann wieder als Verkäufer einer Ware auf und ist gezwungen,
als Käufer dem Verkäufer den Aufschlag zu zahlen, den er als Verkäufer
eingenommen hatte. Zwar kann ein Warenbesitzer «so pfiffig sein, seine
Kollegen B oder C übers Ohr zu hauen, während sie trotz des besten
Willens die Revanche schuldig bleiben»; aber betrachtet man den Prozeß
der Warenzirkulation im ganzen, so bedeutet der Verkauf über Wert nur,
daß der Gewinn von A und der Verlust von B oder C sich entsprechen, ohne
daß in diesem Prozeß ein Mehrwert erzielt wurde. Anders gesagt:

*Die Gesamtheit der Kapitalistenklasse eines Landes kann sich nicht selbst
übervorteilen. Man mag sich also drehen und wenden wie man will, das
Fazit bleibt dasselbe. Werden Äquivalente ausgetauscht, so entsteht kein
Mehrwert, und werden Nicht-Äquivalente ausgetauscht, so entsteht auch
kein Mehrwert. Die Zirkulation oder der Warenaustausch schafft keinen
Wert (W IV, 160).*

Wenn der bloße Tausch von Waren keinen Mehrwert schafft, entsteht die
Frage, ob dies durch den Gebrauch einer Ware möglich ist. Aber:

*Um aus dem Verbrauch einer Ware Wert herauszuziehen, müßte unser
Geldbesitzer so glücklich sein, innerhalb der Zirkulationssphäre, auf dem
Markte, eine Ware zu entdecken, deren Gebrauchswert selbst die eigen-
tümliche Beschaffenheit besäße, Quelle von Wert zu sein, deren wirklicher
Verbrauch also selbst Vergegenständlichung von Arbeit wäre, daher
Wertschöpfung. Und der Geldbesitzer findet auf dem Markte eine solche
spezifische Ware vor – das Arbeitsvermögen oder die Arbeitskraft
(W IV, 164).*

Die Bildung von Mehrwert oder «Wertschöpfung» durch den Verbrauch
der Ware «Arbeitskraft» ist dadurch möglich, daß ihr Gebrauchswert über
ihrem Tauschwert liegt. Das bedeutet, daß der Arbeiter durch Verausga-
bung seiner Arbeitskraft einen größeren Wert schafft, als er an Lohn
erhält.

In der Tat, der Verkäufer der Arbeitskraft, wie der Verkäufer jeder anderen Ware, realisiert ihren Tauschwert und veräußert ihren Gebrauchswert. Er kann den einen nicht erhalten, ohne den anderen wegzugeben. Der Gebrauchswert der Arbeitskraft, die Arbeit selbst, gehört ebensowenig ihrem Verkäufer, wie der Gebrauchswert des verkauften Öls dem Ölhändler. Der Geldbesitzer hat den Tageswert der Arbeitskraft bezahlt; ihm gehört daher ihr Gebrauch während des Tages, die tagelange Arbeit. Der Umstand, daß die tägliche Erhaltung der Arbeitskraft nur einen halben Arbeitstag kostet, obgleich die Arbeitskraft einen ganzen Tag wirken, arbeiten kann, daß daher der Wert, den ihr Gebrauch während eines Tages schafft, doppelt so groß ist als ihr eigener Tageswert, ist ein besonderes Glück für den Käufer, aber durchaus kein Unrecht gegen den Verkäufer (W IV, 198 f).

Die Aussage, daß dieses «ein besonderes Glück» für den Käufer, aber kein Unrecht gegen den Verkäufer sei, ist jedoch in den Kategorien der Nationalökonomie gesagt, denn aus der Perspektive der politischen Ökonomie bedeutet dieses, daß der Geldbesitzer seinen «Bereicherungstrieb» befriedigt und der Arbeiter auf das Niveau einer Ware herabgedrückt wird. Der Arbeiter wird zu einem Produktionsmittel gemacht, und die Frage, ob in einem bestimmten Fall eine Maschine oder ein Mensch eingesetzt wird, hängt lediglich davon ab, welches der beiden Produktionsmittel billiger ist.

Mensch und Maschine bilden zwei Teile des Kapitals. Der Teil, der seine Wertgröße im Produktionsprozeß nicht ändert, d. h. Rohmaterial, Hilfsstoffe, Arbeitsmittel u. a., wird von Marx als «konstantes Kapital» bezeichnet; der Teil, der sich verändert, d. h. Mehrwert schafft – also Arbeit –, ist das «variable Kapital». Ihre Verbindung ist das «zusammengesetzte Kapital». Da nur durch das variable Kapital Mehrwert geschaffen werden kann, wird diesem eine besondere Aufmerksamkeit geschenkt.

Eine Möglichkeit, den Mehrwert zu erhöhen, besteht in einer Verlängerung der Arbeitszeit. Hier handelt es sich um absolute Größen. Marx bezeichnet den auf diese Weise gewonnenen Mehrwert als «absoluten Mehrwert». Die andere Möglichkeit der Erhöhung des Mehrwerts besteht in einer Verbesserung der Arbeitsmittel oder der Arbeitsmethoden, so daß in gleicher Arbeitszeit mehr produziert und damit ein größerer Mehrwert geschaffen wird. Der Mehrwert, der durch Erhöhung der Produktivkraft geschaffen wird, ist der «relative Mehrwert». Da jedoch die Erhöhung des absoluten Mehrwerts an eine natürliche Grenze stößt, richtet sich das Interesse des Kapitalisten auf die Erhöhung des relativen Mehrwerts, d. h. die Steigerung der Produktivkraft. Die Änderungen im Bereich der Arbeitsmittel führen dazu, daß überhaupt immer mehr Maschinen an die Stelle der «lebendigen Arbeit» treten und so das variable Kapital im Verhältnis zum konstanten stetig abnimmt. Versteht man die Profitrate als das Verhältnis des Mehrwerts zum Kapital insgesamt, so bedeutet eine prozentuale Verringerung des variablen Kapitals zugleich einen «tendenziellen Fall der Profitrate».

An dieser Stelle mündet die Entwicklungslogik des Kapitals ein in eine Perspektive der geschichtlichen Entwicklung der kapitalistischen Produktionsverhältnisse. Während nämlich auf der einen Seite das variable Kapital, d. h. der Anteil der menschlichen Arbeitskraft, ständig abnimmt und auf diese Weise sich eine «industrielle Reservearmee» bildet, geht die Erhöhung des konstanten Kapitals einher mit der Konzentration des Kapitals in den Händen einiger weniger «Kapitalmagnaten». Und ganz im Stil der geschichtsphilosophischen Überzeugungen im «Kommunistischen Manifest» heißt es im «Kapital»:

Mit der beständig abnehmenden Zahl der Kapitalmagnaten... wächst die Masse des Elends, des Drucks, der Knechtschaft, der Entartung, der Ausbeutung, aber auch die Empörung der stets anschwellenden und durch den Mechanismus des kapitalistischen Produktionsprozesses selbst geschulten, vereinten und organisierten Arbeiterklasse. Das Kapitalmonopol wird zur Fessel der Produktionsweise, die mit und unter ihm aufgeblüht ist. Die Zentralisation der Produktionsmittel und die Vergesellschaftung der Arbeit erreichen einen Punkt, wo sie unverträglich werden mit ihrer kapitalistischen Hülle. Sie wird gesprengt. Die Stunde des kapitalistischen Privateigentums schlägt. Die Expropriateurs werden expropriiert... die kapitalistische Produktion erzeugt mit der Notwendigkeit eines Naturprozesses ihre eigene Negation (W IV, 926 f).

Was aber ist das Ziel dieses Prozesses? Es ist nichts Geringeres als das «Reich der Freiheit». In ihm ist nicht die Arbeit abgeschafft, diese ist vielmehr «ewige Naturnotwendigkeit», wohl aber eine Produktion, die am Mehrwert orientiert ist. Die Freiheit hat zwei Gesichter. Das ist bei dem von Marx skizzierten «Reich der Freiheit» zu beachten:

Wie der Wilde mit der Natur ringen muß, um seine Bedürfnisse zu befriedigen, um sein Leben zu erhalten und zu reproduzieren, so muß es der Zivilisierte, und er muß es in allen Gesellschaftsformen und unter allen möglichen Produktionsweisen. Mit seiner Entwicklung erweitert sich dies Reich der Naturnotwendigkeit, weil die Bedürfnisse; aber zugleich erweitern sich die Produktivkräfte, die diese befriedigen. Die Freiheit in diesem Gebiet kann nur darin bestehen, daß der vergesellschaftete Mensch, die assoziierten Produzenten, diesen ihren Stoffwechsel mit der Natur rationell regeln, unter ihre gemeinschaftliche Kontrolle bringen, statt von ihm als von einer blinden Macht beherrscht zu werden; ihn mit dem geringsten Kraftaufwand und unter den ihrer menschlichen Natur würdigsten und adäquatesten Bedingungen vollziehn. Aber es bleibt dies immer ein Reich der Notwendigkeit. Jenseits desselben beginnt die menschliche Kraftentwicklung, die sich als Selbstzweck gilt, das wahre Reich der Freiheit, das aber nur auf jenem Reich der Notwendigkeit als seiner Basis aufblühn kann. Die Verkürzung des Arbeitstags ist die Grundbedingung (MEW 25, 828).

Der fortschreitenden Ausbeutung der Erde und des Arbeiters zum Zweck einer tendenziell unbegrenzten Schaffung von Mehrwert wird die Perspektive einer gebrauchswertorientierten Regelung des notwendigen Stoffwechsels der assoziierten Produzenten mit der Natur entgegengestellt. Diese ermöglicht die menschliche Kraftentwicklung, die ihren Zweck in sich selbst hat. Das ist das letzte Wort von Marx zur Utopie einer klassenlosen Gesellschaft. Die Entwicklung des Marxschen Gedankens läßt sich in drei Thesen verdeutlichen, die den Unterschied zu Hegel, aber auch seine Nähe zu ihm zeigen:

1. Der Mensch ist seinem «Wesen» nach ein natürlich bedingtes, bedürftiges Lebewesen, das sich durch Arbeit, d. h. durch einen Stoffwechselprozeß mit der Natur, selbst erzeugt. Arbeit ist «freie», «bewußte» und «universelle» Lebenstätigkeit.

2. Durch die kapitalistische Produktionsweise wird der Mensch seinem Wesen entfremdet. An die Stelle der Verwirklichung seines Wesens durch Arbeit tritt die Reduzierung des Arbeiters auf eine Ware, deren Verbrauch lediglich der Bildung von Mehrwert dient. Das Wesen des Menschen ist damit negiert.

3. Mit der Aufhebung kapitalistischer Produktionsverhältnisse ist dieser negative Zustand selbst noch einmal negiert. Auf der Basis der Errungenschaften der Entwicklung der Produktivkräfte im Kapitalismus wird es den assoziierten Produzenten möglich, ihren Stoffwechsel mit der Natur rationell zu regeln und dem einzelnen einen Freiraum der menschlichen Kraftentwicklung zu geben, die Selbstzweck ist, d. h. das Reich der Freiheit zu verwirklichen.

Gegenüber seinen geschichtsphilosophischen Vorläufern Kant und Hegel weist dieses Konzept gewichtige Unterschiede auf: Während Hegel die Geschichte der Freiheit als im wesentlichen abgeschlossen betrachtet, nachdem in der Französischen Revolution der Gedanke der Freiheit selbst zur Erscheinung gekommen sei, verlegt Marx das Reich der Freiheit in die Zukunft. Anders aber auch als Kant, der seine Utopie einer «das allgemeine Recht verwaltenden bürgerlichen Gesellschaft» als regulative Idee konzipierte, wird für Marx das «Reich der Freiheit» zu einer geschichtsphilosophischen Gewißheit, da es mit der «Notwendigkeit eines Naturprozesses» eintritt. Seine Aussagen darüber erheben daher den Anspruch, «wissenschaftliche» Wahrheit zu sein.

Zur Wirkungsgeschichte

Im Hinblick auf die außerordentlich reiche und verwickelte Wirkungsgeschichte des Marxschen Denkens soll lediglich – sehr vereinfachend – auf zwei wesentliche Hauptstränge hingewiesen werden. Beide können sich auf zentrale Denkmotive bei Marx berufen:

Während der «orthodoxe Marxismus» das Konzept einer wissenschaftlich begründbaren Geschichtsphilosophie zu dem Lehrgebäude eines «wissenschaftlichen Sozialismus» fortentwickelte, ja in Richtung auf eine «wissenschaftliche Weltanschauung» hin überhöhte, betonte der «unorthodoxe Marxismus» westlicher Prägung das Motiv der Kritik bestehender gesellschaftlicher Verhältnisse unter direkter oder indirekter Bezugnahme auf den in den Frühschriften entwickelten Gedanken der Entfremdung.

Die Hauptlinien dieser Entwicklung lassen sich wie folgt skizzieren: Nach dem Tod von Engels wurde Karl Kautsky (1854–1938) zum führenden Repräsentanten des internationalen Marxismus. Er interpretierte

Marx im Sinne eines materialistisch-positivistischen Ansatzes und verfaßte den theoretischen Teil des «Erfurter Programms» der deutschen Sozialdemokratie aus dem Jahre 1891. Während Kautsky an der Marxschen Krisentheorie festhielt, vertrat Eduard Bernstein (1850–1932) die These, daß der Übergang vom Kapitalismus zum Sozialismus auch auf parlamentarischem Weg erfolgen könne. Sein Überdenken Marxscher Grundannahmen führte dazu, daß sein theoretisches Konzept als Revisionismus bezeichnet wurde. Im Gegensatz dazu setzte Rosa Luxemburg (1871–1919) aufgrund ihrer Erfahrungen aus der russischen Revolution von 1905 auf die revolutionäre Kraft eines Generalstreiks. In ihrem Hauptwerk «Die Akkumulation des Kapitals» von 1912 vertrat sie die These, daß der Kapitalismus lediglich durch seine imperialistische Politik bislang seinen Zusammenbruch habe verhindern können.

Ähnlich wie durch die deutsche Sozialdemokratie wurde das Marxsche Werk in Österreich durch Männer wie Karl Renner (1870–1950), Max Adler (1873–1937) und Rudolf Hilferding (1877–1944) aufgenommen und unter der Bezeichnung Austromarxismus weitergeführt.

In Rußland hatte Marx schon zu seinen Lebzeiten große Beachtung gefunden, und durch Georgi W. Plechanow (1856–1918) wurde er weiteren Kreisen bekannt gemacht. Die entscheidende politische Wirkung erlangte der Marxismus jedoch durch Wladimir I. Lenin (1870–1924), der in seinem Buch «Materialismus und Empiriokritizismus» an Engels' «Dialektik der Natur» anknüpfte. Wirkungsgeschichtlich bedeutsamer ist es jedoch, daß er die organisierte Partei als «Avantgarde des Proletariats» interpretierte und ihre Organisation übernahm. Unter Stalin (1879–1953) wurde der Marxismus zur herrschenden «Weltanschauung» der Sowjetunion und seit dem Ende des Zweiten Weltkriegs der von ihr abhängigen Länder Osteuropas. Der «Marxismus-Leninismus», wie die offizielle Staatsanschauung nun hieß, enthielt den «dialektischen Materialismus» (Diamat) und den «historischen Materialismus» (Histomat) als seine konstitutiven Teile.

In China, Afrika, Südostasien und Südamerika wurde der Marxismus den jeweiligen geschichtlichen Traditionen entsprechend modifiziert.

Eine philosophische Fortentwicklung und Erneuerung versuchte Georg Lukács (1885–1971) in seinem Buch «Geschichte und Klassenbewußtsein», indem er die Methode der «dialektischen Totalitätsbetrachtung» entwickelte. Politischer Druck veranlaßte ihn jedoch später zu einer

Selbstkritik. Auch Karl Korsch (1886–1961) brachte die Hegelschen Kategorien wieder stärker zur Geltung, und bei Ernst Bloch (1885–1977) wird der Marxismus in den Kontext eines utopischen Geschichtsdenkens gestellt. In Italien war es Antonio Gramsci (1891–1937), der Mitbegründer und langjährige Führer der KPI, der sich gegen einen deterministischen Ökonomismus und einen «fatalistischen Mechanizismus» wandte und die Schaffung einer neuen moralischen «Volkskultur» als Hauptaufgabe bezeichnete. Das Thema Kulturkritik bildet auch das Zentrum der «Kritischen Theorie», deren führende Vertreter Max Horkheimer (1895–1973), Herbert Marcuse (1898–1979) und Theodor W. Adorno (1903–1969) waren.

In Frankreich unternahm Jean-Paul Sartre (1905–1980) in seinem Werk «Kritik der dialektischen Vernunft» den Versuch, Existenzialismus und Marxismus in einer Theorie revolutionärer Praxis zu vereinigen, während Louis Althusser (1908–1990) das Marxsche Werk einer strukturalistischen, «antihumanistischen» Analyse unterwarf.

Nachdem der Marxismus nach der Auflösung der Sowjetunion als Staatsideologie keine Rolle mehr spielt, ergeben sich für die im Anschluß an Marx erörterten philosophischen, politischen und ökonomischen Themen neue Probleme. In philosophischer Perspektive stellt sich die Frage, ob nach dem Scheitern einer weltanschaulich überhöhten, marxistischen Geschichtsphilosophie Marx lediglich weiterhin seine Position als Linkshegelianer innerhalb der Philosophiegeschichte des 19. Jahrhunderts behaupten wird oder ob sich darüber hinaus an ihn weiterführende anthropologische und handlungstheoretische Überlegungen knüpfen werden. Die von ihm konzipierte «Kritik der politischen Ökonomie» muß unter veränderten geschichtlichen Bedingungen neu durchdacht werden: zum einen ist die von Marx bereits vorgedachte «Globalisierung» der Wirtschaft in ungeahntem Tempo fortgeschritten, ohne daß die Probleme der Verteilungsgerechtigkeit und der politischen Beteiligung als gelöst betrachtet werden können – eher kann man unter dem Druck des Bevölkerungswachstums von einer Verschärfung der Situation sprechen; zum anderen müssen alle Versuche einer «Weltwirtschaftsordnung» als gescheitert angesehen werden, die sich nicht dem Problem der Ökologie stellen. Für beide Bereiche gibt es zur Zeit kaum Lösungsansätze, und so bleiben einige der von Marx aufgeworfenen Fragen Teil eines uns weiterhin bedrängenden Problems.

Schriften

Die Frühschriften, hg. v. S. Landshut, Stuttgart 1971 *(Frühschriften)*. – Werke, hg. v. H.-J. Lieber, Stuttgart 1960 ff *(W)*. – Karl Marx / Friedrich Engels: Werke, hg. v. Institut für Marxismus-Leninismus beim ZK der SED, mit zwei Ergänzungsbänden, Berlin 1956 ff *(MEW o. MEW, EB)*. – Karl Marx / Friedrich Engels: Gesamtausgabe, hg. vom Institut für Marxismus-Leninismus beim ZK der KPdSU bzw. SED, Berlin 1975 ff *(MEGA)*.

Literatur

L. Althusser: Für Marx, Frankfurt a. M. 1968. – W. Blumenberg: Karl Marx, in Selbstzeugnissen und Bilddokumenten, Reinbek bei Hamburg 1972. – A. Cornu: Karl Marx und Friedrich Engels, Leben und Werk, 3 Bde., Berlin 1954–1968. – W. Euchner: Karl Marx, München 1982. – F. Fiedler u. a. (Hg.): Dialektischer und historischer Materialismus. Lehrbuch für das marxistisch-leninistische Grundlagenstudium, Berlin 1979. – A. Gramsci: Philosophie der Praxis, Eine Auswahl, Frankfurt a. M. 1967. – M. Horkheimer / Th. W. Adorno: Dialektik der Aufklärung, Frankfurt a. M. 1969. – J. Israel: Der Begriff Entfremdung, Reinbek bei Hamburg 1972. – L. Kolakowski: Die Hauptströmungen des Marxismus, Entstehung, Entwicklung, Zerfall, 3 Bde., München 1977. – K. Korsch: Die materialistische Geschichtsauffassung u. a. Schriften, Frankfurt / Köln 1971. – H. Lefèbvre: Der dialektische Materialismus, Frankfurt a. M. 1971. – G. Lukács: Geschichte und Klassenbewußtsein, Neuwied / Berlin 1968. – H. Marcuse: Vernunft und Revolution, Darmstadt / Neuwied 1972. – A. Schaff: Marxismus und das menschliche Individuum, Reinbek bei Hamburg 1970. – A. Schmidt: Der Begriff der Natur in der Lehre von Marx, Frankfurt / Köln 1974. – A. Sohn-Rethel: Warenform und Denkform, Frankfurt a. M. 1978. – J. Zeleny: Die Wissenschaftslogik bei Marx und ‹Das Kapital›, Frankfurt / Wien 1972.

Hans-Ludwig Ollig

Neukantianismus

Der Neukantianismus ist nicht bloß ein deutsches, sondern ein europäisches Phänomen. Eine Rückbesinnung auf Kant gab es beispielsweise auch in Frankreich und Italien. Spezifisch für die Situation in Deutschland ist allerdings, daß der Neukantianismus zu Beginn des 20. Jahrhunderts für kurze Zeit zur tonangebenden Philosophie in Deutschland avancierte. Die Grundlagen für diese Entwicklung wurden in der 2. Hälfte des 19. Jahrhunderts gelegt. Während dieser Zeit kam es nämlich zur Herausbildung der beiden führenden Schulen des Neukantianismus: der Marburger und der Südwestdeutschen Schule. Maßgeblich für deren Entwicklung waren Hermann Cohen und Paul Natorp bzw. Wilhelm Windelband und Heinrich Rickert. Schwerpunktmäßig wird im folgenden die Theorieentwicklung nachgezeichnet, die bei den Schulhäuptern des Marburger und des Südwestdeutschen Neukantianismus in den letzten drei Dezennien des 19. Jahrhunderts stattgefunden hat. Auf die zweite Generation der Neukantianer, auf Emil Lask und Ernst Cassirer, Bruno Bauch und Jonas Cohn wird nicht eingegangen, da ihre Arbeiten erst im 20. Jahrhundert wirksam wurden. Bei der Darstellung der verwickelten Vorgeschichte des Neukantianismus beschränken wir uns auf Friedrich Albert Lange, der zweifellos ein zentraler (wenn auch bei weitem nicht der einzige) Vorläufer des klassischen Neukantianismus ist.

Was den Neukantianismus generell auszeichnet, ist «das Programm eines originären systematischen Philosophierens im Geiste Kants» (H. Schnädelbach). Durch den Rückgriff auf Kant glaubten die Neukantianer, der Infragestellung der Philosophie durch den Materialismus und den Positivismus begegnen zu können. Dabei griffen sie auf die von Kant entwickelte transzendentale Argumentationsstrategie zurück. Mit deren Hilfe versuchten sie, die vom Materialismus und Positivismus ignorierten Konstitutionsbedingungen des ‹Faktums Wissenschaft› freizulegen. Für den Neukantianismus ist also wesentlich, daß er die Wissenschaft weder überspringt noch ignoriert. Allerdings bleibt er auch nicht einfach bei diesem Faktum stehen, sondern hinterfragt es auf seine Möglichkeitsbedingungen. Daher ist er von einem bloßen Wissenschaftspositivismus und von einer freischwebenden Spekulation gleich weit entfernt. Was ihn vielmehr interessiert, ist die in den Wissenschaften inkorporierte Rationalität. Dieser Rationalität möchte er sich mit philosophischen Mitteln vergewissern. Der Versuch eines Philosophierens im Geiste Kants zeigt sich aber nicht nur daran, daß der Neukantianismus eine Rehabilitierung der transzendentalen Fragestellung unter veränderten Zeitbedingungen zum Programm erhebt, er zeigt sich auch daran, daß er in deutlicher Gegenstellung zu den naturalistischen Zeitströmungen am Freiheitsgedanken festhält.

Überblickt man die neukantianische Theorieentwicklung bis zur Jahrhundertwende, so lassen sich vier Problemfelder ausmachen, die auch in der eigentlichen Blütezeit des Neukantianismus unmittelbar nach der Jahrhundertwende eine wichtige Rolle spielen, nämlich (1) Fragen der Erkenntnis- und Wissenschaftslogik, (2) die Systemproblematik, (3) die Auseinandersetzung mit den kulturellen und gesellschaftlichen Problemen der Gegenwart und schließlich (4) die religiös-existentielle Problematik. Auf den ersten Blick sind die beiden ersten Problembereiche eindeutig dominant. Denn der Neukantianismus gilt als klassisches Beispiel für eine akademische «Philosophie nach dem Schulbegriff». Darüber darf aber nicht vergessen werden, daß es dem Neukantianismus, wenn auch im Gewand einer ‹Philosophie nach dem Schulbegriff›, immer auch um eine «Philosophie nach dem Weltbegriff» ging. Daher dürfen die beiden letztgenannten Problembereiche nicht unterschlagen werden. Wenn man die Entwicklung des Neukantianismus nach der Jahrhundertwende in den Blick nimmt, zeigt sich das an Publikationen wie der Untersuchung von Jonas Cohn über den «Sinn der gegenwärtigen Kultur» oder an Cohens «Religion der Vernunft aus den Quellen des Judentums», die ebenso zum Gesamtphänomen Neukantianismus dazugehören wie die Bemühungen von Cohen und Rickert um die Entwicklung eines philosophischen Systems und die zahlreichen Arbeiten, die sich mit Fragen der Epistemologie befassen, angefangen von Cohens «Logik der reinen Erkenntnis», über Cassirers «Geschichte des Erkenntnisproblems», Natorps Untersuchung «Die logischen Grundlagen der exakten Wissenschaften» bis hin zu Bauchs Untersuchung «Wahrheit, Wert, Wirklichkeit».

Der Neukantianismus wäre als bloße Wissenschaftstheorie mißverstanden. Faktisch zielt er vielmehr auf eine umfassende Theorie der

menschlichen Kultur. Allerdings tritt diese Tendenz erst in den Veröffentlichungen nach der Jahrhundertwende voll zutage. Erkennbar ist
sie freilich auch schon vor der Jahrhundertwende.

Literatur

M. Brelage: Studien zur Transzendentalphilosophie, Berlin 1965. – W. Flach/
H. Holzhey: Erkenntnistheorie und Logik im Neukantianismus, Hildesheim 1979. –
P. Giesecke: Kant und der Sozialismus, Diss. München 1990. – H. D. Häusser: Transzendentale Reflexion und Erkenntnisgegenstand, Bonn 1989. – L. Herrschaft: Theoretische Geltung, Würzburg 1995. – H. Holzhey: Der Neukantianismus, in: Hügli/
Lübcke: Philosophie im 20. Jahrhundert, Bd. 1, Reinbek bei Hamburg 1992, S. 19 bis
51. – Ders.: Ethischer Sozialismus, Frankfurt a. M. 1994. – C. K. Köhnke: Entstehung
und Aufstieg des Neukantianismus, Frankfurt a. M. 1986. – C. Müller: Die Rechtsphilosophie des Neukantianismus, Tübingen 1994. – H.-L. Ollig: Der Neukantianismus,
Stuttgart 1979. – Ders.: Materialien zur Neukantianismusdiskussion, Darmstadt
1987. – J. Oelkers/W. Schulz/H. E. Tenorth: Neukantianismus, Kulturtheorie, Pädagogik und Philosophie, Weinheim 1989. – E. W. Orth/H. Holzhey: Neukantianismus. Perspektiven und Probleme, Würzburg 1994. – W. Ritzel: Art. «Neukantianismus», in: TRE 17, S. 581–592. – H. Schnädelbach: Philosophie in Deutschland
1831–1933, Frankfurt a. M. 1983. – U. Sieg: Aufstieg und Niedergang des Marburger
Neukantianismus, Würzburg 1994. – G. Wolandt: Idealismus und Faktizität, Berlin
1971.

Friedrich Albert Lange (1828–1875)

Leben und Werke

In Wald bei Solingen geboren und teilweise in der Schweiz aufgewachsen, studierte Lange an den Universitäten Zürich und Bonn Theologie, Philosophie, klassische Philologie, Kunstgeschichte und Mathematik. In Bonn wurde er 1851 promoviert und nach zwischenzeitlicher pädagogischer Tätigkeit 1855 für Philosophie und Pädagogik habilitiert. Nach dreijähriger Tätigkeit als Privatdozent kehrte er zunächst für vier Jahre in den Schuldienst zurück. Anschließend arbeitete er zwei Jahre als Handelskammersekretär und Zeitungsredakteur. 1865 erfolgten die Gründung einer eigenen Zeitung und die Beteiligung an einem Verlag. Enttäuscht über die politische Entwicklung in Deutschland, ging er 1866 in die Schweiz. 1870 wurde er auf den Lehrstuhl für induktive Philosophie in Zürich berufen. 1872 folgte er einem Ruf nach Marburg. Dort starb er bereits drei Jahre später an Krebs. Lange hat zweifellos auf einer ganzen Reihe von Gebieten Beträchtliches geleistet. Er war als Pädagoge und Volkserzieher tätig, machte sich verdient als Sozialreformer und Organisator von Arbeitsgenossenschaften und spielte schließlich auch eine wichtige Rolle als politischer Publizist und als Wegbereiter des demokratischen Sozialismus. Für die Theorieentwicklung des Marburger Neukantianismus sind vor allem seine Schrift über die «Arbeiterfrage» (1865) und seine «Geschichte des Materialismus» (1866) relevant.

Bezeichnend für seine geistige Physiognomie ist ein Brief aus dem Jahre 1858, in dem es heißt:

Ich halte das Hegelsche System für einen Rückschritt in die Scholastik, von dem wir tatsächlich bereits frei sind. Herbart, dem ich mich anfangs anschloß, war für mich nur eine Brücke zu Kant, bis auf den jetzt so manche gediegene Forscher zurückgehen, um das womöglich ganz zu tun, was

*Kant nur halb tat: die Metaphysik zu vernichten. Ich halte jede Metaphy-
sik für eine Art von Wahnsinn, von nur ästhetischer und subjektiver Berechtigung. Meine Logik ist die Wahrscheinlichkeitsrechnung, meine
Ethik die Moralstatistik; meine Psychologie ruht durchaus auf der Physiologie; ich suche mit einem Worte mich nur in exakten Wissenschaften zu
bewegen. Eine Kritik der Psychologie, in welcher der größte Teil dieser
‹Wissenschaft› als Geschwätz und Selbstbetrug nachgewiesen würde,
und die sich der Tendenz nach als zweiter großer Schritt an Kants ‹Kritik
der reinen Vernunft› anschließen sollte, wäre das Buch, das ich am lieb-
sten schreiben möchte (Brief an Kambli).*

Diese Briefstelle macht deutlich: Das idealistische Systemdenken ist für
Lange kein Thema mehr. Von einem solchen Denken, das er kurzerhand
als scholastisch abqualifiziert, glaubt er sich frei. Die Rückbesinnung auf
Kant, der er sich verschreibt, bedeutet für ihn keineswegs eine unkriti-
sche Übernahme des Kantischen Denkansatzes. Im Gegenteil, Kant wird
der Vorwurf gemacht, in seiner Kritik an der Metaphysik auf halbem
Wege stehengeblieben zu sein. Der Metaphysik kann allenfalls eine
ästhetische und subjektive Bedeutung zukommen. Einen theoretischen
Erklärungsanspruch, wie ihn die exakten Wissenschaften zu Recht erheben, kann sie nicht für sich reklamieren. Aber auch andere Disziplinen
müssen Lange zufolge umdenken. Die Logik muß auf die Wahrscheinlichkeitsrechnung, die Ethik auf die Moralstatistik und die Psychologie
auf die Physiologie gegründet werden.

Auseinandersetzung mit dem Materialismus

Wenn das Buch, von dem Lange an der Briefstelle spricht, auch nicht
zustande gekommen ist, so hat er doch das dort skizzierte Programm
weitgehend eingelöst in der sieben Jahre später erschienenen ‹Geschichte
des Materialismus›, die binnen kurzer Zeit zur meistgelesenen Schrift
des ganzen Neukantianismus avancieren sollte. Auch wenn Lange sich
bei seiner Auseinandersetzung mit dem Materialismus auf Kant beruft,
so übernimmt er keineswegs dessen gesamte Philosophie. Die «Kritik der
praktischen Vernunft» hält er für den wandelbaren und vergänglichen
Teil von Kants Denken. Die eigentliche Bedeutung des Königsberger

Denkers liegt für ihn auf dem Gebiet der theoretischen Philosophie. Denn wenn man mit der «kopernikanischen Wende» ernst macht, der zufolge unsre Begriffe sich nicht nach den Gegenständen richten, sondern umgekehrt die Gegenstände sich nach Begriffen zu richten haben, dann ergibt sich: Die Objektivität der Gegenstände der Erfahrung hat nicht den Status einer absoluten Objektivität, wie der Materialismus behauptet. Als Kronzeugin gegen einen materialistischen Objektivismus bemüht Lange die moderne Sinnesphysiologie. Denn er ist der Überzeugung:

Die erstaunlichen Fortschritte auf diesem Gebiet (sc. der Sinnesphysiologie)... scheinen ganz dazu angetan, den alten Satz des Protagoras, daß der Mensch das Maß aller Dinge ist, zu erhärten. Wenn es erst erwiesen ist, daß die Qualität unsrer Sinneswahrnehmungen ganz und gar von der Beschaffenheit unsrer Organe bedingt ist, so kann man auch die Annahme nicht mehr mit dem Prädikat «unwiderleglich aber absurd» beseitigen, daß selbst der ganze Zusammenhang, in welchen wir die Sinneswahrnehmungen bringen, mit einem Wort unsere ganze Erfahrung, von einer geistigen Organisation bedingt wird, die uns nötigt, so zu erfahren, wie wir erfahren, so zu denken, wie wir denken, während einer anderen Organisation dieselben Gegenstände ganz anders erscheinen mögen und das Ding an sich keinem endlichen Wesen vorstellbar werden kann (GM, 456).

Lange versteht Kants erkenntnistheoretischen Ansatz also nicht als Analyse der Geltungsbedingungen menschlicher Erkenntnis, sondern geht davon aus, Kant sei es lediglich um die Aufdeckung jener Erkenntnisbedingungen gegangen, die in der psychophysischen Organisation des Menschen grundgelegt sind. Kants Frage: Wie ist Erfahrung möglich? findet bei ihm also eine physiologische Antwort. Für das Apriori beansprucht er keine strenge Allgemeingültigkeit und Notwendigkeit, sondern betont, wir könnten lediglich hypothetische Sätze darüber aufstellen, ob die Begriffe und Denkformen, welche wir als wahr annehmen müssen, aus der bleibenden Natur des Menschen stammen oder nicht. Lange zögert also nicht, das erkenntnistheoretische Problem auf empirische Befunde rückzubeziehen, und in diesem Zusammenhang bietet für ihn die Sinnesphysiologie die Möglichkeit einer Korrektur und Weiterführung des Kantianismus. Bei aller Fortschreibung des Kantischen Systems möchte Lange jedoch an bestimmten Essentials des Kantianismus festhalten. Daher betont er:

Vernunft, die Mutter der Ideen, ist nach Kants Auffassung auf das Ganze aller möglichen Erfahrung gerichtet, während der Verstand sich mit dem Einzelnen beschäftigt. Die Vernunft findet in keiner Reihe von Erkenntnissen Befriedigung, solange sie nicht die Totalität erfaßt hat. Vernunft ist also systematisch, wie der Verstand empirisch ist. Die Ideen der Seele, der Welt und Gottes sind nur der Ausdruck dieser in unsrer vernünftigen Organisation liegenden Einheitsbestrebungen. Schreiben wir ihnen eine objektive Existenz außer uns zu, so stürzen wir in das uferlose Meer der metaphysischen Irrtümer. Halten wir sie aber als unsre Ideen in Ehren, so erfüllen wir eine unabweisbare Forderung unsrer Vernunft. Die Ideen dienen nicht, unsre Erkenntnis zu erweitern, wohl aber die Behauptungen des Materialismus aufzuheben und dadurch der Moralphilosophie, die Kant für den wichtigsten Teil der Philosophie hält, Raum zu schaffen (GM, 503).

Dieser Text macht deutlich: Lange hält an der Kantischen Unterscheidung von Verstand und Vernunft fest. Der Verstand ist das Organ der Einzelwissenschaften, die Vernunft hingegen ist das Organ der Ideenerkenntnis. Die Ideen dienen nicht der Erkenntniserweiterung, wohl aber dienen sie dazu, weltanschauliche Erklärungsansprüche, wie sie seitens des Materialismus erhoben werden, in die Schranken zu weisen. Dadurch wird Raum geschaffen für die Möglichkeit ethischen Handelns, für das in einem deterministischen Weltbild, wie es der Materialismus vertritt, kein Platz mehr ist.

Selbst wenn der Materialismus mit seiner Kritik an metaphysischen Begriffsdichtungen, welche vorgeben, in das Wesen der Natur einzudringen, im Recht ist, so ist er doch nach Langes Meinung als Weltanschauung steril, weil arm an Anregungen für das kulturelle und soziale Leben. Trotzdem ist es für ihn keine Frage, daß ein materialistischer Zug durch die moderne Kultur geht. Das Ideale steht nicht hoch im Kurs. Daß es einfach verschwinden wird, ist allerdings nicht zu erwarten. Lange verdeutlicht das im Blick auf religiöse Traditionsgehalte:

Wer will eine Messe von Palestrina widerlegen, oder wer will die Madonna Rafaels des Irrtums zeihen? Das gloria in excelsis bleibt eine

weltgeschichtliche Macht... Und jene einfachen Grundgedanken der Er-
lösung des vereinzelten Menschen durch die Hingabe des Eigenwillens
an den Willen, der das Ganze lenkt; jene Bilder von Tod und Auferste-
hung, die das Ergreifendste und Höchste, was die Menschenbrust durch-
bebt, aussprechen... jene Lehren endlich, die uns befehlen, mit dem
Hungrigen das Brot zu brechen und dem Armen die frohe Botschaft zu
verkünden – sie werden nicht für immer schwinden, um einer Gesell-
schaft Platz zu machen, die ihr Ziel erreicht hat, wenn sie ihrem Verstand
eine bessere Polizei verdankt und ihrem Scharfsinn die Befriedigung im-
mer neuer Bedürfnisse durch immer neue Erfindungen (GM, 1002 f).

Politische Philosophie

Was für Langes Beschäftigung mit der theoretischen Philosophie gilt,
trifft auch für seine Beschäftigung mit der praktischen Philosophie zu. In
beiden Bereichen hat er Fragen aufgegriffen, die in der Luft lagen. Daher
setzte er sich in seiner ‹Arbeiterfrage› mit den ungelösten sozialen Problemen seiner Zeit auseinander. Bevor er seine eigene Position entwik-
kelt, geht er auf zwei Formen der Bestreitung der Arbeiterfrage ein. Man
kann eine solche Frage nämlich im Hinblick darauf bestreiten, daß die
Übel, welche durch deren Lösung beseitigt werden sollen, unabänderlich
sind, und man kann umgekehrt davon ausgehen, daß der Gang der geschichtlichen Entwicklung dieses Problem von selbst lösen wird.

Lange verwirft beide Positionen. Die erste Position versucht er, nicht
ohne Sarkasmus, wie folgt ad absurdum zu führen:

Der Arme... verdankt seine ganze Existenz dem Lohn, für welchen der
Besitzende ihn arbeiten läßt; wäre die industrielle Unternehmung nicht
da, so wäre auch der Arbeiter nicht da, weil keine Nahrung für ihn vor-
handen wäre. Er hat sich also nicht zu beklagen. An der reichen Tafel der
Natur ist für den Besitzlosen, den ‹Überzähligen›, kein Platz. Sein natür-
liches Recht ist, zu verhungern, und also durch sein Verschwinden das
Gleichgewicht zwischen Menschenzahl und Subsistenzmitteln wieder-
herzustellen. Kann er sich durch übermäßige und unzulänglich bezahlte
Arbeit zwischen Sein und Nichtsein in der Schwebe erhalten, so mag er
dies tun. Wenn der Industrielle nicht auch ohne ihn noch ‹Hände› genug
hätte, so würde er ihn besser bezahlen, hat er ihn aber gar nicht nötig, so

kann er ihn verschwinden lassen. Der Naturprozeß des Verhungerns wird den Fall schon besorgen; den Kapitalisten geht das weiter nichts an. Er streicht einfach einen Namen von seiner Lohnliste; das Übrige geht auf Rechnung der unabänderlichen Naturgesetze (Af, 341f).

Verworfen wird aber auch die zweite Position, welche in der Sozialrevolution eine notwendige Konsequenz des Gangs der Geschichte sieht. Lange macht gegen eine solche Position geltend, historische Prozesse verdankten sich immer auch der persönlichen Initiative bestimmter Individuen und entbehrten jener Automatik, die Marx ihnen zuschreiben möchte. Er äußert die Vermutung, daß die große, von Marx vorausgesehene Sozialrevolution sich in Wahrheit ganz anders abspiele, als Marx sich das vorstellt, nämlich als Folge vieler kleiner Schritte und als das Ergebnis einer teils friedlich und teils stürmisch verlaufenden Auseinandersetzung, die sich über einen längeren Zeitraum erstreckt.

Die Distanz zur Marxschen Theorie wird auch deutlich, wenn Lange bemerkt, es sei eine merkwürdige Tatsache, daß ausgerechnet zu einer Zeit, in welcher das Hegelsche System im allgemeinen Bewußtsein der Zeit so gut wie verschwunden sei, Marx auf dieses in seiner Kritik der politischen Ökonomie zurückkomme. Die Bedeutung von Marx als Nationalökonom steht für ihn zwar außer Frage. Deutliche Kritik übt er aber an den spekulativen Momenten seiner Geschichtstheorie. So äußert er gegen die Art und Weise, wie Marx den Hegelschen Entwicklungsgedanken rezipiert, Bedenken:

Freilich macht sich in der Geschichte wie im Leben des Einzelnen die Entwicklung durch den Gegensatz weder so leicht und radikal, noch so präzis und symmetrisch, wie in der spekulativen Konstruktion. Dies anerkennt Marx auch angesichts der Vergangenheit, *indem er uns den Übergang ... des zersplitterten, aber mit der Arbeit vereinigten Privateigentums in die Periode der kapitalistischen Produktionsweise an der Hand der Geschichte als einen Kampf schildert, der sich durch Jahrhunderte hinzieht, und in welchem unter zahlreichen Wechselfällen, Reaktionen und Variationen aller Art das neue Prinzip mit den gegebenen Verhältnissen der früheren Periode ringt, während die frühere Besitz- und Produktionsweise noch heutigen Tages, wo die zweite Periode ihren Höhepunkt erreicht hat, und also vor dem Umschlag in die dritte steht, keineswegs völlig beseitigt ist. Für die* Zukunft *aber denkt Marx sich die Sache anders.*

Hier scheint ihm ein weniger langwieriger Kampf bevorzustehn, weil die «Expropriation weniger Usurpatoren durch die Volksmasse» leichter sei, als die «Expropriation der Volksmasse durch wenige Usurpatoren». Wir gestehen, daß wir uns dieser Ansicht nicht anzuschließen vermögen, denn diese größere Leichtigkeit ist nur eine formelle und äußerliche. In Wahrheit gehört wohl ein nicht minder großer Kampf dazu, um das gesellschaftliche Eigentum und, wie wir uns die Sache vorstellen die republikanisch organisierte Fabrik *zur herrschenden Produktionsweise zu erheben, als es zur Verdrängung der mittelalterlichen Produktion durch die moderne bedurft hat (Af, 249).*

Lange ist daher weit davon entfernt, anzunehmen, daß die soziale Frage am Morgen nach der Revolution gewissermaßen mit einem Schlag gelöst sei, sondern rechnet im Gegensatz zu Marx mit langwierigen sozialen Transformationsprozessen. Gegen die Vorstellung, daß der vierte Stand einfachhin mit dem Menschengeschlecht zusammenfalle, gibt er zu bedenken, hierbei könne es sich möglicherweise nur um eine Wiederholung des Irrtums von Abbé Sieyès handeln, der seinerzeit ebenfalls die Parole ausgegeben hatte, der dritte Stand müsse alles sein. Schließlich äußert er auch die Befürchtung, aus den Kommunisten könne ein neues Adelsgeschlecht hervorgehen, das keineswegs eine Befreiung der Gesellschaft von ungerechten Herrschaftsstrukturen im Sinn habe. Charakteristisch für Langes eigenes Theoriekonzept ist der Versuch, die soziale Frage in Beziehung zum Darwinismus zu setzen.

In unsrer... Schrift über die Arbeiterfrage spielt Darwin schon insofern eine große Rolle, als wir versucht haben, die Zustände, welche (nach einer Lösung) der Arbeiterfrage rufen, aus den von Darwin entwickelten Grundsätzen abzuleiten, ohne sie jedoch als absolut notwendige Zugaben des menschlichen Daseins zu betrachten. Denn während die Pflanze bewußtlos, das Tier in der Regel ganz vom Naturtrieb, beherrscht, jenen Naturgesetzen willenlos unterliegen, tritt im Menschen als letzte Stufe jenes natürlichen Vervollkommnungsprozesses die Fähigkeit auf, sich über den grausamen und seelenlosen Mechanismus desselben zu erheben, durch berechnete Zweckmäßigkeit die sich blindlings gestaltende abzulösen und mit unendlicher Ersparnis an Schmerz und Todesqualen einen Fortschritt zu erzielen, welcher sich rascher, sicherer und lückenloser bewegt, als derjenige, welchen blind waltende Naturgesetze durch den Kampf um das Dasein hervorbringen. Wobei denn freilich nicht ver-

kannt werden darf, daß trotz aller Intelligenz und allen guten Willens der Mensch sich doch niemals völlig von den Wirkungen der Naturgesetze befreien wird (Af, 30f).

Mit seiner These, daß man in der Arbeiternot nur die den gegenwärtigen ökonomischen Verhältnissen entsprechende Form des allgemeinen Kampfs ums Dasein zu sehen habe, stieß Lange auf heftige Kritik bei Friedrich Engels, der dagegen geltend macht, die ökonomischen Gesetzmäßigkeiten der modernen kapitalistischen Gesellschaft seien erst mit dem Kapitalismus ins Dasein getreten, hätten also nicht den Charakter ewiger Naturgesetze. Lange ließ sich jedoch durch diese Kritik nicht von seiner sozialdarwinistischen Argumentation abbringen. Wenn Marx in der kapitalistischen Produktionsweise die Quelle jener Übelstände sah, die zur Arbeiterfrage geführt hatten, so macht Lange für diese Übelstände ein allgemeines Naturgesetz verantwortlich, das bei der Ausbreitung organischer Wesen wirksam wird. Wie er in der «Geschichte des Materialismus» auf eine Naturbasis menschlicher Erkenntnis rekurriert, so nimmt er auch für den Geschichtsverlauf eine Naturbasis an. Die Folgen einer solchen Konzeption liegen auf der Hand. Wer wie Marx die Arbeiterfrage als Folge historisch gewordener Produktionsverhältnisse begreift, wird sich von einer Änderung dieser Produktionsverhältnisse auch eine Lösung der Arbeiterfrage versprechen. Wer hingegen wie Lange die Arbeiterfrage auf dem Hintergrund des Kampfs ums Dasein betrachtet, wird nur eine pragmatische Lösung in Betracht ziehen.

In diesem Zusammenhang fordert Lange eine kritische Bestandsaufnahme der Anstrengungen, die bisher in dieser Richtung unternommen wurden. Generell nennt er fünf «Prinzipien», die bei der Lösung der Arbeiterfrage Anwendung finden müssen. Zunächst einmal gehe es darum, daß die Arbeiterfrage überhaupt als zentrales soziales Problem anerkannt wird. Zweitens müssen alle konkreten Maßnahmen, die ergriffen werden, auf die Befreiung der Arbeiter von den menschenunwürdigen Abhängigkeitsverhältnissen zielen, in denen sie sich faktisch den Unternehmern gegenüber befinden. Drittens plädiert Lange für eine Intensivierung der staatlichen Bildungspolitik, da es notwendig sei, neben der Verbesserung der materiellen Lebensbedingungen der Arbeiter diese auch in intellektueller und moralischer Hinsicht zu fördern. Viertens stellt er die Arbeiterfrage in eine umfassende ökonomische und politische Perspektive. S. E.

kann ihre Bewältigung sich nicht auf die großen Industriezentren beschränken, sondern muß auch die ökonomisch noch unterentwickelten ländlichen Bereiche einbeziehen. Konkret plädiert er für eine Dezentralisation, um die Partizipationschancen auf einer niederen Entscheidungsebene wie den Kreis- und Bezirksverwaltungen zu erhöhen. Fünftens schließlich setzt er sich dafür ein, die Bildung einer politischen Interessenvertretung der Arbeiter nicht staatlicherseits zu unterbinden.

Über die Relevanz solcher Überlegungen urteilt er folgendermaßen: Ihm sei durchaus bewußt, daß die wirkliche Gestaltung der Dinge niemals genau der Linie solcher Ideen folge, aber ebensowenig lasse sich leugnen, daß solche Ideen ohne jeden Einfluß auf den Gang der Dinge seien, wie immer diese sich im einzelnen entwickeln.

Für die Entwicklung des Neukantianismus ist das Denken Langes in dreifacher Hinsicht relevant:

1. Bei Lange wird deutlich, was die ursprüngliche Intention der Kantbewegung war, die in der zweiten Hälfte des 19. Jahrhunderts einsetzte und aus der der Neukantianismus hervorging. Auf Kant griff man deshalb zurück, weil sein Theorieansatz die Möglichkeit bot, einem materialistischen Objektivismus, der sich nach dem Zusammenbruch der idealistischen Systemphilosophie breitgemacht hatte, Paroli zu bieten. Daß dieser Rückgriff auf Kant nicht ohne Probleme war, zeigt Langes physiologische Interpretation des Erkenntnisproblems, die dem von ihr bekämpften Materialismus beträchtlich nahekommt.

2. An Langes Auseinandersetzung mit den sozialen und weltanschaulichen Problemen seiner Zeit wird deutlich, daß die Ursprünge des Neukantianismus in einer zeitdiagnostisch orientierten «Philosophie nach dem Weltbegriff» liegen.

3. Langes politische Philosophie erfuhr eine Weiterführung im ethischen Sozialismus der Marburger Schule, der neben Cohen und Natorp auch von Karl Vorländer, Franz Staudinger und Rudolf Stammler vertreten wurde und eine Alternative zum dogmatischen Sozialismus Marxscher Provenienz darstellt. Denn die praktische Philosophie basiert nach Lange und seinen Marburger Nachfolgern nicht auf doktrinären Thesen, welche den vermeintlich notwendigen Gang der Geschichte betreffen, sondern hat es mit der Begründung von politischen Forderungen zu tun, die sich aus den ungelösten gesellschaftlichen Problemen der Gegenwart ergeben.

Schriften

Die Arbeiterfrage, Winterthur 1875 *(Af)*. – Die Grundlagen der mathematischen Psychologie, Duisburg 1865. – Geschichte des Materialismus und Kritik seiner Bedeutung für die Gegenwart, Neudruck der 10. Aufl., Frankfurt a. M. 1974 *(GM)*. – Logische Studien, Iserlohn 1877. – Einleitung und Kommentar zu Schillers philosophischen Gedichten, Bielefeld/Leipzig 1897. – Über Politik und Philosophie. Briefe und Leitartikel 1862–1875, hg. v. G. Eckert, Duisburg 1968. – Pädagogik zwischen Politik und Philosophie, hg. v. J. H. Knoll, Duisburg 1975

Literatur

O. A. Ellissen: Friedrich Albert Lange, Leipzig 1891. – F. Holz: Friedrich Albert Lange, in: Neue Deutsche Biographie 13, 555–557. – J. H. Knoll/J. H. Schoeps: Friedrich Albert Lange. Leben und Werk, Duisburg 1975. – A. Klein: «Die Arbeiter haben sich selbst um die Angelegenheiten ihres Standes zu kümmern.» F. A. Langes Theorie eines strategisch reflektierten Reformismus, in: H. Holzhey: Ethischer Sozialismus, Frankfurt a. M. 1994, 125–145. – H. Lübbe: Politische Philosophie in Deutschland, München 1974. – J. Salaquarda: Nietzsche und Lange, in: Nietzsche-Studien 7 (1977), 236–260. – A. Schmidt: Friedrich Albert Lange als Historiker und Kritiker des vormarxistischen Materialismus, in: Vorwort zur Neuausgabe der ‹Geschichte des Materialismus›, Frankfurt a. M. 1974, Bd. 1, X–XI.

Hermann Cohen (1842–1918)

Leben und Werke

In Coswig im Herzogtum Anhalt als Sohn orthodox jüdischer Eltern geboren, besuchte Cohen zunächst das jüdisch-theologische Seminar in Breslau, ehe er sich dem Studium der Philosophie in Breslau und Berlin zuwandte. 1865 promovierte er in Halle. In der Folgezeit war er Mitarbeiter der «Zeitschrift für Völkerpsychologie». Nach zwei fehlgeschlagenen Versuchen, sich in Berlin zu habilitieren, eröffnete ihm Lange 1873 in Marburg die Möglichkeit der Habilitation. Drei Jahre später übernahm er dessen Marburger Lehrstuhl, den er bis zur Emeritierung im Jahre 1912 innehatte. Nach seinem Weggang von Marburg hielt Cohen in seinen letzten Lebensjahren Vorlesungen an der Lehranstalt des Judentums in Berlin.

Bahnbrechend für die Entwicklung des Marburger Neukantianismus wurde Cohens 1871 veröffentlichte Untersuchung über Kants erste Kritik, «Kants Theorie der Erfahrung», der sich 1877 mit «Kants Begründung der Ethik» und 1889 mit «Kants Begründung der Ästhetik» Untersuchungen zu Kants zweiter bzw. dritter Kritik anschlossen. Für die Entwicklung von Cohens Denken vor der Jahrhundertwende wichtig sind weiterhin die 1883 erschienene Abhandlung «Das Prinzip der Infinitesimal-Methode und seine Geschichte», die zweite umgearbeitete Auflage von «Kants Theorie der Erfahrung» aus dem Jahre 1885 und schließlich die 1896 erschienene Einleitung zu Langes «Geschichte des Materialismus». Nach der Jahrhundertwende publizierte Cohen in rascher Folge sein «System der Philosophie», bestehend aus der «Logik der reinen Erkenntnis», der «Ethik des reinen Willens» und der «Ästhetik des reinen Gefühls». Wirkungsgeschichtlich bedeutender als Cohens System war die späte Religionsphilosophie, vor allem die posthum erschienene «Religion der Vernunft aus den Quellen des Judentums». Seine zahlreichen Aufsätze liegen gesammelt vor in den «Jüdische(n) Schriften» sowie den «Schriften zur Philosophie und Zeitgeschichte».

Die Fischer-Trendelenburg-Kontroverse

Cohens Beschäftigung mit Kant wurde ausgelöst durch eine Forschungskontroverse, die zwischen den beiden Professoren F. A. Trendelenburg und K. Fischer über die Frage ausgetragen wurde, ob die Subjektivität von Raum und Zeit zwangsläufig ihre Nicht-Objektivität impliziere. Cohen schaltet sich in diese Kontroverse, welche die damalige akademische Welt bewegte, mit einem Zeitschriftenaufsatz ein. Wie Trendelenburg geht es ihm dabei um eine Rettung des Objektiven. So sehr auch für ihn die Kantische Philosophie die von Fischer herausgestellten Leistungen des Subjekts beinhaltet, so muß sie s. E. doch auch ein Beweisverfahren für die objektive Geltung der Anschauungsformen und Begriffe enthalten. Daher schreibt er in besagtem Aufsatz:

Wir dachten bisher nur an das rein Objektive, das nur in den Dingen gegründet ist, dessen Kenntnis wir daher nur empirisch gewinnen können. Dieses rein Objektive erwies sich als unmöglich, nachdem Kant die reine, apriorische, d. h. aller Erfahrung vorhergehende Anschauung in Raum und Zeit aufgezeigt hatte. Wenn nun aber diese reine Subjektivität von Raum und Zeit nicht bedeuten darf, daß diese nur und ausschließlich in uns real seien, für etwas außer uns dagegen nicht gelten können, so ist durch diese Unterscheidung zugleich die Möglichkeit gesetzt, daß etwas wirklich sei außer unserer Subjektivität, daß es ein Objektives gebe, welches von unserer Subjektivität nicht abhängig sei (SPZ I, 235).

Cohen plädiert also für ein neues Verständnis von Objektivität. Das Objektive muß ihm zufolge so verstanden werden, daß es nicht wie das empirisch verstandene Objektive alle apriorische Erkenntnis ausschließt, sondern Objektivität und Apriorität müssen zusammengedacht werden. Dieser Rekurs auf die Objektivität verhindert nicht nur eine transzendentalidealistische Verflüchtigung der Dinge, sondern hat auch die natürliche Weltansicht auf seiner Seite.

Erzeugungstheoretische Kantdeutung

Auf den Streit zwischen Trendelenburg und Fischer spielt Cohen auch
an, wenn er im Vorwort seiner Untersuchung über «Kants Theorie der
Erfahrung» schreibt:

Ein für das Urteil mancher noch nicht erledigter Streit hat es zum Leidwe-
sen aller, denen – wenn der Kantische Ausdruck gestattet ist – Philo-
sophie am Herzen liegt, bloßgestellt, wie es um die historische Kenntnis
der Kantischen Philosophie in Deutschland bewandt ist. Berühmte For-
scher zeihen einander der Unwissenheit in bezug auf die wichtigsten und
die gemeinsten Sätze des Kantischen Systems (TE, IV).

Cohen zufolge besteht also über die Essentials des Kantischen Systems
keine Einigkeit bei führenden Kantinterpreten seiner Zeit. Hinzu
kommt, daß sich der Gedanke breitgemacht hatte, die Kantische Philosophie sei überwunden und nur noch von historischem Interesse. Cohen,
der freimütig einräumt, anfangs selbst dieser Meinung gewesen zu sein,
befielen freilich bei seinem Studium von Kants Werk immer mehr Zweifel, ob dem tatsächlich so sei, und gleichzeitig befielen ihn Zweifel an der
Vorgehensweise der gängigen Kantkritik, die an Kant kein gutes Haar
ließ. Daher hält er es für erforderlich, auf den historischen Kant zurück-
zugehen, und er glaubt, auch all diejenigen, die diesen Weg nicht wirklich
gegangen sind, durch einen Rückgang auf den Wortlaut des Kantischen
Opus widerlegen zu können. Gleichzeitig äußert er freilich auch die
Überzeugung:

Um Kant nach seinem Wortlaute zu verstehen, ist es unumgänglich, die
von einander verschiedenen Auffassungen, welche derselbe möglich ge-
macht hat, auf ihren Wert für die Theorie der Erkenntnis eigens zu prü-
fen; die systematische Parteinahme ist unvermeidlich. Denn es sind nicht
die äußeren Tatsachen von Worten, welche festgestellt werden sollen,
sondern die Zusammenhänge geschlossener Gedanken, deren Sinn die
historische Forschung gegenüber von Auffassungen und Deutungen zu
erhellen hat, welche nicht minder aus der gesamten Weltansicht der Ur-
teilenden fließen. Man kann kein Urteil über Kant abgeben, ohne in
jeder Zeile zu verraten, welche Welt man im eigenen Kopfe trägt. Das
Verständnis einer Kritik über Kant erheischt deshalb das Verständnis der

Philosophie des Kritikers, welcher als der geheime Urheber nicht bloß jener Kritik, sondern ebensosehr jener scheinbar objektiv-historischen Auffassung im Auge zu behalten ist *(TE, V)*.

Eine rein historische Aufarbeitung des Kantischen Denkens liegt also nicht in Cohens Intention. Was vielmehr einzig für ihn in Frage kommt, ist eine systematisch orientierte Beschäftigung mit Kants Denken. Und das systematische Problem, um das es bei einer solchen Beschäftigung gehen muß, ist das Erkenntnisproblem, die Frage also, wie es mit der Geltung unseres Erkennens bestellt ist. Darauf hat Kant nach Cohen eine Antwort gegeben, die nach wie vor Gültigkeit besitzt und die es zu explizieren gilt. Das Ziel von Cohens erster Kantarbeit ist eine Neubegründung der Kantischen Aprioritätslehre. Der historisch und systematisch angemessene Schlüssel zum Verständnis von Kants erster Kritik liegt für Cohen darin, daß diese eine Theorie der Erfahrung ist. Er bezieht sich mit einer solchen Deutung auf die Einleitung von Kants erster Kritik, in der es heißt: «Daß alle unsere Erkenntnis mit der Erfahrung anfange, daran ist gar kein Zweifel... Wenn aber gleich alle unsere Erkenntnis mit der Erfahrung anhebt, so entspringt sie doch nicht eben alle aus der Erfahrung» (KrV, B 1). – Cohen kommentiert diesen Passus:

Kant hat einen neuen Begriff der Erfahrung entdeckt. *Die Kritik der reinen Vernunft ist die Kritik der Erfahrung. Von der genauen Bestimmtheit dieses Begriffs der Erfahrung hängt es ab, ob Kant durch seine Kritik die natürlichen Ansprüche sowohl des Skeptizismus der* Empirie *als auch des* Dogmatismus *der reinen Vernunft befriedigt und damit den Streit derselben geschlichtet hat. Denn daß auf beiden Seiten natürliche Rechte bestehen, wenn sie auch unrichtig sich geltend machen, diese Anerkennung enthält zugleich dieser erste Satz: das Anheben wird dem Skeptizismus, das Nichtentspringen dem Dogmatismus eingeräumt. Wie beides sich vereinigen lasse, hat der neue Begriff der Erfahrung zu lehren (TE, 3 f).*

Was also die Kantische Theorie der Erfahrung nach Cohen zu leisten hat, ist, den Streit zwischen den Vertretern des Skeptizismus und Dogmatismus zu schlichten. Die einen rekurrieren auf die reine Vernunft und lassen die sinnliche Wahrnehmung hinter sich, die anderen kommen mit

Blick auf die Gegebenheiten der sinnlichen Wahrnehmung zu sensualistischen Schlußfolgerungen. Eine rechtverstandene Theorie der Erfahrung muß deutlich machen, wie sich beide Positionen vereinen lassen.

Des weiteren geht es in Kants erster Kritik Cohen zufolge aber auch um die Kritik eines bestimmten Erfahrungsverständnisses und zugleich um die Legitimation einer bestimmten Erfahrungsart. Was von Kant abgewiesen wird, ist das empiristische Erfahrungsverständnis, und was legitimiert werden soll, ist die wissenschaftliche Erfahrung. Cohen schreibt:

Was der Intellektualphilosoph verworrene Vorstellung nannte, das gab der Skeptiker dem Sensualisten als den Anfang aller Weisheit zu. Wenn aber dieser in jenem Anfang den Betrag und die Gewähr einer Wahrheit besitzen wollte, so verwehte der Skeptiker jene Materie in bloße Subjektivität. So ist denn alle Wissenschaft unmöglich; denn das, woraus sie besteht, das gesetzmäßige Verknüpfen der Gedanken, ist bloße Assoziation subjektiver Empfindungen. Die Ideen sind Abstraktionen der Erfahrungen, und die Erfahrung ist nichts als Inbegriff der Empfindungen. *Begriffe a priori gibt es nicht. Also gibt es auch keine Mathematik! Das war die Konsequenz, an welcher Kant Anstoß nahm. In der Mathematik fand er apriorische Erkenntnis (TE, 52 f).*

Was den Skeptiker mit dem Sensualisten als dem Vertreter des empirischen Denkens verbindet, ist die Opposition gegen den Intellektualphilosophen, den Vertreter des reinen Vernunftdenkens. Wenn für den Intellektualphilosophen die Sinnlichkeit der Bereich der verworrenen Vorstellungen ist, so liegt für den Skeptiker und Sensualisten hier der Anfang der Weisheit. Allerdings unterscheiden sich beide darin, wie sie die empirische Erkenntnisbasis bewerten. Für den Sensualisten ermöglicht diese einen Zugang zur Wahrheit, während sie für den Skeptiker der Bereich bloßer Subjektivität ist. Cohen weist auf die ruinösen Folgen einer solchen Position hin. Wissenschaft ist unter diesen Umständen unmöglich. Denn sie basiert in diesem Fall auf einer Assoziation subjektiver Empfindungen. Diese machen aber gerade das nicht verständlich, wodurch sich wissenschaftliches Denken auszeichnet, nämlich die gesetzmäßige Verknüpfung der Gedanken. Deren Möglichkeit gilt es aufzuklären. Kant kommt in diesem Zusammenhang entscheidende Bedeutung zu. Denn er machte deutlich: Es gibt tatsächlich so etwas wie apriorische Erkenntnis. Ein eindeutiger Beleg hierfür ist das mathematische Denken.

Cohen greift den Kantischen Hinweis auf und betont, daß der Mathematik für das Wissenschaftsverständnis paradigmatische Bedeutung zukommt. Das wirft natürlich sofort die weitere Frage auf, was es mit dem Apriori auf sich hat, welches die Grundlage des mathematischen Denkens und im Sinne Cohens jeder Art von Wissenschaft ist. Cohen versucht diese Frage wie folgt zu klären:

Worauf gründet sich aber das mathematische a priori? Auf der reinen Anschauung. Und wie ist diese möglich? Dadurch, daß sie als formale Beschaffenheit des Subjektes, als Form der Sinnlichkeit erkannt wird. Damit aber ist die Sinnlichkeit selbst als eine apriorische, d. h. die Erfahrung konstruierende Erkenntnisquelle anerkannt. Und diese Quelle ist in uns gegraben, in unserer Sinnlichkeit. Und dessen, was aus ihr fließt, der Anschauung, kann sich kein erkennendes Subjekt erwehren. In ihr ist aller Anfang und bei ihr ist alles Ende... Also ist die sinnliche Anschauung nicht eine verworrene Vorstellung, sondern Raum und Zeit als ihre Formen sind reine Erkenntnisquellen, aus denen echte synthetische Sätze a priori abgeleitet werden (TE,53).

Cohen verwirft im Gegensatz zu dem Intellektualphilosophen also nicht die Sinnlichkeit und was aus ihr fließt, die Anschauung. Sie hat für ihn auch nichts von einer verworrenen Vorstellung im Sinne einer trüben Erkenntnisquelle an sich, sondern Raum und Zeit als ihre Formen stellen reine Erkenntnisquellen dar, aus ihnen lassen sich echte synthetische Erkenntnisse a priori ableiten. Cohen begründet das mit dem die Erfahrung konstruierenden Charakter dieser Erkenntnisquelle. Wie die Mathematik ihre Gegenstände via Konstruktion konstituiert, muß man sich generell die Konstitution der Gegenstände wissenschaftlicher Erfahrung vorstellen. Der neue Erfahrungsbegriff, den Kant Cohen zufolge in seiner ersten Kritik entwickelt hat, geht also von dem apriorischen Erzeugtsein der Erfahrung aus. Bezüglich der Objektivität einer so verstandenen Erfahrung betont Cohen:

Mit der Anerkennung der transzendentalen, d.h. die Möglichkeit der Apriorität reiner Anschauung erklärenden Natur der Sinnlichkeit wird die Disjunktion: subjektiv-objektiv nach ihrem alten Sinne aufgeho-

ben... Denn es gibt gar keine höhere, gesichertere Objektivität, als die in der formalen Beschaffenheit der subjektiven Sinnlichkeit anerkannte Apriorität der Anschauung. Mit ihr allein konstruiert der Geometer den Triangel, von ihr lernen wir, «daß wir nur das a apriori an den Dingen erkennen, was wir selbst in sie legen.» Nur dasjenige ist objektiv, was die apriorische Subjektivität «hervorbringt», konstruiert (TE, 54).

Die transzendentale Subjektivität fungiert also nach Cohens Interpretation als Grund der Objektivität. Begründet wird das mit der Kantischen These, daß wir nur das a priori von den Dingen erkennen, was wir in sie legen. Gleichzeitig ergibt diese These auch die Möglichkeit, das Kantische Procedere verständlich zu machen. Wenn nämlich die Erfahrung eine durch uns hervorgebrachte ist, dann muß es auch möglich sein, sich über die Bedingungen solchen Hervorbringens Rechenschaft zu geben. Darauf zielt Kants transzendentale Rückfrage nach den Bedingungen der Möglichkeit des Erfahrungsgegenstandes. Insofern als dessen Konstitutionsmomente die Anschauungs- und Denkformen erweisen, bestimmt Cohen Erfahrung als eine Größe, die wir im reinen Anschauen und im reinen Denken «konstruieren».

Umbau der Kantischen Philosophie

Ging es Cohen in seinem ersten Kantbuch vorrangig darum, den historischen Kant gegen seine «Widerleger» stark zu machen, so verschiebt sich bereits in der Untersuchung über «Kants Begründung der Ethik» die Perspektive. Nunmehr geht es Cohen darum, Kant systematisch weiterzudenken. Deutlich läßt sich das an Cohens Veröffentlichungen der 8oer Jahre belegen.

Wichtig ist in diesem Zusammenhang zunächst die Abhandlung «Das Prinzip der Infinitesimal-Methode». Dort heißt es:

Erkenntnistheorie... darf nicht als Psychologie gemeint sein. Denn die Psychologie setzt selbst jene Erkenntnistheorie voraus, in dem Begriff des Bewußtseins wie in dem der Materie, wie demgemäß in den Empfindungen und den Reizen... Deshalb muß ich an dem Namen Erkenntnistheorie Anstand nehmen: weil er die Vorstellung erweckt, daß die Erkenntnis als ein psychischer Vorgang den Gegenstand dieser Untersuchung bilde, welche als psychologische Zerlegung des Erkenntnisapparates sich zur Theorie abzurunden vermöge. Diese Ansicht ist grundfalsch; denn auf dem Weg psychologischer Analysen kann man nicht zu derjenigen Gewißheit gelangen, welche für die auf diesem Gebiet behandelten Fragen erforderlich ist. Psychologie *entwirft die* Beschreibung des Bewußtseins *aus seinen Elementen. Diese Elemente müssen daher hypothetische sein – und bleiben, dieweil dasjenige, womit in Wahrheit das Bewußtsein beginnt und worin es entspringt, kein mit Bewußtsein Operierender auszugraben und festzustellen vermag ... Ich möchte daher anstatt Erkenntnistheorie den weniger mißverständlichen Namen der* Erkenntniskritik *setzen (IM, 47 f).*

Das Problem, von dem Cohen hier ausgeht, ist die Frage: Wo soll eine philosophische Reflexion des Erkennens ansetzen? Prinzipiell denkbar ist zweierlei: sie kann ansetzen bei dem Vorgang bzw. der Tätigkeit des Erkennens oder aber bei der Erkenntnis qua Resultat. Nach Cohens Meinung kommt nur der zweite Weg für eine theoretisch befriedigende Verständigung über das Erkenntnisproblem in Frage. Der erste Weg hingegen, das zeigt seine Psychologiekritik, führt nicht zum Ziel. Cohen wendet gegen eine psychologisch ausgerichtete Erkenntnistheorie ein, daß die Psychologie wie jede Einzelwissenschaft eine Reihe von Begriffen voraussetzen muß, die sie mit ihren eigenen Mitteln nicht zu legitimieren vermag und über deren Implikationen und Voraussetzungen sie sich auch keine Rechenschaft zu geben vermag. Für eine Theorie der Erkenntnis, die mit Fug und Recht einen fundamentalphilosophischen Anspruch erheben kann, ist aber unabdingbar, daß sie alle von ihr verwandten Begriffe ausweisen kann. Außerdem muß eine solche Theorie der Erkenntnis die Grundmomente des Erkenntnisvorgangs mit mehr als nur hypothetischer Gewißheit ausweisen können, andernfalls verdient sie nicht den Namen einer «Grundwissenschaft».

Ineins mit dieser Psychologiekritik expliziert Cohen in der «Abhandlung über die Infinitesimal-Methode» auch sein Verständnis von kritischem Idealismus. Cohen schreibt hierzu:

Einerseits muß der konstruktive Charakter des Denkens im Vordergrunde bleiben: daß die Welt auf dem Grunde der Gesetze des Denkens beruht ... Aber daraus entsteht der Schein des Subjektivismus: daß die

*Dinge nur Ideen, nicht außerhalb der menschlichen Gehirne in selbst-
eigener Gegebenheit ihres Daseins mächtig wären. Es hilft dagegen wenig, wenn man die Sinnlichkeit als dem Denken ebenbürtige Erkenntnisquelle einsetzt... Die Hinzunahme des sinnlichen Bewußtseins bezeichnet nicht hinreichend den Unterschied des kritischen vom dogmatischen
Idealismus: die differentia specifica liegt erst und ausschließlich in dem
Hinweis auf die Wissenschaft, in welcher allein Dinge gegeben und für
die philosophischen Fragen angreifbar vorhanden sind: nicht am Himmel
sind Sterne gegeben, sondern in der Wissenschaft der Astronomie (IM,
188 f).*

Cohen knüpft zwar an die Kantische Lehre von den zwei Stämmen der
menschlichen Erkenntnis an, nämlich der Sinnlichkeit, durch die uns Gegenstände gegeben, und dem Verstand, durch den sie gedacht werden,
aber er dreht die Reihenfolge um. Er beginnt mit dem konstruktiven
Charakter des Denkens, der sich dahingehend auswirkt, daß die Welt der
Dinge sich den Gesetzen unseres Denkens verdankt. Insofern nicht nur
die Erkenntnis der Dinge, sondern diese selbst von dem Entwurf unseres
Denkens abhängig gemacht werden, drängt sich freilich der Einwand auf,
Cohen vertrete einen dogmatischen Idealismus. Einem solchen Einwand
tritt er mit dem Hinweis entgegen, das Faktum der Wissenschaften fun-
giere als kritische Instanz gegenüber einem unkontrollierten Erzeugen
der Dinge. Die Kontrolle, der das Erzeugen durch die Wissenschaften
unterworfen ist, besteht im Erfolg bei der Anwendung der wissenschaftlichen Sätze. Die Objektivität der wissenschaftlichen Erkenntnis liegt
also in ihrer praktischen Bewährung.

Neben der Klärung des Begriffs des kritischen Idealismus fällt in die
8oer Jahre auch eine Klärung des Systemgedankens. In Cohens Schrift
über «Kants Begründung der Ästhetik» wird dieser Gedanke im Ausgang
von Kant expliziert:

*Wenn die Bedeutung Kants darin besteht, daß er der Philosophie ein
System geschaffen hat, so liegt der Sinn und Wert dieser Bedeutung in
dem Begriff, welchen durch Kant das System der Philosophie erlangt hat.
Das System bedeutet bei Kant nicht einen geschlossenen Zusammenhang
von Erkenntnissen, sondern den Zusammenhang von Erzeugungsweisen
des Bewußtseins, deren jede für sich einen eigentümlichen Inhalt hervorbringt. Diese Inhalte müssen einander verwandt sein, weil die Erzeu-*

gungsweisen aller Inhalte, als Erzeugungsweisen des Bewußtseins, ver-
wandt sind, weil sie somit eine systematische Einheit bilden (BÄ, 94 f).

Grundlegend für die systematische Einheit der Kantischen Philosophie
ist nach Cohen der Gedanke, daß die verschiedenen Gegenstandsbereiche
der Erkenntnis ihre formale Einheit durch das Bewußtsein empfangen,
das sie alle gleichermaßen erzeugt. Auch wenn Naturerkenntnis nicht
mit Sittenerkenntnis gleichgesetzt werden darf, sondern beide als Er-
kenntnisarten verschieden bleiben, so sind sie doch dadurch verwandt,
daß sie auf das konstitutive Prinzip des Bewußtseins zurückgehen. Wenn
sich auch die Freiheit des Willens nicht in gleicher Weise wahrnehmen
läßt wie die Schwerkraft, so gilt doch, daß die Freiheit ebenso als Gesetz
der sittlichen Erkenntnis zu gelten hat, wie die Schwerkraft ein Gesetz
der Naturerkenntnis ist. Schließlich gilt auch für die Kunst, daß sie nur
dann einen Ort im System der Philosophie hat, wenn sie sich als Erzeu-
gungsweise des Bewußtseins verständlich machen läßt.

Politische Philosophie und Religionsphilosophie

Ebenso wie für Lange, dessen «Geschichte des Materialismus» Cohen
1881 mit einem biographischen Vorwort und 1896 mit einer Einleitung
versehen hat, spielen für ihn auch Fragen der praktischen Philosophie
eine wichtige Rolle. Bereits seine Arbeit über «Kants Begründung der
Ethik» mündet in die These ein, daß Kants höchstes Gut im Grunde ein
politisches sei. Cohen erläutert eine solche These im Blick auf das Problem des Sozialismus wie folgt:

Es ist in Wahrheit nicht nur ein Fortschritt der ethischen Wissenschaft,
sondern unmittelbar auch ein solcher der ethischen Kultur, daß die Frage
des Optimismus in unserem Jahrhundert... abgelöst ist durch das Pro-
blem des Sozialismus. Der Hiob unseres Zeitalters fragt nicht mehr, ob der
Mensch überhaupt mehr Sonnenschein als Regen habe; sondern ob der
eine Mensch mehr leide als sein Nächster; und ob in der austeilenden
Lust-Gerechtigkeit der Zusammenhang bestehe, daß ein Mehr an Lust für
das eine Mitglied im Reiche der Sitten das Minder des Anderen zum logi-
schen Schicksal macht. Durch diese Änderung in der theodizeischen Fra-

gestellung wird die Koinzidenz des reinen, formalen Sittengesetzes mit der höchsten Glückseligkeit ausgesprochen (BE, 327).

In der Einleitung zu Lange werden diese Gedanken vertieft. Hier geht Cohen in einem eigenen Abschnitt auf das Verhältnis der Ethik zur Politik ein. Auffällig ist zunächst die Absetzung von Langes naturalistischer Ethikbegründung. Cohen plädiert demgegenüber für einen idealistischen Ethikentwurf und beruft sich in diesem Zusammenhang auf Kant, der für ihn die eigentliche Gründungsgestalt des deutschen Sozialismus ist. Er erinnert an jene Formulierung des kategorischen Imperativs, die auf die Selbstzwecklichkeit des Menschen abhebt. Die sozialethische Relevanz einer solchen Formulierung liegt für ihn auf der Hand. Denn daraus ergibt sich, daß der Arbeiter nicht als Ware verrechnet werden darf für die angeblich höheren Zwecke wirtschaftlicher Prosperität. Positiv vermerkt er, daß in Sachen Sozialismus ein Stimmungsumschwung eingetreten sei. Denn mittlerweile bestreite kein vernünftiger Mensch mehr, daß es sich bei der sozialen Frage um ein reales gesellschaftliches Problem handelt.

Cohens Plädoyer für den ethischen Sozialismus verbindet sich mit einer deutlichen Kritik am politischen Sozialismus seiner Zeit. Zweierlei stellt er klar:

1. Materialismus und Sozialismus bilden einen unversöhnlichen Gegensatz. Von daher führt kein Weg daran vorbei, daß der Materialismus als Fundament des Sozialismus gänzlich aufgegeben werden muß.

2. Der Sozialismus kann auf die Gottesidee nicht verzichten. Denn mit dem Sozialismus verbindet sich die Hoffnung auf die Wirklichkeit der guten Sache, und diese Hoffnung wird verbürgt durch die Gottesidee.

Kritisch setzt sich Cohen mit der marxistischen These auseinander, die Gesellschaft sei die eigentliche Realität, wohingegen es sich bei Recht und Staat um bloße Abstracta handle. Hierzu bemerkt er:

Aus dieser Ansicht von der eigentlichen Konkretheit der Gesellschaft, der gegenüber Recht und Staat zu Schemen und Schattenbildern werden, entsteht die Gefahr: daß die Reformbestrebungen für Recht und Staat auf die schiefe Ebene der Revolution hinüberleiten... Um dieser Gefahr zu steuern... muß diese Zweideutigkeit im Begriff der Gesellschaft streng erwogen und klar erkannt werden. Gegenüber dem Realbegriff

der Gesellschaft... werden die Begriffe von Recht und Staat zu Idealbe-
griffen, und zwar im positiv ethischen Sinne... sie erlangen die Realität,
die Kraft und die Würde ethischer Ideen, die ohne Vereitelung der sitt-
lichen Zwecke nicht angetastet werden dürfen (E, LXIXf).

Cohen spricht sich also gegen eine revolutionäre Veränderung der Gesellschaft aus. Dem Anarchismus gegenüber muß der Sozialismus die
Rolle des Verteidigers von Recht und Staat übernehmen. Wenn in dieser
Weise die sozialistische Partei in die Pflicht genommen wird, so gilt das
a fortiori für die konservativen Parteien. Von ihnen muß vor allem be-
herzigt werden, daß sie das Recht nicht länger für ökonomische Belange
instrumentalisieren. Der zentrale Begriff, mit dem Cohen in diesem Zusammenhang operiert, ist der Gesellschaftsbegriff. Cohen verwendet ihn
in zweifacher Bedeutung, einmal bezeichnet ‹Gesellschaft› für ihn eine
ethische Reformidee, zum anderen ein Stück ökonomische Realität. So
falsch es s.E. wäre, die ökonomisch geprägte Realität nicht ernst zu nehmen, so sehr hält er andererseits ihre ethische Transformation für erforderlich. Neben dem Verhältnis von Politik und Ethik erörtert Cohen in
der Einleitung zu Lange auch das Verhältnis von Religion und Ethik.
Einerseits spart er nicht mit Kritik an der Religion, denn ethische Autonomie und religiöse Theonomie schließen einander aus. Konfessionelle
Enge und Religionsfanatismus, die eine unbefangene Auffassung frem-
der Religionsquellen unmöglich machen, wie das Beispiel des Antise-
mitismus zeigt, lassen zudem die erzieherische Brauchbarkeit der Religion zweifelhaft erscheinen. Andererseits erhebt Cohen die Forderung,
die Ethik müsse die Gottesidee in ihren Lehrgehalt aufnehmen, und begründet das wie folgt:

Wenn die Gottesidee als Idee erkannt wird, als eine wissenschaftliche
Wahrheit, so kommt Einheit und Wahrhaftigkeit in das Bewußtsein der
Menschen. Denn dieses muß zwiespältig bleiben, wenn der höchste Be-
griff der menschlichen Überzeugung einer anderen Buchführung zuge-
hörig bleibt, als welche das eigentliche Kulturbewußtsein, das der Wis-
senschaft leitet... Wenn der Gottesglaube Wahrheit sein soll, so muß
Gott der Wissenschaft der Ethik als Idee eingegliedert werden. Dadurch
wird der Begriff des Glaubens selbst vollendet. Die Innerlichkeit der
Überzeugung wird frei von Tradition und aller äußerlichen Autorität
(E, LXI).

Cohen geht es um eine philosophische Legitimation des Gottesglaubens, die es dem Menschen ermöglicht, mit sich selbst identisch zu sein. Solches wäre nämlich nicht möglich im Fall eines prinzipiellen Konflikts von Religion und wissenschaftlich geprägter Kultur. Religion tritt angesichts der Frage, wie das Sollen zum Sein werden kann, auf den Plan. Denn religiöser Glaube ist für Cohen gleichbedeutend mit dem Glauben an die künftige Wirklichkeit der moralischen Welt. Religiöser Glaube fällt also zusammen mit dem Glauben an die Macht des Guten. In diesem Sinn interpretiert Cohen die Tradition des jüdischen Messianismus.

Bilanziert man die Entwicklung des Cohenschen Denkens bis zur Jahrhundertwende, so verdienen folgende Gesichtspunkte Beachtung:

1. Aufgabe der Philosophie ist für Cohen die Erforschung der Erkenntnisbedingungen der Wissenschaft, insbesondere der Naturwissenschaft. Dabei hat sie von der faktischen Geltung wissenschaftlicher Erkenntnis auszugehen.

2. Wenn die Philosophie das Faktum positiv-wissenschaftlicher Erkenntnis auf seine Geltungsbedingungen hin befragt, dann bedient sie sich einer spezifischen philosophischen Strategie, nämlich der transzendentalen Methode.

3. Die systematische Einheit der Philosophie ergibt sich für Cohen daraus, daß die verschiedenen Kulturbereiche Wissenschaft, Sittlichkeit und Kunst ungeachtet ihrer nicht zu leugnenden inhaltlichen Verschiedenheit aus dem erzeugenden Bewußtsein hervorgegangen sind.

4. Die Religion stellt keinen eigenen Systemteil dar. Religiöse Inhalte lassen sich also nicht auf eine eigene Bewußtseinsrichtung zurückführen, wohl aber lassen sie sich im ethischen Bewußtsein unterbringen.

5. In seiner politischen Philosophie distanziert sich Cohen vom historischen Materialismus, der im Menschen nur das Produkt ökonomischer Verhältnisse sieht, und plädiert für einen ethischen Sozialismus.

Schriften

Kants Theorie der Erfahrung, Berlin 1871 (TE). – Kants Begründung der Ethik, Berlin 1877 (BE). – Das Prinzip der Infinitesimal-Methode, Neudruck, Frankfurt a. M. 1968 (IM). – Kants Begründung der Ästhetik, Berlin 1889 (BÄ). – Einleitung zu F. A. Langes Geschichte des Materialismus... (E). – Logik der reinen Erkenntnis, Berlin 1902. – Ethik des reinen Willens, Berlin 1904. – Ästhetik des reinen Gefühls, 2 Bde.,

Berlin 1912. – Der Begriff der Religion im System der Philosophie, Gießen 1915. – Religion der Vernunft aus den Quellen des Judentums, Leipzig 1929. – Jüdische Schriften, 3 Bde., Berlin 1924. – Schriften zur Philosophie und Zeitgeschichte, 2 Bde., Berlin 1928 *(SPZ)*.

Literatur

R. Brandt / F. Orlik (Hg.): Philosophisches Denken – Politisches Wirken, Hildesheim 1993. – J. Ebbinghaus: Hermann Cohen als Philosoph und Publizist, in: Archiv für Philosophie 6 (1956), 109–122. – G. Edel: Von der Vernunftkritik zur Erkenntnislogik, Freiburg / München 1988. – G. Gerhardt: Wider die unbelehrbaren Empiriker, Würzburg 1983. – H. Holzhey: Cohen und Natorp, 2 Bde., Basel / Stuttgart 1986. – Ders.: H. Cohen, Frankfurt a. M. 1994. – W. Kinkel: H. Cohen, Stuttgart 1924. – H.-L. Ollig: Religion und Freiheitsglaube, Meisenheim 1979. – W. Ritzel: Studien zum Wandel der Kantauffassung, Meisenheim 1952. – P. Schmied: Ethik als Hermeneutik. Systematische Überlegungen zu Hermann Cohens Rechts- und Tugendlehre, Würzburg 1995. – K. Vorländer: Kant und Marx, Tübingen 1911. – E. Winter: Ethik und Rechtswissenschaft, Berlin 1980.

Paul Natorp (1854–1924)

Leben und Werke

Natorp wurde in Düsseldorf geboren und entstammt einer angesehenen Pastorenfamilie. Nach dem Studium der alten Sprachen und der Geschichte in Bonn und Berlin sowie der Promotion in Straßburg war er zunächst im Schuldienst tätig. 1881 habilitierte er sich in Marburg. 1885 wurde er dort Extraordinarius und schließlich 1893 mit dem Lehrstuhl für Philosophie und Pädagogik betraut. Mit einer Fülle von Arbeiten – die Liste seiner Veröffentlichungen umfaßt über 300 Titel – prägte Natorp in der Folgezeit in hohem Maße die innere Gestalt und das äußere Bild des Marburger Neukantianismus. In die 80er und 90er Jahre fallen neben historischen Arbeiten zur Vorgeschichte des Kritizismus auch die ersten systematischen Arbeiten. Zu nennen wären hier die Abhandlung «Über objektive und subjektive Begründung der Erkenntnis» (1887), die «Einleitung in die Psychologie nach kritischer Methode» (1888), die Schrift «Religion innerhalb der Grenzen der Humanität» (1894) sowie die «Sozialpädagogik» (1899). Kurz nach der Jahrhundertwende publizierte er die große Arbeit über «Platons Ideenlehre». Eine Gesamtdarstellung der Philosophie aus Marburger Perspektive bieten die «Philosophische Propädeutik» und die Schrift «Die Philosophie, ihr Problem und ihre Probleme». Mit Fragen der Wissenschaftslogik befaßt sich die umfangreiche Monographie «Die logischen Grundlagen der exakten Wissenschaften». Einschlägig für Natorps Spätphilosophie, die er nach Cohens Weggang von Marburg entwickelte, sind die «Vorlesungen über praktische Philosophie» und die «Philosophische Systematik», die erst nach seinem Tod erschienen.

Frühe Erkenntnislogik

In seiner Abhandlung «Über objektive und subjektive Erkenntnis» sucht Natorp das Cohensche Programm einer objektiven Erkenntnisbegründung einzulösen. Die Aufgabe, die einer objektiven Erkenntnisbegründung gestellt ist, präzisiert er dahingehend, daß sie das Gesetz der Gegenständlichkeit der Erkenntnis ausschließlich in dem auf den Gegenstand zu beziehenden Inhalt aufzusuchen habe. Wenn bei der Erkenntnis auch die objektive Seite des Inhalts und die subjektive Seite der Erkenntnistätigkeit nicht zu trennen sind, da es Erkanntes ebensowenig ohne einen Erkennenden gibt wie einen Erkennenden ohne Erkanntes und es daher prinzipiell möglich ist, das Problem der Erkenntnisbegründung sowohl vom subjektiven Bewußtsein als auch vom Erkenntnisinhalt her anzugehen, so läßt Natorp doch keinen Zweifel daran, daß für ihn nur letzteres in Frage kommt. Ganz im Sinne Cohens gibt er als Begründung an:

Was uns... die subjektivistische Ansicht unannehmbar macht, ist die Erwägung, daß der ganze Sinn der Logik als einer allgemeinen, die Wahrheit der Erkenntnis begründenden Theorie aufgehoben wird, wenn man, wie die Konsequenz jener Ansicht es fordert, Logik von einer besonderen Wissenschaft, Psychologie, ihrem Prinzip nach abhängen läßt. Wieviel auch über die nähere Begrenzung der Aufgabe einer allgemeinen Erkenntniswissenschaft und über deren Methode noch Streit sein mag, dies eine doch, sollte man meinen, müßte unter allen, welche an die Möglichkeit einer solchen Disziplin glauben, ausgemacht sein: daß es eine Wissenschaft sein müsse von einer so fundamentalen Geltung wie keine andere. Eine Wissenschaft, welche, dem Namen und Anspruch nach, von Erkenntnis überhaupt und deren Gesetz handelt, darf nicht in ihrer Begründung von irgendeiner besonderen wissenschaftlichen Erkenntnis (die ja ihren Gesetzen gemäß allein als wahr gelten dürfte) abhängen, sie muß vielmehr... allen (Erkenntnissen) zugrunde liegen (osBE, 264).

Wo aber liegt der Ansatzpunkt für den alternativen Weg einer objektiven Erkenntnisbegründung? Wichtig ist für Natorp zunächst, daß man sich auf den Standpunkt der Erkenntnis stellt. Denn anders als in der Erkenntnis ist ja kein Gegenstand gegeben, und von daher läßt sich auch nur im Ausgang von der Erkenntnis Aufklärung gewinnen über Sinn und

Grund der Gegenständlichkeit. Faktisch hat bereits Kant diesen Weg be-
schritten, wenn er die Forderung aufstellte, aus dem wissenschaftlichen
Bewußtsein die Bedingungen und Gesetze der Gegenständlichkeit aufzu-
weisen. Natorp unterscheidet zwei Stufen gegenständlicher Objektivierung. Bezüglich der ersten Stufe bemerkt er:

*Eine gewisse Objektivierung liegt schon in der einfachen Unterscheidung
des «Inhalts» einer Vorstellung vom Vorstellen als «Tätigkeit», besser Erlebnis, des Subjekts. Der Inhalt in Abstraktion von der Tätigkeit bedeutet
schon das nicht bloß diesesmal von diesem und diesem Vorgestellte und
Gedachte, sondern zu jeder beliebigen Zeit von jedem beliebigen auf
gleiche Art Vorstellbare und Denkbare. Die Erhebung des ein einzelnes
Mal Vorgestellten zum allgemein so Vorzustellenden bedeutet schon
eine Erhebung zum Standpunkte des Allgemeinen (osBE, 274).*

Die zweite Stufe der Objektivierung erfolgt dann im Rahmen der Wissenschaft. Ging es bei der ersten Stufe um den Übergang vom einzeln
Vorgestellten zum allgemein so Vorzustellenden, so geht es bei der
zweiten Stufe darum, den einzelnen Tatbestand, den man in seiner Allgemeingültigkeit konstatiert hat, zur Allgemeinheit des Gesetzes zu erheben. Natorp beruft sich in diesem Zusammenhang auf den Gang der
neuzeitlichen Wissenschaftsgeschichte. Dieser habe zu einer Verab-
schiedung einer substanzphilosophischen Dingkonzeption und zu einer
Orientierung an allgemeinen Gesetzeszusammenhängen geführt. Wenn
der Positivismus demgegenüber auf dem hier und jetzt Gegebenen als der
Grundlage aller Erkenntnis insistiert, dann erliege er einem Trugschluß.

*Es ist ein Irrtum, wenn man glaubt, jenes letzte Konkrete, «hier und jetzt
Gegebene» der Vorstellung, als das Erste, allein Positive, allem anderen
voraus fassen und der Erkenntnis zugrunde legen zu können... Wie fassen wir denn jenes letzte Konkrete, das hier und jetzt Erscheinende? Zu
fassen ist es, wenn überhaupt, doch nur, indem es in Begriffen bestimmt
wird; jede solche Bestimmung aber geschieht aus dem Standpunkte des
Allgemeinen. Jede Antwort, die auf die Frage, was das hier und jetzt
Erscheinende sei, überhaupt gegeben werden kann, ist nur möglich
durch allgemeine Ausdrücke, allgemeine Bestimmungen der Qualität
und Quantität, allgemein ausgedrückte Relationen zu anderen, schon
bekannten Gegenständen (osBE, 280 f).*

Gleichwohl entdeckt Natorp in dem Insistieren des Positivismus auf dem Gegebenen auch eine *particula veri*. Selbst wenn alle Bestimmung erst Leistung der Erkenntnis ist, so läßt sich doch nicht bestreiten, daß vor dieser Leistung etwas gegeben sein muß, nämlich die Aufgabe der Gegenstandsbestimmung. Von daher prägt Natorp die Formulierung, der Gegenstand sei als ein X gegeben, das heißt als allererst zu bestimmender. Natorps Fazit: Die Frage nach dem subjektiven Ursprung der Erkenntnis hat durchaus ihr Recht und ihre Bedeutung, aber an der Priorität der objektiven Erkenntnisbegründung führt kein Weg vorbei. Denn nur so läßt sich die Autonomie der Erkenntnis wahren, die nicht von außen, sondern allein aus sich selbst begründet werden kann. Hinsichtlich der Art der Begründung führt Natorp aus:

Als das objektive Grundgesetz der Erkenntnis würden wir das Gesetz der Gesetzlichkeit selbst bezeichnen; das Gesetz, wonach die gesetzmäßige Ansicht der Dinge die wahre, gegenständliche bedeutet. Alle besonderen Erkenntnisgesetze sind nur die besonderen, konkreten Gestaltungen dieses Grundgesetzes (osBE, 285).

Natorp geht also von einer Korrelation von Gesetz und Gegenstand aus, die sich sowohl philosophie- als auch wissenschaftsgeschichtlich belegen lasse, also keineswegs die Sache des Gutdünkens eines einzelnen Philosophen ist, sondern ihre Basis in der Vorgehensweise der Wissenschaft hat, deren Proprium die Gegenstandskonstitution via Gesetz ist.

Psychologie

Wenn Natorp sich trotz der objektivitätstheoretischen Wendung seiner Erkenntnislehre mit Fragen der Psychologie befaßt, dann deshalb, weil er es für notwendig hält, die Subjektivität des unmittelbaren Erlebens zum Thema zu machen. Generell unterscheidet er am Bewußtseinsphänomen drei notwendig zusammengehörende und nur durch Abstraktion auseinanderzuhaltende Momente, nämlich (1) den Inhalt, dessen man sich bewußt ist, (2) das Bewußtsein desselben oder die Beziehung auf das Ich und (3) das Ich. Charakteristisch für Natorps Theorie des Selbstbewußtseins ist also, daß sie egologisch und relationistisch konzipiert ist. Denn im Gegensatz zu ichlosen Selbstbewußtseinstheorien unterscheidet Natorp an der Tatsache des Bewußtseins ein Ich-Moment und geht zudem davon aus, daß Bewußtsein nur gedacht werden kann als Relation zwischen zwei Polen, besagt es doch nichts anderes als die Tatsache, daß etwas mir bewußt ist. Allerdings hat es mit dem Ich nach Natorp eine eigene Bewandtnis. Denn er betont:

Das Ich als gemeinsamer Beziehungspunkt zu allen bewußten Inhalten kann selbst nicht Inhalt des Bewußtseins werden, da es vielmehr allem, was Inhalt sein kann, schlechthin gegenübersteht. Jeder Ausdruck, der das Ich selbst wie einen Gegenstand vorstellt oder die Beziehung auf dasselbe durch eine Beziehung, wie sie unter Bewußtseinsinhalten stattfindet, zu verdeutlichen sucht, kann nur allenfalls den Wert einer bildlichen Bezeichnung haben. Das Ich läßt sich nicht zum Gegenstande machen, weil es vielmehr allem Gegenstand gegenüber dasjenige ist, dem etwas Gegenstand ist (EP, 11).

Die Frage, die sich hier aufdrängt, ist freilich die: Wie kann vom Ich ein Bewußtsein bestehen, wenn andererseits gilt, daß bewußt nur etwas wird, das einem Subjekt in Gegenstandsposition gegenübertritt? Einerseits heißt es bei Natorp:

Die reflexivische Ausdrucksweise «ich bin mir bewußt» weist schon darauf hin, daß zum Bewußtsein unerläßlich das «Subjekt» gehört, dem etwas bewußt ist. Ohne die reflexive Beziehung auf das, was wir «Ich» nennen, hat das Bewußtsein keine angebbare Bedeutung mehr. Bewußtsein heißt Sich-bewußt-sein (EP, 12).

Auf der anderen Seite bleibt es für ihn dabei, daß das Ich als das subjektive Beziehungszentrum für alle mir bewußten Inhalte diesen Inhalten unvergleichlich gegenübersteht. Aus der Tatsache des Bewußtseins läßt sich folglich auch nichts ableiten. Gegen Fichte, der die Tatsache, daß das Ich sich selbst vorstellt, zur Basis von umfangreichen Ableitungen machte, wendet Natorp ein:

Das Ich stellt sich selber vor. Was heißt: sich selber? Natürlich eben das Ich, oder das sich selber Vorstellende; denn es soll ja Subjekt und Objekt dieses Vorstellens ein und dasselbe sein. Also: das Ich stellt vor das sich selber Vorstellende. Natürlich erneuert sich die Frage: Was heißt sich selber? Offenbar wieder das Ich oder das sich selber Vorstellende. Also: das Ich stellt dasjenige vor, welches vorstellt das sich selber Vorstellende, und so in infinitum. Das Ich löst sich also auf in die unendliche Reihe: das Vorstellen des Vorstellens des Vorstellens etc. (EP, 14).

Wesentlich für Natorps Ichkonzept ist also: Das Ich läßt sich in keiner Weise vergegenständlichen. Abzuweisen ist daher die Vorstellung des Ich als einer Substanz. Weiterhin kann auch nicht zwischen Bewußtseinsakt und Bewußtseinsinhalt unterschieden werden. Es ist also nicht so, daß sich beim Hören des Tons ein Bewußtsein des Tons und ein Bewußtsein des Hörens unterscheiden ließe.

«Der Ton ertönt mir» und «ich höre den Ton», dies sind nicht zwei Tatsachen, sondern eine, nur auf zweierlei Art ausgedrückt nach den beiden darin unterscheidbaren Momenten, dem Dasein eines Inhalts und dessen Verhältnis zu mir. Der Inhalt ist, als Bewußtseinsinhalt, gar nicht da, ohne sein Verhältnis zum Ich, für welches er da ist; noch weniger ist dieses Verhältnis da ohne den Inhalt, der in diesem Verhältnis steht (EP, 15).

Wichtig ist für Natorp die Methodendifferenz zwischen Psychologie und objektivierender Wissenschaft. Verfährt letztere konstruktiv, so verfährt erstere rekonstruktiv. Denn die Psychologie unternimmt auf der Basis der vorausgegangenen Konstruktion des Objekts eine Rekonstruktion der Subjektivität(sdimension). Sie fragt mit anderen Worten nach den letzten subjektiven Grundlagen der vollzogenen Objektivierungen und vollzieht damit eine Umkehrung des Weges der objektivierenden Erkenntnis.

Religionsphilosophie

In seiner Religionsschrift aus dem Jahre 1894 geht Natorp von folgender These aus:

Nicht eine bloße theoretische Erkenntnis, nicht ein bloßes, sei es rationales oder historisches Wissen von Gott ist Religion; aber auch nicht bloß eine eigentümliche Willensrichtung, oder eine Art dichterischer Gestal-

tung. Das alles zwar ist Religion auch, und es ist von ihr nicht zu trennen; aber es ist mehr ihre Äußerungsweise als ihr innerster Kern, mehr Folge und Beweis als Grund und Wurzel des religiösen Bewußtseins. Sein Kern ist vielmehr das Gefühl. Aus dem religiösen Gefühl erst fließt die eigentümlich religiöse Weise der Erkenntnis wie der Sittlichkeit wie der künstlerischen Gestaltung (RGH, 27).

Wichtig ist Natorp in diesem Zusammenhang, daß das Gefühl kein Sondergebiet des Bewußtseins neben Erkenntnis, Wille und ästhetischer Phantasie darstellt, sondern die ganze Innerlichkeit des seelischen Lebens vertritt. Freilich stellt sich in diesem Zusammenhang die Frage: Wie läßt sich dieser Bereich neben der Welt der Theorie, der Praxis und der künstlerischen Poiesis näher kennzeichnen, wo doch in Theorie, Praxis und künstlerischer Poiesis alles befaßt ist, was für uns Objekt sein kann? Natorps Antwort: Wenn allem Bewußtsein die Beziehung auf ein Objekt wesentlich ist, so dürfe doch die Beziehung auf das Subjekt, dessen Bewußtsein es ist, nicht unterschlagen werden. Fragt man nun weiter, was am Bewußtsein diese subjektive Seite vertritt, so stößt man auf das Gefühl, das sich einer Objektivierung entzieht. Da es keinen abgesonderten Bereich des Bewußtseins darstellt, läßt es sich auch nicht der Erkenntnis, dem Willen und der ästhetischen Phantasie koordinieren. Vielmehr ist es als gestaltloser Ursprung des Bewußtseins zu denken.

Das Proprium der Religion sieht Natorp nun darin, daß sich in ihr das gestaltlose Gefühl Bahn bricht, nicht ohne freilich die Probleme zu verhehlen, die sich daraus faktisch ergeben. Religion rekurriert ja, wie schon Schleiermacher gesehen hat, nicht einfach auf das Gefühl schlechthin, sondern auf das Gefühl des Unendlichen. Indem man aber nicht bei der Unendlichkeit des Gefühls stehenbleibt, sondern dem Gefühl das Unendliche als Gegenstand zuweist, kommt es nach Natorp zu einer illegitimen Grenzüberschreitung. Denn das Unendliche gilt nun nicht mehr als bloßer Richtpunkt des Strebens, sondern man glaubt, sich des Unendlichen bemächtigen und mit ihm eins werden zu können. Damit aber werden die Möglichkeiten des endlichen Menschen – Natorp spricht von den Grenzen der Humanität – überschritten, und zugleich entsteht eine ernste Gefahr für die menschliche Erkenntnisbemühung, die sittliche Arbeit und auch die künstlerische Gestaltung. Denn diese

Tätigkeiten werden in ihrer Bedeutung abgewertet, wenn durch die Religion der Eindruck erweckt wird, das Unendliche könne vom endlichen Menschen angeeignet werden. Auch wenn dem nicht so ist, da dem Gefühl keine spezifische Form der Objektsetzung zukommt, behält das Gefühl gleichwohl eine wichtige Rolle im menschlichen Bewußtseinsleben, was Natorp wie folgt verdeutlicht:

Bleibt der Blick des Bewußtseins gleichsam starr auf den Gegenstand geheftet, so scheint dieser sich aus der Verbindung nicht bloß mit anderen Gegenständen des Bewußtseins, sondern auch mit dessen subjektivem Zentralpunkt zu lösen und für sich zu stellen. Solcher Ablösung und Isolierung wirkt das Gefühl mit seiner ganzen Kraft entgegen; es hält die Verbindung von allem mit allem im Bewußtsein aufrecht und bringt eben in dieser durchgängigen Verbindung alles Bewußtseinsinhalts die ... Subjektivität als solche, zum bestimmtesten, inhaltsvollsten Ausdruck, dessen sie fähig ist. Es vertritt den inneren Zusammenhalt, die unteilbare Einheit des Bewußtseinslebens, seine Individuität *(RGH, 45).*

Natorp sieht die Bedeutung des Gefühls also darin, daß es der Isolierung der Bewußtseinsfunktionen voneinander entgegenwirkt. An der Religion hält Natorp alles für echt, was ihrem Gefühlsgrund entspringt. Allerdings kann über die Echtheit des Gefühls nicht dieses selbst entscheiden, sondern als Entscheidungsinstanz fungieren, in diesem Fall Wissenschaft, Sittlichkeit und Kunst als die gesetzmäßigen Gestalten des Bewußtseins. Natorp liegt es also fern, alle Formen von Aberglauben und vernunftwidrigem Enthusiasmus in den geschichtlichen Religionen zu legitimieren, sondern alle Äußerungen des religiösen Gefühls sind für ihn nur dann gerechtfertigt, wenn sie vor der Kritik der theoretischen, der praktischen und der ästhetischen Vernunft bestehen können. Wird konsequent nach diesem Grundsatz verfahren, dann hat das einschneidende Konsequenzen für die überlieferte Religion. Sie wird einem Transformationsprozeß unterworfen, aus dem sie nur in völlig erneuter Gestalt hervorgehen kann. Wie Natorp eine solche Umwandlung der überlieferten Religion versteht, deutet er nur in groben Zügen an. Wichtig ist für ihn einmal: Der Transzendenzanspruch der Religion muß aufgegeben werden, da das Unendliche sich nicht als Objekt vergegenständlichen läßt. An die Stelle der Vorstellung eines transzendenten Gottes hat der

Begriff Gottes als des Ideals der Sittlichkeit zu treten. Zum anderen muß auch der dogmatische Anspruch religiöser Sätze aufgegeben werden. Was ihnen nach der Aufhebung ihres Charakters als theoretischer Lehren verbleibt, ist ihr sittlicher Wahrheitsgehalt. Zudem ist ihre symbolische Einkleidung von unersetzlichem ästhetischem Wert. Natorp faßt sein Religionsverständnis so zusammen:

Das Transzendente... als Gegenstand... muß fallen. Das Gefühl, als Subjektivität verstanden, kann allerdings nur in Korrelation zu einer Objektivität gedacht werden, aber zu keiner anderen als der der Wissenschaft, der Sittlichkeit und der Kunst. Ist nun Religion der Ausdruck der unmittelbaren Lebendigkeit des... Gefühls, so ist sie... mit allem, was sie von Begriffen... des Seins oder des Sollens oder irgendeiner Vereinigung beider einschließt, in den Geltungskreis der Gesetze des wissenschaftlichen Erkennens, des sittlichen Wollens und des künstlerischen Gestaltens – und das nenne ich: in die Grenzen der Humanität – zurückzuweisen. Ihrem Eigenwert der Ursprünglichkeit, Unmittelbarkeit, Universalität und... Unendlichkeit wird dadurch nichts geraubt; von ihrer Kraft... geht mit solcher Einschränkung nichts verloren (RGH, 104).

Sozialpädagogik

Natorp rekurriert nicht wie die Vertreter der Individualpädagogik auf die These von der Einmaligkeit des Individuums, sondern geht von der Überzeugung aus:

Der Mensch wächst... nicht vereinzelt auf, auch nicht bloß der eine neben dem anderen unter ungefähr gleichen Bedingungen, sondern jeder zugleich unter vielseitigem Einfluß anderer und in beständiger Rückwirkung auf solchen Einfluß. Der einzelne Mensch ist eigentlich nur eine Abstraktion, gleich dem Atom des Physikers. Der Mensch, hinsichtlich alles dessen, was ihn zum Menschen macht, ist nicht erst als einzelner da, um dann auch mit anderen in Gemeinschaft zu treten, sondern er ist ohne diese Gemeinschaft gar nicht Mensch (SP, 84).

Die grundsätzliche Gemeinschaftsbezogenheit des Menschen hat auch Folgen für die Pädagogik. Sie muß bei ihren Überlegungen davon ausgehen, daß die Bildung des Menschen nur unter der Voraussetzung eines solchen Gemeinschaftsbezugs erfolgen kann. Dabei leugnet Natorp keineswegs die Tatsache eines Individualbewußtseins. Worauf es ihm nur ankommt, ist, daß der Inhalt der menschlichen Bildung für alle ein und derselbe ist. Es gibt also keinen Bildungsinhalt, der ausschließliches Eigentum des einzelnen wäre, sondern die Bildungsgehalte sind immer Gemeingut.

Um diese soziale Komponente des Bildungsprozesses zu verdeutlichen, erinnert Natorp an das Phänomen, daß mir etwas klar wird, indem ich mich in die Perspektive eines anderen versetze bzw. diese übernehme. Selbst für das Zustandekommen der Wahrnehmung ist der Gemeinschaftsbezug unentbehrlich, wie Natorp mit folgender Überlegung belegt:

Es wäre undenkbar, daß das Chaos der Eindrücke sich in eine geordnete Objektwelt umschüfe, wie es doch in jedem normalen Kinde in den ersten Lebensjahren vollbracht wird, wenn ein jedes von Anbeginn ausschließlich auf seine individuellen Wahrnehmungen, Erinnerungen und ergänzenden Vorstellungen angewiesen wäre, wenn nicht ein Commercium bestände, durch das der Erkenntniserwerb anderer, zunächst der Umgebung des Kindes, durch deren Vermittlung aber der ganzen Vergangenheit des Menschengeschlechts ihm zugänglich würde (SP, 89).

Wenn das menschliche Bewußtsein schon in seiner sinnlichsten Gestalt durch die Gemeinschaft bedingt ist, gilt dies in erhöhtem Maße vom menschlichen Selbstbewußtsein, kann es doch kein Selbstbewußtsein geben ohne die Entgegensetzung von und zugleich die positive Beziehung zu anderem Bewußtsein. Desgleichen gibt es auch Selbstverständigung nur auf der Grundlage der Verständigung mit dem anderen. Auf dem Hintergrund dieser Überlegungen expliziert Natorp, was er unter Sozialpädagogik versteht:

Wir verstehen darunter... nicht einen abtrennbaren Teil der Erziehungslehre... neben der individuellen, sondern die konkrete Fassung der Aufgabe der Pädagogik überhaupt und besonders der Pädagogik des Willens... Der Begriff der Sozialpädagogik besagt also die grundsätz-

liche Anerkennung, daß ebenso die Erziehung des Individuums in jeder wesentlichen Richtung sozial bedingt sei, wie andrerseits eine menschliche Gestaltung sozialen Lebens fundamental bedingt ist durch eine ihm gemäße Erziehung der Individuen, die an ihm teilnehmen sollen. Danach muß dann auch die letzte, umfassendste Aufgabe der Bildung... sich bestimmen. Die sozialen Bedingungen der Bildung also und die Bildungsbedingungen des sozialen Lebens, das ist das Thema dieser Wissenschaft (SP, 94).

Als Theorie der Willenserziehung auf der Grundlage der Gemeinschaft enthält Natorps Sozialpädagogik nicht nur den Entwurf einer Organisation des gesamten Erziehungswesens, sondern auch den Entwurf eines Ethikkonzepts.

Auf dem Weg zur Realisierung des praktischen Sollens unterscheidet Natorp drei Aktivitätsstufen, nämlich Trieb, Wille und Vernunftwille, die er in ihrem Verhältnis zueinander so kennzeichnet:

Trieb bezeichnet nur das Vorhandensein einer Tendenz überhaupt, d. h. Richtung der Aktivität auf irgend ein Ziel, ohne Bewußtsein einer streng festzuhaltenden, jede Ausweichung verbietenden Einheit der Richtung; auf der Stufe des Willens tritt dies Bewußtsein hinzu, es fehlt aber noch die... Messung des einzelnen, empirischen Wollens an dem nicht mehr empirischen Ziel des unbedingt Seinsollenden; die dritte Stufe fügt noch dies hinzu; die Beziehung aufs empirische Objekt bleibt zwar, aber das Bewußtsein des Wollenden haftet nicht mehr an diesem, sondern erhebt sich darüber zum schlechthin übergeordneten Standpunkt des unbedingt Gesetzlichen (SP, 74).

Diesen drei Aktivitätsstufen entsprechen bestimmte Tugenden, die Natorp in Anlehnung an die antike Tugendtradition konzipiert. Der Vernunfttätigkeit korrespondiert die Tugend der Wahrheit, dem Willen die Tugend der Tapferkeit oder der sittlichen Tatkraft und dem Trieb die Tugend des Maßes. Eine Sonderstellung kommt der Tugend der Gerechtigkeit zu. Sie unterstreicht den Gemeinschaftsaspekt der Tugenden. Begründet ist sie in der Allgemeingültigkeit des Sittlichen, das uns verpflichtet, in jeder Person die Menschheit zu achten. Nur von hier aus ist die Gleichheitsforderung zu verstehen, die im Begriff der Gerechtigkeit angelegt ist und ohne Wenn und Aber gilt. Alle Formen von Rassen- und

Klassenhaß sind von daher verwerflich, weil sie jeden Gerechtigkeitssinn systematisch untergraben. Natorp geht von einem Parallelismus der Funktionen des individualen und des sozialen Lebens aus. Daher betont er in einem Vorblick auf den Gang der Sozialpädagogik:

Es wird... zu reden sein von einem sozialen Triebleben, als gerichtet auf ein soziales Werk, eine soziale Arbeit; zweitens von der sozialen Regelung dieses Trieblebens durch einen sozialen Willen; endlich von einer auf diese Regelung sich beziehenden, für sie wegweisenden, ihre letzte, gesetzmäßige Einheit anstrebenden sozialen Tätigkeit der kritischen Vernunft. Aus diesen drei wesentlichen Stücken wird ein soziales Leben im voll entfalteten Sinne des Wortes sich aufbauen. Es ist, diesem Begriff zufolge: Arbeitsgemeinschaft *unter gemeinschaftlicher* Willensregelung, *hinsichtlich dieser unterstehend gemeinschaftlicher vernünftiger* Kritik *(SP, 151).*

Weiterhin unterscheidet Natorp als drei Grundklassen sozialen Tuns wirtschaftliche, rechtlich-politische oder regierende und bildende Tätigkeit. Dabei geht er davon aus, daß der ganze Zweck des sozialen Lebens weder in wirtschaftlicher noch in rechtlich-politischer Tätigkeit bestehen könne. Diese Tätigkeitsfelder haben vielmehr lediglich eine Dienstfunktion. Sie sollen die Erhebung zur sittlichen Vernunft ermöglichen, welche das Proprium der bildenden Tätigkeit ist. Auch für die soziale Organisation der Erziehung geht Natorp schließlich von einem Dreischritt aus, den er wie folgt erläutert:

In der Stufenfolge der Entwicklung des praktischen Bewußtseins... wird naturgemäß zuerst das Triebleben entfaltet, dann der Wille (als Bewußtsein der Regel überhaupt) geformt, und schließlich die Höhe sittlicher Vernunft unmittelbar angestrebt. Nach dieser Stufenfolge gliedert sich in der Tat auch die soziale Organisation der Erziehung. Die erste Form erziehender Gemeinschaft ist das Haus oder die Familie... Sehr deutlich dient (2.) die Schulerziehung der Entwicklung des Willens nach der formalen Seite der Regelung überhaupt. Das Wesen der Schule besteht eben in der Ordnung und Disziplinierung des ganzen Verhaltens, nach Seiten des Intellekts wie des Willens. Dadurch bietet die Schule die genaueste Analogie zur rechtlichen Organisation der Gemeinschaft, zu der sie eben damit den Menschen schrittweise heranbildet. Darum strebt auch die Schule notwendig zu nationaler Ausgestaltung. Die allgemeine Schulung einer ganzen Nation nach Grundsätzen der Gleichheit und Gemeinsamkeit ist ihr Ziel... Die volle Bürgschaft der Erziehung der sittlichen Erziehung jedes Einzelnen aber vermag weder das Haus noch die Schule zu bieten, sondern allein eine solche Lebensordnung der Gemeinschaft, in welcher alle Seiten derselben... zu einem und demselben letzten Ziele, der reinen Gemeinschaft im Erkennen und Wollen des einen, ewigen Guten, zusammenwirken (PP, 49 f).

Wichtig ist an diesen Überlegungen zunächst die Bedeutung, die Natorp dem Haus bzw. der Familie, ungeachtet aller Gefährdungen, denen sie in der Moderne ausgesetzt ist, zuschreibt. In seinen schulpolitischen Überlegungen geht es ihm vor allem um die Durchsetzung gleicher Bildungschancen für alle. Die Klassengegensätze auf dem Bildungssektor sollen durch die Einrichtung einer obligatorisch für die ganze Nation konzipierten unentgeltlichen Volksschule behoben werden. Mit diesem Eintreten für eine einheitliche nationale Bildung verbindet Natorp ein Plädoyer für die Volkshochschule als «Hochschule für alle».

Der Ertrag von Natorps frühen systematischen Arbeiten kann in folgendem gesehen werden:

1. Insofern der Gegenstand nicht gegeben, sondern zur Bestimmung aufgegeben ist, besteht Erkenntnis analog einer zu lösenden Gleichung in einer Bestimmungsaufgabe.

2. Beim Erkennen sind zwei Richtungen zu unterscheiden, eine Objektivierungsrichtung und eine Subjektivierungsrichtung. Bei der Objektivierungsrichtung geht es um die auf die gültige Bestimmung des Gegenstandes gerichteten Leistungen, die den Charakter von Konstruktionen haben. Die von der Psychologie einzuschlagende Subjektivierungsrichtung hat hingegen das Ziel, das Unmittelbare des subjektiven Bewußtseins ausgehend vom bereits objektivierten Gegenstand via Rekonstruktion freizulegen.

3. Das objektlose Bewußtsein bzw. die Subjektivität schlechthin vertritt im Individuum das Gefühl. Denn dieses stellt die unterste Stufe dar, von der alle Objektivierung sich abhebt. Die Religion vertritt nicht eine eigene Objektivierungsrichtung wie Wissenschaft, Sittlichkeit und Kunst, sondern gründet in der reinen Subjektivität des Gefühls.

4. Wesentlich für Natorps praktische Philosophie ist die pädagogische

Wendung, die er dem Marburger Sozialidealismus gibt. Denn er geht davon aus: So sehr für die Herbeiführung einer egalitären Gesellschaft auch institutionelle Veränderungen erforderlich sind, so reichen sie doch allein nicht aus. Um dieses Ziel zu erreichen, bedarf es vielmehr auch einer pädagogischen Umorientierung. Die Anleitung hierzu hat die Sozialpädagogik zu geben.

5. Natorps Psychologie und Religionsphilosophie wurden mit Recht kritisiert. Denn die These von der «Bewußtlosigkeit des Bewußtseins» (M. Frank) ist ebenso problematisch wie Natorps Versuch, der Religion jeden Transzendenzanspruch abzusprechen. Gleichwohl enthalten beide Schriften eine Problemanzeige. Denn indem Natorp parallel zur Intention auf das Objekt die Intention auf das Subjekt thematisiert, macht er auf ein Problem aufmerksam, das im Cohenschen Denkansatz keine befriedigende Lösung fand, nämlich die Frage nach dem konkreten Subjekt. Im 20. Jahrhundert haben sich Existenzphilosophie und Philosophische Anthropologie intensiv mit diesem Problem befaßt.

Schriften

Forschungen zur Geschichte des Erkenntnisproblems im Altertum, Berlin 1884. – Über objektive und subjektive Begründung der Erkenntnis, in: Philosophische Monatshefte 23 (1887), 257–286 *(osBE)*. – Einleitung in die Psychologie nach kritischer Methode, Freiburg 1888 *(EP)*. – Religion innerhalb der Grenzen der Humanität, Tübingen ²1908 *(RGH)*. – Sozialpädagogik, Stuttgart ²1904 *(SP)*. – Philosophische Propädeutik, Marburg ²1914 *(PP)*. – Platons Ideenlehre, Leipzig 1903. – Die logischen Grundlagen der exakten Wissenschaften, Leipzig/Berlin 1910. – Philosophie, Ihr Problem und ihre Probleme, Göttingen 1911. – Allgemeine Psychologie nach kritischer Methode, Tübingen 1912. – Deutscher Weltberuf, 2 Bde., Jena 1918. – Vorlesungen über praktische Philosophie, Erlangen 1925. – Philosophische Systematik, Hamburg 1958.

Literatur

H. Blankertz: Der Begriff der Pädagogik im Neukantianismus, Weinheim 1959. – M. Frank: Selbstbewußtseinstheorien von Fichte bis Sartre, Frankfurt a. M. 1991. – H. Holzhey: Cohen und Natorp, 2 Bde., Stuttgart/Basel 1986. – N. Jegelka: Paul Natorp, Würzburg 1992. – K. H. Lembeck: Platon in Marburg, Würzburg 1994. – H. Marburger: Entwicklung und Konzepte der Sozialpädagogik, München 1979. – W. Marx: Die philosophische Entwicklung von Paul Natorp im Hinblick auf das System Hermann Cohens, in: H. L. Ollig: Materialien zur Neukantianismusdiskussion, Darmstadt 1987, 66–86. – G. Mückenhausen: Das Problem des Kulturprogressismus im Werk Paul Natorps, in: J. Oelkers / W. Schulz / H. E. Tenorth: Neukantianismus, Kulturtheorie, Pädagogik und Philosophie, Weinheim 1989, 227–240. – W. de Schmidt: Psychologie und Transzendentalphilosophie, Bonn 1976. – F. Wagner: Was ist Religion? Studien zu ihrem Begriff und Thema in Geschichte und Gegenwart, Gütersloh 1986. – E. Winterhager: Das Problem des Individuellen. Ein Beitrag zur Entwicklungsgeschichte Paul Natorps, Meisenheim 1975.

Wilhelm Windelband (1848–1915)

Leben und Werke

Als Sohn eines preußischen Beamten in Potsdam geboren, studierte Windelband an den Universitäten Jena, Berlin und Göttingen zunächst Medizin und Naturwissenschaften, später auch Geschichtswissenschaft und Philosophie. 1870 promoviert, wurde er, nachdem er als Freiwilliger am Deutsch-Französischen Krieg teilgenommen hatte, 1873 habilitiert. 1876 wurde er als ordentlicher Professor nach Zürich berufen. 1877 folgte er einem Ruf nach Freiburg und wechselte fünf Jahre später nach Straßburg. Dort wirkte er über 20 Jahre. 1903 schließlich ging er als Nachfolger K. Fischers nach Heidelberg, wo er 1915 starb.

Windelband gilt als Begründer des Südwestdeutschen Neukantianismus. Allerdings hat er seine systematische Position im Gegensatz zu seinem bedeutendsten Schüler Rickert nicht im einzelnen ausgearbeitet. Eine zweibändige Aufsatzsammlung aus seiner Feder trägt den bezeichnenden Titel «Präludien» (1884). Neben diesen «Vorstudien für eine systematische Behandlung der Philosophie» ist für den Systematiker Windelband auch seine erst kurz vor seinem Tode publizierte «Einleitung in die Philosophie» (1914) wichtig. Der Schwerpunkt seiner Veröffentlichungen lag aber zweifellos auf philosophiehistorischem Gebiet. Einschlägig ist in diesem Zusammenhang neben einer zweibändigen Geschichte der neueren Philosophie (1878–1880) vor allem sein bis in unsere Tage aufgelegtes «Handbuch der Geschichte der Philosophie».

Philosophische Ursprünge

Windelband ist seinen beiden philosophischen Lehrern Kuno Fischer und Hermann Lotze in gleicher Weise verpflichtet. Wenn er von Fischer einen Blick für philosophiegeschichtliche Zusammenhänge gelernt hat, so verdankt er Lotze einen genuin systematischen Impetus. Lotze unterschied zwischen einem Bereich des Seins und einem Bereich des Geltens. Auf den ersten Bereich bezieht sich die Frage nach den faktischen Erkenntnisbedingungen, die sog. *quaestio facti*, auf den zweiten Bereich die Frage nach den Gültigkeitsbedingungen der Erkenntnis, die sog. *quaestio iuris*. Obwohl Lotze mit dem Terminus ‹Gelten› den Ansatzpunkt für eine Theorie der *quaestio iuris* lieferte, bleibt bei ihm die *quaestio facti* grundlegend, und folglich bleibt es auch bei einer Überordnung des Seienden gegenüber dem Geltenden. Seine Theorie des Geltens fußt auf einer realistischen Ontologie, die davon ausgeht: Das Seiende ist früher als alles Erkennen und ist daher auch die Basis für allen Sinngehalt, den wir erkennen.

Windelband hat von Lotze zwar den Geltungsbegriff übernommen, ist ihm aber in der Zuordnung von *quaestio facti* und *quaestio iuris* nicht gefolgt. Er geht von einer Abhängigkeit der *quaestio facti* von der *quaestio iuris* aus. Denn was Faktum ist, das bestimmt ein gültiges Urteil. Die Aufgabe der Philosophie besteht für ihn folglich in der Klärung der *quaestio iuris*, wohingegen er den Einzelwissenschaften die Klärung der *quaestio facti* zuweist.

Was Windelband intendiert, ist eine systematische Neuaneignung des Kantischen Denkens. Diese stellt er, darin Fischer verpflichtet, in den Kontext der historischen Entwicklung der Philosophie. Allerdings kann die Rückkehr zu Kant für ihn nicht bloß die Erneuerung der historisch bedingten Gestalt der Kantischen Philosophie bedeuten. Was neu angeeignet werden soll, ist die Idee der kritischen Philosophie. Deshalb bezeichnet Windelband die systematische Neuaneignung auch als «Kritizismus». Die Frage nach der Legitimität einer solchen Neuaneignung beantwortet sich für Windelband von dem Problemlösungspotential her, das die Kantische Philosophie enthält. Windelband glaubt, daß der Grundriß eines Systems der Philosophie, das er in den «Präludien» skizziert, in der Problemstellung völlig mit Kants philosophischem Ansatz übereinkommt. Allerdings verhehlt er auch nicht die Differenz, die zwischen der Neuaneignung Kantischen Denkens, die er unternimmt, und der originären Kantischen Theorie besteht. Denn jede verstehende Neuaneignung eines Denkers der Vergangenheit ist nur möglich um den Preis, daß man nicht nur terminologisch, sondern auch in der Art der Problembearbeitung über diesen hinausgeht.

Axiologischer Kritizismus

Konkret läuft die Neuaneignung Kantischen Denkens, die Windelband unternimmt, auf ein Philosophiekonzept hinaus, das er so bestimmt: Philosophie ist kritische Wertwissenschaft. Windelband geht in diesem Zusammenhang von der Unterscheidung von Urteil und Beurteilung aus:

In einem Urteil wird jedesmal ausgesprochen, daß eine bestimmte Vorstellung (das Subjekt des Urteils) in einer nach den verschiedenen Urteilsformen verschiedenen Beziehung zu einer bestimmten anderen Vorstellung (dem Prädikat des Urteils) gedacht werde. In einer Beurteilung dagegen wird einem Gegenstande, der als vollständig vorgestellt resp. als erkannt vorausgesetzt wird, ... das Beurteilungsprädikat hinzugefügt, durch welches die Erkenntnis des betreffenden Subjekts in keiner Weise erweitert, wohl aber das Gefühl der Billigung oder der Mißbilligung ausgedrückt wird, mit welchem sich das beurteilende Bewußtsein zu dem vorgestellten Gegenstande verhält. Alle Urteilsprädikate sind deshalb positive, auf die vorgestellte Welt als Gattungsbegriffe, als Eigenschaften, Tätigkeiten, Zustände, Verhältnisse usw. bezogene Vorstellungen: Ein Ding ist ein Körper, ist groß, hart, süß, usw., es bewegt sich, es stößt, es ruht, es bringt andere hervor usw. Alle Beurteilungsprädikate dagegen sind Äußerungen des Beifalls oder des Mißfallens vonseiten des vorstellenden Bewußtseins: ein Ding ist angenehm oder unangenehm, ein Begriff ist wahr oder falsch, eine Handlung ist gut oder schlecht, eine Landschaft ist schön oder häßlich usw. (Pr I, 30).

Die Unterscheidung von Urteil und Beurteilung ermöglicht Windelband eine Abgrenzung der Philosophie von den übrigen Wissenschaften. Die Wissenschaften fällen theoretische Urteile, Thema der Philosophie sind hingegen Beurteilungen. Wenn die Wissenschaft prüfen muß, welche Verknüpfungen von Subjekt und Prädikat zu bejahen sind und welche zu verneinen sind, dann hat die Philosophie die Tatsache zu bedenken, daß es gewisse Beurteilungen gibt, die absolut gelten. Zur Begründung einer solchen These führt er an:

Diese Überzeugung haben wir alle: ... indem wir irgendeine Vorstellung aufgrund unseres notwendigen Vorstellungsverlaufs für wahr erklären, so hat diese Erklärung gar keinen anderen Sinn, als den Anspruch, daß sie nicht nur für uns, sondern für auch alle anderen als wahr gelten solle. Ob dieser Anspruch im einzelnen Falle erfüllt wird und selbst ob er im einzelnen Falle berechtigt war, darauf kommt es nicht an: Nur soviel ist klar, daß die Beurteilung der Vorstellungen unter dem Gesichtspunkte der Wahrheit einen solchen absoluten Maßstab, der für alle gelten soll, voraussetzt. Das Gleiche gilt auf dem ethischen und dem ästhetischen Gebiete. Gewiß ist es durch den Kulturzustand und den persönlichen Lebensverlauf eines jeden gesetzlich bedingt, was er einerseits gut oder böse, und was er andererseits schön oder häßlich nennt: aber in beiden Fällen involvieren die darin ausgesprochenen Prädikationen den Anspruch, daß sie für alle gelten, von jedem in derselben Weise notwendig anerkannt werden sollen. So relativ diese Beurteilungen in ihrer empirischen Wirklichkeit sich gestalten mögen, so erheben sie doch stets den Anspruch auf absolute Geltung und haben ihren Sinn darin, daß sie die Möglichkeit einer absoluten Beurteilung voraussetzen (Pr I, 37 f).

Windelband unterscheidet also drei charakteristische Weisen der philosophischen Beurteilung: die logische, die ethische und die ästhetische. Dementsprechend gibt es für ihn drei philosophische Grundwissenschaften: Logik, Ethik und Ästhetik. In allen dreien geht es darum, den Anspruch der logischen, ethischen und ästhetischen Beurteilung auf Allgemeingültigkeit zu prüfen.

Was Windelband ausdrücklich als Unding verwirft, ist die Metaphysik, die ein dogmatisches Wissen von den letzten Gründen der Wirklichkeit für sich in Anspruch nimmt. Die übrigen philosophischen Disziplinen wie Erkenntnistheorie, Gesellschafts- und Geschichtsphilosophie, Kunstphilosophie und Religionsphilosophie lassen sich daher auch nicht unter Berufung auf eine solche Metaphysik legitimieren, sondern nur dadurch, daß sie in Beziehung gesetzt werden zu den eben genannten philosophischen Grundwissenschaften als deren jeweilige Weiterung, Applikation oder Vollendung.

Nachdem in dieser Weise bestimmt ist, was Gegenstand der Philosophie ist, bleibt noch zu klären, worin das methodische Proprium der
Philosophie als kritischer Wissenschaft besteht. Windelband stellt zunächst klar: Wenn von dem Anspruch der logischen, ethischen und
ästhetischen Beurteilungen die Rede ist, dann ist die Allgemeinheit, auf
die in diesem Fall rekurriert wird, keine faktische und die Notwendigkeit,
auf die man sich bezieht, keine kausale. Denn wer von der Wahrheit eines
Urteils überzeugt ist, der ist in der Regel weit davon entfernt zu glauben,
daß ein solches Urteil von jedermann bereits anerkannt worden ist bzw.
anerkannt werden wird. Die Allgemeinheit, um die es hier geht, ist keine
tatsächlich bestehende, sondern eine ideale, d. h. eine Allgemeinheit,
welche bestehen sollte. Denn die Masse oder die Majorität ist nicht das
Tribunal, vor dem über die Frage nach dem absoluten Wert entschieden
wird. Ebenso ist auch die Notwendigkeit der Geltung logischer, ethischer
und ästhetischer Bestimmungen eine ideale, d. h. es handelt sich hier um
keine Notwendigkeit des Müssens und Nichtanderskönnens, sondern um
eine solche des Sollens und Nichtandersdürfens.

Windelband spricht von einem teleologischen Gesichtspukt, der hier
ins Spiel kommt. Seine Begründung:

*Die theoretische Philosophie kann ihre Axiome nicht beweisen; weder
die sog. Denkgesetze der formalen Logik noch die Grundsätze aller Welt-
betrachtung, die sich aus den Kategorien entwickeln, sind irgendwie
durch Erfahrung zu begründen; aber die Logik kann zu einem jeden
sprechen: Du willst Wahrheit, besinne dich, du mußt die Geltung dieser
Normen anerkennen, wenn dieser Wunsch je erfüllt werden soll. Die
praktische Philosophie kann die sittlichen Maximen weder durch eine
allseitige Induktion gewinnen noch aus irgendwelchen theoretischen Erkenntnissen der Metaphysik, der Psychologie oder der empirischen Gesellschaftslehre ableiten; aber die Ethik kann sich an jeden mit dieser
Argumentation wenden: Du bist überzeugt, daß es ein absolutes Maß
gibt, nach welchem entschieden werden soll, was gut und was böse ist;
wohlan, sobald du dich recht besinnst, wirst du finden, daß das nur möglich ist, wenn die Geltung gewisser Normen als unerläßlich anerkannt
wird. Die ästhetische Philosophie kann die Regeln der Schönheit weder
durch theoretisches Welterkennen noch durch Herumfragen bei allen
oder auch nur vielen fühlenden Individuen beweisen; aber sie kann uns
zu der Besinnung zwingen, daß, wenn Schönheit etwas anderes sein soll*

als individuelle Wohlgefälligkeit, wir eine allgemeingültige Norm für sie anerkennen müssen. Die Geltung der Axiome ist überall durch einen Zweck bedingt, der als Ideal für unser Denken, Wollen und Fühlen vorausgesetzt werden muß (Pr II, 111 f).

Die Bedeutung der teleologischen Betrachtungsweise liegt für Windelband auf der Hand. Für die Philosophie kommt es nämlich entscheidend darauf an, wie die Geltung der Axiome, auf denen sie basiert, bewiesen werden kann. Faktisch gibt es aber nur zwei Möglichkeiten des Nachweises. Entweder versucht man nachzuweisen, daß bestimmte Axiome im tatsächlichen Prozeß des menschlichen Vorstellens, Wollens und Fühlens anerkannt werden, oder man zeigt, daß nur dann, wenn deren Geltung unbedingt anerkannt wird, gewisse Zwecke erfüllt werden können. Im ersten Fall bedient man sich der genetischen, im zweiten Fall der kritischen Methode. Die genetische Methode kann den geforderten Nachweis nach Windelbands Meinung nun aber nicht erbringen. Denn sie kann für die Axiome nur einen gewissen Umkreis von empirischer Geltung aufweisen, kann aber keinen Grund für die Allgemeinheit der Geltung beibringen. Die kritische Methode ist hierzu jedoch in der Lage. Voraussetzung hierfür ist nicht nur der Rekurs auf eine teleologische Betrachtungsweise, sondern auch der Rekurs auf ein sog. Normalbewußtsein. Was es mit diesem Normalbewußtsein auf sich hat, verdeutlicht Windelband wie folgt:

Überall... wo das empirische Bewußtsein diese ideale Notwendigkeit dessen, was allgemein gelten soll, in sich entdeckt, stößt es auf ein normales Bewußtsein, dessen Wesen für uns darin besteht, daß wir überzeugt sind, es solle wirklich sein, ohne jede Rücksicht darauf, ob es in der naturnotwendigen Entfaltung des empirischen Bewußtseins wirklich ist. So gering der Grad und der Umfang sein mag, in welchem dies normale Bewußtsein das empirische durchdringt und darin zur Geltung kommt, so sind doch alle logischen, ethischen und ästhetischen Beurteilungen auf die Überzeugung gebaut, daß es ein solches Normalbewußtsein gibt, zu welchem wir uns zu erheben haben, wenn unsere Beurteilungen auf notwendige Allgemeingültigkeit Anspruch haben sollen: ein Normalbewußtsein, welches nicht im Sinne der faktischen Anerkennung gilt, sondern gelten sollte, – keine empirische Wirklichkeit, aber ein Ideal, daran der Wert aller empirischen Wirklichkeit gemessen werden soll. Die Ge-

setze dieses «Bewußtseins überhaupt» – das ist Kants Ausdruck dafür –
sind nicht mehr Naturgesetze, welche unter allen Umständen gelten und
wonach die einzelnen Tatsachen sich gestalten müssen, sondern Nor-
men, welche... gelten sollen (Pr I, 44 f).

Was die Philosophie *rebus sic stantibus* zu leisten hat, ist eine Besinnung
auf dieses Normalbewußtsein. Aus der Fülle von Werten, die im empirischen Bewußtsein des einzelnen, der Völker und der Menschheit gegeben
sind, muß sie diejenigen herausfinden, welche die für ein von besonderen
Interessen gereinigtes Bewußtsein spezifische Notwendigkeit besitzen.
Ableiten läßt sich diese Notwendigkeit freilich nicht, sie kann vielmehr
nur aufgewiesen werden. Über diesen «Aufweis» heißt es bei Windelband:

Das einzige, was die Philosophie tun kann, besteht darin, dies Normal-
bewußtsein aus den Bewegungen des empirischen Bewußtseins hervor-
springen zu lassen und auf die unmittelbare Evidenz zu vertrauen, mit
welcher seine Normalität sich, sobald sie einmal zu klarem Bewußtsein
gekommen ist, in jedem Individuum ebenso wirksam und geltend er-
weist, wie sie gelten soll. Ein Satz wie der logische des Widerspruchs, ein
Prinzip wie das moralische des Pflichtbewußtseins sind nicht zu bewei-
sen: man kann nur an dem wirklichen Vorstellungs- und Willensleben des
Menschen sie zum Bewußtsein, zur klaren Formulierung bringen, und
man muß dann darauf vertrauen, daß in jedem, der sich ernstlich besinnt,
das normale Bewußtsein mit unmittelbarer Evidenz sich in ihrer An-
erkennung geltend machen wird. Mit niemandem könnten wir mehr lo-
gisch oder wissenschaftlich verhandeln, der die Geltung der Denkgesetze
leugnete: mit niemandem könnten wir uns sittlich verständigen, der jeg-
liche Pflicht ablehnte (Pr I, 45 f).

Wogegen sich Windelband mit diesem Konzept einer Philosophie als
Wissenschaft vom Normalbewußtsein wendet, ist ein Relativismus, der
von der gesellschaftlichen Bedingtheit aller menschlichen Überzeugungen ausgeht. Er hält einen solchen Relativismus für selbstwidersprüch-
lich, da der Relativist, sobald er argumentiert, stillschweigend bestimmte
allgemeingültige Werte anerkennen muß. Trotz dieser Widersprüchlich-
keit einer relativistischen Position gibt es genügend Menschen, welche
die Meinung vertreten, daß für jeden nur das gelte, was ihm gerade so

scheint. Windelband sieht in einer solchen Lebensanschauung eine besondere Form von Borniertheit, gegen die der Philosoph freilich machtlos ist. Denn wer die Normativität des Normalen nicht anerkennt, mit dem ist nicht zu argumentieren.

Wissenschaftsmethodologie

In seiner berühmten Straßburger Rektoratsrede geht Windelband auf das Abgrenzungsproblem zwischen Naturwissenschaft und Geschichtswissenschaft ein, welches gemeinhin so gelöst wird, daß man der Naturwissenschaft die Geschichtswissenschaft als Geisteswissenschaft gegenüberstellt. Windelband bemerkt zu dieser Art von Abgrenzung:

Ich halte sie in dieser Form nicht für glücklich. Natur und Geist – das ist ein sachlicher Gegensatz, der in den Ausgängen des antiken und den Anfängen des mittelalterlichen Denkens zu beherrschender Stellung gelangt und in der neueren Metaphysik von Descartes und Spinoza bis zu Schelling und Hegel mit voller Schroffheit aufrecht erhalten worden ist. Sofern ich die Stimmung der neuesten Philosophie und die Nachwirkungen der erkenntnistheoretischen Kritik richtig beurteile, so würde diese in der allgemeinen Vorstellungs- und Ausdrucksweise haften gebliebene Scheidung jetzt nicht mehr als so sicher und selbstverständlich anerkannt werden, daß sie unbesehen zur Grundlage einer Klassifikation gemacht werden dürfte. Dazu kommt, daß dieser Gegensatz der Objekte sich nicht mit einem solchen der Erkenntnisweisen deckt (Pr II, 142).

Was Windelband an dieser Unterscheidung von Natur- und Geisteswissenschaften kritisiert, ist zunächst, daß Natur und Geist den Charakter von materialen Vorbegriffen haben, die sich als metaphysisches Traditionsgut identifizieren lassen und daher auch nicht mehr unbesehen zu Zwecken der Wissenschaftsklassifikation herangezogen werden können. Weiterhin kritisiert er die Vorstellung, es gebe neben der Wahrnehmung der äußeren Natur eine Wahrnehmung der inneren Geisteswelt. Denn auch die Berechtigung zur Annahme einer inneren Wahrnehmung wurde von der neueren Erkenntniskritik in Zweifel gezogen. Schließlich bringt die klassische Unterscheidung von Natur- und Geisteswissenschaften auch Schwierigkeiten bezüglich der Einordnung der Psycho-

logie. Die Inkongruenz des sachlichen und des formalen Einteilungs-
prinzips zeigt sich in diesem Falle darin, daß die Psychologie ihrem
Gegenstand nach Geisteswissenschaft ist, während ihr ganzes Verfahren
naturwissenschaftlich ist.

Aufgrund dieser Schwierigkeiten schlägt Windelband eine rein methodologische Einteilung der Erfahrungswissenschaften vor, die am formalen Charakter der Erkenntnisziele orientiert ist. Hierbei ergeben sich
die folgenden Differenzen zwischen Naturwissenschaften und Ge-
schichtswissenschaften:

*Die einen suchen allgemeine Gesetze, die anderen besondere geschicht-
liche Tatsachen: in der Sprache der formalen Logik ausgedrückt, ist das
Ziel der einen das generelle, apodiktische Urteil, das der anderen der
singulare, assertorische Satz. Und so knüpft sich dieser Unterschied an...
das Verhältnis des Allgemeinen zum Besonderen... So dürfen wir sagen:
die Erfahrungswissenschaften suchen in der Erkenntnis des Wirklichen
entweder das Allgemeine in der Form des Naturgesetzes oder das Einzelne in der geschichtlich bestimmten Gestalt; sie betrachten zum einen
Teil die immer sich gleichbleibende Form, zum anderen Teil den einmaligen, in sich bestimmten Inhalt des wirklichen Geschehens. Die einen
sind Gesetzeswissenschaften, die anderen Ereigniswissenschaften; jene
lehren was immer ist, diese was einmal war. Das wissenschaftliche Denken ist... in dem einen Falle* nomothetisch, *in dem anderen* idiographisch
(Pr II, 144 f).

Diese Gegenüberstellungen wollen nicht im Sinne einer Immunisierung
beider Wissenschaftsbereiche gegeneinander verstanden werden bzw. im
Sinne einer Abwertung der nomothetischen Methode. Windelband stellt
ausdrücklich heraus, daß die idiographisch verfahrenden Geschichtswis-
senschaften sich auch nomothetischer Methoden bedienen müssen. Historische Kausalerklärung ist z. B. nicht möglich ohne den Rekurs auf
psychologisches Gesetzeswissen. Allerdings verschweigt er auch nicht,
daß die Probleme der historischen Methodologie bisher nur sehr unzureichend von der Philosophie reflektiert wurden. Windelbands Ziel ist die
Bilanzierung dessen, was beide Methoden zu leisten vermögen. Die
Stärke der Naturforschung sieht er dabei auf der Seite der Abstraktion,
diejenige der Geschichte auf der Seite der Anschaulichkeit, was er wie
folgt erläutert:

So fein gesponnen auch die begriffliche Arbeit sein mag, deren die histo-
rische Kritik beim Verarbeiten der Überlieferung bedarf, ihr letztes Ziel
ist doch stets, aus der Masse des Stoffes die wahre Gestalt des Vergange-
nen zu lebensvoller Deutlichkeit herauszuarbeiten: und was sie liefert,
das sind Bilder von Menschen und Menschenleben mit dem ganzen
Reichtum ihrer eigenartigen Ausgestaltungen... Wie anders ist die Welt,
welche die Naturforschung vor uns aufbaut! So anschaulich ihre Aus-
gangspunkte sein mögen, – ihre Erkenntnisziele sind die Theorien, in
letzter Instanz mathematische Formulierungen von Gesetzen der Bewe-
gung... Aus der farbigen Welt der Sinne präpariert sie ein System von
Konstruktionsbegriffen heraus, in denen sie das wahre, hinter den Er-
scheinungen liegende Wesen der Dinge erfassen will, eine Welt von Ato-
men, farblos und klanglos, ohne allen Erdgeruch der Sinnesqualitäten, –
der Triumph des Denkens über die Wahrnehmung (Pr II, 151 f).

Der tiefe Gegensatz zwischen beiden Arten von Erfahrungswissenschaft,
den diese Gegenüberstellung verdeutlicht, macht es nach Windelband
auch verständlich, warum zwischen ihnen eine Auseinandersetzung um
den bestimmenden Einfluß auf die allgemeine Welt- und Lebensansicht
entbrennen mußte. Zur Frage steht hierbei, was für den Gesamtzweck
unserer Erkenntnis wichtiger ist, das Wissen um Gesetze oder um Ereignisse. Windelband läßt keinen Zweifel daran, daß sich diese Frage nur
durch eine Reflexion auf die letzten Ziele wissenschaftlicher Arbeit beantworten läßt. Unter dem äußerlichen Gesichtspunkt der Utilität lassen
sich beide Denkrichtungen in gleicher Weise rechtfertigen. Die Kenntnis
allgemeiner Gesetze hat zweifellos praktischen Wert, denn sie ermöglicht es, künftige Zustände zu prognostizieren, und ermöglicht zudem ein
Eingreifen in den Lauf der Dinge. Nicht minder bedarf der Mensch aber
des historischen Wissens, um innerhalb des geschichtlichen Zusammenhangs, in dem er steht, sinnvoll wirken zu können. Wichtiger ist für
Windelband freilich die Frage, wie es um den inneren Wissenswert beider
Denkrichtungen bestellt ist. S. E. wäre es eine bedenkliche Engführung,
wenn man sich in den Erfahrungswissenschaften einzig der Unterord-
nung des Besonderen unter das allgemeine Gesetz verschreiben würde
und folgerichtig auch die Geschichte im Stil der Naturwissenschaft be-
treiben würde. Denn was eine solche naturwissenschaftliche Geschichtstheorie zutage fördert, sind lediglich triviale Allgemeinheiten. Was sie
übersieht, ist, daß die Wertbeurteilung des Menschen an der Einzigkeit

des Objektes hängt, gleichgültig ob es sich nun um ein individuelles Menschenleben handelt oder um die Gesamtheit eines geschichtlichen Prozesses. Es bleibt also bei dem Dualismus zweier Methoden, die beide gleichermaßen unentbehrlich sind und die beide auch nicht aufeinander rückführbar sind. Denn es ist weder möglich, allgemeine Gesetze aus Einzelereignissen zusammenzubuchstabieren, noch läßt sich Individuelles zureichend mit nomothetischen Sätzen beschreiben.

Für Windelbands systematische Überlegungen in den ‹Präludien› sind folgende Gesichtspunkte wichtig:

1. Philosophie ist die Wissenschaft von den Normen des Denkens, Wollens und Fühlens. Deren Genese hat sie nicht zu interessieren, wohl aber muß sie klären, ob sie allgemeine Geltung beanspruchen können oder nicht. Die spezifische Methode der Philosophie ist also nicht die genetische, sondern die kritische Methode.

2. Es ist zwischen Beurteilungen und Urteilen zu unterscheiden. Das Urteil bezeichnet die Zusammengehörigkeit zweier Vorstellungsgehalte. Die Beurteilung setzt die im Urteil verbundenen Gehalte in Beziehung zu einem wertenden Bewußtsein. Jedes Urteil, das Anspruch auf Gültigkeit erhebt, supponiert eine allgemeingültige Norm der Beurteilung.

3. Die Normen haben Sollenscharakter. Ihre Geltung meint nicht die Tatsache, daß sie faktisch anerkannt sind, vielmehr daß sie anerkannt werden sollen. Wie auch immer es um die faktische Anerkennung solcher Normen bestellt ist, der empirische Prozeß des Vorstellens, Wollens und Fühlens muß sich nach jenen Normen richten, wenn anders die allgemeinen Werte des Wahren, Guten und Schönen erreicht werden sollen.

4. Verortet sind die Normen, nach denen wir uns zu richten haben, in einem sog. Normalbewußtsein, das Windelband in Analogie zu dem Kantischen «Bewußtsein überhaupt» konzipiert. Windelband bindet also die normative Ausrichtung des Individuums an eine allgemeine Bewußtseinsstruktur, die sich einstellt, wenn der Mensch sich von seinen Interessen distanziert.

5. Windelbands Kritizismus läuft auf eine transzendentale Wertlehre hinaus, die sich von einem reinen Wertobjektivismus durch den Rekurs auf das Normalbewußtsein und von einer relativistischen Wertkonzeption durch ihren Objektivitätsanspruch unterscheidet.

6. Durch seine Unterscheidung von nomothetischer und idiographi-

scher Methode reklamiert Windelband in Parallelität zu der erkenntnis-
logischen Begründung des naturwissenschaftlichen Gesetzesdenkens
auch für das Geschichtsdenken eine erkenntnislogische Begründung.

7. Die Deutung von Windelbands Wertphilosophie ist bis heute um-
stritten. Die einen würdigen sie auf dem Hintergrund des Weltanschau-
ungsbedürfnisses einer Zeit, die, konfrontiert mit der Wucherung der
Einzelwissenschaften, dem Kampf der politischen Ideologien und dem
Wandel der Daseinsverhältnisse nach einer Begründung von Werten
verlangte, unter die sich das persönliche und gesellschaftliche Leben stellen ließ. Für andere hingegen stellt Windelbands Wertdenken den Rückfall in eine autoritäre Ideologie und den Sprung in den Irrationalismus
dar. Allerdings sind Zweifel angebracht, ob man der Bedeutung Windelbands gerecht wird, wenn man sein Denken ungeachtet bestimmter zeit-
bedingter Züge, die es zweifellos aufweist, lediglich ideologiekritisch de-
montiert.

Schriften

Die Lehren vom Zufall, Berlin 1870. – Über die Gewißheit der Erkenntnis, Berlin 1873.
– Geschichte der neueren Philosophie, 2 Bde., Berlin 1878–1880. – Lehrbuch der Ge-
schichte der Philosophie, Tübingen 1892. – Präludien, 2 Bde., Tübingen ⁹1924 (Pr). –
Einleitung in die Philosophie, Tübingen 1914. – Geschichtsphilosophie, Berlin 1916.

Literatur

G. Daniels: Das Geltungsproblem in Windelbands Philosophie, Berlin 1929. – G. Ig-
gers: Deutsche Geschichtswissenschaft, München 1971. – R. Malter: Grundlinien
neukantianischer Kantinterpretation, in: E. W. Orth/H. Holzhey: Neukantianismus.
Perspektiven und Probleme, Würzburg 1994, 45–68. – H. Rickert: Wilhelm Windelband, Tübingen 1915. – A. Ruge: Wilhelm Windelband, Leipzig 1917. – H. Schnädelbach: Philosophie in Deutschland 1831–1933, Frankfurt a. M. 1983. – H. P. Sommerhäuser: Emil Lask in der Auseinandersetzung mit Heinrich Rickert, Berlin 1965;
F. Tenbruck: Heinrich Rickert in seiner Zeit, in: J. Oelkers/W. Schulz/H. E. Tenorth: Neukantianismus, Kulturtheorie, Pädagogik und Philosophie, Weinheim 1989,
79–105. – G. Wagner: Geltung und normativer Zwang, Freiburg/München 1987.

Heinrich Rickert (1863–1936)

Leben und Werke

Rickert wurde als Sohn eines nationalliberalen Politikers und Reichstagsabgeordneten in Danzig geboren. Seinen literarischen und journalistischen Neigungen entsprechend begann er in Berlin mit dem Studium der Literaturwissenschaft und Geschichte, wechselte jedoch bald zur Philosophie über. Enttäuscht vom Positivismus, den er in Berlin hörte, bzw. vom Empirokritizismus, den er in Zürich kennenlernte, fand er schließlich erst bei Windelband in Straßburg den Typ wissenschaftlichen Philosophierens, den er suchte. Nach seiner Promotion in Straßburg im Jahre 1888 und seiner Habilitation im Jahre 1891 in Freiburg wurde er dort 1894 außerordentlicher und zwei Jahre später ordentlicher Professor für Philosophie. 1915 ging er als Nachfolger Windelbands nach Heidelberg, wo er 1936 starb.

Rickerts schriftstellerische Wirksamkeit zerfällt in drei Perioden. In der ersten Periode stehen epistemologische und wissenschaftstheoretische Fragen im Zentrum seines Interesses. In der zweiten Periode entwirft er die Grundlinien eines Fragment gebliebenen Systems der Philosophie, und in der dritten Periode bemüht er sich um eine Auseinandersetzung mit den zeitgenössischen Strömungen der Phänomenologie, Ontologie und Existenzphilosophie.

Für die erste Phase ist vor allem einschlägig Rickerts 1892 erschienene Habilitationsschrift «Der Gegenstand der Erkenntnis», die bis 1928 sechs Auflagen erlebte, seine ursprünglich in zwei getrennten Bänden 1896 und 1902 erschienene Untersuchung «Die Grenzen der naturwissenschaftlichen Begriffsbildung», außerdem der Vortrag «Kulturwissenschaft und Naturwissenschaft» (1899). Von Rickerts späteren Veröffentlichungen sind zu nennen das «System der Werte», das ebenso wie Rickerts Auseinandersetzung mit der Lebensphilosophie zu Beginn der

20er Jahre erschien, und die beiden in den 30er Jahren publizierten Arbeiten «Die Logik des Prädikats und das Problem der Ontologie» sowie die «Grundprobleme der Philosophie» (1934).

Epistemologie

Die Leitfrage von Rickerts Habilitationsschrift lautet, ob es eine vom Bewußtsein unabhängige Außenwelt gibt, welche der Gegenstand der Erkenntnis ist. Um diese Frage zu beantworten, klärt Rickert zunächst einmal, was es mit den Begriffen ‹Außenwelt›, ‹Bewußtsein› und der Relation zwischen beiden auf sich hat. Faktisch müssen wir nach Rickert von einem dreifachen Gegensatz von Subjekt und Objekt ausgehen. Eine Analyse beider Begriffe ergibt nämlich:

Wir haben... für das Wort Objekt drei Bedeutungen... 1) die räumliche Außenwelt außerhalb meines Leibes, 2) die gesamte an sich existierende Welt oder das transzendente Objekt, 3) der Bewußtseinsinhalt, das immanente Objekt. Ebenso drei Bedeutungen für das Wort Subjekt: 1) mein Ich, bestehend aus meinem Körper und der darin tätigen ‹Seele›, 2) mein Bewußtsein mit seinem Inhalt, 3) mein Bewußtsein im Gegensatz zu seinem Inhalt (GdE, 8f).

Für die Lösung des Erkenntnisproblems ist der zweite der eben genannten Objektbegriffe entscheidend, denn die Kernfrage der Erkenntnistheorie ist, ob das erkennende Bewußtsein es nur mit immanenten oder auch mit transzendenten Objekten zu tun hat.

Bei der Suche nach einem für die Erkenntnistheorie tauglichen Subjektbegriff verfährt Rickert nach folgender Strategie:

Man kann sich die drei Paare von Subjekt und Objekt so... denken, daß der Umkreis dessen, was zum Objekt gehört, immer größer wird, während der Umkreis des zum Subjekt Gehörigen sich dementsprechend verengert. Objekt ist danach zunächst nur die Welt außerhalb meines Körpers, dann wird dazu der eigene Körper hinzugefügt, und endlich ist Objekt der Bewußtseinsinhalt, d.h. die ganze Welt, während umgekehrt vom Ich zuerst mein Körper und sodann der ganze Bewußtseinsinhalt abgezogen wird... Wenn wir... die verschiedenen Subjektbegriffe unter diesem Gesichtspunkt einer fortschreitenden Verminderung ihres Inhalts betrachten, so muß offenbar an das Ende der Reihe, als Bewußtsein im Gegensatz zum Inhalt, ein Subjekt gesetzt werden, von dem man nichts weiter sagen kann, als daß es sich seines Inhalts bewußt ist (GdE, 13 f).

Wesentlich für Rickerts Bewußtseinskonzept ist, daß das Bewußtsein, das allen Objekten gegenübersteht, nicht mein Bewußtsein, sondern nur ein Bewußtsein überhaupt sein kann. Alles Individuelle ist also von diesem Begriff eines namenlosen, allgemeinen und unpersönlichen Bewußtseins fernzuhalten, dessen Auszeichnung darin besteht, niemals Objekt werden zu können. Wenn Rickert auf den Bewußtseinsbegriff rekurriert, dann bedeutet das nicht, daß damit in irgendeiner Weise ein transzendentes Sein vorausgesetzt würde, denn das Bewußtsein ist keine dingliche Realität. Die Seinsart, welche nach realistischem Verständnis Dingen zukommt, läßt sich vom Bewußtsein nicht aussagen. Das einzige, was sich vom Bewußtsein aussagen läßt, ist vielmehr, daß es dasjenige ist, was allen immanenten Objekten gemeinsam ist.

Rickert wendet sich nicht nur gegen die Vorstellung, die Erkenntnistheorie müsse das gnoseologisch Transzendente zwangsläufig voraussetzen, s. E. sind auch alle Versuche, dessen Existenz zu beweisen, zum Scheitern verurteilt. Wenn unter Berufung auf die Physiologie damit argumentiert wird, daß der Bewußtseinsinhalt wie alles andere eine Ursache haben müsse und in dieser Ursache das Transzendente zu finden sei, so wendet Rickert ein:

Auch die «objektive» Welt des Physiologen ist Bewußtseinsinhalt. Es handelt sich unter erkenntnistheoretischen Gesichtspunkten bei jedem physiologischen Vorgang um die Wirkung zweier immanenter Objekte, zweier Teile des Bewußtseinsinhalts aufeinander. Wenn die Physiologie die Schwingungen als Ursache der Empfindungen bezeichnet, so mag sie diesen bedenklichen Ausdruck gebrauchen, weil innerhalb ihres Gebietes daraus keine Mißverständnisse entstehen werden. Jede erkenntnistheoretische Folgerung daraus ist aber unzulässig... Subjektivität der Empfindungen im physiologischen Sinne hat mit dem, was der Erkenntnistheoretiker unter Subjektivität versteht, nichts als den Namen gemein (GdE, 21).

Ebensowenig schlüssig ist nach Rickerts Meinung der Versuch, aus der Lückenhaftigkeit unserer Wahrnehmungswelt ein transzendentes Sein zu erschließen. Rickert bestreitet zwar nicht, daß das Individuum sich mit einem fortwährend abreißenden und wiedereinsetzenden «Gewühl» von Vorstellungen konfrontiert sieht, was er aber für problematisch hält, ist die Schlußfolgerung, daß *rebus sic stantibus* für die Erkenntnistheorie nur die Wahl zwischen einem konsequenten Solipsismus und der Annahme eines die Lückenhaftigkeit unserer Wahrnehmungen ergänzenden transzendenten Seins übrigbleibt. Die zweite Alternative scheidet für ihn deshalb aus, weil nicht nur unsere zweifellos diskontinuierlichen Wahrnehmungen, sondern auch Raum und Zeit zur immanenten Welt gehören und nicht den Status von transzendenten Wesenheiten haben. Gegen den Solipsismus aber spricht, daß die Welt nicht mein Bewußtseinsinhalt ist, sondern das immanente Objekt eines überindividuellen Bewußtseins überhaupt. Rickert resümiert:

Der Versuch, auf Grund des Kausalitätsgesetzes ein Transzendentes zu erschließen, beruhte auf einer Verwechselung des Bewußtseins mit dem körperlichen Subjekt. Die Behauptung, daß der Idealismus zu Seinsunterbrechungen und zum Solipsismus führe, hat anstelle des Bewußtseins jenes immanente Objekt gesetzt, das wir individuelles Ich nennen. Das Subjekt, um welches es sich bei dem Problem der Transzendenz handelt, kann weder die Einwirkungen von Dingen erleiden, noch kann es wie ein Objekt unterbrochen werden... Wenn wir an dem allein richtigen Subjektbegriffe... festhalten, so gibt es keinen stichhaltigen Beweis für die Annahme eines von ihm unabhängigen, d.h. transzendenten Seins (GdE, 29).

Rickert setzt sich schließlich auch kritisch mit Diltheys Argument für die Realität der Außenwelt auseinander. Diltheys These, der Willensimpuls, den ich empfinde, und seine Hemmung seien ein untrüglicher Indikator für eine vom Subjekt unabhängige Realität, läßt er nicht gelten, denn ihm zufolge ist auch der Vorgang von Willensimpuls und Hemmung nichts anderes als ein Bewußtseinsinhalt.

Die Stoßrichtung der Rickertschen Argumentation ist also deutlich. Wogegen er sich wendet, ist nicht der naive Realismus, denn dieser kennt weder ein transzendentes Sein noch ein Subjekt der Erkenntnis, sondern was er verwirft, ist der erkenntnistheoretische Realismus, der, obwohl er eingesehen hat, daß die Welt, so wie sie uns gegeben ist, Bewußtseinsinhalt ist, gleichwohl die Existenz einer Wirklichkeit behauptet, welche den Erscheinungen zugrunde liegt. Selbst wenn Rickert eine solche metaphysische Annahme verwirft, knüpft er doch bei seinem Versuch, über den Realismus hinauszukommen, an eine Intuition des Realismus an. Denn er schreibt:

Daran zwar halten wir fest, daß die Bedeutung des Erkennens auf der Überzeugung beruht, daß wir eine an sich vorhandene Ordnung zu entdecken vermögen, denn wenn das Erkennen einen Sinn haben soll, so müssen wir etwas auch vom theoretischen Subjekt Unabhängiges dabei erfassen. Insofern liegt allen Versuchen, die Annahme einer transzendenten Welt zu rechtfertigen, ein richtiger Gedanke zugrunde. Aber muß die «Ordnung», die wir entdecken, eine Ordnung von Dingen, eine Wirklichkeit sein? Selbstverständlich ist dies nur unter der Voraussetzung, daß es die Vorstellungen sind, mit denen wir erkennen. Ein vorstellendes Erkennen bedarf einer absoluten Wirklichkeit, weil wir mit Vorstellungen nur dadurch ein vom erkennenden Subjekt Unabhängiges zu erfassen vermögen, daß sie Abbilder oder Zeichen einer Wirklichkeit sind. Welche Gründe aber haben wir dafür, daß das Erkennen durch Vorstellungen eine Wirklichkeit abbildet, und daß überhaupt in den Vorstellungen die Erkenntnis steckt? (GdE, 42 f)

Die Alternative zu einem solchen Erkenntniskonzept sieht Rickert bereits bei Aristoteles vorgezeichnet, der davon ausgeht, daß die Wahrheit nicht in den Vorstellungen liegt, sondern im Urteil enthalten ist. Selbst wenn wir auf eine vom vorstellenden Subjekt unabhängige Welt verzichten müssen, bleibt daher immer noch die Möglichkeit, den Nachweis für ein vom urteilenden Subjekt Unabhängiges zu führen. Voraussetzung eines solchen Nachweises ist, daß die Rolle des Urteils beim Erkenntnisakt näher bestimmt wird.

Vorstellungen, z. B. eine Reihe von Tönen, kommen und gehen, das Urteil aber, daß ich sie gehört habe, hat, auch wenn die Töne die gleichgültigste Sache von der Welt sind, eine über sie hinausgehende dauernde Bedeutung insofern, als es nicht denkbar ist, daß ich jemals sagen könnte: Nein, ich habe die Töne nicht gehört. Bei jedem Urteil weiß ich in dem

*Augenblick, in dem ich urteile, daß ich etwas anerkenne, was zeitlos gilt.
Das ist es, was die Eigentümlichkeit der logischen Beurteilung, wie wir
die Bejahung oder Verneinung nennen können, der hedonischen Beurteilung gegenüber ausmacht… Wir legen dem Gefühle, dem wir im Urteil zustimmen, nicht nur eine von uns unabhängige Bedeutung bei, sondern wir erleben darin etwas, wovon wir abhängig sind. Ich bin, wenn ich
urteilen will, durch das Gefühl der Evidenz gebunden, ich kann nicht will-
kürlich bejahen oder verneinen. Ich fühle mich von einer Macht bestimmt, der ich mich unterordne, und nach der ich mich richte (GdE, 60f).*

Rickert spricht in diesem Zusammenhang von einer Urteilsnotwendigkeit, der wir unterliegen. Es handelt sich hierbei um keine Notwendigkeit
des Müssens. Denn selbst wenn wir uns als Urteilende bestimmt fühlen
von einer Macht, so urteilen wir nicht aus einem naturgesetzlichen
Zwang heraus, sondern die Notwendigkeit, die uns bindet, wenn wir urteilen, ist die Notwendigkeit eines Sollens, das wir als Imperativ erfahren
und dessen Berechtigung wir anerkennen. Wenn aber das in der Urteilsnotwendigkeit unmittelbar erfahrene Sollen die Richtschnur unseres Ur-
teilens ist, dann ist damit zugleich gesagt, daß es die Anerkennung des
Sollens ist, die den Urteilen Wahrheit verleiht. Für Rickert besteht ein
notwendiger Zusammenhang zwischen Wahrheit und Wert und Wirklichkeit. Wahrheit kann nämlich als der eigentümliche Wert definiert
werden, den Urteile haben. Und dieser Wert ist keineswegs aus ihrem
Verhältnis zur Wirklichkeit abgeleitet. Urteile sind also nicht deswegen
wahr, weil sie aussagen, was wirklich ist. Rickert zufolge ist es vielmehr
so, daß wir das wirklich nennen, was von Urteilen anerkannt werden soll.
Auf diese Weise aber wird das Wirkliche zu einer Art des Wahren, und
von der Wahrheit gilt schließlich, daß sie nichts anderes als ein Wert ist.

Für die Frage nach dem Gegenstand der Erkenntnis ergibt sich: Wenn
wir darunter das verstehen, wonach sich das Erkennen richtet, dann kann
nur das Sollen, das im Urteil anerkannt wird, der Gegenstand der Erkenntnis sein. Wie aber steht es mit der Transzendenz des Sollens, das ja
nur dann für die Erkenntnis Bedeutung besitzt, wenn es sich hier um
einen von der Erkenntnis in jeder Hinsicht unabhängigen Gegenstand
handelt? Rickert schreibt hierzu:

Wir haben gesehen, daß alle Urteile, welche sich auf ein transzendentes Sein zu beziehen schienen, sich so umwandeln ließen, daß sie lediglich Tatsachen des Bewußtseins aussagten, und nur in dieser Gestalt waren sie unbezweifelbar … Wie aber steht es mit dem transzendenten Sollen? Ist es möglich, ein Urteil so umzuwandeln, daß es nicht mehr die Anerkennung dieses Sollens enthält? Offenbar nicht, da wir nachgewiesen haben, daß jedes Urteil in der Anerkennung der Urteilsnotwendigkeit besteht. Ich mag die Urteile umwandeln, wie ich will, und alle Beziehungen auf eine transzendente Wirklichkeit daraus entfernen, so werde ich doch stets den Wahrheitswert als einen von mir unabhängigen Wert erkennen (GdE, 70).

Wissenschaftsmethodologie

Nach dem Versuch einer generellen Klärung des Erkenntnisproblems wandte sich Rickert methodologischen Fragen zu. Dabei nahm er ein Thema auf, das ihn bereits in seiner Dissertation beschäftigt hatte, nämlich das Problem der wissenschaftlichen Begriffsbildung. In seiner Monographie «Die Grenzen der naturwissenschaftlichen Begriffsbildung» bekämpft er, aus der Überzeugung heraus, daß der Mangel an Verständnis für das Wesen der historischen Wissenschaften zu den folgenschwersten Übelständen der Philosophie seiner Zeit gehöre, den Universalitätsanspruch der naturwissenschaftlichen Methode.

Ausgangspunkt seiner Überlegungen ist die Unmöglichkeit, naturwissenschaftliches Erkennen abbildtheoretisch zu verstehen.

Die Welt dadurch zu erkennen, daß man alle Einzelgestaltungen, so wie sie sind, einzeln vorstellt, ist eine für den endlichen Menschengeist prinzipiell unlösbare Aufgabe. Jeder Versuch in dieser Richtung wäre geradezu widersinnig, denn wie groß wir auch die Anzahl der Einzelgestaltungen annehmen mögen, die mit unseren Vorstellungen abzubilden uns gelingen könnte, es stände ihnen noch immer eine prinzipiell unübersehbare, also unendliche Mannigfaltigkeit von unerkannten Dingen und Vorgängen gegenüber (GnB, 34).

Das abbildtheoretische Erkenntnismodell versagt jedoch auch dann, wenn man die Erkenntnis auf einen Teil der Wirklichkeit beschränkt. Denn selbst dann gilt:

Jede einzelne Anschauung..., die wir aus der unendlichen Fülle heraus-greifen, bietet uns, so einfach wir sie auch wählen mögen, immer noch eine Mannigfaltigkeit dar, und wir werden, wenn wir uns an eine nähere Untersuchung machen, finden, daß diese Mannigfaltigkeit um so größer wird, je mehr wir uns in sie vertiefen (ebd.).

Das Problem, das sich für jede Theorie naturwissenschaftlicher Begriffs-bildung stellt, ist die Überwindung der extensiven bzw. intensiven Man-nigfaltigkeit, mit der sich menschliches Erkennen konfrontiert sieht.

Die Grenzen der naturwissenschaftlichen Begriffsbildung werden daran deutlich, daß diese zwangsläufig von der anschaulichen Mannigfal-tigkeit der empirischen Welt absehen muß, um das den verschiedenen Dingen und Vorgängen Gemeinsame zu erfassen. Die logische Vollkom-menheit eines naturwissenschaftlichen Begriffs bemißt sich daran, wie-weit es ihm gelungen ist, die empirische Anschauung aus seinem Inhalt zu eliminieren. Die Vereinfachung durch die Begriffsbildung geht also mit der Vernichtung der Anschaulichkeit einher. Damit hängt für Rik-kert noch ein zweites zusammen:

Die Beseitigung der empirischen Anschauung ist... zugleich die Beseiti-gung des individuellen Charakters der gegebenen Wirklichkeit, und ebenso wie von der empirischen Anschauung enthalten die Begriffe der Naturwissenschaft auch von allem Individuellen um so weniger, je voll-kommener sie werden. Das Individuelle im strengen Sinne verschwindet bereits durch die primitivste Begriffsbildung, und schließlich kommt die Naturwissenschaft darauf hinaus, daß alle Wirklichkeit im Grunde ge-nommen immer und überall dieselbe ist, also gar nichts Individuelles mehr enthält (GnB, 236).

Wenn aber nichts Individuelles und Anschauliches in den Inhalt der na-turwissenschaftlichen Begriffe eingeht, so ist die Folgerung unabweisbar, daß nichts Wirkliches in sie eingeht. Die Wirklichkeit können wir zwar unmittelbar erleben; sobald wir aber den Versuch machen, sie mit den Mitteln der Naturwissenschaft zu begreifen, machen wir die Erfahrung, daß sie sich uns entzieht. Von daher ist es für Rickert die empirische Wirklichkeit selbst, welche der naturwissenschaftlichen Begriffsbildung eine Grenze setzt.

Damit ist zugleich die Möglichkeit der Geschichte als einer Wissenschaft aufgewiesen, der wir uns immer dann zuwenden, wenn unser Interesse durch die Naturwissenschaft nicht befriedigt wird, weil es auf Anschauliches und Individuelles zielt. Damit ergibt sich von der Aufgabenbestimmung der Geschichte bzw. der Naturwissenschaft für Rickert folgendes Bild:

Die Geschichte kann niemals versuchen, ihr Material in ein System von allgemeinen Begriffen zu bringen, das umso vollkommener ist, je weniger von der empirischen Wirklichkeit es enthält, sondern sie sucht sich einer Darstellung der Wirklichkeit selbst wenigstens anzunähern. Sie kann deshalb im Vergleich zur Naturwissenschaft, die vom Besonderen zum Allgemeinen, vom Wirklichen zum Geltenden strebt, auch als die eigentliche Wirklichkeitswissenschaft *bezeichnet werden. Der Gegensatz, um den es sich handelt, läßt sich am besten vielleicht so formulieren, daß wir sagen: alle empirische Wirklichkeit kann noch unter einen anderen logischen Gesichtspunkt gebracht werden als unter den, daß sie eine Natur ist. Sie wird Natur, wenn wir sie betrachten mit Rücksicht auf das Allgemeine, sie wird Geschichte, wenn wir sie betrachten mit Rücksicht auf das Besondere (GnB, 254 f).*

Rickert unterscheidet also zwischen zwei Typen von Wirklichkeitswissenschaft. Auch die Naturwissenschaft ist für ihn Wirklichkeitswissenschaft. Denn auch sie hat ihre Basis in der unmittelbar erfahrenen Wirklichkeit, von der jede empirische Wissenschaft ihren Ausgang nehmen muß.

Allerdings kann diese erfahrene Wirklichkeit in verschiedener Weise methodisch erschlossen werden. Erfolgt diese Erschließung mit den Mitteln der Naturwissenschaft, so geht es um ein Allgemeines, das nur begriffliche Realität hat. Erfolgt sie mit den Mitteln der Geschichtswissenschaft, so geht es um das einzelne Wirkliche in seiner Besonderheit. Von daher ist für Rickert die Geschichtswissenschaft die Wirklichkeitswissenschaft im eigentlichen Sinn. Deren spezifischer Gegenstand ist das historische Individuum. Rickert unterscheidet drei Stufen, in denen dessen Begriffsbestimmung erfolgt.

Zuerst war das Historische das Wirkliche schlechthin, das überall individuell im Sinne von einzigartig ist, und dieser Begriff genügte, um die Grenzen der naturwissenschaftlichen Begriffsbildung klarzulegen. Sodann wurde das Historische das von einem wollenden Wesen mit einem Wert

verbundene und in seiner Einzigartigkeit zugleich einheitliche Wirkliche,
und damit lernten wir die Wirklichkeitsauffassung des praktischen Le-
bens kennen. Endlich konnten wir das historische Individuum als die
Wirklichkeit bestimmen, die sich durch Beziehung auf einen allgemeinen
Wert zu einer einzigartigen und einheitlichen Mannigfaltigkeit für jeden
zusammenschließen muß (GnB, 368).

Die beiden ersten Stufen bilden nur den Weg, auf dem wir zur Bestimmung des historischen Individuums gelangen. Erst auf der dritten Stufe
wird der Begriff erreicht, der Gegenstand der historischen Wissenschaften ist. Als Beispiel für ein historisches Individuum nennt Rickert Goethe. Stellen wir eine Persönlichkeit wie Goethe irgendeinem Durchschnittsmenschen gegenüber, so ergibt sich:

Mit Rücksicht auf den allgemeinen Wert kann die Individualität des
Durchschnittsmenschen durch jedes Objekt, das unter den Begriff
Mensch fällt, ersetzt werden, an Goethe dagegen wird gerade das von
Bedeutung, was ihn von allen anderen Exemplaren des Begriffes Mensch
unterscheidet, und es gibt keinen allgemeinen Begriff, unter den er ge-
bracht werden kann (GnB, 358).

Das historische Individuum ist also für alle gerade durch das bedeutsam,
worin es sich von allen anderen unterscheidet. Obwohl uns die empirische Wirklichkeit in individuellen Gestaltungen entgegentritt, zerfällt
sie doch keineswegs in isolierte Individuen, diese stehen vielmehr in
einem größeren Zusammenhang. Der allgemeine geschichtliche Zusammenhang stellt ein umfassendes Ganzes dar, und die einzelnen Individuen sind dessen Teile. Im Gegensatz zur Naturwissenschaft, für die das
Allgemeine ein Begriff mit allgemeinem Inhalt ist, zu dem die einzelnen
Individuen als Exemplare gehören, handelt es sich bei der Bestimmung
eines historischen Objekts um die Einordnung eines Individuums in ein
umfassenderes Individuum, z. B. die italienische Renaissance. Die historischen Tatsachen sind aber nicht nur deshalb nicht isoliert, weil sie stets
Teile eines größeren Ganzen sind, sondern auch weil sie in einem kausalen Zusammenhang mit anderen Teilen stehen.

Die Voraussetzung, daß alles Geschehen seine Ursache hat, wollen wir,
um sie von den Naturgesetzen der empirischen Wissenschaften zu unter-

scheiden, nicht Kausalitätsgesetz, sondern Grundsatz der Kausalität oder Kausalprinzip nennen. Sodann muß, da jede Ursache und jede Wirkung von jeder anderen Ursache und jeder anderen Wirkung verschieden ist, jeder wirkliche Zusammenhang von Ursache und Wirkung nach unserer Terminologie als ein historischer Kausalzusammenhang *im weitesten Sinne des Wortes bezeichnet werden. Schließlich sprechen wir von einem Kausalgesetz, wenn individuelle Kausalzusammenhänge auf das hin betrachtet werden, was ihnen mit anderen Kausalzusammenhängen gemeinsam ist, oder wenn ein unbedingt allgemeiner Begriff gebildet wird, der nur das enthält, was an beliebig vielen Kausalzusammenhängen sich wiederholt. Kurz, wir scheiden historische und naturwissenschaftliche Kausalität von einander und beide wiederum von dem allgemeinen Kausalitätsprinzip (GnB, 413f).*

Worauf es Rickert bei dieser Unterscheidung ankommt, ist, daß der Begriff der kausalen Verknüpfung den Begriff der Naturgesetzmäßigkeit nicht einschließt. Wenn z. B. Lissabon 1755 durch ein Erdbeben zerstört wurde oder Wilhelm I. die deutsche Kaiserkrone zunächst ablehnte, so handelt es sich hier zwar um kausal völlig bestimmte Vorgänge; trotzdem gibt es keine allgemeinen Kausalgesetze, aus denen diese einmaligen individuellen Ereignisse folgen. Der Begriff des historischen Zusammenhangs bzw. der kausalhistorischen Verknüpfung führt noch in anderer Weise über den Begriff des historischen Individuums hinaus, wie Rickert mit folgender Überlegung deutlich macht:

Es sind ... niemals fertige Dinge, sondern immer in Bewegung befindliche Vorgänge, welche die Geschichte darstellt. Nur so lange aber, als wir es mit fertigen oder ruhenden Objekten zu tun haben, scheinen sich nach der angegebenen Methode in ihrer intensiven Mannigfaltigkeit die wesentlichen von den unwesentlichen Bestandteilen scheiden und zu einem individuellen Begriff zusammenstellen zu lassen. Wird dagegen an ihre Stelle ein kausal bedingter zeitlicher Verlauf gesetzt, so entstehen neue Schwierigkeiten. Der Historiker muß auch Prozesse *erstens als notwendige Einheiten auffassen können, und sie zweitens nicht nur nach außen hin abschließen, sondern auch im Innern in eine Anzahl von Stufen zu teilen imstande sein, d.h. er hat stets eine übersehbare Reihe von verschiedenen Stadien darzustellen, aus denen der historische Ablauf sich ... zusammensetzt. Auf diese Weise erst kommt Geschichte als Wissenschaft vom* wirklichen *Geschehen zustande (GnB, 437).*

Wenn man nun fragt, welcher logischen Mittel der Historiker sich in diesem Fall bedient, stößt man auf den Begriff der historischen Entwicklung. Um dessen Proprium zu bestimmen, nimmt Rickert zunächst eine Unterscheidung zwischen verschiedenen Entwicklungsbegriffen vor.

Erstens bedeutet Entwicklung soviel wie Werden überhaupt, und dann ist kein Sein uns bekannt, das nicht Entwicklung wäre. Zweitens wird alle Wiederholung von dem, was Entwicklung sein soll, ausgeschlossen, und dann fällt der Begriff der Entwicklung mit dem der Veränderung zusammen. Drittens tritt zu dem Begriff einer Reihe von Veränderungen der Gedanke hinzu, daß die verschiedenen Teile zusammen ein Ganzes realisieren, und dadurch entsteht der umfassendste teleologische Entwicklungsbegriff. Viertens wird ein individueller Werdegang in der Weise zu einer teleologischen Einheit zusammengeschlossen, daß man seine Einzigartigkeit auf einen Wert bezieht, und auf diese Weise verknüpft sich die Einzigartigkeit mit der Einheit eines Werdegangs zu einem geschichtlichen Entwicklungsprozeß. Fünftens kann hierzu noch eine ausdrückliche Beurteilung des ganzen Werdegangs oder seiner einzelnen Stadien hinzutreten... Sechstens läßt sich die Entwicklungsreihe so betrachten, daß die Zunahme des Wertes ihrer einzelnen Stufen in einem notwendigen Zusammenhange mit ihrer zeitlichen Abfolge steht, wodurch die Entwicklungsreihe zum Fortschritt wird, und endlich kann der Wert, den die Reihe realisiert, zur Ursache gemacht werden, so daß er seine eigene Verwirklichung hervorbringt (GnB, 472 f).

Für die Historie maßgeblich ist nach Rickert der vierte Entwicklungsbegriff. Die drei ersten Entwicklungsbegriffe führen auf ihn hin, sind aber als solche betrachtet unzureichend, weil sie von einer Wertbeziehung abstrahieren und uns damit kein Prinzip zur Darstellung eines einmaligen Werdegangs an die Hand gegeben ist. Die drei letztgenannten Begriffe enthalten bereits zu viele Voraussetzungen und stehen im Widerspruch zum Ideal einer empirischen Geschichtswissenschaft.

Insofern für die historische Begriffsbildung bestimmte partikuläre Kulturwerte als Prinzip für die Auswahl des Wesentlichen fungieren, stellt sich zwangsläufig das Problem der Objektivität der Historie.

Es genügt... nicht, daß wir die rein individuellen Werte ausschließen und als leitende Prinzipien einer historischen Darstellung solche Werte be-

zeichnen, die allen Gliedern einer bestimmten Gemeinschaft gemeinsam sind, sondern wir müssen, wenn die Geschichte mit der Art von Allgemeingültigkeit wetteifern soll, auf welche die Naturwissenschaft bei der Aufstellung von Naturgesetzen Anspruch macht, annehmen, daß gewisse Werte nicht nur faktisch für alle Glieder bestimmter Gemeinschaften gelten, sondern daß die Anerkennung von Werten überhaupt jedem wissenschaftlichen Menschen als notwendig... zugemutet werden darf (GnB, 390).

Um dies nachzuweisen, rekurriert Rickert auf seine epistemologischen Überlegungen, denen zufolge jedes Fürwahrhalten als logische Voraussetzung die Anerkennung eines Wahrheitswerts enthält. Darin ist impliziert, daß jedes beliebige Urteil nur für den gilt, der Wahrheit auch tatsächlich will. Der Wille stellt, so gesehen, das letzte Apriori jeder Wissenschaft dar. Aber nicht bloß unseren theoretischen Vollzügen, sondern ebenso unseren praktischen Vollzügen geht ein solcher Wille voran, der einzig des Sollens wegen will und den Rickert daher auch als pflichtbewußten Willen bezeichnet. Der Rekurs auf diesen Willen als absoluten Wert ermöglicht eine Lösung des Problems der historischen Objektivität. Rickert erläutert diese Lösung wie folgt:

Freilich, wir wissen nicht, welchen inhaltlich bestimmten Sinn die Entwicklung des menschlichen Kulturlebens hat, und wir werden es vielleicht niemals wissen. Aber daß sie überhaupt einen Sinn hat, ist uns durch den absoluten Wert des pflichtbewußten Willens als das Gewisseste verbürgt, das wir kennen, da er die Voraussetzung auch des Erkennens ist. So formal diese Gewißheit also sein mag, so genügt sie doch, um die geschichtliche Auffassung der Welt ebenso als eine notwendige zu betrachten wie die naturwissenschaftliche. Für die wissenschaftliche Objektivität der Naturgesetze brauchen wir nur die formale Voraussetzung, daß irgendwelche unbedingt allgemeinen Urteile absolut gelten. In der Geschichte können wir ebenfalls bei der formalen Voraussetzung, daß irgendwelche Werte absolut gelten, stehen bleiben, weil dann jeder normativ allgemeine Kulturwert absoluten Werten näher oder ferner steht, und daher auch jedes Kulturleben in seiner Individualität zu absoluten Werten eine notwendige Beziehung hat (GnB, 703 f).

Zur Beurteilung von Rickerts Epistemologie und Wissenschaftsmethodologie sind folgende Gesichtspunkte wichtig:

1. Rickert verwirft die herkömmliche realistische Erkenntniskonzeption. Sämtliche Versuche eines Aufweises der gnoseologischen Transzendenz hält er für nicht schlüssig. Verworfen wird von ihm das Argument, die Annahme des Transzendenten sei notwendig, weil dieses die Ursache des Immanenten sei. Auch das Argument, das Transzendente sei die notwendige Ergänzung des Immanenten, verwirft er. Schließlich hält er auch das Widerstandsargument für nicht durchschlagend.

2. Trotz seiner Kritik an der realistischen Erkenntniskonzeption hält er daran fest, daß Erkenntnis auf einen vom erkennenden Subjekt unabhängigen Gegenstand und einen objektiven Maßstab angewiesen bleibt, nur muß dieser Gegenstand bzw. dieser Maßstab s. E. anders konzipiert werden als in der Tradition des Realismus.

3. Bei seiner Neukonzeption von Transzendenz setzt Rickert nicht bei der Vorstellung, sondern beim Urteil an. Denn mag auch alles, was das Subjekt vorstellt, bewußtseinsimmanent sein, für das Urteil ist wesentlich, daß es eines transzendenten Kriteriums bedarf. Ein solches Kriterium stellt nach Rickert das Sollen dar, welches ich im Urteil anzuerkennen habe und das daher nicht nur den Maßstab, sondern auch den Gegenstand jeder positiven Erkenntnis darstellt.

4. Rickert stellt damit einer immanenten Wirklichkeitslehre, derzufolge nur Bewußtseinsgegebenheiten (Vorstellungen) als Wirklichkeit für die Erkenntnistheorie in Frage kommen, eine transzendente Theorie der Urteilsgeltung gegenüber. Denn Maßstab des Urteils als der normgerechten und damit Wahrheit anstrebenden Verbindung von Vorstellungselementen ist ein transzendentes, über alle Vorstellungsimmanenz hinausreichendes Sollen.

5. In seiner Wissenschaftsmethodologie führt Rickert die Differenz der beiden Wissenschaftstypen Geschichtswissenschaft und Naturwissenschaft nicht wie Windelband auf die Differenz von singulärem und allgemeinem Urteil zurück, sondern auf die Differenz von individualisierender und generalisierender Begriffsbildung.

6. Rickerts Epistemologie wird unterschiedlich beurteilt: als Versuch, die nachhegelsche Identitätskrise der Philosophie mit Hilfe eines wertphilosophisch interpretierten Kantianismus zu beheben, und als sollenstheoretische Aufhebung von Kants kritischem Erkenntnisprogramm, die sich aus fragwürdigen metaphysischen Quellen speist. Allerdings sind Zweifel angebracht, ob Rickerts Ansatz auf dem Hintergrund einer Di-

chotomie kantianischer und traditionell metaphysischer Theoriemomente, die in ihm gleicherweise zum Tragen kommen, verständlich gemacht werden kann. In seiner Wissenschaftsmethodologie stellt sich das Problem, daß der Rückzug auf die reine Logik wissenschaftlicher Begriffsbildung sich nicht konsequent durchhalten läßt, da Rickert bei seinen methodologischen Überlegungen nicht ohne einen materialen Vorbegriff des Geschichtlichen auskommt. – Wirkungsgeschichtliche Bedeutung erlangte Rickerts Wissenschaftsmethodologie vor allem durch Max Weber, der in seinen Arbeiten zur Methodologie der Sozialwissenschaften bei Rickert anknüpft.

Schriften

Zur Lehre von der Definition, Tübingen 1888. – Der Gegenstand der Erkenntnis, Freiburg 1892 *(GdE)*. – Kulturwissenschaft und Naturwissenschaft, Tübingen 1899. – Die Grenzen der naturwissenschaftlichen Begriffsbildung, Tübingen 1902 *(GnB)*. – Die Philosophie des Lebens, Tübingen 1920. – System der Philosophie, I. Teil, Tübingen 1921. – Kant als Philosoph der modernen Kultur, Tübingen 1924. – Die Logik des Prädikats und das Problem der Ontologie, Heidelberg 1930. – Grundprobleme der Philosophie. Methodologie, Ontologie, Anthropologie, Tübingen 1934.

Literatur

J. Berger: Historische Logik und Hermeneutik, in: H. L. Ollig: Materialien zur Neukantianismusdiskussion, Darmstadt 1987, 294–327. – L. Kuttig: Konstitution und Gegebenheit bei H. Rickert, Essen 1987. – P.-U. Merz: Max Weber und Heinrich Rickert, Würzburg 1990. – G. Oakes: Die Grenzen kulturwissenschaftlicher Begriffsbildung, Frankfurt a. M. 1990. – A. Peschl: Transzendentalphilosophie – Sprachanalyse – Neoontologie, Frankfurt 1992. – G. Ramming: Karl Jaspers und Heinrich Rickert, Diss. Bern 1948. – H. Schnädelbach: Geschichtsphilosophie nach Hegel, Freiburg/München 1974. – H. P. Sommerhäuser: Emil Lask in seiner Auseinandersetzung mit Heinrich Rickert, Berlin 1965. – G. Wagner: Geltung und normativer Zwang, Freiburg/München 1987. – R. Zocher: Heinrich Rickert zu seinem 100. Geburtstag, in: Zeitschrift für Philosophische Forschung 18 (1963), 457–462.

Ferdinand Fellmann

Lebensphilosophie

Unter «Lebensphilosophie» – als nachträgliche Sammelbezeichnung verstanden – werden Philosophen betrachtet, welche die triebhafte Seite des menschlichen Geistes zum Gegenstand transzendentaler Reflexion machen. Im Unterschied zum Rationalismus, der davon ausgeht, daß sich die Welt aus der Vernunft begründen läßt, sind Lebensphilosophen der Überzeugung, daß die Gesetze der formalen Logik nicht ausreichen, die Korrelation von Sein und Bewußtsein aufzuhellen. Daher entwickeln sie einen neuen Typus explikativer Rationalität, die es sich zur Aufgabe macht, die logisch nicht restlos auflösbaren Bewußtseinsinhalte wenigstens so weit auszulegen, daß sie den praktischen Orientierungsbedürfnissen der Menschen gerecht werden.

Begründer der lebensphilosophischen Strömungen im 19. Jahrhundert ist Arthur Schopenhauer, der mit seinem Begriff «Wille zum Leben» der Subjektphilosophie eine neue Dimension eröffnet. Über seinen weltanschaulichen Pessimismus hinaus hat Schopenhauers Willensmetaphysik die Psychologie und die philosophische Bewußtseinstheorie bis tief in das 20. Jahrhundert hinein beeinflußt. Insofern kann man Schopenhauer neben Kant durchaus als einen der Wegbereiter der Moderne betrachten.

Aus Schopenhauers «Primat des Willens im Selbstbewußtsein» haben Friedrich Nietzsche und Wilhelm Dilthey Konsequenzen für die Anthropologie und für die Hermeneutik gezogen. Nietzsches Anknüpfung an Schopenhauer ist explizit, bei Dilthey wird die Verbindung durch eine kantianisierende Terminologie verdeckt, welche die Interpreten immer wieder dazu verleitet, Diltheys Philosophie der Geisteswissenschaften als direkte Fortsetzung der Vernunftkritik Kants zu lesen. Diese Lesart verkennt, daß Dilthey Verstehen neben dem Erklären nur dann als selbständige Erkenntnisform rechtfertigen kann, wenn sich die Bewußtseinsinhalte nicht restlos auf das «Ich denke» zurückführen lassen. Ähnlich verhält es sich mit dem Pragmatismus von James, der Glaube und Überzeugung im theoretischen Bereich nur durch den Rückgang auf den Willen rechtfertigen kann. Von Dilthey unterscheidet sich James darin, daß er dem lebensphilosophischen Ansatz statt der hermeneutischen eine pragmatische Wende gibt, die in eine pluralistische Ontologie einmündet.

Der Lebensphilosophie, die Anfang des 20. Jahrhunderts zu einer ideologischen Bewegung wird, ist der Vorwurf des Irrationalismus nicht erspart geblieben. Sicherlich geben Biologismus und Vitalismus, die bei
den Lebensphilosophen im engeren Sinn wie Georg Simmel und Henri
Bergson anzutreffen sind, Anlaß zu ernsthaften Bedenken. Aber diese
treffen auf die hier behandelten Philosophen nicht zu, da sie sämtlich am
Standpunkt des Subjekts festhalten und somit dem unreflektierten Naturalismus einen Riegel vorschieben. Die Anerkennung des Primats der
Triebe vor Geist und Vernunft bedeutet keineswegs Unterwerfung unter
das Irrationale, noch viel weniger Haß auf die Vernunft. Im Gegenteil: Es
war die der Vernunft entspringende Wahrheitsliebe der Außenseiter des
19. Jahrhunderts, die ihnen den Mut gegeben hat, die dunklen Seiten des
menschlichen Wesens in die Bewußtseinstheorie zu integrieren. Trieb,
Macht, Erlebnis und Überzeugung lauten die Schlüsselbegriffe zum Verständnis des menschlichen Weltbezugs, der sich nicht in den Formen der
wissenschaftlichen Rationalität erschöpft. In diesem Sinn gehören die
Lebensphilosophen des 19. Jahrhunderts zur Tradition des Realismus, an
die das lebensweltlich orientierte Philosophieren des 20. Jahrhunderts in
vielen Punkten anknüpft.

Literatur

K. Albert: Lebensphilosophie. Von den Anfängen bei Nietzsche bis zu ihrer Kritik bei
Lukács, Freiburg/München 1995. – F. Bollnow: Die Lebensphilosophie, Berlin/Göt-
tingen/Heidelberg 1958. – F. Fellmann: Lebensphilosophie. Elemente einer Theorie
der Selbsterfahrung, Reinbek bei Hamburg 1993. – H. Rickert: Die Philosophie des
Lebens. Darstellung und Kritik der lebensphilosophischen Modeströmungen unserer
Zeit, Tübingen ²1922.

Arthur Schopenhauer (1788–1860)

Leben und Werke

Mit Schopenhauer beginnt in Deutschland ein neuer Stil des Philosophierens. Von den Abhandlungen der «Kathederphilosophen» unterscheiden sich seine Schriften durch außergewöhnliche Klarheit und Lebendigkeit. In jedem seiner Sätze scheint die unverwechselbare Gestalt
des Außenseiters durch. Von ihm geht eine neue Weltanschauung aus,
die das gebildete Bürgertum nach der gescheiterten Revolution von 1848
erfaßt und die schließlich Ende des 19. Jahrhunderts ihren Höhepunkt
erreicht: der Pessimismus.

Anders als seine berühmten philosophischen Zeitgenossen, die meist
aus theologischem Milieu stammen, ist Schopenhauer im praktischen
Geist aufgewachsen. 1788 als Sohn eines Großkaufmanns in Danzig geboren, verbrachte er seine Jugend in Hamburg. Nach einer erfahrungs-
reichen zweijährigen Europareise wurde er von seinem Vater zur Kauf-
mannslehre genötigt. Erst nach dessen Tod konnte Schopenhauer seine
Gymnasialbildung nachholen. Ab 1809 studierte er an der Universität
Göttingen zunächst Medizin, später Philosophie. 1811 ging er an die
neugegründete Friedrich-Wilhelm-Universität zu Berlin, wo er vor allem Fichte und Schleiermacher hörte. 1813 beendete er sein Studium mit
der Dissertation «Über die vierfache Wurzel des Satzes vom zureichen-
den Grunde» an der Universität Jena.

Schopenhauers Mutter war eine bekannte Romanschriftstellerin, die
in Weimar ein offenes Haus führte. Hier traf Schopenhauer mit Wieland
und Goethe zusammen. Die Beschäftigung mit Goethes Farbenlehre veranlaßte ihn zur Schrift «Über das Sehen und die Farben» (1816). Zwei
Jahre später erschien sein Hauptwerk «Die Welt als Wille und Vorstellung» (1818), das zunächst unbeachtet blieb. Nach dessen Erscheinen
unternahm Schopenhauer, der seinen Lebensunterhalt ganz vom väter-

lichen Erbe bestritt, zwei Italienreisen, auf denen er dieses Land weitaus realistischer und illusionsloser erlebte als Goethe. 1820 erfolgte die Habilitation in Berlin, wobei es zur Konfrontation mit Hegel kam. Seine Vorlesungen, die er bewußt zum gleichen Zeitpunkt wie Hegel hielt, mußte Schopenhauer wegen Mangel an Zuhörern einstellen. Auch sein Privatleben in Berlin verlief nicht glücklich. Die Beziehung zu einer an der Berliner Oper tätigen Choristin blieb vorübergehend. Als 1831 in Berlin die Cholera ausbrach, ergriff Schopenhauer die Flucht und ließ sich 1833 endgültig in Frankfurt am Main nieder, wo er noch fast drei Jahrzehnte ein zurückgezogenes und einförmiges Junggesellendasein führte.

In der Frankfurter Zeit entstanden neben der Abhandlung «Über den Willen in der Natur» (1836) zwei Preisschriften zu Fragen der Ethik: «Über die Freiheit des menschlichen Willens» (1839) und «Über das Fundament der Moral» (1840), die Schopenhauer unter dem Obertitel «Die beiden Grundprobleme der Ethik» veröffentlichte. 1844 erschien «Die Welt als Wille und Vorstellung» um einen Band erweitert in zweiter Auflage. Der Durchbruch gelang Schopenhauer mit den populär geschriebenen «Parerga und Paralipomena», aus denen insbesondere die «Aphorismen zur Lebensweisheit» ein breites Publikum erreichten. So erfuhr Schopenhauer gegen Ende doch noch die Anerkennung, auf die er sein ganzes Leben warten mußte. Er starb im Jahre 1860 im Alter von 72 Jahren.

Erkenntnistheorie

Im ersten Buch seines Hauptwerks entwickelt Schopenhauer die Erkenntnistheorie als transzendentalen Idealismus. Mit Descartes und Berkeley geht er davon aus, daß uns die Welt als Inbegriff von Vorstellungen gegeben ist. Aus der logischen Analyse des Vorstellungsbegriffs zieht Schopenhauer den Schluß, daß zu jeder Vorstellung ein Objekt gehört, auf das sie sich bezieht, sowie ein Subjekt, das die Vorstellung hat. Das Subjekt der Erkenntnis fällt aber nicht mit der empirischen Person zusammen, sondern ist eine transzendentale Konstruktion, ein Grenzbegriff von etwas, das selbst nie Gegenstand der Erkenntnis werden kann und als solches außerhalb von Raum und Zeit liegt:

Die Welt als Vorstellung also, in welcher Hinsicht allein wir sie hier betrachten, hat zwei wesentliche, notwendige und untrennbare Hälften. Die eine ist das Objekt: dessen Form ist Raum und Zeit, durch diese die Vielheit. Die andere Hälfte aber, das Subjekt, liegt nicht in Raum und Zeit: denn sie ist ganz und ungeteilt in jedem vorstellenden Wesen; daher ein einziges von diesen, ebenso vollständig als die vorhandenen Millionen, mit dem Objekt die Welt als Vorstellung ergänzt: verschwände aber auch jenes einzige; so wäre die Welt als Vorstellung nicht mehr. Diese Hälften sind daher unzertrennlich, selbst für den Gedanken: denn jede von beiden hat nur durch und für die andere Bedeutung und Dasein, ist mit ihr da und verschwindet mit ihr. Sie begrenzen sich unmittelbar: wo das Objekt anfängt, hört das Subjekt auf (ZA I, 32).

Den Dualismus von Subjekt und Objekt nimmt Schopenhauer wörtlich als räumliche Teilung eines ursprünglich zusammengehörigen Ganzen. Aus der gemeinsamen Grenze ergeben sich formale Übereinstimmungen zwischen Subjekt und Objekt, welche eine Erkenntnis der Welt überhaupt erst ermöglichen:

Die Gemeinschaftlichkeit dieser Grenze zeigt sich eben darin, daß die wesentlichen und daher allgemeinen Formen alles Objekts, welche Zeit, Raum und Kausalität sind, auch ohne die Erkenntnis des Objekts selbst, vom Subjekt ausgehend gefunden und vollständig erkannt werden können, d.h. in Kants Sprache, a priori in unserem Bewußtsein liegen. Dies entdeckt zu haben, ist ein Hauptverdienst Kants und ein sehr großes. Ich behaupte nun überdies, daß der Satz vom Grunde der gemeinschaftliche Ausdruck für alle diese uns a priori bewußten Formen des Objekts ist, und daß daher alles, was wir rein a priori wissen, nichts ist, als eben der Inhalt jenes Satzes und was aus diesem folgt, in ihm also eigentlich unsere ganze a priori gewisse Erkenntnis ausgesprochen ist (ZA I, 32).

Obwohl Schopenhauer hier an Kant anknüpft, weicht er von diesem doch in wichtigen Punkten ab. Die Erkenntnisformen führt Schopenhauer auf den Satz vom Grunde zurück, dem zufolge alle Vorstellungen gesetzmäßig miteinander zusammenhängen. Insofern ist Schopenhauer Rationalist, unterscheidet sich aber von der transzendentalen Deduktion der Kategorien durch die Auffassung, daß alles Erkennen sich darauf beschränke, Beziehungen zwischen Vorstellungen herzustellen. Damit entfällt die kantische Unterscheidung zwischen Anschauungs- und

Denkformen. Zeit, Raum und Kausalität werden gleichermaßen als interne Relationen aufgefaßt, für die sich außerhalb der Welt kein Grund auffinden läßt. Daraus folgt Schopenhauers These von der durchgängigen Relativität der Vorstellungen, welche sich zwar berechnen, nicht aber aus einem Prinzip erklären lassen.

Der Relationalismus hat Folgen für den Wirklichkeitsbegriff. Schopenhauer billigt der materiellen Welt zwar empirische Realität zu, beschränkt diese aber auf die Beziehungen der Vorstellungen untereinander. Materie kann somit nichts anderes sein, als was in Raum und Zeit nach Gesetzen der Kausalität wirkt. Darin unterscheidet sich die Wirklichkeitserfahrung aber in nichts vom Traum. Daher nennt Schopenhauer die raum-zeitliche Wirklichkeit den «Schleier der Maja», der eine dem Satz vom Grunde entzogene ‹wirklichere› Wirklichkeit verdeckt, die der wissenschaftlichen Erkenntnis unzugänglich bleibt.

Infolge der Relationalität aller Vorstellungen führt Schopenhauer die Erkenntnis auf ein einziges Vermögen zurück, auf den Verstand. Die Hauptfunktion des Verstandes ist die Anschauung, worunter Schopenhauer aber nicht isolierte Sinneseindrücke, sondern die unmittelbare Wahrnehmung von Verbindungen, wie die von Ursache und Wirkung, versteht. Daher nennt er die Anschauung «intellektual». Er setzt großes Vertrauen in den anschauenden Verstand, dessen Leistungen erst getrübt werden, wenn die Vernunft als Vermögen der Abstraktion ins Spiel kommt:

Solange wir uns rein anschauend verhalten, ist alles klar, fest und gewiß. Da gibt es weder Fragen, noch Zweifeln, noch Irren: man will nicht weiter, kann nicht weiter, hat Ruhe im Anschauen, Befriedigung in der Gegenwart. Die Anschauung ist sich selber genug; daher was rein aus ihr entsprungen und ihr treu geblieben ist, wie das echte Kunstwerk, niemals falsch sein, noch durch irgendeine Zeit widerlegt werden kann: denn es gibt keine Meinung, sondern die Sache selbst. Aber mit der abstrakten Erkenntnis, mit der Vernunft, ist im Theoretischen der Zweifel und der Irrtum, im Praktischen die Sorge und die Reue eingetreten (ZA I, 66 f).

Die Schwäche der mit abstrakten Begriffen arbeitenden Vernunft wird in praktischer Hinsicht allerdings mehr als ausgeglichen. Im Unterschied zum Tier, das durch seine Instinkte an die Gegenwart gebunden ist, hat der Mensch die Möglichkeit, sich selbst aus der Distanz des interessierten Zuschauers zu betrachten. Dadurch gelingt es ihm, seine Affekte zu steuern und sein Verhalten auf Ziele auszurichten, die über den Tag hinausreichen:

Daher ist es betrachtungswert, ja wunderbar, wie der Mensch, neben seinem Leben in concreto, immer noch ein zweites in abstracto führt. Im ersten ist er allen Stürmen der Wirklichkeit und dem Einfluß der Gegenwart preisgegeben, muß streben, leiden, sterben, wie das Tier. Sein Leben in abstracto aber, wie es vor seinem vernünftigen Besinnen steht, ist die stille Abspiegelung des ersten und der Welt worin er lebt, ist jener eben erwähnte verkleinerte Grundriß. Hier im Gebiet der ruhigen Überlegung erscheint ihm kalt, farblos und für den Augenblick fremd, was ihn dort ganz besitzt und heftig bewegt: hier ist er bloßer Zuschauer und Beobachter. In diesem Zurückziehen in die Reflexion gleicht er einem Schauspieler, der seine Szene gespielt hat und bis er wieder auftauchen muß, unter den Zuschauern seinen Platz nimmt, von wo aus er was immer auch vorgehen möge, und wäre es die Vorbereitung zu seinem Tode (im Stück), gelassen ansieht, darauf aber wieder hingeht und tut und leidet wie er muß (ZA I, 127).

Hier zeigt sich, wie Schopenhauers Erkenntnistheorie zur Ethik überleitet. Unter Ethik versteht er aber nicht wie Kant die Formulierung von moralischen Imperativen, sondern die Besinnung auf die Stellung des Menschen in der Welt. Damit legt Schopenhauer den Grundstein für die moderne Lebensphilosophie, die sich von der Idee einer Letztbegründung des Seins verabschiedet. Dieser Verzicht, der nichts mit Haß auf den Geist und die Wahrheit zu tun hat, stellt die Philosophie vor eine schwierige Aufgabe: Sie muß aus der Analyse des Lebens selbst die Einstellung gewinnen, die das Leben für den Menschen lebenswert macht.

Metaphysik des Willens

Die lebensphilosophische Wende macht sich besonders im zweiten Buch des Hauptwerks bemerkbar, das die Welt unter dem Aspekt des Willens betrachtet. Die Willensmetaphysik Schopenhauers, die heute in der Regel zu den überholten Teilen seines Werks gerechnet wird, ist keine bloße Spekulation, sondern enthält ein gutes Stück Anthropologie. Damit trägt Schopenhauer der Tatsache Rechnung, daß die Welt für den Menschen nicht nur Gegenstand der Erkenntnis, sondern auch der Praxis ist, die uns als fühlende und wollende Wesen anspricht. Der Ort, an dem wir die «gefühlte Bedeutung» der Erscheinungen unmittelbar erfahren, ist der Körper oder, in der Sprache Schopenhauers, der Leib. Wäre der Mensch nur ein erkennendes Subjekt, ein «geflügelter Engelskopf ohne Leib», würde uns die Welt der Vorstellungen fremd und unverständlich bleiben. Da dem aber nicht so ist und wir an den Erscheinungen Anteil nehmen, muß der menschliche Körper mehr sein als bloßes Objekt. Er bildet gleichsam das Medium, in dem sich Subjekt und Objekt unmittelbar begegnen:

Dem Subjekt des Erkennens, welches durch seine Identität mit dem Leibe als Individuum auftritt, ist dieser Leib auf zwei ganz verschiedene Weisen gegeben: einmal als Vorstellung in verständiger Anschauung, als Objekt unter Objekten, und den Gesetzen dieser unterworfen; sodann aber auch zugleich auf eine ganz andere Weise, nämlich als jenes jedem unmittelbar Bekannte, welches das Wort Wille bezeichnet. Jeder wahre Akt seines Willens ist sofort und unausbleiblich auch eine Bewegung seines Leibes: er kann den Akt nicht wirklich wollen, ohne zugleich wahrzunehmen, daß er als Bewegung des Leibes erscheint. Der Willensakt und die Aktion des Leibes sind nicht zwei objektiv erkannte verschiedene Zustände, die das Band der Kausalität verknüpft, stehen nicht im Verhältnis der Ursache und Wirkung, sondern sie sind eines und dasselbe, nur auf zwei gänzlich verschiedene Weisen gegeben: einmal ganz unmittelbar und einmal in der Anschauung für den Verstand. Die Aktion des Leibes ist nichts anderes, als der objektivierte, d. h. in die Anschauung getretene Akt des Willens (ZA I, 143).

Die doppelte Gegebenheitsweise des Leibes, von außen durch die Anschauung und von innen durch das Gefühl, hält Schopenhauer deshalb für so bedeutsam, weil dadurch wenigstens in einem Fall der Schleier der nach dem Satz vom Grunde gewebten Vorstellungswelt zerreißt. In der Erfahrung des eigenen Körpers, an dem die Wahrnehmung der Bewegung mit dem Empfinden zusammenfällt, begegnet der Mensch einer Realität, welche intensiver ist als die der berechenbaren Vorstellungen.

Die unmittelbar erfahrbare Realität des eigenen Körpers, insbesondere des Geschlechts, heißt «Wille». Darunter versteht Schopenhauer die mit der Leiblichkeit verbundene Triebhaftigkeit, die auf die Erhaltung und Vermehrung des Lebens gerichtet ist. Der «Wille zum Leben», der den Menschen mit allen Kreaturen verbindet, äußert sich als blinder Drang und permanentes Unbefriedigtsein:

Daher hat auch jeder Mensch beständig Zwecke und Motive, nach denen er sein Handeln leitet, und weiß von seinem einzelnen Tun alle Zeit Rechenschaft zu geben: aber wenn man ihn fragte, warum er überhaupt will, oder warum er überhaupt dasein will; so würde er keine Antwort haben, vielmehr würde ihm die Frage ungereimt erscheinen: und hierin eben spräche sich eigentlich das Bewußtsein aus, daß er selbst nichts als Wille ist, dessen Wollen überhaupt sich also von selbst versteht und nur in seinen einzelnen Akten, für jeden Zeitpunkt, der näheren Bestimmung durch Motive bedarf (ZA I, 217).

Der Wille, dem Schopenhauer im Selbstbewußtsein den Primat gegenüber dem Denken einräumt, ist nicht nur grundlos, sondern darüber hinaus unergründlich. Daher nennt Schopenhauer den Willen mit Kant das «Ding an sich». Die Vorstellungen sind Erscheinungsweisen des Willens, seine «Objektivationen». Wie die Objektivierung des Willens vor sich gehen soll, bleibt unklar. Wahrscheinlich denkt Schopenhauer an eine periodische Produktivität, welche die Aktivität des Willens aus der historischen Zeit heraushebt. Daher kommt der Geschichte in Schopenhauers Augen keine tiefere Bedeutung zu. Nietzsche hat diesen Gedanken in seiner Lehre von der «ewigen Wiederkehr des Gleichen» weitergeführt.

Der Wille als solcher unterliegt nicht dem Satz vom Grunde und ist daher «frei». Allerdings heißt Freiheit des Willens für Schopenhauer nicht Wahlfreiheit im Sinne rationaler Selbstbestimmung, sondern Eigenmächtigkeit, die sich im unveränderlichen Charakter des Menschen äußert. Diese Konsequenz trennt Schopenhauers Willenslehre grundsätzlich von der Tradition der Subjektphilosophie. Hier liegt der Bruch mit Kants transzendentalem Idealismus, welcher Erkennen und Wollen auf ein identisches, sich selbst bestimmendes Subjekt zurückführt. Schopenhauer dagegen sieht im «blinden» Willen das absolute Faktum des Lebens, das einer rationalen Begründung weder fähig noch bedürftig ist.

Das macht ihn zum Vater der modernen Lebensphilosophie, worunter allerdings nicht der Verzicht auf rationale Durchdringung der Welt zu verstehen ist, sondern lediglich die Anerkennung einer prinzipiellen Grenze der Erkenntnis, die von der Vernunft nicht überschritten werden kann. Warum überhaupt etwas gewollt wird, dafür läßt sich kein Grund angeben. Darin liegt zweifellos eine Kränkung des menschlichen Selbstbewußtseins, die Schopenhauer aber nicht als solche empfindet, da er die Anerkennung des Willens im Selbstbewußtsein als ersten Schritt zu seiner Überwindung betrachtet.

Von hier aus ist es nur ein kleiner Schritt zur Ausweitung des Willensbegriffs auf die gesamte Natur. Den Anstoß für diese nach dem Analogieprinzip verfahrende Übertragung gibt die Beobachtung, daß in der organischen Natur der Kampf ums Dasein das herrschende Prinzip ist.

Die deutlichste Sichtbarkeit erreicht dieser allgemeine Kampf in der Tierwelt, welche die Pflanzenwelt zu ihrer Nahrung hat, und in welcher selbst wieder jedes Tier die Beute und Nahrung eines anderen wird, d. h. die Materie, in welcher seine Idee sich darstellte, zur Darstellung einer anderen abtreten muß, indem jedes Tier sein Dasein nur durch die beständige Aufhebung eines Fremden erhalten kann, so daß der Wille zum Leben durchgängig an sich selber zehrt und in verschiedenen Gestalten seine eigene Nahrung, bis zuletzt das Menschengeschlecht, weil es alle anderen überwältigt, die Natur für ein Fabrikat zu seinem Gebrauch ansieht, dasselbe Geschlecht jedoch auch, in sich selbst jenen Kampf, jene Selbstentzweihung des Willens zur furchtbarsten Deutlichkeit offenbart, und homo homini lupus wird (ZA I, 198).

Schopenhauer interpretiert den Kampf ums Dasein ontologisch als «Selbstentzweihung des Willens». Er entfernt sich damit von der klassischen Substanzontologie durch Einführung eines dynamischen Moments, dem zufolge der Weltgrund ein unendliches Streben ist, welches sich zu seiner Erhaltung in konkreten Gestalten realisieren muß. Da aber nur eine begrenzte Zahl von Willensäußerungen gleichzeitig bestehen kann, müssen diese immer neuen Gestalten Platz machen. Daraus ergibt sich für Schopenhauer eine Stufenfolge der Objektivationen des Willens, an deren Spitze das menschliche Selbstbewußtsein steht. Dieses metaphysische Modell hat, verstärkt durch die biologische Evolutionstheorie, in der zweiten Hälfte des 19. Jahrhunderts Schule gemacht und die lebensphilosophische Kosmologie bis hin zu Henri Bergsons «Schöpferischer Entwicklung» geprägt.

Der Primat des Willens im Selbstbewußtsein bleibt nicht ohne Auswirkungen für die Einschätzung des Intellekts. Dieser verliert seine Selbständigkeit, er gerät in die Abhängigkeit vom Willen. Schopenhauer beschreibt das Verhältnis als das von Herr und Knecht. Die bloß dienende Funktion des Intellekts besagt, daß menschliche Erkenntnis, insbesondere in ihrer wissenschaftlichen Form, rein orientierungspraktische Funktion hat und nicht an das Wesen der Dinge heranreicht. Der Intellekt kann den Willen zwar erkennen, aber der Wille selbst bleibt erkenntnislos. Als blinder, unaufhaltsamer Drang will er immer nur das eine: das Leben. Dem Willen zum Leben, so heißt es bei Schopenhauer, ist das Leben gewiß. Er will damit sagen, daß es ohne den Willen zum Leben keine Welt gibt und jeder Willensakt die Welt, so wie sie ist, bestätigt. Daher ist für Schopenhauer die Gegenwart die einzige Form der Zeit, in welcher der Wille bei sich selbst ist. Die Verflechtung von Wille, Leben und Welt begründet nicht nur das Weltvertrauen des Menschen, sondern fesselt ihn auch an die Sorge um seine Existenz, für die es über die Gegenwart hinaus keine Garantie gibt. Hier beginnt die praktische Aufgabe der Philosophie, der sich Schopenhauer auf dem Weg über die Kunst nähert.

Philosophie der Kunst

Einen ersten Schritt in Richtung auf die Erlösung des Willens macht Schopenhauer im dritten Buch seines Hauptwerks. Hier beschreibt er die ästhetische Erfahrung als intuitive Evidenz, die ein begrifflich nicht erfaßbares Allgemeines zum Gegenstand hat:

Der, wie gesagt, mögliche, aber nur als Ausnahme zu betrachtende Übergang von der gemeinen Erkenntnis einzelner Dinge zur Erkenntnis der Idee geschieht plötzlich, indem die Erkenntnis sich vom Dienste des Willens losreißt, eben dadurch das Subjekt aufhört, ein bloß individuelles zu sein und jetzt reines, willenloses Subjekt der Erkenntnis ist, welches nicht mehr, dem Satze vom Grunde gemäß, den Relationen nachgeht; sondern in fester Kontemplation des dargebotenen Objekts, außer seinem Zusammenhange mit irgend anderem, ruht und darin aufgeht (ZA I, 231).

Was hier mit Plato «Idee» genannt wird, ist die Anschauung des Allgemeinen im besonderen Fall. Die Anschauung des Allgemeinen gelingt dem Menschen aber nur, wenn er sich vom Willen zum Leben, der immer zugleich Sorge und Leiden ist, lossagt. Das geschieht durch isolierende Betrachtung der Dinge, durch ihre Herauslösung aus den Kausalzusammenhängen, was eine Irrealisierung des betrachtenden Subjekts selbst zur Folge hat. Der Betrachtende geht im Gegenstand der Betrachtung auf und fühlt sich von den Sorgen seiner individuellen Existenz erlöst. Die Kunst macht diese Erlösung zu ihrem Darstellungsprinzip und wird dadurch zu einer höheren Erkenntnisart über den Wissenschaften:

Während die Wissenschaft, den rast- und bestandlosen Strom vierfach gestalteter Gründe und Folgen nachgehend, bei jedem erreichten Ziel immer weitergewiesen wird und nie ein letztes Ziel, doch völlige Befriedigung finden kann, sowenig als man durch Laufen den Punkt erreicht, wo die Wolken den Horizont berühren; so ist dagegen die Kunst überall am Ziel. Denn sie reißt das Objekt ihrer Kontemplation heraus aus dem Strom des Weltlaufs und hat es isoliert vor sich: und dieses einzelne, was in jenem Strom ein verschwindend kleiner Teil war, wird ihr ein Repräsentant des Ganzen, ein Äquivalent des in Raum und Zeit unendlich Vielen: sie bleibt daher bei diesem einzelnen stehen: das Rad der Zeit hält sie an: die Relationen verschwinden ihr: nur das Wesentliche, die Idee, ist ihr Objekt (ZA I, 239).

Auf der Grundlage des Intuitionismus entwickelt Schopenhauer ein hierarchisches System der schönen Künste, das von der Baukunst über die Malerei zur Dichtung aufsteigt. Eine Sonderstellung räumt er der Musik ein, die seines Erachtens eine unmittelbare, nicht mehr durch sichtbare Gegenstände vermittelte Wirkung auf den Willen des Zuhörers ausübt. Diese voluntaristische Kunstauffassung darf jedoch nicht als romantische Flucht aus der Wirklichkeit mißdeutet werden. Denn wie sehr die Kunst die Menschen auch von den Beunruhigungen der äußeren Wirklichkeit der Vorstellungen befreit, sie führt doch zur inneren Wirklichkeit des Willens zurück, welche nur *ex negativo* durch dessen Ausschaltung erfahrbar wird.

Philosophie der Erlösung

Von der Ästhetik zur Ethik Schopenhauers ist es nur noch ein kleiner Schritt. Er vollzieht ihn im vierten Buch, in dem Schmerzlosigkeit und Seelenruhe als Idealzustand des menschlichen Daseins beschrieben werden. Mit dieser Zielvorstellung vertritt Schopenhauer den Standpunkt des antiken Stoizismus. Allerdings sieht er im Willen, der die Menschen in Unruhe versetzt, ein ernsthaftes Hindernis auf dem Weg zum glücklichen Leben. Durch unser Wollen werden wir verletzbar und geneigt, andere zu verletzen. Dagegen sind Ermahnungen und Vorschriften nach Schopenhauers Überzeugung machtlos. Sie prallen an der Unveränderlichkeit unseres Charakters ab. Daher fordert Schopenhauer die Moralphilosophen auf, darauf zu verzichten, Handlungsvorschriften zu erlassen:

Meiner Meinung nach aber ist alle Philosophie immer theoretisch, indem es ihr wesentlich ist, sich, was auch immer der nächste Gegenstand der Untersuchung sei, stets rein betrachtend zu verhalten und zu forschen, nicht vorzuschreiben. Hingegen praktisch zu werden, das Handeln zu leiten, den Charakter umzuschaffen, sind alte Ansprüche, die sie, bei gereifter Einsicht, endlich aufgeben sollte (ZA II, 343).

Wenn die Ethik laut Schopenhauer auch nicht präskriptiv verfahren kann, so beschränkt sie sich dennoch nicht darauf, das tatsächliche Verhalten der Menschen zu beschreiben. Sie macht sich zur Aufgabe, eine realistische Ansicht von der Welt und ihren Glücksmöglichkeiten zu vermitteln, die den Menschen dazu veranlassen soll, seine Erwartungen und sein Verhalten zu überdenken und der Realität anzupassen. Der Weg dahin führt laut Schopenhauer über die Selbsterkenntnis, an der er zwei Formen unterscheidet: die affirmative und die resignative. In der ersten Form beeinflußt der Mensch seinen Willen durch Bejahung, in der zweiten durch Verneinung. Die den Willen bejahende Selbsterkenntnis sieht Schopenhauer darin, sich über seinen Charakter und seine Situation klarzuwerden:

Dies setzt uns in den Stand, die an sich einmal unveränderliche Rolle der eigenen Person, die wir vorhin regellos naturalisierten, jetzt besonnen

*und methodisch durchzuführen und die Lücken, welche Launen oder
Schwächen dann verursachen, durch Anleitung fester Begriffe auszufül-
len. Die durch unsere individuelle Natur ohnehin notwendige Handlungsweise haben wir jetzt auf deutlich bewußte und stets gegenwärtige
Maximen gebracht, nach denen wir sie so besonnen durchführen, als
wäre es eine erlernte, ohne hierbei je irre zu werden durch den vorüber-
gehenden Einfluß der Stimmung, oder des Eindrucks der Gegenwart,
ohne gehemmt zu werden durch das Bittere oder Süße einer im Wege
angetroffenen Einzelheit, ohne Zaudern, ohne Schwanken, ohne Inkon-
sequenzen (ZA II, 382 f).*

Die bejahende Selbsterkenntnis, wie sie Schopenhauer hier beschreibt,
führt zu einem konsequenten Verhalten, das die Persönlichkeit stärkt.
Wer mit sich selbst in Übereinstimmung lebt, also nicht mehr will, als er
kann, der hat gute Chancen, ein erfolgreiches und zufriedenes Leben zu
führen. Denn nichts beglückt laut Schopenhauer den Menschen mehr als
die Erfahrung seiner eigenen Stärke. Damit entspricht Schopenhauers
Bejahung des Willens dem Bild eines «freien Geistes», das Spinoza in
seiner Ethik gezeichnet hat.

So sehr die Ethik der Bejahung zum Erfolg beiträgt, sowenig schützt
sie jedoch vor dem Egoismus. Die das Leben bejahende Form der Selbsterkenntnis mag zwar weitgehend vor dem Erleiden von Unrecht bewahren, hält aber niemanden davon ab, anderen Unrecht zu tun. Diese
Überlegung hat Schopenhauer dazu bewogen, die lebensverneinende
Selbsterkenntnis als den Königsweg der Moral zu empfehlen. Die resignative Selbsterkenntnis beschränkt sich nicht auf die eigene Person,
sondern bezieht sich auf die menschliche Existenz im ganzen. Von ihr
zeichnet Schopenhauer ein düsteres Bild, welches nur einen Schluß zuläßt: Das Leben ist Leiden. Dieser Satz ist mehr als eine Beschreibung
einer bestimmten Situation. Es handelt sich für Schopenhauer vielmehr
um eine Einsicht in das Wesen des menschlichen Daseins, das sich aus der
Selbstentzweiung des Willens ergibt, der an keinem Punkt zur Ruhe
kommen kann. In nahezu existenzialistischer Manier schildert Schopenhauer das Dasein des Menschen als Geworfensein:

*Sein eigentliches Dasein ist nur in der Gegenwart, deren ungehemmte
Flucht in die Vergangenheit ein steter Übergang in den Tod, ein stetes
Sterben ist; da sein vergangenes Leben, abgesehen von dessen etwaigen*

Folgen für die Gegenwart, wie auch von dem Zeugnis über seinen Willen, das darin abgedrückt ist, schon völlig abgetan, gestorben und nichts mehr ist: daher auch es ihm vernünftigerweise gleichgültig sein muß, ob der Inhalt jener Vergangenheit Qualen oder Genüsse waren. Die Gegenwart aber wird beständig unter seinen Händen zur Vergangenheit: die Zukunft ist ganz ungewiß und immer kurz. So ist sein Dasein, schon von der formellen Seite allein betrachtet, ein stetes Hinstürzen der Gegenwart in die tote Vergangenheit, ein stetes Sterben (ZA II, 389).

Durch die Zeitlichkeit verliert für den Menschen auch die Welt jede Sicherheit. Er muß damit rechnen, daß der banalste Zufall seinem Leben und womöglich der ganzen Welt ein Ende bereitet. Daher betrachtet Schopenhauer im Gegensatz zu Leibniz die Welt nicht als die beste, sondern als die schlechteste aller möglichen. Hier liegt der Kern von Schopenhauers Pessimismus, der mehr als nur ein Ausdruck seiner Persönlichkeit ist. Die Einsicht in die Nichtigkeit der Welt führt die moralische Reflexion an einen Punkt, an dem sie die Bejahung des Willens als Täuschung durchschaut. Denn in einer Welt, die für dauerhaftes Glück keinen Platz vorsieht, wird die individuelle Selbstbehauptung zu einem sinnlosen Unternehmen:

Wie sollte er nun, bei solcher Erkenntnis der Welt, eben dieses Leben durch stete Willensakte bejahen und eben dadurch sich ihm immer fester verknüpfen, es immer fester an sich drücken? Wenn also der, welcher noch im principio individuationis, im Egoismus, befangen ist, nur einzelne Dinge und ihr Verhältnis zu seiner Person erkennt, und jene dann zu immer erneuerten Motiven seines Wollens werden; so wird hingegen jene beschriebene Erkenntnis des Ganzen, des Wesens der Dinge an sich, zum Quietiv alles und jedes Wollens. Der Wille wendet sich nunmehr vom Leben ab: ihm schaudert jetzt vor dessen Genüssen, in denen er die Bejahung desselben erkennt. Der Mensch gelangt zum Zustande der freiwilligen Entsagung, der Resignation, der wahren Gelassenheit und gänzlichen Willenslosigkeit (ZA II, 469 f).

Die durch die existenzielle, das Wesen der Welt durchschauende Erkenntnis des Ganzen hervorgerufene Verwandlung empfindet Schopenhauer als Befreiung. Resignation und Gelassenheit beschreiben ein durchaus positives Lebensgefühl, in dem der Mensch die Erlösung vom

Egoismus als Versöhnung des Willens mit sich selbst und mit der Welt erlebt. Die Versöhnung äußert sich in der Erfahrung der Solidarität mit der gesamten Natur. Diese Erfahrung bringt die Menschen dazu, auf egoistische, die anderen verletzende und die Umwelt zerstörende Handlungen zu verzichten:

Sie zeigen jetzt wirkliche Güte und Reinheit der Gesinnung, wahren Abscheu gegen das Begehren jeder im mindesten bösen oder lieblosen Tat: Sie vergeben ihren Feinden, und wären es solche, durch die sie unschuldig litten, nicht bloß in Worten und etwa aus heuchelnder Furcht vor den Richtern der Unterwelt; sondern in der Tat und mit innigem Ernst und wollen durchaus keine Rache. Ja, ihr Leiden und Sterben wird ihnen zuletzt lieb; denn die Verneinung des Willens zum Leben ist eingetreten: sie weisen oft die dargebotene Rettung von sich, sterben gern, ruhig, seelig. Ihnen hat sich im Übermaß des Schmerzes, das letzte Geheimnis des Lebens offenbart, daß nämlich das Übel und das Böse, das Leiden und der Haß, der Gequälte und der Quäler, so verschieden sie auch der dem Satz vom Grunde folgenden Erkenntnis sich zeigen, an sich eines sind, Erscheinung jenes einen Willens zum Leben, welcher seinen Widerstreit mit sich selbst mittels des principii individuationis objektiviert: sie haben beide Seiten, das Böse und das Übel, in vollem Maße kennengelernt, und indem sie zuletzt die Identität beider einsehen, weisen sie jetzt beide zugleich von sich, verneinen den Willen zum Leben (ZA II, 486 f).

Die Erfahrung der Einheit aller Menschen, die zur Aufhebung der individuellen Selbstbehauptung führt, grenzt ans Mystische. Natürlich macht es im irdischen Leben einen gewaltigen Unterschied, ob jemand Opfer oder Täter ist. Aber im Blick auf die Nichtigkeit der Welt und die Geworfenheit der menschlichen Existenz verliert dieser Unterschied in moralischer Hinsicht an Bedeutung. Wer sich selbst im anderen wiedererkennt, der überwindet seine individuelle Selbstbehauptung und sieht selbst im Verbrecher die armselige Kreatur, die Mitleid verdient. Diese Einstellung ist es, die Schopenhauers Philosophie der Willensverneinung mit dem Buddhismus verbindet. Sicherlich ist die Anknüpfung an den Buddhismus eine romantische Zeiterscheinung. Aber man wird Schopenhauer nicht gerecht, wenn man seine Willensmetaphysik als prinzipienlose Intuition abtut. Was in der Sprache der indischen Philosophie vorgetragen wird, ist das Resultat einer durch Enttäuschungen geprägten Lebenserfahrung des modernen Menschen. Schopenhauers Einsicht besteht darin, daß es neben der wissenschaftlichen eine moralische Gewißheit gibt, ohne die der Mensch trotz seiner technischen Möglichkeiten an der Sinnlosigkeit der Welt verzweifeln müßte.

Das Problem der Willensfreiheit

Schopenhauer hat sein Hauptwerk durch zwei Abhandlungen zur Ethik ergänzt. In der ersten distanziert er sich noch einmal vom Kantischen Typus der Pflichtethik:

Ich setze hingegen der Ethik den Zweck, die in moralischer Hinsicht höchst verschiedene Handlungsweise der Menschen zu deuten, zu erklären und auf ihren letzten Grund zurückzuführen. Daher bleibt zur Auffindung des Fundaments der Ethik kein anderer Weg, als der empirische, nämlich zu untersuchen, ob es überhaupt Handlungen gibt, denen wir echten moralischen Wert zuerkennen müssen, – welches die Handlungen freiwilliger Gerechtigkeit, reiner Menschenliebe und wirklichen Edelmuts sein werden. Diese sind sodann als ein gegebenes Phänomen zu betrachten, welches wir richtig zu erklären, d.h. auf seine wahren Gründe zurückführen, mithin die jedenfalls eigentümliche Triebfeder nachzuweisen haben, welche den Menschen zu Handlungen dieser von jeder anderen spezifisch verschiedenen Art bewegt. Diese Triebfeder, nebst der Empfänglichkeit für sie, wird der letzte Grund der Moralität und die Kenntnis derselben, das Fundament der Moral sein. Dies ist der bescheidene Weg, auf welchen ich die Ethik hinweise (ZA VI, 234f).

Das hier vorgeschlagene empirische Verfahren geht davon aus, daß die Selbsterkenntnis den Menschen für Motive empfänglich macht, die im normalen Leben verdeckt bleiben. Insofern schreibt Schopenhauers Ethik in der Tat nichts vor, sondern legt nur das frei, was im Menschen ohnehin angelegt ist und von ihm unbewußt immer schon als richtig empfunden wird. Wo derartige Anlagen im Menschen fehlen, bleibt alles Moralisieren allerdings vergeblich, und selbst der strengste Beweis wird niemanden zum guten Handeln bewegen können. Insofern ist Schopenhauer Moralskeptiker, aber er sieht darin die Voraussetzung für seine empirische oder genauer hermeneutische Art, die Menschen durch Aufdeckung der Wirklichkeit zu moralischem Verhalten zu bewegen.

Ausgehend von seiner Willensmetaphysik bestreitet Schopenhauer, daß die Willensfreiheit das Fundament moralischen Handelns abgeben könne. Denn Willensfreiheit im Sinne von Selbstbestimmung widerspreche nicht nur der durchgängigen Determination aller natürlichen Vorgänge, sondern entbehre auch jeder Bestätigung durch das Selbstbewußtsein. Die einzige Gewißheit, die das Selbstbewußtsein dem Menschen verschafft, ist die, daß er tun kann, was er will. Die Freiheit des Tuns darf aber nicht mit der Freiheit des Willens verwechselt werden. Diese würde auf die Frage hinauslaufen, ob man wollen kann, was man will – eine Frage, die für ein Wesen, dessen Selbstbewußtsein mit dem Willen zusammenfällt, sinnlos ist:

Dies liegt im letzten Grunde daran, daß des Menschen Wille sein eigentliches Selbst, der wahre Kern seines Wesens ist: daher macht derselbe den Grund seines Bewußtseins aus, als ein schlechthin Gegebenes und Vorhandenes, darüber er nicht hinaus kann. Denn er selbst ist wie er will, und will wie er ist. Daher ihn fragen, ob er auch anders wollen könnte, als er will, heißt ihn fragen, ob er auch wohl ein anderer sein könnte, als er selbst: und das weiß er nicht (ZA VI, 60).

Die Bestreitung der Willensfreiheit, genauer ihre Auflösung durch den Nachweis, daß ihr eine sinnlose Frage zugrunde liegt, macht den Menschen in Schopenhauers Augen nun keineswegs zum Automaten. Der Vergleich mit dem Tier zeigt vielmehr, daß dem Menschen mit der Handlungsfreiheit durchaus ein beträchtlicher Spielraum für Überlegung und Entscheidung bleibt:

Der Mensch kann nun, mittels seines Denkvermögens, die Motive, deren Einfluß auf seinen Willen er spürt, in beliebiger Ordnung, abwechselnd und wiederholt sich vergegenwärtigen, um sie seinem Willen vorzuhalten, welches Überlegen heißt: er ist deliberationsfähig und hat, vermöge dieser Fähigkeit, eine weit größere Wahl, als dem Tiere möglich ist. Hierdurch ist er allerdings relativ frei, nämlich frei vom unmittelbaren Zwange der anschaulich gegenwärtigen, auf seinen Willen als Motive wirkenden Objekte, welchem das Tier schlechterdings unterworfen ist: er hingegen bestimmt sich unabhängig von den gegenwärtigen Objek-

ten, nach Gedanken, welche seine Motive sind. Diese relative Freiheit ist
es wohl auch im Grunde, was gebildete, aber nicht tief denkende Leute
unter der Willensfreiheit, die der Mensch offenbar vor dem Tiere voraus
habe, verstehen. Dieselbe ist jedoch eine bloß relative, nämlich in Bezie-
hung auf das anschaulich Gegenwärtige, und eine bloß komparative,
nämlich im Vergleich mit dem Tiere (ZA VI, 74 f).

Die relative und komparative Freiheit liefert den Anhaltspunkt für die
moralische Selbsterkenntnis. Den Charakter, den Schopenhauer für angeboren hält, kann man nicht ändern. In diesem Punkt ist Schopenhauer
kategorisch, und das hat ihm den Ruf eines Fatalisten und moralischen
Defätisten eingetragen. Aber zu Unrecht, denn in der Erkenntnis des
eigenen Charakters liegt ein weites Feld der Selbsterziehung. Der
Mensch besitzt nämlich die Möglichkeit, seine Handlungen dem Charakter anzupassen und dadurch ein ausgeglichenes Verhältnis zu sich selbst
und zu den anderen zu erreichen.

Der Spielraum, den der Mensch durch die Selbsterkenntnis gewinnt,
genügt, um in ihm so etwas wie ein Gefühl der Zurechnungsfähigkeit
und Verantwortlichkeit für sein Tun entstehen zu lassen: das Gewissen.
Die Stimme des Gewissens richtet sich nicht nur oberflächlich auf unser
Tun, sondern betrifft unser ganzes Sein und Wesen. Das wirft allerdings
die schwierige Frage auf, wie der Mensch sich für etwas schuldig fühlen
kann, das er selbst nicht zu verantworten hat, nämlich seinen Charakter.
Damit berührt Schopenhauer einen rational unauflösbaren Tatbestand,
der in der christlichen Lehre von der Erbsünde seinen Ausdruck gefunden
hat. Schopenhauer verbindet diese Lehre mit seiner Willensmetaphysik,
indem er die Individuation als Schuld interpretiert. Damit allerdings ver-
läßt er nach eigenem Eingeständnis den Boden der empirischen Analyse
und begibt sich in die Gefilde der Metaphysik.

Ethik des Mitleids

Während die erste Schrift zur Ethik die Voraussetzungen moralischen
Handelns zum Gegenstand hat, entwickelt die zweite eine materiale
Ethik, in der dargelegt wird, worin der Inhalt der Moral besteht. In aus-
drücklicher Opposition zu Kant definiert Schopenhauer Moralität als Ge-

fühl, das bestimmte Handlungsweisen zur Folge hat. Das Gefühl ist das Mitleid, die ihm entsprechenden Handlungsweisen sind Schonung der Mitmenschen und Hilfeleistung. Das Gefühl des Mitleids verleiht der Moral in Schopenhauers Augen diejenige Realität, die er im Formalismus des Kategorischen Imperativs vermißt. Denn er hält Mitleid, das jedem Menschen mit seiner Kreatürlichkeit gegeben ist, neben Egoismus und Grausamkeit für eine der drei Grundtriebfedern menschlichen Handelns. Von den beiden übrigen Triebfedern unterscheidet sich das Mitleid dadurch, daß es beim direkten Anblick fremden Leidens entsteht. Schopenhauers Bemühen geht nun dahin, das Mitleid, das er das «große Mysterium der Ethik» nennt, in seiner Struktur aufzuhellen. Mitleid ist insofern ein paradoxer Zustand, als wir das Leiden des anderen nachempfinden, als wäre es unser eigenes. Wie das möglich ist, erklärt Schopenhauer mit der ursprünglichen Einheit des Willens, in der alle Individuen miteinander verbunden sind. Mitleid wäre demnach die gefühlte Erinnerung an die Einheit aller Kreaturen, die durch die Individuation und den Egoismus zerbrochen ist.

Schopenhauers Mitleidsethik konnte sich gegenüber dem Formalismus der kantischen Ethik in Deutschland bis heute nicht durchsetzen, weil sie zwei Probleme offenläßt. Zum einen das Problem der Verantwortung für Personen, die man nicht kennt, zum anderen das Problem der vom Mitleid ausgehenden möglichen Kränkung des anderen. Während sich zum zweiten Problem bei Schopenhauer nichts findet, hat er das erste selbst gesehen. Seine Antwort lautet, daß Mitleid eine spezifisch menschliche Regung ist, die sich vom Instinkt der Hilfeleistung deutlich unterscheidet. Zwar resultiert das Mitleid aus der sinnlich-körperlichen Natur des Menschen, kann aber durch Einsicht in ein intellektuelles Gefühl transformiert werden, das auch dann noch wirkt, wenn man den Gegenstand des Mitleids nicht direkt vor Augen hat. Damit wird das Mitleid zu einer objektiven Einstellung, die wir als Solidarität bezeichnen. In diesem Punkt ist Schopenhauer ein echter Vertreter der Lebensethik, die im Willen zum Leben den unhintergehbaren Maßstab sieht, an dem sich alle Bemühungen der philosophischen Reflexion messen lassen müssen.

Schriften

Werke in 10 Bänden (Zürcher Ausgabe). Nach der historisch-kritischen Ausgabe von A. Hübscher (Wiesbaden ³1972), Zürich 1977 *(ZA)*. – Sämtliche Werke. Textkritisch bearbeitet und hg. v. W. Frh. v. Löhneysen, 5 Bde., Frankfurt a. M. 1986. – Sämtliche Werke. Nach der ersten, von J. Frauenstädt besorgten Gesamtausgabe neu bearbeitet und hg. v. A. Hübscher, historisch-kritische Ausgabe, 7 Bde., Mannheim ⁴1988. – Werke in 5 Bänden. Erstmals nach den Ausgaben letzter Hand hg. v. L. Lütkehaus, Zürich 1988. – Gesammelte Briefe, hg. v. A. Hübscher, Bonn 1987. – Der handschriftliche Nachlaß in fünf Bänden, hg. v. A. Hübscher, München 1985. – Schopenhauer. Ausgewählt und vorgestellt v. R. Safranski, München 1995.

Literatur

W. Abendroth: Arthur Schopenhauer. Reinbek bei Hamburg 1991. – E. Fromm: Arthur Schopenhauer. Vordenker des Pessimismus, Berlin 1991. – A. Hübscher: Denker gegen den Strom. Schopenhauer: Gestern – Heute – Morgen, Bonn 1987. – Y. Kamata: Der junge Schopenhauer. Genese des Grundgedankens der Welt als Wille und Vorstellung, Freiburg/München 1988. – W. Korfmacher: Schopenhauer zur Einführung, Hamburg 1994. – R. Malter: Der eine Gedanke. Hinführung zur Philosophie Arthur Schopenhauers, Darmstadt 1988. – R. Safranski: Schopenhauer und die wilden Jahre der Philosophie, Reinbek bei Hamburg 1992. – J. Salaquarda (Hg.): Schopenhauer, Darmstadt 1985. – G. Sauter-Ackermann: Erlösung durch Erkenntnis? Studien zu einem Grundproblem der Philosophie Schopenhauers, Cuxhaven 1994. – A. Schaefer: Probleme Schopenhauers, Berlin 1984. – W. Schirmacher (Hg.): Schopenhauers Aktualität. Ein Philosoph wird neu gelesen, Wien 1988. – V. Spierling (Hg.): Schopenhauer im Denken der Gegenwart. 23 Beiträge zu seiner Aktualität, München 1987. – V. Spierling: Materialien zu Schopenhauers «Die Welt als Wille und Vorstellung», Frankfurt a. M. 1984. – J. Volkelt: Arthur Schopenhauer. Seine Persönlichkeit, seine Lehre, sein Glaube, Stuttgart ⁵1923. – W. Weimer: Schopenhauer, Darmstadt 1982. – M. Wischke: Die Geburt der Ethik. Schopenhauer – Nietzsche – Adorno, Berlin 1994. – A. Hübscher (Hg.), Schopenhauer-Jahrbuch (1912–44: Jahrbuch der Schopenhauer-Gesellschaft), Frankfurt a. M.

Friedrich Nietzsche (1844–1900)

Leben und Werke

Der bedeutendste Nachfolger Schopenhauers im ausgehenden 19. Jahrhundert ist Friedrich Nietzsche. Er hat die Metaphysik des Willens in eine «Artistenmetaphysik» umgedeutet und damit den Bruch mit dem Rationalismus vollendet. Die seitens der akademischen Philosophie lange Zeit vorrangige Frage, ob Nietzsche überhaupt den Philosophen und nicht vielmehr den Dichtern zuzurechnen sei, wird heute nur noch selten gestellt, da die Idee der Philosophie als strenger Wissenschaft an Verbindlichkeit eingebüßt hat. Sicherlich kann der Stil Argumente nicht ersetzen, aber Nietzsches Stilistik ist eine Logik der Erfindung, die der formalen Logik als Korrektiv und Ergänzung zur Seite steht. Insofern hat Nietzsche recht, wenn er sich als «Philosoph der Zukunft» bezeichnet.

Noch enger als bei Schopenhauer ist Nietzsches Philosophieren mit seinem Leben verknüpft. Ungewöhnlich verläuft bereits sein Einstieg in die akademische Laufbahn. Schon mit 24 Jahren wurde er Professor für Klassische Philologie in Basel. Dort lernte er den Historiker Jacob Burckhardt kennen und trat in Kontakt mit dem damals in der Schweiz lebenden Richard Wagner, dessen Kreis er sich für einige Zeit begeistert anschloß. Das Aufsehen, das sein Eintreten für das Musikdrama Wagners und die damit verbundenen kulturpolitischen Ziele in der akademischen Öffentlichkeit erregten, machte ihm das Philologen-Leben schwer. Seine Bewerbung um einen philosophischen Lehrstuhl in Basel schlug fehl. Es drängte ihn daher zum Ausstieg aus der Universität. Dabei kamen ihm die seit 1873 immer häufiger auftretenden Migräneanfälle zu Hilfe, die ihn nötigten, seine Lehrtätigkeit zunächst zeitweise zu unterbrechen, um sich 1879 endgültig von seinem Lehramt dispensieren zu lassen.

Inzwischen war der Bruch mit Wagner erfolgt, und Nietzsche begann ein unstetes Wanderleben durch die Schweiz, Südfrankreich und Italien.

Nur wenige Freunde standen ihm zur Seite, darunter der Psychologe Paul Rée und der Komponist Heinrich Köselitz (Pseudonym: «Peter Gast»). Bevorzugt hielt sich Nietzsche in Gasthöfen der Hochalpentäler auf, da er sich von der Höhenluft Linderung versprach. Allerdings haben die Leiden, über die sich Nietzsche in seinen Briefen ständig beklagt, ihn nicht davon abgehalten, seine literarische Produktion von Jahr zu Jahr zu steigern. Schließlich fiel er im Jahre 1889, wahrscheinlich infolge einer progressiven Paralyse, in Turin in einen Zustand geistiger Verwirrung. Nach kurzen Aufenthalten in psychiatrischen Anstalten übernahm zunächst die Mutter, dann die verwitwete Schwester Elisabeth Förster (das «Lama») die Pflege des geisteskranken Nietzsche in Weimar. Dort starb er im Jahre 1900.

Die Werke Nietzsches lassen sich in drei Perioden einteilen. Die erste Periode, die Kunst- und Kulturphilosophie, beginnt mit der Abhandlung «Die Geburt der Tragödie aus dem Geist der Musik» (1882). Von ihr muß die Beschäftigung mit Nietzsche ihren Ausgang nehmen, da sie die Grundlage seines gesamten Philosophierens bildet. In den Jahren 1873 bis 1876 entstehen die vier «Unzeitgemäßen Betrachtungen», in denen sich Nietzsche mit der kulturellen Situation des 1870/71 neugegründeten Deutschen Reiches kritisch auseinandersetzt. Schopenhauer und Richard Wagner werden verherrlicht, der fortschrittsgläubige Theologe D. F. Strauß als «Bildungsphilister» bekämpft und verspottet. Von großer systematischer Bedeutung ist die zweite unzeitgemäße Betrachtung, «Vom Nutzen und Nachteil der Historie für das Leben» (1874), die sich kritisch mit dem Historismus auseinandersetzt.

In der zweiten Periode, in welcher sich Nietzsches Kulturideal von der Kunst zur positiven Wissenschaft verschiebt, entstehen Werke rein aphoristischer Form. Den Anfang macht das für «freie Geister» geschriebene Buch «Menschliches, Allzumenschliches» (1878), den Abschluß dieser Periode bildet «Die fröhliche Wissenschaft» (1882). «Fröhlich» nennt Nietzsche seine Wissenschaft deshalb, weil sie einen Perspektivismus vertritt, der das Denken vom Zwang geschlossener systematischer Konstruktionen befreit.

In der dritten, eigentlich lebensphilosophischen Periode erreicht Nietzsches Schaffen seinen Höhepunkt mit «Also sprach Zarathustra» (1883), einem hymnisch geschriebenen Buch, das die berühmt-berüchtigte Lehre vom «Übermenschen» verkündet. Darauf erscheint in rascher

Folge eine Reihe von Schriften, welche die Kritik der Moral und der Religion zum Thema haben: «Jenseits von Gut und Böse» (1886), «Zur Genealogie der Moral» (1887), ferner «Götzen-Dämmerung oder Wie man mit dem Hammer philosophiert» (1889) sowie «Der Antichrist» (geschrieben 1888). Das letzte Buch ist ein Teil des von Nietzsche angekündigten großen Werks mit dem Titel «Der Wille zur Macht», das aber nie zustande gekommen ist. Besondere Erwähnung verdient noch die autobiographische Schrift «Ecce homo. Wie man wird, was man ist» (geschrieben 1888), eine geniale Mischung aus Selbststilisierung und Selbstironie. Neben den veröffentlichten Werken gibt es einen umfangreichen Nachlaß sowie Briefe, die über Nietzsches persönliche Lebensumstände Auskunft geben.

Nietzsches Philosophieren ist mit einer Reihe von bekannten Schlagwörtern verknüpft, wie «der Wille zur Macht», «die ewige Wiederkehr des Gleichen», «die Umwertung der Werte», «der Tod Gottes» und nicht zuletzt «der Übermensch». Diese Formeln verweisen auf den historischen Kontext und zeugen von der Zeitgebundenheit seines Denkens. Einen mehr systematischen Zugang zu den Themen Nietzsches gewinnt man, wenn man sich an die Epochen seines Denkens hält, die sich sachlich in etwa mit den Themen Kunst, Wissenschaft und Moral decken. Das ist nur ein grobes Orientierungsraster, spiegelt aber die innere Logik der geistigen Entwicklung Nietzsches.

Philosophie der Kunst und der Kultur

Im Erstlingswerk «Die Geburt der Tragödie» (1872), das von der Philosophie Schopenhauers durchdrungen ist, bildet die griechische Kunst- und Kulturgeschichte lediglich die historische Einkleidung eines aktuellen Themas: die Rechtfertigung der Musik Richard Wagners. Das hat die Altphilologen gegen Nietzsche aufgebracht, die ihm Unkenntnis und Verfälschung der historischen Zusammenhänge vorgehalten haben. So zutreffend die Einwände in einzelnen Punkten auch sein mögen, unberührt davon bleibt die Berechtigung der Kritik Nietzsches am idealistischen Griechenbild der deutschen Klassik. Wie niemand vor ihm hat er die dunklen Untergründe der griechischen Kunst und Kultur zum Bewußtsein gebracht.

Auch Nietzsches Eintreten für Richard Wagner, der den Geist der griechischen Tragödie in deutschem Gewand erneuern wollte, hat eine kulturkritische Komponente. Sie wendet sich gegen die Fortschrittsgläubigkeit und den Materialismus der Gründerzeit. Auch hier konstruiert Nietzsche eine kühne Parallele zur Entwicklung der griechischen Kultur. Den Fortschrittsglauben sieht er in Griechenland durch Sokrates verkörpert, den er als «fragwürdigste Erscheinung des Altertums» bezeichnet. An Sokrates ist ihm das Übermaß von Reflexion und Kritik suspekt, an dem die schöpferische Kraft des griechischen Geisteslebens zugrunde gegangen sei. Historisch ist das sicherlich eine fragwürdige Konstruktion, aber auch in ihr steckt eine richtige Einsicht in die Grenzen der theoretischen Vernunft.

Den systematischen Hintergrund der Tragödien-Schrift bildet die metaphysische Frage, von der aus Nietzsche die Kunst und ihre kulturelle Funktion beurteilt: Wie läßt sich das Dasein der Welt rechtfertigen? Nietzsches provozierende Antwort lautet: nur durch die Kunst. Die ästhetische Rechtfertigung fußt auf der Metaphysik Schopenhauers, die in der Welt eine Objektivation des Willens sieht. Diese interpretiert Nietzsche nach dem Muster der künstlerischen Produktion, durch die sich der innerlich zerrissene Weltwille Erleichterung von seinem Leiden verschafft. Damit ist die zentrale Denkfigur ausgesprochen, mit der Nietzsche operiert: «Erlösung durch den Schein»:

Je mehr ich nämlich in der Natur jene allgewaltigen Kunsttriebe und in ihnen eine inbrünstige Sehnsucht zum Schein, zum Erlöstwerden durch den Schein gewahr werde, umso mehr fühle ich mich zu der metaphysischen Annahme gedrängt, daß das Wahrhaft-Seiende und Ur-Eine, als das ewig Leidende und Widerspruchsvolle, zugleich die entzückende Vision, den lustvollen Schein, zu seiner steten Erlösung braucht: welchen Schein wir, völlig in ihm befangen und aus ihm bestehend, als das Wahrhaft-Nichtseiende, d. h. als ein fortwährendes Werden in Zeit, Raum und Kausalität, mit anderen Worten, als empirische Realität zu empfinden genötigt sind (KSA 1, 38f).

Der Erscheinungscharakter der Welt wird hier metaphysisch als Inszenierung des Weltwillens gedeutet, der die Menschen hilflos ausgesetzt sind. Während Schopenhauer die Erlösung in der Durchbrechung des

Scheins durch Verneinung des Willens sucht, wählt Nietzsche den umge-
kehrten Weg der Potenzierung und Verdoppelung des Scheins. Als be-
vorzugtes Mittel zu diesem Zweck betrachtet Nietzsche die Kunst.

Seine Theorie der Kunst beruht auf der Annahme zweier Kunsttriebe
oder Kunstzustände, die er nach den griechischen Göttern Apollo und
Dionysos «apollinisch» und «dionysisch» nennt. Zunächst haben die beiden Kunstzustände nichts mit Ästhetik zu tun. Es handelt sich vielmehr
um psychische Grenzzustände, die das Leben des Menschen von Natur aus
begleiten: der Traum und der Rausch. Beide Zustände entsprechen der
Schopenhauerschen Unterscheidung zwischen Vorstellung und Wille. Im
Traum erscheint dem Menschen die Welt als Vorstellung nach dem Indivi-
duationsprinzip, d. h. raum-zeitlich klar gegliedert. Im Rausch hingegen
erfährt der Mensch die Welt als Wille, der ihn mit den anderen Menschen
und mit der gesamten Natur verbindet. In dieser Verbundenheit sind die
Menschen zwar von den Zwängen der Individuation befreit, aber der
Zustand ist wegen seiner Formlosigkeit für den einzelnen wie für die
Gesellschaft bedrohlich.

Beide Zustände sind nach Nietzsche nicht gleichursprünglich. Der dionysische Zustand ist der ursprünglichere, da sich in ihm das Wesen des
Lebens direkt ausspricht: der ewige Widerspruch des Willens mit sich
selbst, sein unablässiges Drängen und Leiden. Aus ihm entspringt gleichsam als Kompensation die griechische Mythologie, die somit keineswegs
von der Heiterkeit des Geistes zeugt, die dem klassischen Griechenbild
zugrunde liegt:

*Um leben zu können, mußten die Griechen diese Götter, aus tiefster Nö-
tigung, schaffen: welchen Hergang wir uns wohl so vorzustellen haben,
daß aus der ursprünglichen titanischen Götterordnung des Schreckens
durch jenen apollinischen Schönheitstrieb in langsamen Übergängen die
olympische Götterordnung der Freude entwickelt wurde: wie Rosen aus
dornigem Gebüsch hervorbrechen (KSA 1, 35 f).*

An dieser Stelle wird deutlich, daß Nietzsche die griechische Kunst als
Wiederholung des Erlösungsvorgangs interpretiert, dem die Welt selbst
ihre Entstehung verdankt. Damit wird Schopenhauers Willensmetaphysik zum Paradigma einer Produktionsästhetik, die zugleich die Frage der
Rechtfertigung der Welt beantworten soll:

Denn dies muß uns vor allem, zu unserer Erniedrigung und Erhöhung, deutlich sein, daß die ganze Kunstkomödie durchaus nicht für uns, etwa unserer Besserung und Bildung wegen, aufgeführt wird, ja daß wir ebensowenig die eigentlichen Schöpfer jener Kunstwelt sind: wohl aber dürfen wir von uns selbst annehmen, daß wir für den wahren Schöpfer derselben schon Bilder und künstlerische Projektionen sind und in der Bedeutung von Kunstwerken unsere höchste Würde haben – denn nur als ästhetisches Phänomen ist das Dasein und die Welt ewig gerechtfertigt: – während freilich unser Bewußtsein über diese unsere Bedeutung kaum ein anderes ist als es die auf Leinwand gemalten Krieger von der auf ihr dargestellten Schlacht haben. Somit ist unser ganzes Kunstwissen im Grunde ein völlig illusorisches, da wir als Wissende mit jenem Wesen nicht eins und identisch sind, das sich, als einziger Schöpfer und Zuschauer jener Kunstkomödie, einen ewigen Genuß bereitet. Nur soweit der Genius im Aktus der künstlerischen Zeugung mit jenem Urkünstler der Welt verschmilzt, weiß er etwas über das ewige Wesen der Kunst; denn in jenem Zustande ist er, wunderbarerweise, dem unheimlichen Bild des Märchens gleich, das die Augen drehen und sich selber anschauen kann; jetzt ist er zugleich Subjekt und Objekt, zugleich Dichter, Schauspieler und Zuschauer (KSA 1, 47 f).

Das Zitat belegt, daß Nietzsche die Durchbrechung des Scheins nicht von der wissenschaftlichen Erkenntnis, sondern von der Kunst erhofft. Nur als Künstler hat der Mensch an der Perspektive des Schöpfers teil. Da die Welt Erlösung des Willens durch den Schein ist, kann die Erlösung vom Leiden nur dadurch erfolgen, daß der Mensch sich mit dem Schein identifiziert. Eine solche ästhetische Rechtfertigung der Welt funktioniert offenbar nur für eine bestimmte Form von Leiden, nämlich die des künstlerischen Menschen, der sich immer ein Bewußtsein davon bewahrt, daß seine Leiden so ganz real nicht sind. Daraus resultiert der ästhetische Genuß, den der Künstler aus den selbst inszenierten Leiden bezieht:

Hier nun wird es nötig, uns mit einem kühnen Anlauf in eine Metaphysik der Kunst hineinzuschwingen, in dem ich den früheren Satz wiederhole, daß nur als ein ästhetisches Phänomen das Dasein und die Welt gerechtfertigt erscheint: in welchem Sinne uns gerade der tragische Mythus zu überzeugen hat, daß selbst das Häßliche und Disharmonische ein künstlerisches Spiel ist, welches der Wille, in der ewigen Fülle seiner Lust, mit sich selbst spielt. Dieses schwer zu fassende Urphänomen der dionysi-

schen Kunst wird aber auf direktem Wege einzig verständlich und unmittelbar erfaßt in der wunderbaren Bedeutung der musikalischen Dissonanz: wie überhaupt die Musik, neben die Welt hingestellt, allein einen Begriff davon geben kann, was unter der Rechtfertigung der Welt als eines ästhetischen Phänomens zu verstehen ist. Die Lust, die der tragische Mythus erzeugt, hat eine gleiche Heimat, wie die lustvolle Empfindung der Dissonanz in der Musik. Das Dionysische, mit seiner selbst am Schmerz perzipierten Urlust, ist der gemeinsame Geburtsschoß der Musik und des tragischen Mythus (KSA 1, 152).

Unter «tragischem Mythus» versteht Nietzsche nicht nur die griechische Tragödie, sondern auch und vor allem die germanische Mythologie, die in Wagners Musikdramen ihre Auferstehung feiert. So endet die Tragödien-Schrift mit der Hoffnung auf die «Wiedergeburt des deutschen Mythus», eine, wie die Geschichte gezeigt hat, gefährliche Vision. Die Versuche des 20. Jahrhunderts, den Mythos zu humanisieren, die in der Literatur insbesondere von Thomas Mann unternommen wurden, sind als Antworten auf Nietzsches Verherrlichung des Tragischen zu verstehen. Daran zeigt sich die geistesgeschichtliche Ambivalenz von Nietzsches Denken: Er durchschaut die Tragödie, tut aber nichts, um sie zu verhindern. Im Gegensatz etwa zu Hegel gilt ihm die Kunst als Medium, mit den Gegensätzen zu leben, ohne sie zu versöhnen.

Ein Beispiel für die ästhetische Rechtfertigung der Geschichte hat Nietzsche selbst in seiner zweiten unzeitgemäßen Betrachtung «Vom Nutzen und Nachteil der Historie für das Leben» (1874) geliefert. In dieser immer noch aktuellen Schrift wendet er sich gegen die «historische Krankheit», d. h. gegen das Übermaß an historisch-philologischen Studien in den Geisteswissenschaften. Die beißende Kritik am Historismus bedeutet aber nicht, daß sich Nietzsche gegen die Beschäftigung mit der Geschichte überhaupt wendet. Er fragt vielmehr nach Formen, in denen eine lebensdienliche Beschäftigung mit der Geschichte möglich ist. Unter Lebensdienlichkeit ist zu verstehen, daß die Geschichte das Gegenwartsbewußtsein der Menschen stärkt und die zukunftsbezogene Produktivität des Geistes nicht behindert.

Um das Recht des Lebens gegenüber dem historischen Bewußtsein zu verdeutlichen, stellt Nietzsche dem geschichtlichen Menschen ein Bild aus dem Tierreich gegenüber:

*Betrachte die Herde, die an dir vorüberweidet: sie weiß nicht, was Ge-
stern, was Heute ist, springt umher, frißt, ruht, verdaut, springt wieder,
und so vom Morgen bis zur Nacht und von Tage zu Tage, kurz angebun-
den mit ihrer Lust und Unlust, nämlich an den Pflock des Augenblickes
und deshalb weder schwermütig noch überdrüssig. Dies zu sehen geht
dem Menschen hart ein, weil er seines Menschentums sich vor dem Tiere
brüstet und doch nach seinem Glücke eifersüchtig hinblickt – denn das
will er allein, gleich dem Tiere weder überdrüssig noch unter Schmerzen
leben, und will es doch vergebens, weil er es nicht will wie das Tier. Der
Mensch fragt wohl einmal das Tier: warum redest du mir nicht von deinem Glücke und siehst mich nur an; das Tier will auch antworten und
sagen, das kommt daher, daß ich immer gleich vergesse, was ich sagen
wollte – da vergaß es aber auch schon diese Antwort und schwieg: so daß
der Mensch sich darob verwunderte (KSA 1, 248).*

Wie die idyllische Szene verdeutlicht, ist das Vergessen eine Bedingung
des Lebens, des glücklichen Lebens zumal. Aber Nietzsche ist sich darüber im klaren, daß der Mensch nicht vergessen kann. Denn die Gegen-
wärtigkeit des Vergangenen macht ihn überhaupt erst zum Menschen.
Daher sagt Nietzsche zu Recht, daß der Mensch bei aller Sehnsucht nach
dem Glück des geschichtslosen Lebens der Tiere letztlich doch nicht so
leben will wie diese. Wohl möchte er am Glück des Vergessens teilhaben,
nicht aber die Erinnerung und damit das Menschsein aufgeben. Aus diesem Gesichtspunkt heraus unterscheidet und beurteilt Nietzsche drei
Arten von Geschichtsbetrachtung: die «monumentalische», die in den
geschichtlichen Ereignissen Vorbilder für eigenes Tun sucht; die «anti-
quarische», die das Selbstverständnis des Menschen aus seiner Herkunft
ableitet; und die «kritische», die über die Vergangenheit zu Gericht sitzt,
um Platz für die Gegenwart zu schaffen.

Wenn dem Menschen das tierische Vergessen seinem Wesen nach ver-
wehrt bleibt, so ist es die Aufgabe einer dem Leben dienenden Geschichtsbetrachtung, im Umgang mit der Vergangenheit nach einem
Äquivalent des Vergessens zu suchen. Dieses sieht Nietzsche im ästhetischen Umgang mit der Geschichte. Wenn die Historie schon keine Wissenschaft sein kann, so muß sie Kunst sein, da nur durch «Umdeuten»
und «Weiterdichten» der Tatsachen ein Geschichtsbild entsteht, mit dem
sich die Menschen identifizieren können. Man darf die von Nietzsche
propagierte Fiktionalisierung der Geschichte nicht als idealistische Flucht

aus der Wirklichkeit mißverstehen. Wie die griechische Tragödie soll auch und gerade die künstlerische Geschichtsschreibung Sinn in das Schreckliche und Empörende der geschichtlichen Ereignisse bringen. In der ästhetischen Sinngebung der Geschichte sieht Nietzsche den einzigen Weg, mit der brutalen Faktizität der Tatsachen fertig zu werden.

Die These von der Geschichtsschreibung als Kunst, die im Anschluß an Nietzsche von Benedetto Croce in seiner Schrift «Die Geschichte auf den allgemeinen Begriff der Kunst gebracht» (1893) explizit vertreten wird, hat sich mit dem Problem der Objektivität auseinanderzusetzen. Auch Nietzsche gibt die Forderung nach Objektivität nicht auf, unterscheidet aber zwei Arten historischer Objektivität. Die negative Form der Objektivität liegt im bloß photographischen Registrieren der Fakten. Dagegen liegt Objektivität «als positive Eigenschaft» dann vor, wenn die Fakten in einen Zusammenhang gebracht werden, der dem ästhetischen Sinn des Menschen genügt:

In dieser Weise die Geschichte objektiv denken ist die stille Arbeit des Dramatikers; nämlich alles aneinander denken, das Vereinzelte zum Ganzen weben: überall mit der Voraussetzung, daß eine Einheit des Planes in die Dinge gelegt werden müsse, wann sie nicht darinnen sei. So überspinnt der Mensch die Vergangenheit und bändigt sie, so äußert sich sein Kunsttrieb – nicht aber sein Wahrheits-, sein Gerechtigkeitstrieb. Objektivität und Gerechtigkeit haben nichts miteinander zu tun. Es wäre eine Geschichtsschreibung zu denken, die keinen Tropfen der gemeinen empirischen Wahrheit in sich hat und doch im höchsten Grade auf das Prädikat der Objektivität Anspruch machen dürfte (KSA 1, 290).

Die Objektivität der ästhetischen Gestaltung, die hier der Gerechtigkeit gegenübergestellt wird, steht für eine Sichtweise der Geschichte, die sich ganz auf die Form der Darstellung konzentriert. Die Nachlaßschriften Nietzsches bestätigen, wie scharf er sich in diesem Punkt gerade von Hegels Geschichtsphilosophie distanziert, die in der Weltgeschichte das Weltgericht sieht. Gegen diese Zumutung empört sich Nietzsches ganze künstlerische Natur:

Es beleidigt zum Beispiel die Moral, daß ein Raphael sechsunddreißig Jahr alt sterben mußte: solch ein Wesen sollte nicht sterben. Wollt ihr nun der Geschichte zuhilfe kommen, als Apologeten des Tatsächlichen,

so werdet ihr sagen: er hat alles, was in ihm lag, ausgesprochen, er hätte,
bei längerem Leben, immer nur das Schöne als gleiches Schönes, nicht als
neues Schönes schaffen können, und dergleichen. So seid ihr die Advoka-
ten des Teufels und zwar dadurch, daß ihr den Erfolg, das Faktum zu
eurem Götzen macht: während das Faktum immer dumm ist und zu allen
Zeiten einem Kalbe ähnlicher gesehen hat als einem Gotte (KSA 1, 310).

Nietzsches Empörung über die Faktizität verleiht der Geschichtsbetrachtung eine neue Dimension. Gleichermaßen gegen den Objektivismus der
historischen Schule Rankes sowie gegen den Weltgeist der Hegelianer
gerichtet, sieht er den einzigen und eigentlichen Wert der Historik mit
Schopenhauer darin, die Selbsterkenntnis und das Selbstverständnis der
Gegenwart zu begründen. Individuelle Selbsterkenntnis bedeutet für
Nietzsche, das Chaos des Willens in sich zu beherrschen. In Analogie
dazu hat der Geschichtsschreiber das Chaos der überlieferten Fakten so
zu organisieren, daß Bilder entstehen, die im Schrecklichen noch das
Schöne erkennen lassen. Dies wäre dann die historische Einlösung des
Satzes von der ästhetischen Rechtfertigung der Welt.

Theorie der Erkenntnis und der Wissenschaften

Der Vorrang, den Nietzsche der Kunst in der «Geburt der Tragödie» einräumt, wird seit «Menschliches, Allzumenschliches» an die Wissenschaft
abgetreten. «Der wissenschaftliche Mensch ist die Weiterentwicklung
des künstlerischen», heißt es im Aphorismus 174, ein Satz, der Wagner
und seine Gemeinde vor den Kopf stoßen mußte. Wissenschaft ist zur
Zeit Nietzsches gleichbedeutend mit Positivismus. Allerdings wird
Nietzsche kein Anhänger von Comte oder J. St. Mill. Von diesen trennt
ihn bereits in rein stilistischer Hinsicht die aphoristische Form seiner
neuen Schrift – sicherlich eine paradoxe Art, sich zur Wissenschaft zu
bekennen! Eine «fröhliche Wissenschaft» soll es sein, wie der an die pro-
venzalische Troubadour-Kultur anknüpfende Titel der Hauptschrift aus
der positivistischen Phase ankündigt.

Mit dem Positivismus teilt Nietzsche den Standpunkt der Erfahrung.
Er unterscheidet sich von ihm aber durch sein Mißtrauen gegenüber der
induktiven Logik, die für ihn auf einem ungerechtfertigten Vertrauen in

die Gleichförmigkeit der Natur beruht. Begriffe und Denkgesetze haben nach seiner Auffassung nichts mit den Dingen selbst zu tun, sondern sind reine Kopfgeburten:

Auch die Logik beruht auf Voraussetzungen, denen nichts in der wirklichen Welt entspricht, z. B. auf der Voraussetzung der Gleichheit von Dingen, der Identität des selben Dinges in verschiedenen Punkten der Zeit: aber jene Wissenschaft entstand durch den entgegengesetzten Glauben (daß es dergleichen in der wirklichen Welt allerdings gebe). Ebenso steht es mit der Mathematik, welche gewiß nicht entstanden wäre, wenn man von Anfang an gewußt hätte, daß es in der Natur keine exakt gerade Linie, keinen wirklichen Kreis, kein absolutes Größenmaß gebe (KSA 2, 31).

Die wissenschaftliche Begriffsbildung wird hier als nützliche Fiktion gedeutet, die der menschliche Geist benötigt, um sich zu orientieren. In diesem Sinn begreift Nietzsche die Wissenschaft als Weiterentwicklung der Kunst, und diese Herkunft zeigt deutlich, woher die Wissenschaft ihren «fröhlichen» Anstrich bekommt. Damit treibt Nietzsche die im Positivismus angelegte Tendenz zum Fiktionalismus weiter, die in Hans Vaihingers «Philosophie des Als-Ob» (1911 veröffentlicht, aber schon 1877 geschrieben) ihren Höhepunkt erreicht. Dem Fiktionalismus zufolge kann menschliches Wissen nicht als Abbildung der Welt, sondern nur als Projektion des Geistes gerechtfertigt werden. Mit dem Satz «Es gibt keine Wahrheit» bestreitet Nietzsche prinzipiell die Möglichkeit, die Geltung menschlicher Erkenntnis rein sachlich zu begründen. Nietzsches Zuversicht, daß die Menschen in Zukunft immer mehr dahin kommen werden, «auf Hypothesen hin» zu leben, hat sich später der lebensphilosophische Pragmatismus von William James zu eigen gemacht.

Die Formulierungen seiner erkenntnispragmatischen Position gleichen denen von Richard Avenarius und Ernst Mach. Zwar lehnt Nietzsche den Darwinismus ab, weil dieser das in der Natur waltende Prinzip des Überflusses nicht berücksichtige, er erklärt die Herkunft des Logischen aber nach dem Schema der Denkökonomie und des davon abhängigen Kampfes ums Überleben:

Der überwiegende Hang aber, das Ähnliche als gleich zu behandeln, ein unlogischer Hang – denn es gibt an sich nichts gleiches –, hat erst alle Grundlage der Logik geschaffen. Ebenso mußte, damit der Begriff der Substanz entstehe, der unentbehrlich für die Logik ist, ob ihm gleich im strengsten Sinne nichts Wirkliches entspricht –, lange Zeit das Wechselnde an den Dingen nicht gesehen, nicht empfunden worden sein; die nicht genau sehenden Wesen hatten einen Vorsprung vor denen, welche alles «im Flusse» sahen. An und für sich ist schon jeder hohe Grad von Vorsicht im Schließen, jeder skeptische Hang eine große Gefahr für das Leben. Es würden keine lebenden Wesen erhalten sein, wenn nicht der entgegengesetzte Hang, lieber zu bejahen als das Urteil auszusetzen, lieber zu irren und zu dichten als abzuwarten, lieber zuzustimmen als zu verneinen, lieber zu urteilen als gerecht zu sein – außerordentlich stark angezüchtet worden wäre. – Der Verlauf logischer Gedanken und Schlüsse in unserem jetzigen Gehirne entspricht einem Prozesse und Kampfe von Trieben, die an sich einzeln alle sehr unlogisch und ungerecht sind; wir erfahren gewöhnlich nur das Resultat des Kampfes: so schnell und so versteckt spielt sich jetzt dieser uralte Mechanismus in uns ab (KSA 3, 471 f).

Die Kritik an der logischen Geltung der Begriffe bleibt nicht auf die Begriffe Gleichheit und Substanz beschränkt. Auch der Kategorie der Kausalität wird ein lediglich metaphorischer Status zugebilligt, so daß der Anspruch der Wissenschaften, die Natur zu erklären, auf die Ebene der Beschreibung zurückgenommen werden muß:

Wie könnten wir auch erklären! Wir operieren mit lauter Dingen, die es nicht gibt, mit Linien, Flächen, Körpern, Atomen, teilbaren Zeiten, teilbaren Räumen –, wie soll Erklärung auch nur möglich sein, wenn wir alles erst zum Bilde machen, zu unserem Bilde! Es ist genug, die Wissenschaft als möglichst getreue Anmenschlichung der Dinge zu betrachten, wir lernen immer genauer uns selber beschreiben, indem wir die Dinge und ihr Nacheinander beschreiben (KSA 3, 473).

Die Erkenntnisformen, an welche der Mensch wegen seiner biologischen und psychologischen Konstitution gebunden ist, werden laut Nietzsche noch durch soziale Zwänge verstärkt. Insbesondere die Notwendigkeit, sich gegenüber anderen Menschen verständlich zu machen, entfernt den menschlichen Geist noch weiter von den Dingen:

Denn nochmals gesagt: der Mensch, wie jedes lebende Geschöpf, denkt immerfort, aber weiß es nicht; das bewußtwerdende Denken ist nur der kleinste Teil davon, sagen wir: der oberflächlichste, der schlechteste Teil: – denn allein dieses bewußte Denken geschieht in Worten, d. h. in Mitteilungszeichen, womit sich die Herkunft des Bewußtseins selber aufdeckt. Kurz gesagt, die Entwicklung der Sprache und die Entwicklung des Bewußtseins (nicht der Vernunft, sondern allein des Sich-bewußt-werdens der Vernunft) gehen Hand in Hand (KSA 3, 592).

Mit der Unterscheidung zwischen unbewußtem und bewußtem Denken und der Bindung des letzteren an die Sprache hebt Nietzsche das Subjekt als archimedischen Punkt der Transzendentalphilosophie (Kants «Ich denke») auf und öffnet den Weg zu einem sprachkritischen Phänomenalismus und Perspektivismus:

Es ist, wie man errät, nicht der Gegensatz von Subjekt und Objekt, der mich hier angeht; diese Unterscheidung überlasse ich den Erkenntnistheoretikern, welche in den Schlingen der Grammatik (der Volks-Metaphysik) hängen geblieben sind. Es ist erst recht nicht der Gegensatz von «Ding an sich» und Erscheinung: denn wir erkennen bei weitem nicht genug, um auch nur so scheiden zu dürfen. Wir haben eben gar kein Organ für das Erkennen, für die «Wahrheit»: wir «wissen» (oder glauben oder bilden uns ein) gerade soviel als es im Interesse der Menschen-Herde, der Gattung, nützlich sein mag: und selbst, was hier «Nützlichkeit» genannt wird, ist zuletzt auch nur ein Glaube, eine Einbildung und vielleicht gerade jene verhängnisvollste Dummheit, an der wir einst zugrunde gehen (KSA 3, 593).

Die an dieser Stelle vollzogene radikale Relativierung aller Erkenntnisformen endet jedoch nicht im Relativismus oder gar Skeptizismus. Zwar ist es richtig, daß Nietzsche das Erkennen nicht absolut gelten läßt; aber der Mensch ist für ihn nicht nur und nicht primär ein erkennendes, sondern ein handelndes Wesen, das in seinen psycho-physischen Zuständen direkt mit der Lebenswelt verbunden ist. Daher verfehlt der Interpretationismus, der aus neukantianischer Sicht Nietzsche heute untergeschoben wird, dessen Intention. Nietzsche will vielmehr die idealistische Fassung des Erkenntnisproblems, die Frage also, wie das Bewußtsein zu den Gegenständen gelangt, als grundsätzlich falsche Problemformulierung überwinden. Denn als Wollender ist der Mensch immer schon bei der Welt, wie sie ist. Das Kriterium der Realität sind die Widerstände, auf die der Mensch in seinen Handlungen stößt. Insofern läßt sich Nietzsche als pragmatischer Realist bezeichnen, der jenseits des Subjekt-Objekt-Dualismus die «Unschuld des Werdens» wiederherstellen möchte.

Vor diesem Hintergrund gewinnt das von Nietzsche 1880 proklamierte Programm einer «Experimentalphilosophie» seinen tieferen Sinn. Das Experiment, mit dem er die «Möglichkeiten des grundsätzlichen Nihilismus» vorwegzunehmen beansprucht, besteht darin, den erkenntnistheoretischen Standpunkt zugunsten einer pragmatischen Bejahung des Willens aufzugeben, um so über die Schwächen des menschlichen Geistes Herr zu werden. Das Schlagwort, das Nietzsche für diese Umkehrung Schopenhauers prägt, lautet: «Wille zur Macht». Von diesem Standpunkt aus wird verständlich, warum Nietzsches positivistische Phase durch eine ausgeprägt lebensphilosophische abgelöst wird, in der die Anthropologie und die mit ihr verbundene Moralkritik in den Mittelpunkt rücken.

Anthropologie und Moralphilosophie

Es ist eine logische Folge der radikalen Erkenntniskritik, daß Nietzsche den erkenntnistheoretischen Standpunkt schließlich ganz überwindet. Die Möglichkeit dazu sieht er in der Frage nach dem Menschen und seiner Stellung in der Welt. Damit transformiert er die Erkenntnistheorie in Anthropologie, die neben den physiologischen und psychologischen Aspekten auch die moralische Dimension menschlichen Daseins berücksichtigt. Davon zeugt sein berühmtes Werk «Also sprach Zarathustra» (1883–1885).

Formal unterscheidet sich der «Zarathustra» von den übrigen Werken durch seine epische Form. Im biblischen Stil beschreibt Nietzsche den Abstieg des altpersischen Weisen von den Bergeshöhen und läßt ihn die Lehre vom «Übermenschen» und der «ewigen Wiederkehr des Gleichen» verkünden. Die das Neue Testament nachahmende Sprache kann strekkenweise zwar faszinieren, krankt aber daran, daß Nietzsche der lange epische Atem fehlt. Statt der beabsichtigten elementaren Wirkung tritt überall die Bindung an den Spätstil des 19. Jahrhunderts hervor. So kann es nicht verwundern, daß der «Zarathustra» die Erwartungen des Autors nicht erfüllt hat und als Dokument eines eher zweifelhaften Anspruchs in die Geistesgeschichte eingegangen ist.

Der gleiche Zeitkontext haftet auch der Idee des Übermenschen an, in welcher man unschwer die Projektion der artistischen Existenz erkennt, die Nietzsche selbst verkörpert. Der Anspruch des autonomen Künstlers, aus sich heraus eine ganze Welt zu schaffen und dabei allein dem eigenen Genius verpflichtet zu sein, wird im «Zarathustra» verallgemeinert und als vorbildlich für die menschliche Existenz hingestellt. Nietzsche zeichnet hiermit einen Gegenentwurf zum von ihm verabscheuten Massenmenschen der sich formierenden Industriegesellschaft.

Mit dem antidemokratischen Aristokratismus des «Zarathustra» steht Nietzsche in seiner Zeit nicht allein. Er gehört zum Ästhetizismus seiner Zeit und findet seine harmlosere Entsprechung im Dandytum. Man muß diesen Zusammenhang berücksichtigen, um zu ermessen, wie weit die barbarische Indienstnahme der Idee des Übermenschen durch den Nationalsozialismus von Nietzsches geistigem Horizont entfernt liegt. Hinzu kommt noch ein anderes Moment. Schon die romantische Naturphilosophie kennt die Idee des «höchsten Menschen» oder «Helden», der die anderen Menschen dadurch überragt, daß sein Wille im Einklang mit der Natur steht. Dieser bei Nietzsche wirksame romantische Hintergrund macht verständlich, wie arglos er mit der Idee des Übermenschen umgehen konnte. Zwar hat bei ihm die schöpferische Tat durch Psychologisierung weitgehend ihre Naivität eingebüßt; aber der Wille des Übermenschen hält sich noch ganz im Rahmen der vorgegebenen Naturordnung, so daß Nietzsche die im Namen des Übermenschen praktizierte Barbarei nicht einmal als Denkmöglichkeit vorschwebte. Im Gegenteil: Im Übermenschen sieht er die Verkörperung eines neuen Humanismus, der allerdings auch eine biologische Komponente besitzt, die ihn mit der Rassentheorie des Grafen Gobineau verbindet.

Wichtiger als diese ist aber die antichristliche Ausrichtung, die Nietzsche seinem Übermenschen als dem Überwinder Gottes gibt, dessen Tod zu Beginn des «Zarathustra» verkündet wird. Nietzsche hat im antichristlichen Prophetentum des Zarathustra den Gipfel der Modernität und den Beginn eines heroischen Nihilismus gesehen. Aber darin liegt sicherlich sein größter Irrtum. Denn ganz abgesehen davon, daß vor ihm Comte mit wenig Erfolg eine philosophische Menschheitsreligion verkündet hatte, bewirkt der forcierte Atheismus eher das Gegenteil der geistigen Revolution, die Nietzsche vorschwebte. Als «Anti-Christ» bleibt Zarathustra-Nietzsche von den Werten abhängig, die er negiert. Geistesgeschichtlich bewegt er sich im Rahmen der im 19. Jahrhundert vieldiskutierten Frage nach der kulturellen Bedeutung des Christentums, so daß gerade der «Zarathustra» wohl das zeitgebundenste unter den Werken Nietzsches sein dürfte.

Diese Einschränkung ist zu berücksichtigen, wenn man die Perspektiven bedenkt, die der «Zarathustra» für eine lebensphilosophische Anthropologie eröffnet. Was bleibt von der Idee des Menschen, wenn die Frage nach Gott für sinnlos erklärt und die Hoffnung auf ein Jenseits radikal abgestritten wird? Die Antwort Zarathustras:

Der Mensch ist ein Seil, geknüpft zwischen Tier und Übermensch, – ein Seil über einem Abgrunde. Ein gefährliches Hinüber, ein gefährliches Auf-dem-Wege, ein gefährliches Zurückblicken, ein gefährliches Schaudern und Stehenbleiben. Was groß ist am Menschen, das ist, daß er eine Brücke und kein Zweck ist: was geliebt werden kann am Menschen, das ist, daß er ein Übergang und ein Untergang ist. Ich liebe die, welche nicht zu leben wissen, es sei denn als Untergehende, denn es sind die Hinübergehenden. Ich liebe die großen Verachtenden, weil sie die großen Verehrenden sind und Pfeile der Sehnsucht nach dem anderen Ufer. Ich liebe die, welche nicht erst hinter den Sternen einen Grund suchen, unterzugehen und Opfer zu sein: sondern die sich der Erde opfern, daß die Erde einst des Übermenschen werde (KSA 4, 16 f).

Was den Menschen nach dem Verzicht auf die Transzendenz «groß» macht, ist sein Mut, trotz des Wissens um die eigene Vergänglichkeit den Ort des Übergangs zu schonen. Damit fällt der Erde, die von der neuzeitlichen Naturwissenschaft aus dem Zentrum der Welt gedrängt worden ist, wieder eine anthropologisch zentrale Rolle zu. Nietzsche macht die Erde zum bevorzugten Ort der Bedeutungsbildung, da nur durch das Leben auf und mit der Erde der Mensch seinem Dasein einen konkreten Sinn geben kann:

Ich beschwöre euch, meine Brüder, bleibt der Erde treu und glaubt denen nicht, welche euch von überirdischen Hoffnungen reden! Giftmischer sind es, ob sie es wissen oder nicht. Verächter des Lebens sind es, Abster-

bende und selber Vergiftete, deren die Erde müde ist: so mögen sie da-
hinfahren! Einst war der Frevel an Gott der größte Frevel, aber Gott starb,
und damit starben auch diese Frevelhaften. An der Erde zu freveln ist
jetzt das Furchtbarste und die Eingeweide des Unerforschlichen höher zu
achten, als den Sinn der Erde! Einst blickte die Seele verächtlich auf den
Leib: und damals war diese Verachtung das Höchste: – sie wollte ihn
mager, gräßlich, verhungert. So dachte sie ihm und der Erde zu ent-
schlüpfen. Oh diese Seele war selber noch mager, gräßlich und verhun-
gert: und Grausamkeit war die Wollust dieser Seele! Aber auch ihr noch,
meine Brüder, sprecht mir: was kündet euer Leib von eurer Seele? Ist eure
Seele nicht Armut und Schmutz und ein erbärmliches Behagen? (KSA 4,
15).

Mit der Erde als dem einzigen Medium der Sinnbildung erfährt auch der
Körper eine deutliche Aufwertung gegenüber der Seele. Die Umkehrung
der platonisch-christlichen Leib-Seele-Hierarchie führt Nietzsche dazu,
dem Leib eine eigene ‹Weisheit› zuzubilligen:

«Leib bin ich und Seele» – so redet das Kind. Und warum sollte man nicht
wie die Kinder reden? Aber der Erwachte, der Wissende sagt: Leib bin ich
ganz und gar, und Nichts außerdem; und Seele ist nur ein Wort für ein
Etwas am Leibe. Der Leib ist eine große Vernunft, eine Vielheit mit Einem
Sinne, ein Krieg und ein Frieden, eine Herde und ein Hirt. Werkzeug dei-
nes Leibes ist auch deine kleine Vernunft mein Bruder, die du «Geist»
nennst, ein kleines Werk- und Spielzeug deiner großen Vernunft. «Ich»
sagst du und bist stolz auf dieses Wort. Aber das Größere ist, woran du
nicht glauben willst, – dein Leib und seine große Vernunft: die sagt nicht
Ich, aber tut Ich (KSA 4, 39).

Die Disqualifizierung des Geistes zur «kleinen Vernunft» hat Nietzsche
immer wieder den Vorwurf des Naturalismus und Vitalismus einge-
bracht. Wie aber aus dem Zitat hervorgeht, fordert er keineswegs dazu
auf, den Geist den Bedürfnissen des Körpers zu opfern. Worauf er lediglich hinweist, ist die Tatsache, daß alle Begriffe von Geist, Seele und Ich
nur insoweit Realität besitzen, als sie die Leiblichkeit auslegen. Das «Ich-
Tun» soll die Bewußtseinsphilosophen daran erinnern, daß im Ich eine
Realität steckt, die über das «Ich denke» hinausgeht und sich immer dort
bemerkbar macht, wo der Mensch mit der Welt und den anderen Men-

schen handelnd in Berührung kommt. Diese Einsicht hat schon Schopenhauer in seiner Lehre vom «Primat des Willens im Selbstbewußtsein»
formuliert, so daß es nicht überrascht, wenn auch Nietzsche den Willen als
den höchsten Punkt im Menschen feiert:

Wahrlich, durch hundert Seelen ging mein Weg und durch hundert Wie-
gen und Geburtswehen. Manchen Abschied nahm ich schon, ich kenne
die herzbrechenden letzten Stunden. Aber so will's mein schaffender
Wille, mein Schicksal. Oder, daß ich's euch redlicher sage: solches Schick-
sal gerade – will mein Wille. Alles Fühlende leidet an mir und ist in
Gefängnissen: aber mein Wollen kommt mir stets als mein Befreier und
Freudebringer. Wollen befreit: das ist die wahre Lehre von Wille und
Freiheit – so lehrt sie euch Zarathustra. Nicht-mehr-wollen und nicht-
mehr-schätzen und nicht-mehr-schaffen! Ach, daß diese große Müdig-
keit mir stets ferne bleibe! Auch im Erkennen fühle ich nur meines Wil-
lens Zeuge- und Werde-Lust; und wenn Unschuld in meiner Erkenntnis
ist, so geschieht dies, weil Wille zur Zeugung in mir ist. Hinweg von Gott
und Göttern lockte mich dieser Wille; was wäre denn zu schaffen, wenn
Götter – da wären! (KSA 4, 111).

Der Wille, der hier gefeiert wird, ist der schöpferische Wille, der Formwille
des Künstlers, der an den inneren und äußeren Widerständen wächst.
Dieser Willensbegriff, der im «Zarathustra» als Wille zur Erde auftritt,
läßt deutlich erkennen, daß Nietzsches Idee des Übermenschen im Kern
ästhetischer Natur ist. Auch der «Zarathustra» fällt somit unter Nietzsches Programm einer ästhetischen Rechtfertigung der Welt.

Nach dem «Zarathustra» wollte Nietzsche seine Vision des Übermenschen in einem groß angelegten Werk mit dem Titel «Der Wille zur Macht.
Versuch einer Umwertung aller Werte» systematisch ausarbeiten. Dazu
ist es zwar niemals gekommen, aber der Grundgedanke läßt sich schon klar
erkennen. Wie besonders aus «Jenseits von Gut und Böse» hervorgeht,
nähert sich Nietzsche dem Begriff des Willens von psychologischer Seite
her. Er meint, im Willen zur Macht die Grundform entdeckt zu haben, aus
der sich das gesamte Triebleben des Menschen ableiten lasse. Der Wille zur
Macht ist selbst kein Trieb, sondern ein Bewußtseinszustand, der über die
Erfüllung der direkten Bedürfnisse des Individuums hinausreicht. Denn
der Wille zur Macht lebt von der Befriedigung, die der Mensch aus seiner
Stellung gegenüber den anderen bezieht:

Zur Lehre vom Machtgefühl. – Mit Wohltun und Wehetun übt man seine Macht an anderen aus – mehr will man dabei nicht! Mit Wehetun an solchen, denen wir unsere Macht erst fühlbar machen müssen; denn der Schmerz ist ein viel empfindlicheres Mittel dazu als die Lust: – der Schmerz fragt immer nach der Ursache, während die Lust geneigt ist, bei sich selbst stehenzubleiben und nicht rückwärts zu schauen. Mit Wohltun und Wohlwollen an solchen, die irgendwie schon von uns abhängen (d. h. gewohnt sind, an uns als ihre Ursachen zu denken); wir wollen ihre Macht mehren, weil wir so die unsere mehren, oder wir wollen ihnen den Vorteil zeigen, den es hat, in unserer Macht zu stehen, – so werden sie mit ihrer Lage zufriedener und gegen die Feinde unserer Macht feindseliger und kampfbereiter sein. Ob wir beim Wohl- oder Wehetun Opfer bringen, verändert den letzten Wert unserer Handlungen nicht; selbst wenn wir unser Leben daran setzen, wie der Märtyrer zugunsten seiner Kirche, es ist ein Opfer, gebracht unserem Verlangen nach Macht, oder zum Zweck der Erhaltung unseres Machtgefühls (KSA 3, 384 f).

Diese psychologisch höchst tiefsinnige Passage definiert den Willen zur Macht als das Bewußtsein, die anderen von uns selbst abhängig zu wissen. Als Machtgefühl findet sich der Wille demnach auf der Ebene der Vorstellungen wieder. Um deutlich zu machen, worin sich der Wille zur Macht von triebhafter Befriedigung sinnlicher Bedürfnisse unterscheidet, sei an den «Geltungsdrang» erinnert, den Alfred Adler dem Sexualtrieb bei Sigmund Freud entgegenstellt.

Nietzsche war der Meinung, im Willen zur Macht ein für die Erklärung der gesamten Natur gültiges Prinzip gefunden zu haben. Das erscheint allerdings mehr als fraglich. Denn während der Egoismus insofern universal genannt werden darf, als er eine Analogie zum organischen Selbsterhaltungs- und zum anorganischen Kraftprinzip darstellt, ist der Wille zur Macht als umgekehrtes Abhängigkeitsgefühl an die Reflexion gebunden und überdies der Künstlerpsychologie verpflichtet, die das Schaffen als einen Akt der Bezwingung des Publikums versteht. Bezeichnenderweise spricht Nietzsche auch vom «Willen zur Macht als Kunst». Diese Denkfigur läßt sich schwerlich auf den wissenschaftlichen Naturbegriff übertragen. Hier mag der systematische Grund dafür liegen, daß Nietzsche sein geplantes Werk nicht realisiert hat.

Die Lehre vom Willen zur Macht öffnet den Weg zur radikalen Moralkritik, die zu den wirkungsvollsten Gedanken Nietzsches zählt. Zunächst geht er ein Stück mit Schopenhauer, indem er Ethik als normative Wissenschaft, welche aus einem logischen Prinzip unbedingte Verpflichtungen ableitet, für ein Unding hält. Aber Nietzsche geht in seiner Kritik noch einen Schritt weiter als Schopenhauer. Er bestreitet, daß moralische Imperative überhaupt einen realen Inhalt haben. Die Spitze dieser Kritik richtet sich insbesondere gegen Kant, für den das Moralische neben dem Logischen ein selbständiges Reich der Zwecke darstellt, dem der Mensch durch die praktische Vernunft zugehört. Die Selbständigkeit ebendieser praktischen Vernunft hält Nietzsche für eine Illusion, und so kann er zu Recht für sich in Anspruch nehmen, als erster die Einsicht formuliert zu haben, «daß es gar keine moralischen Tatsachen gibt».

Wenn moralische Imperative laut Nietzsche auch gegenstandslos sind, so geben sie doch Aufschluß über die Geisteshaltung derjenigen, die sie formulieren. Der psychische Mechanismus ist für Nietzsche immer der gleiche: Mit Hilfe moralischer Qualifikationen versuchen Menschen oder Menschengruppen, ihren Selbstbehauptungswillen und ihre Herrschaftsansprüche gegenüber anderen durchzusetzen. Moral erweist sich somit wie die Religion als Ideologie, über deren wahre Ursprünge sich die Urheber in der Regel selbst nicht im klaren sind. Statt rationaler Normenbegründung hält Nietzsche es daher für die Aufgabe der Ethik, die historische Entstehung moralischer Normen idealtypisch zu rekonstruieren. So erklärt sich der provozierend programmatische Titel «Zur Genealogie der Moral». Nietzsche verknüpft die genetische Untersuchung und die vergleichende Typenlehre verschiedener Moralen mit dem Ziel, die verborgenen Motive aufzudecken, die im Willen zur Macht liegen. Auf diesem Wege gelangt er zur Unterscheidung zweier Haupttypen, welche die europäische Kulturentwicklung maßgeblich bestimmt haben: die Herren-Moral der Griechen und die Sklaven-Moral der Juden und Christen. In der Gegenüberstellung beider Typen von Moral ist Nietzsches psychologische Phantasie unerschöpflich.

Der Sklavenaufstand in der Moral beginnt damit, daß das Ressentiment selbst schöpferisch wird und Werte gebiert: das Ressentiment solcher Wesen, denen die eigentliche Reaktion, die der Tat, versagt ist, die sich nur durch eine imaginäre Rache schadlos halten. Während alle vornehme Moral aus einem triumphierenden Ja-sagen zu sich selber herauswächst, sagt die Sklaven-Moral von vornherein Nein zu einem «Außerhalb», zu

einem «Anders», zu einem «Nicht-selbst»: und dies Nein ist ihre schöpfe-
rische Tat. Diese Umkehrung des wertsetzenden Blicks – diese notwen-
dige Richtung nach Außen statt zurück auf sich selber – gehört eben zum
Ressentiment: die Sklaven-Moral bedarf, um zu entstehen, immer erst
einer Gegen- und Außenwelt, sie bedarf, physiologisch gesprochen,
äußerer Reize, um überhaupt zu agieren, – ihre Aktion ist von Grund aus
Reaktion. Das Umgekehrte ist bei der vornehmen Wertungsweise der
Fall: sie agiert und wächst spontan, sie sucht ihren Gegensatz nur auf, um
zu sich selber noch dankbarer, noch frohlockender Ja zu sagen, – ihr ne-
gativer Begriff «niedrig» «gemein» «schlecht» ist nur ein nachgeborenes
blasses Kontrastbild im Verhältnis zu ihrem positiven, durch und durch
mit Leben und Leidenschaft durchtränkten Grundbegriff «wir Vorneh-
men, wir Guten, wir Schönen, wir Glücklichen!» (KSA 5, 270f).

Die Gegenüberstellung wirkt auf den heutigen Leser deshalb so irritie-
rend, weil wir mit «Sklaven» die sozial Benachteiligten und politisch
Unterdrückten, mit «Herren» dagegen die Besitzenden und Mächtigen
assoziieren. Aber statt eines sozialen und politischen Gegensatzes hat
Nietzsche vielmehr einen psychologischen und charakterlichen Typus im
Sinn. Unter «starken Naturen» versteht er diejenigen, die ihre Werte
nicht durch Vergleich mit anderen setzen, sondern unmittelbar aus der
Übereinstimmung ihres Wollens mit ihrem Können beziehen. Damit
nimmt Nietzsche einen stoischen Gedanken auf, der durch die inzwischen kompromittierte Rede von der «blonden Bestie» verdeckt wird.
Nietzsches Quelle dieser Konzeption ist daher auch nicht in der Rassen-
lehre des 19. Jahrhunderts zu suchen, sondern liegt in der Ethik Spinozas,
die ein Bild vom «freien Menschen» entwirft, das für Nietzsches «Pathos
der Distanz» gegenüber den «Schwachen» als Vorbild gedient hat. Unter
den «Schwachen» versteht er eine gebrochene Gesinnung, die in ständiger Selbstentfremdung lebt, da sie den eigenen Machtwillen als Motor
ihrer Wertungen nicht durchschaut. Daher sind die «Schwachen» in
Nietzsches Augen doppelt verächtlich: sie rächen sich für ihre charakterliche Schwäche durch die Umwertung des ursprünglich aristokratischen
Wertsystems und werden selbst zu Opfern der schlimmsten Form des
Neides: des Ressentiments.

Nach demselben Schema interpretiert Nietzsche den Ursprung des
schlechten Gewissens, den er als Verinnerlichung der Lebensverneinung
beschreibt:

Der Mensch, der sich, aus Mangel an äußeren Feinden und Widerständen, eingezwängt in eine drückende Enge und Regelmäßigkeit der Sitte, ungeduldig selbst zerriß, verfolgte, annagte, aufstörte, mißhandelte, dies an den Gitterstäben seines Käfigs sich wundstoßende Tier, das man «zähmen» will, dieser Entbehrende und vom Heimweh der Wüste Verzehrte, der aus sich selbst ein Abenteuer, eine Folterstätte, eine unsichere und gefährliche Wildnis schaffen mußte – dieser Narr, dieser sehnsüchtige und verzweifelte Gefangene wurde der Erfinder des «schlechten Gewissens». Mit ihm aber war die größte und unheimlichste Erkrankung eingeleitet, von welcher die Menschheit bis heute nicht genesen ist, das Leiden des Menschen am Menschen, an sich: als Folge einer gewaltsamen Abtrennung von der tierischen Vergangenheit, eines Sprunges und Sturzes gleichsam in neue Lagen und Daseins-Bedingungen, einer Kriegserklärung gegen die alten Instinkte, auf denen bis dahin seine Kraft, Lust und Fruchtbarkeit ruhte (KSA 5, 323).

Mit der Erfindung des schlechten Gewissens als Mittel gegen die innere Zerrissenheit sind für Nietzsche die «asketischen Ideale» entstanden, die das christliche Wertsystem prägen. Er entlarvt die asketischen Ideale als Selbstwiderspruch des Lebens, in dem sich allerdings der Wille zur Macht in seiner subtilsten Form äußert. Denn mit Hilfe der asketischen Ideale gelingt es den «Schwachen», aus den an sich sinnlosen Leiden ein Instrument der moralischen Erpressung der «Starken» zu machen.

Nietzsches Kritik an den christlich-abendländischen Moralvorstellungen kann ihre Zeitgebundenheit nicht verleugnen. Sie spiegelt die Reaktion der schöpferischen Persönlichkeit gegen die Vermassung und das Nützlichkeitsdenken des 19. Jahrhunderts. Daher überschüttet Nietzsche die egalitäre Moral des englischen Utilitarismus mit beißendem Spott. Die Gemeinschaft, die Nietzsche vorschwebt, ist die Gemeinschaft «freier Geister», welche aus ihrer Unabhängigkeit heraus zu freiwilliger Solidarität fähig sind. Insofern ist für Nietzsche die «Menschheit» kein moralisch relevantes Problem.

Die Frage, inwieweit Nietzsches Moralkritik auf Immoralismus hinausläuft, ist nicht eindeutig zu beantworten. Unverkennbar ist, daß er die Moral der «Starken» nicht ungebrochen umsetzt. Er hat die aristokratische Lebensform allenfalls gespielt – ein gefährliches Spiel, wie sich später zeigen sollte, als man anfing, Nietzsches Regieanweisungen wörtlich zu nehmen.

Überblickt man Nietzsches Gesamtwerk, so wird deutlich, daß das Ästhetische auf allen Gebieten eine zentrale Rolle spielt. Daher geht der Irrationalismus-Vorwurf, den man Nietzsche zu machen pflegt, an der Sache vorbei. Sicherlich sind der Übertragbarkeit des Ästhetischen in andere Bereiche der Philosophie Grenzen gesetzt. Aber Nietzsches Entdeckung liegt darin, daß über Metaphysik und Moral zu reden nichts anderes heißt, als über Lebensformen zu reden. Die Lebensform des Künstlers war für ihn ein Mittel, mit den Widersprüchen der modernen Welt fertig zu werden. Daher kann es für Nietzsche keine rationale Begründung der Welt mehr geben, sondern immer nur ihre ästhetische Rechtfertigung. Daraus resultiert sein Perspektivismus, der so spielerisch allerdings nicht ist, wie er aus postmoderner Sicht erscheinen mag. Der Perspektivismus stellt bei Nietzsche vielmehr die existentielle Form des Realismus dar, die einen neuen Typus des Philosophen hervorbringt: den «Philosophen des gefährlichen Vielleicht».

Schriften

Sämtliche Werke. Kritische Studienausgabe in 15 Bänden, hg. v. G. Colli und M. Montinari, Berlin/New York 1980. – Sämtliche Briefe. Kritische Studienausgabe, hg. v. G. Colli und M. Montinari, München/Berlin/New York 1986 *(KSA).* – Werke in 3 Bänden, hg. v. K. Schlechta, München 1994. – Werke in 2 Bänden, hg. v. I. Frenzel, München ⁵1981.

Literatur

G. Abel: Die Dynamik der Willen zur Macht und die ewige Wiederkehr, Berlin/New York 1984. – I. Frenzel: Nietzsche, Reinbek bei Hamburg 1988. – H. J. Gamm: Standhalten im Dasein: Nietzsches Botschaft für die Gegenwart, Leipzig 1993. – V. Gerhardt: Friedrich Nietzsche, München 1992. – C. P. Janz: Friedrich Nietzsche. Biographie in 3 Bänden, München 1981. – K. Jaspers: Nietzsche. Einführung in das Verständnis seines Philosophierens, Berlin/New York 1981. – F. Kaulbach: Nietzsches Idee einer Experimentalphilosophie, Köln/Wien 1980. – K. Löwith: Nietzsches Philosophie der ewigen Wiederkehr des Gleichen, Hamburg ⁴1986. – Th. Mejer: Nietzsche. Kunstauffassung und Lebensbegriff, Tübingen 1991. – M. Montinari: Nietzsche Lesen, Berlin/New York 1982. – W. Müller-Lauter: Nietzsche: Seine Philosophie der Gegensätze und die Gegensätze seiner Philosophie, Berlin/New York 1982. – W. Ries: Nietzsche zur Einführung, Hamburg 1990. – W. Ross: Der ängstliche Adler. Friedrich Nietzsches Leben, Stuttgart 1980. – J. Salaquarda (Hg.): Nietzsche, Darmstadt 1980. –

J. Simon und M. Djuric (Hg.): Nietzsche in der Diskussion: Zur Aktualität Nietzsches, Würzburg 1984. – J. Simon (Hg.): Nietzsche in der Diskussion: Nietzsche und die philosophische Tradition, Würzburg 1985. – P. Sloterdijk: Der Denker auf der Bühne. Nietzsches Materialismus, Frankfurt a. M. 1986. – W. Stegmaier: Nietzsches «Genealogie der Moral», Darmstadt 1994. – C. Türcke: Nietzsche und der Wahnsinn der Vernunft, Frankfurt a. M. ²1991. – G. Vattimo: Nietzsche. Eine Einführung, Stuttgart 1992. – Nietzsche-Studien, Internationales Jahrbuch für die Nietzsche-Forschung, hg. v. M. Montinari, E. Behler u. a., Berlin 1972 ff.

Wilhelm Dilthey (1833–1911)

Leben und Werke

Während Friedrich Nietzsche auf die Kulturkrise des ausgehenden 19. Jahrhunderts durch die radikale «Umwertung» aller Werte reagiert, verhält sich Wilhelm Dilthey gemäßigter. Seine Lebensarbeit dient dem Ziel, die Geisteswissenschaften als selbständigen Wissenschaftstyp neben den Naturwissenschaften zu etablieren. Davon erhofft er sich einen Ausgleich für den Verlust an unmittelbarer Erfahrung, der mit den naturwissenschaftlichen Begriffen verbunden ist und der von Diltheys Generation als lebensbedrohlich empfunden wird. Das Thema «Geisteswissenschaften» weist demnach über methodologische Fragen hinaus und steht für die Realismusproblematik, die heute noch Aktualität besitzt.

Diltheys Leben verläuft undramatisch in akademischen Bahnen. Ab 1852 studierte er in Heidelberg Theologie, ging dann nach Berlin, wo er sich allmählich der Philosophie zuwandte. Nach seiner Habilitation 1864 und Professuren in Basel, Kiel und Breslau wurde Dilthey 1882 als Nachfolger von Hermann Lotze nach Berlin berufen. Dort wirkte er bis zu seinem Tod im Jahre 1911 als hochgeschätzter Lehrer.

Diltheys Schaffen umfaßt neben bahnbrechenden historischen Studien («Das Leben Schleiermachers», 1870, und «Jugendgeschichte Hegels», 1905) auch wissenschaftstheoretische Werke. Allen voran steht der 1. Band seiner «Einleitung in die Geisteswissenschaften» (1883). Es folgen ergänzende Aufsätze, von denen insbesondere die sog. «Außenweltabhandlung» von 1890 sowie seine «Ideen über eine beschreibende und zergliedernde Psychologie» von 1894 zu nennen sind. Den Abschluß seiner Bemühungen um eine erkenntnistheoretische Grundlegung der Geisteswissenschaften bilden die 1905/10 erschienenen Texte, welche von seinen Schülern unter dem Titel «Der Aufbau der geschichtlichen Welt in den Geisteswissenschaften» zusammengefaßt worden sind. Lebensphilosophische Horizonte eröffnen die späte Abhandlung «Das Wesen der Philosophie» (1907) sowie der Aufsatz «Die Typen der Weltanschauung und ihre Ausbildung in den metaphysischen Systemen» (1911). Noch zu seinen Lebzeiten hat eine Sammlung früher literaturgeschichtlicher Aufsätze unter dem Titel «Das Erlebnis und die Dichtung» (1905/10) Dilthey zu einiger Popularität verholfen.

Auf den analytisch geschulten Leser machen Diltheys Texte keinen guten Eindruck. Begriffliche Unschärfe und Langatmigkeit der Darstellung erschweren die Lektüre. Trotzdem bleibt unverkennbar, daß Diltheys Programm der Geisteswissenschaften von einer richtigen Intuition geleitet wird, die nur darauf wartet, klar ausformuliert zu werden.

Geisteswissenschaften und Naturwissenschaften

In seinem Hauptwerk, der «Einleitung in die Geisteswissenschaften» (1883), will Dilthey eine Theorie derjenigen Wissenschaften geben, die sich mit der gesellschaftlichen und geschichtlichen Welt befassen. Der Name «Geisteswissenschaften» erinnert an Hegel, in der Sache aber entwickelt Dilthey einen durchaus pragmatisch ausgerichteten Begriff des Geistes, der alle spezifisch menschlichen Tätigkeiten umfaßt. Unter die Geisteswissenschaften fallen demnach nicht nur ‹schöngeistige› Disziplinen, sondern auch Jurisprudenz und Nationalökonomie. Die Aktualität der Geisteswissenschaften führt Dilthey darauf zurück, daß in den modernen arbeitsteiligen Gesellschaften die Subjektivität von Entfremdung bedroht ist:

Die Gesellschaft ist einem großen Maschinenbetrieb vergleichbar, welcher durch die Dienste unzähliger Personen in Gang gehalten wird: der mit der isolierten Technik seines Einzelberufs innerhalb ihrer Ausgerüstete ist, wie vortrefflich er auch diese Technik innehabe, in der Lage eines Arbeiters, der ein Leben hindurch an einem einzelnen Punkte dieses Betriebs beschäftigt ist, ohne die Kräfte zu kennen, welche ihn in Bewegung setzen, ja ohne von den anderen Teilen dieses Betriebs und ihrem Zusammenwirken an dem Zweck des Ganzen eine Vorstellung zu haben. Er ist ein dienendes Werkzeug der Gesellschaft, nicht ihr bewußt mitgestaltendes Organ. Diese Einleitung möchte dem Politiker und Juri-

sten, dem Theologen und Pädagogen die Aufgabe erleichtern, die Stellung der Sätze und Regeln, welche ihn leiten, zu der umfassenden Wirklichkeit der menschlichen Gesellschaft kennenzulernen, welcher doch, an dem Punkte, an welchem er eingreift, schließlich die Arbeit seines Lebens gewidmet ist (GS I, 3).

Angestrebt ist die logische und methodologische Klärung geisteswissenschaftlicher Aussagen, von der sich Dilthey eine Verbesserung der gesellschaftlichen Praxis verspricht. Es geht darum, die Unpersönlichkeit gesellschaftlicher Strukturen aufzuheben und diese dem individuellen Erfahrungshorizont anzugleichen. Das erfordert die Überwindung der positivistischen Wissenschaftstheorie, die nur eine einzige Methode, die naturwissenschaftliche, zuläßt. Erst wenn es den Geisteswissenschaften gelingt, ein eigenes Verfahren der Begriffsbildung zu entwickeln, das die Fülle der individuellen Erfahrung bewahrt, haben sie in Diltheys Augen Aussicht auf Erfolg, das «unersättliche Verlangen nach Realität» zu stillen, welches die Menschen im Zeitalter der Naturwissenschaften quält. Metaphysische Weltentwürfe, wie sie in der Geschichtsphilosophie Hegels, aber auch in der Comtes vorliegen, können den Erfahrungshunger nicht stillen. Dilthey fordert daher für die Geisteswissenschaften ein zwar empirisches, vom naturwissenschaftlichen Empirismus der rein quantitativen Datenerfassung aber deutlich unterschiedenes Verfahren.

Für die Naturwissenschaften folgt Dilthey der konventionalistischen Deutung, der zufolge ihre Begriffe bloße Hilfsmittel und Zeichen sind, die nichts über die erlebte Wirklichkeit selbst aussagen. Bei den Geisteswissenschaften verhält es sich laut Dilthey genau umgekehrt. Ihre Aussagen stützen sich auf die innere Erfahrung und haben somit einen hohen Wirklichkeitsgehalt, bleiben aber subjektiv und erlangen nicht den Status wissenschaftlicher Allgemeinheit. Damit ist das Problem umrissen, das sich Diltheys Theorie der Geisteswissenschaften zu lösen vorgenommen hat: Wie können Begriffe gehaltvoll und zugleich objektiv sein?

Wie das möglich ist, expliziert Dilthey an einigen Grundbegriffen wie Substanz und Kausalität. Diese haben ihren Ursprung im Erleben personaler Identität sowie in der Erfahrung von Tun und Leiden. Die naturwissenschaftlichen Begriffe transformieren die Erfahrung in quantitativ formulierbare Gesetzmäßigkeiten. Dieses Verfahren verfehlt in Diltheys Augen die Wirklichkeit der Erfahrung, deren Intensität sich der Quantifizierung entzieht. Daher muß die geisteswissenschaftliche Begriffsbildung anders vorgehen, wenn sie ihre Selbständigkeit gegenüber den Naturwissenschaften bewahren will. In welcher Form die Geisteswissenschaften die Begriffe Substanz und Kausalität zu definieren haben, wird in Diltheys «Einleitung» nur angedeutet. Der Substanzbegriff etwa nimmt dann die Form einer Erzählung von Lebenszusammenhängen an, wie sie in der Autobiographie anzutreffen ist. Die Selbständigkeit der Geisteswissenschaften wäre demnach dann gesichert, wenn es gelingt, für alle naturwissenschaftlichen Grundbegriffe narrative Äquivalente zu finden, die schon in der vorwissenschaftlichen Erfahrung anzutreffen sind.

Dilthey hat die Theorie der geisteswissenschaftlichen Begriffsbildung selbst nicht systematisch vollendet. Er hat ihr aber den Boden bereitet in Form einer Geschichte der Metaphysik, welche das zweite Buch der «Einleitung» umfaßt. Die Darstellung rekonstruiert die Geschichte der Metaphysik als inneren Verfall. In sehr eindringlicher Weise spricht Dilthey von der «Euthanasie der Metaphysik», um deutlich zu machen, daß die Metaphysik nicht widerlegt, sondern allmählich an ihren eigenen Widersprüchen zugrunde gegangen ist. Den Verfallsprozeß beschreibt er als allmählichen Übergang von der kosmologischen Naturbetrachtung zum Standpunkt des Selbstbewußtseins. Dieser schon in der antiken Philosophie beginnende Prozeß finde erst in der Moderne seinen Abschluß mit der Einsicht, daß die Realität des Selbstbewußtseins im Willen liegt:

Auch der Selbstbesinnung des Sokrates geht nicht auf, daß die Außenwelt Phänomen des Selbstbewußtseins, daß uns aber in diesem selber ein Sein, eine Wirklichkeit gegeben ist, deren Erkenntnis uns allererst eine unanfechtbare Realität aufdeckt. Wohl ist diese Selbstbesinnung der tiefste Punkt, den der griechische Mensch in dem Rückgang auf die wahre Positivität erreichte, wie das frivole Nichts des Gorgias die äußerste Grenze bezeichnet, zu welcher sein skeptisches Verhalten gelangte. Sie ist aber nur der Rückgang in den Erkenntnisgrund des Wissens; daher entspringt aus ihr Logik als Wissenschaftslehre, wie sie Plato als Möglichkeit sah und Aristoteles ausführte. Im Zusammenhang hiermit steht dann die Aufsuchung des Erkenntnisgrundes für sittliche Sätze im Bewußtsein: und aus ihr entspringt die platonisch-aristotelische Ethik. Daher ist diese Selbstbesinnung logisch und ethisch; sie entwirft Regeln für die Beziehung des Denkens zum äußeren Sein in der Erkenntnis der

Außenwelt, für die Beziehung des Willens zu ihm im Handeln; aber noch ist in ihr keine Ahnung, daß im Selbstbewußtsein eine mächtige Realität aufgehe, ja die einzige, deren wir unmittelbar innewerden, noch weniger davon, daß alle Realität nur in unserem Erlebnis gegeben sei. Denn diese Realität wird für die metaphysische Besinnung erst vorhanden sein, wo der Wille in ihren Horizont tritt (GS I, 179).

Der Wille, auf den Dilthey sich hier bezieht, ist nicht der sogenannte freie Wille, sondern der triebhafte Drang, den schon Schopenhauer als Kern der Subjektivität erkannt hat. Mit diesem Schritt distanziert sich Dilthey von Kants transzendentalem Idealismus. Dieser verfehlt wegen seiner Beschränkung auf die reinen Formen des Denkens in Diltheys Augen die qualitativen Inhalte, welche die Wirklichkeit des Erlebens ausmachen. Vom voluntaristischen Standpunkt des Selbstbewußtseins, den Dilthey im Anschluß an Schopenhauer einnimmt, wird der eigentliche Sinn seines vielzitierten Satzes verständlich, in den Adern des von den neuzeitlichen Philosophen konstruierten erkennenden Subjekts rinne kein wirkliches Blut, sondern nur «der verdünnte Saft von Vernunft als bloßer Denktätigkeit». In diesem Satz geht es nicht um den trivialen Unterschied zwischen transzendentalem und empirischem Subjekt, sondern darum, daß der neuzeitliche Rationalismus das transzendentale Bewußtsein nicht angemessen auslegt. Mit diesem aus der Geschichte der Metaphysik abgeleiteten Ergebnis überschreitet Dilthey den Kreis der methodologischen Überlegungen und gelangt zu dem, was er die «erkenntnistheoretische Grundlegung» der Geisteswissenschaften nennt. Diese besteht in nichts anderem als dem Nachweis, daß die Selbstständigkeit geisteswissenschaftlicher Begriffsbildung nur dann gesichert werden kann, wenn man nicht das «Ich denke» Kants, sondern Schopenhauers «Primat des Willens im Selbstbewußtsein» als höchsten Punkt der Erkenntnis ansetzt.

Erkenntnistheorie und Psychologie

Einen wichtigen Baustein zur erkenntnistheoretischen Grundlegung der Geisteswissenschaften liefert Dilthey in seiner Schrift «Beiträge zur Lösung der Frage vom Ursprung unseres Glaubens an die Realität der

Außenwelt und seinem Recht» (1890). Schon in der Vorrede zur «Einleitung» hat er das Wirklichkeitsproblem als entscheidend für die Grundlegung bezeichnet. Denn nur wenn es gelingt, die erlebte Wirklichkeit in der Theorie zu bewahren, können sich die Geisteswissenschaften neben den Naturwissenschaften als selbständige Wissensform behaupten. Die Geisteswissenschaften und der transzendentale Realismus gehören also zusammen.

Ausgangspunkt der Überlegungen Diltheys bildet der «Satz der Phänomenalität», dem zufolge alles, worüber man reden kann, nur als Tatsachen des Bewußtseins gegeben ist. Mit dem unhintergehbaren Bewußtsein ist allerdings die Gefahr des «Phänomenalismus», wie Dilthey sich ausdrückt, verbunden. Denn es könnte sein, daß das, was die Menschen für die Wirklichkeit halten, ein zusammenhängender Traum ist. Weder der Empirismus noch der Kritizismus sind in der Lage, diese Täuschungsmöglichkeit prinzipiell auszuschließen. Demgegenüber bezieht Dilthey den Standpunkt des wollenden Subjekts, das der Welt nicht erkennend gegenübersteht, sondern handelnd in die Lebensvollzüge verflochten ist. Mit der Bestimmung des Bewußtseins als Wille tut sich ein Weg auf, den Standpunkt des Bewußtseins mit dem Realismus zu verbinden. Kriterium ist die Widerstandserfahrung, bei der die Gefahr einer Verwechslung von Traum und Wirklichkeit entfällt.

Mit der Rückführung der Wirklichkeit auf die Widerstandserfahrung nähert sich Dilthey den schottischen Philosophen Thomas Reid und Alexander Bain, die dem amerikanischen Pragmatismus Pate gestanden haben. Allerdings wendet sich Dilthey gegen deren Intuitionismus, dem zufolge der Wille im Bewußtsein unmittelbar in Erscheinung tritt. Gegenüber der direkten Willenserfahrung betont Dilthey, daß Impuls und Hemmung des Willens stets durch Vorstellungen vermittelt sind. Die Vermittlungsfunktion ergibt sich aus dem Schema des Reflexbogens, das allen Lebensvorgängen bis hinauf zum Bewußtsein zugrunde liegt:

Die Vorgänge von Wahrnehmung und Denken, welche sich zwischen dem Reiz und der Willensreaktion auf den höheren Stufen des Lebens einschalten, erweitern und vermannigfaltigen sich nur in diesem Zusammenhang mit dem Triebleben. Daher hat jeder Vorgang von Wahrnehmung, jeder Denkprozeß gleichsam eine innere Seite: Interesse, Aufmerksamkeit und die aus den inneren Strebungen stammende Energie und Gefühlsbetonung; durch diese hängt er mit dem Eigenleben zusammen. Aus dem Eigenleben, aus den Trieben, Gefühlen, Volitionen, welche es bilden und deren Außenseite nur unser Körper ist, scheint mir nun innerhalb unserer Wahrnehmungen die Unterscheidung von Selbst und Objekt, von Innen und Außen zu entspringen (GS V, 96).

Hier liegt ein bemerkenswerter Versuch vor, den traditionellen Subjekt-Objekt-Dualismus genetisch aus elementaren biologischen Funktionen abzuleiten. Dadurch gewinnen die Bewußtseinsvorgänge an Realität, eine Realität, die in den Antrieben und Lebensprozessen selbst liegt. Auf der Antriebsseite des Bewußtseins entdeckt Dilthey die unreduzierte Wirklichkeit, um deren Erschließung es den Geisteswissenschaften geht. Eine zusammenfassende Darstellung seines Wirklichkeitsbegriffs gibt Dilthey am Ende seiner Außenweltabhandlung:

Wir konnten durch psychologische Analyse zu klarem Bewußtsein erheben, wie uns Realität eines von uns Unabhängigen im Bewußtsein gegeben sei und was wir darunter zu verstehen haben. Der ganze Sinn der Worte Selbst und Anderes, Ich und Welt, Unterscheidung des Selbst von der Außenwelt liegt in den Erfahrungen unseres Willens und der mit ihm verbundenen Gefühle. Alle Empfindungen und Denkprozesse umkleiden gleichsam nur diese Erfahrungen. Könnte man sich einen Menschen denken, welcher ganz Wahrnehmung und Intelligenz wäre, dann würde dieser intellektuelle Apparat vielleicht alle möglichen Mittel zur Projektion von Bildern enthalten: niemals würde dieses alles doch die Unterscheidung eines Ich von realen Gegenständen möglich machen. Deren Kern ist vielmehr das Verhältnis von Impuls und Hemmung der Intention, von Wille und Widerstand. Ich habe zu zeigen versucht – und gerade in diesem Einzelnachweis lag das mir Wichtige –, daß dies selbe Verhältnis an allen Stellen des Gewebes unserer Eindrücke denselben ihre Realität mitteilt, daß es vermittels der Mitwirkung des Denkens Realitäten summiert, die Wirklichkeit verdichtet und über den einzelnen Setzungen von Realität schließlich in den Gesetzen, die als Kraft wirken, mächtige Klammern gleichsam innerhalb der ganzen Wirklichkeit herstellt (GS V, 130 f).

Das ist zwar kein Beweis für die Existenz der Außenwelt – einen solchen hält Dilthey für unmöglich –, aber es ist mehr als eine psychologische Erklärung für ein bloßes Fürwahrhalten. Der Glaube an die Realität der Außenwelt hat selbst Realität, die im Wollen und Tun des Menschen

zum Ausdruck kommt. Daraus ergibt sich als Aufgabe der Geisteswissenschaften, den Willens- und Gefühlsanteil zu rekonstruieren, der unserer wissenschaftlichen Naturauffassung zugrunde liegt. Entsprechen-
des gilt für den Aufbau der gesellschaftlichen Wirklichkeit, die derselben
Quelle entspringt und daher durch mechanische Theorien nicht adäquat
gefaßt werden kann:

*Ebenso konstruieren wir dann auch alle geschichtlichen Vorgänge von
einem Mannigfaltigen der Willenseinheiten aus. Alle äußeren körperlichen Handlungen dieser psycho-physischen Wesen sind uns der Ausdruck von Willensvorgängen in denselben. Willenseinheit, Kampf der
Willen, Verwandtschaft und Solidarität derselben, Herrschaft, Abhängigkeit, Verband: alles Willenstatsachen. Auf ihnen beruht die Geschichte. Und zwar taucht hier der Hintergrund hinter den Einzelperso-
nen wie aus Nebeln auf. Die Objekte und ihre einzelnen Elemente sind
durch Gesetze zur Einheit verbunden, die Personen erscheinen in den
Verhältnissen der Verwandtschaft und Solidarität, in den Tatsachen von
Ehrgefühl und überhaupt von Bestätigung des eigenen Gefühls durch
andere nicht als Atome, sondern in einer uns unfaßbaren Weise verbunden (GS V, 135).*

Dilthey stellt hier die Solidarität der Objektivität voran, ohne allerdings
den Menschen als gesellschaftliches Wesen zu definieren. Die Solidarität
ergibt sich aus den Willenserfahrungen, und alle soziologischen Begriffe
können nur insoweit Realität beanspruchen, als sie diese ursprünglichen
Erfahrungen auslegen. So eröffnet die Außenweltabhandlung, die
scheinbar ein Spezialproblem der Erkenntnistheorie behandelt, die Perspektive einer umfassenden Theorie der gesellschaftlichen Konstitution
der Wirklichkeit, die den Geisteswissenschaften ontologisch den Vorrang
vor den Naturwissenschaften einräumt.

Einen weiteren Baustein zur Begründung der Geisteswissenschaften
liefert Dilthey mit seinen «Ideen über eine beschreibende und zergliedernde Psychologie» (1894). Das Programm der beschreibenden Psychologie wird von ihm ausdrücklich im Hinblick auf die Geisteswissenschaften entworfen, die nach seiner Auffassung auf psychologische Einsichten
nicht verzichten können. Denn wie schon in der «Einleitung» deutlich
geworden ist, bildet «Geist» für Dilthey keine abgelöste Sphäre rein lo-
gisch-sachlicher Begriffe, sondern bleibt immer auf die subjektive Erfah-

rungswirklichkeit bezogen. Daher muß laut Dilthey eine Psychologie entwickelt werden, die den objektivistischen Schein dadurch vermeidet, daß sie die Funktionen des Bewußtseins *in statu nascendi* erfaßt.

Ausgangspunkt für die beschreibende Psychologie sind die Zustände des Bewußtseins, wie sie der inneren Erfahrung zugänglich sind. Daraus ergibt sich Diltheys Kritik an der atomistisch ausgerichteten Assoziationspsychologie des 18. und 19. Jahrhunderts. Ihr wirft er vor, das Bewußtsein nach Art der Naturwissenschaften gleichsam von außen zu konstruieren. Folglich räumt er den Sätzen der konstruktiven oder erklärenden Psychologie lediglich hypothetischen Status ein. Die beschreibende oder zergliedernde Psychologie dagegen erhebt den Anspruch, das Selbstbewußtsein naturgetreu auszulegen. Dieser phänomenologische Ansatz hat zur Folge, daß sich Dilthey von der empiristischen Experimentalpsychologie entfernt und daher von ihren Vertretern dann auch heftig attackiert worden ist. Die beschreibende Psychologie, welche sich an die Auslegung des Selbstbewußtseins hält, übernimmt die Funktion der Erkenntnistheorie, von der Dilthey sagt, sie sei «Psychologie in Bewegung»:

Ich verstehe unter beschreibender Psychologie die Darstellung der in jedem entwickelten menschlichen Seelenleben gleichförmig auftretenden Bestandteile und Zusammenhänge, wie sie in einem einzigen Zusammenhang verbunden sind, der nicht hinzugedacht oder erschlossen, sondern erlebt ist. Diese Psychologie ist also Beschreibung und Analyse eines Zusammenhangs, welcher ursprünglich und immer als das Leben selbst gegeben ist. Hieraus ergibt sich eine wichtige Folgerung. Sie hat die Regelmäßigkeiten im Zusammenhang des entwickelten Seelenlebens zum Gegenstand. Sie stellt diesen Zusammenhang des inneren Lebens in einem typischen Menschen dar. Sie betrachtet, analysiert, experimentiert und vergleicht. Sie bedient sich jedes möglichen Hilfsmittels zur Lösung ihrer Aufgabe. Aber ihre Bedeutung in der Gliederung der Wissenschaften beruht eben darauf, daß jeder von ihr benutzte Zusammenhang durch innere Wahrnehmung eindeutig verifiziert werden kann und daß jeder solche Zusammenhang als Glied des umfassenderen aufgezeigt werden kann, der nicht erschlossen, sondern ursprünglich gegeben ist (GS V, 152).

Psychologie beschränkt sich demnach nicht auf bloßes Registrieren von Tatsachen des Bewußtseins. Sie interpretiert diese Tatsachen vielmehr im Lichte des Funktionalismus, wodurch der Zusammenhang des Bewußtseins mit dem organischen Leben hergestellt wird. Damit bewahrt die beschreibende Psychologie den Weltbezug, der für die Grundlegung der Geisteswissenschaften von zentraler Bedeutung ist. Die Welthaftigkeit des Bewußtseins umfaßt mehr als seine gegenständliche Ausrichtung. Daher nimmt Dilthey den von Franz Brentano in die Psychologie eingeführten Begriff der Intentionalität nicht auf, sondern hält sich statt dessen an die Zuständlichkeit als Wesensmerkmal des personalen Bewußtseins:

Das Selbst findet sich in einem Wechsel von Zuständen, welche durch das Bewußtsein der Selbigkeit der Person als einheitlich erkannt werden; zugleich findet es sich bedingt von einer Außenwelt und zurückwirkend auf dieselbe, welche es dann doch in seinem Bewußtsein befaßt und von den Akten seiner sinnlichen Wahrnehmung bestimmt weiß. Indem so die Lebenseinheit sich von dem Milieu, in welchem sie lebt, bedingt und wiederum rückwirkend auf dasselbe findet, entsteht hieraus eine Gliederung ihrer inneren Zustände. Ich bezeichne dieselbe als die Struktur des Seelenlebens. Und indem die beschreibende Psychologie diese Struktur erfaßt, erschließt sich ihr der Zusammenhang, welcher die psychischen Reihen zu einem Ganzen verknüpft. Dieses Ganze ist das Leben (GS V, 200).

Der aus der Biologie entlehnte Strukturbegriff ersetzt hier die transzendentalphilosophische Synthesislehre, der zufolge die Einheit des Bewußtseins nur kognitiv durch einen eindeutigen Gegenstandsbezug möglich ist. Nach Dilthey dagegen spielen in jedem gegenwärtigen Bewußtseinszustand die kognitive, emotive und voluntative Dimension zusammen. Sie können auch in Opposition zueinander treten, wodurch das zuständliche Bewußtsein dynamischen Charakter erhält. Dilthey beschränkt sich nicht auf die synchrone, sondern berücksichtigt auch die diachrone Perspektive. Der jeweils gegenwärtige Bewußtseinszustand wird maßgeblich bestimmt durch das, was «erworbener Zusammenhang des Seelenlebens» heißt, der unter der Schwelle des Bewußtseins wirkt. Das wird am Beispiel der Erinnerung expliziert, die nicht mechanisch reproduziert, sondern kreativen Charakter besitzt. Dilthey hat diese Zusammenhänge in seinen Aufsätzen zur Poetik, die sich mit dem Begriff des Genies und der dichterischen Einbildungskraft beschäftigen, dargelegt.

Das wichtigste Resultat der Strukturpsychologie liegt in der Einsicht, daß die Einheit des Bewußtseins nicht als gegenständliche Synthesis aufgefaßt werden darf, die von einem punktuellen «Ich denke» ausgeht, sondern vielmehr in der ständigen Modifikation des schon Erlebten besteht. Hier liegt die Realität des Erlebens, die mit dem triebhaften Willen zusammenfällt und deren Zusammenhang sich nicht nach gegenständlichen Kategorien konstruieren läßt, sondern eine zuständliche Verbindungsform erfordert, die Dilthey als «Erwirken» (im Unterschied zum kausalen Bewirken) bezeichnet:

Und das ist nun für das ganze Studium dieses seelischen Strukturzusammenhangs das Entscheidende: die Übergänge eines Zustandes in den anderen, das Erwirken, das von einem zum anderen führt, fallen in die innere Erfahrung. Der Strukturzusammenhang wird erlebt. Weil wir diese Übergänge, dies Erwirken erleben, weil wir diesen Strukturzusammenhang, welcher alle Leidenschaften, Schmerzen und Schicksale des Menschenlebens in sich faßt, inne werden, darum verstehen wir Menschenleben, Historie, alle Tiefen und Abgründe des Menschlichen. Wer erführe nicht in sich, wie Bilder, welche der Phantasie sich aufdrängen, plötzlich ein heftiges Verlangen hervorrufen, oder wie dieses im Kampf mit dem Bewußtsein großer Schwierigkeiten doch zu einer Willenshandlung hindrängt? An solchen oder anderen konkreten Zusammenhängen werden wir einzelner Übergänge, einzelnem Erwirken inne, jetzt eine Verknüpfung, dann eine andere, die inneren Erfahrungen wiederholen sich, bald diese bald jene innere Verbindung wird im Erleben wiederholt, bis dann der ganze Strukturzusammenhang in unserem inneren Bewußtsein zu einer gesicherten Erfahrung geworden ist (GS V, 206).

An dieser Analyse ist bemerkenswert, daß Dilthey das zuständliche Bewußtsein nicht als isolierte Innenwelt betrachtet, sondern als Spiegel der leiblich bedingten Verknüpfung des Menschen mit der Welt. Die Strukturpsychologie stellt somit einen Versuch dar, den Mentalismus von innen zu überwinden und die pragmatische Dimension in das Bewußtsein aufzunehmen. Insofern ist auch Diltheys Psychologieabhandlung ein Beitrag zur Konkretisierung der Erkenntnistheorie. Der Erfahrungshorizont des zuständlichen Bewußtseins umfaßt den ganzen Menschen und

fällt mit seiner Geschichte zusammen. Hier erreichen die Geisteswissenschaften das Maximum an Realität, das in der Willenserfahrung liegt und
an das die naturwissenschaftlichen Begriffe nicht heranreichen:

*Wir erklären durch rein intellektuelle Prozesse, aber wir verstehen durch
das Zusammenwirken aller Gemütskräfte in der Auffassung. Und wir gehen im Verstehen vom Zusammenhang des Ganzen, der uns lebendig
gegeben ist, aus, um aus diesem das Einzelne uns faßbar zu machen.
Eben daß wir im Bewußtsein von dem Zusammenhang des Ganzen leben,
macht uns möglich, einen einzelnen Satz, eine einzelne Gebärde oder
eine einzelne Handlung zu verstehen. Alles psychologische Denken behält diesen Grundzug, daß das Auffassen des Ganzen die Interpretation
des Einzelnen ermöglicht und bestimmt. An dem ursprünglichen Verfahren des Verstehens muß auch die Nachkonstruktion der allgemeinen
Menschennatur in der Psychologie festhalten, wenn sie gesund, lebens-
voll, lebenskundig, fruchtbar für das Verständnis des Lebens bleiben soll.
Der erfahrbare Zusammenhang des Seelenlebens muß die feste, erlebte
und unmittelbar sichere Grundlage der Psychologie bleiben, wie tief sie
auch in die experimentelle Einzelforschung eindringe (GS V, 172).*

Die noch heute vieldiskutierte Opposition von Erklären und Verstehen
verliert ihre Anstößigkeit, wenn man sie, wie Dilthey es hier tut, auf die
Einheit des zuständlichen Bewußtseins bezieht, die sich von der gegenständlichen Einheit dadurch unterscheidet, daß das Ganze den Teilen
vorausgeht. Das Grundmodell des Verstehens besteht demnach darin,
Teile auf ein Ganzes zu beziehen, das mehr ist als die Summe der Teile.
Dieses zirkuläre Verfahren, das später «hermeneutischer Zirkel» genannt wird, findet seine Anwendung in der Strukturanalyse von Kunstwerken. Sie zielt auf den Typus, der Familienähnlichkeiten herausstellt
und somit das Verstehen von der Formulierung allgemeiner Gesetze befreit.

Die hermeneutische Wende

In seinen zwischen 1905 und 1910 verfaßten Schriften, die unter dem
Titel «Der Aufbau der geschichtlichen Welt in den Geisteswissenschaften» veröffentlicht worden sind, stellt Dilthey die Geisteswissenschaften

in die Tradition der von Schleiermacher begründeten Hermeneutik. Das bedeutet aber weder, daß er die erkenntnistheoretische Grundlegung der Geisteswissenschaften verabschiedet, noch daß er den strukturpsychologischen Ansatz aufgibt. Vielmehr geht es ihm darum, die hermeneutische Dimension der Strukturpsychologie herauszuarbeiten, um so zu einer wissenschaftstheoretisch befriedigenden Definition des Verstehens vorzudringen. Die späte hermeneutische Wendung Diltheys macht sich rein äußerlich daran bemerkbar, daß er den Akzent von den systematischen Geisteswissenschaften auf die Geschichte verlegt.

Im «Aufbau» grenzt Dilthey noch einmal die Geisteswissenschaften gegenüber den Naturwissenschaften ab. Als Kriterium dient ihm das Prinzip der Begriffsbildung. Während die Naturwissenschaften die den Sinnen zugänglichen Daten unter allgemeine Gesetze subsumieren, basieren die geisteswissenschaftlichen Begriffe auf einem zirkulären Verfahren, das Dilthey auf die Formel Erleben, Ausdruck und Verstehen bringt. Diese Formel klingt nach einer psychologistischen Hermeneutik, ist aber in einem logischen Sinn gemeint, wie die Analyse der einzelnen Termini zeigt.

«Erleben» bzw. «Erlebnis» fungiert insofern als Grundbegriff der Hermeneutik, als damit die Quelle derjenigen Bedeutungsdimension bezeichnet ist, die Verstehen als eigene Erkenntnisart erforderlich macht. Zwar finden sich bei Dilthey genügend Formulierungen, die auf einen subjektivistischen Erlebnisbegriff hindeuten. Die Erlebnissubjektivität erschöpft sich aber nicht in privaten Befindlichkeiten oder Stimmungen, sondern ist weltoffen. Im Unterschied zur gegenständlichen Erkenntnis bildet das Erlebnis den Horizont, in dem gegenständliche Bewußtseinseinstellungen allererst möglich werden. Wenn Dilthey darauf insistiert, daß im Erleben die Gegebenheitsweise nicht vom Inhalt zu trennen ist, so trifft das nicht nur für Gefühle wie Schmerz oder Freude zu, sondern auch für Einstellungen und Überzeugungen, die sich aus der Willensnatur des Menschen ergeben. Das Erleben als «Urzelle der geschichtlichen Welt» steht somit für eine komplexe zuständliche Erfahrung, die nichts mit den «unmittelbaren Gegebenheiten» des Intuitionismus zu tun hat. Eben wegen seiner Komplexität erfordert das Erleben, das von Dilthey «unergründlich» genannt wird, Verstehen als eigenes Verfahren der Explikation.

Der zweite Grundbegriff der Geisteswissenschaften lautet «Aus-

druck». Dilthey spricht auch von «Lebensäußerung» und «Erlebnisaus-
druck». Sicherlich klingt das psychologisch, aber man würde der Breite
des Ausdrucksbegriffs nicht gerecht, wenn man ihn auf Gefühlsäußerun-
gen festlegen würde. Ausdruck umfaßt nach Dilthey immer ein «Geistiges», das den objektiven Erscheinungen der geschichtlichen Welt wie
Institutionen oder Kunstwerken zugrunde liegt. «Aufklärung», «Abbildung» und «Vertretung» lauten die drei Stufen der Objektivation, die
unter dem Oberbegriff der «Repräsentation» zusammengefaßt werden.
Repräsentation geht insofern über die Intentionalität hinaus, als sie Gehalte erschließt, die dem Bewußtsein unzugänglich sind. Der Ausdrucks-
begriff bekommt damit eine tiefenpsychologische Dimension, die der
romantischen Produktionsästhetik verpflichtet ist und auf Freud voraus-
weist.

Als letzter Begriff in der Trias bildet «Verstehen» den Abschluß der
Bewegung, die vom Erleben ausgeht und über den Ausdruck verläuft.
Die Operation des Verstehens besteht darin, die Lebensäußerungen auf
ihren Ursprung zurückzuführen. Darin unterscheidet sich Verstehen
vom Erklären. Einen Vorgang hat man erklärt, wenn man ihn auf die
Form des Gesetzes bringt. Einen Ausdruck dagegen hat man verstanden,
sobald man ihn in einen erlebbaren Kontext einordnet. Der hermeneutische Verstehensbegriff läßt sich demnach im Sinne der strukturalistischen Methode als Beziehungswissen deuten, eine Deutung, die durch
Diltheys Satz, Zusammenhang und Verstehen entsprechen einander, bestätigt wird.

Wie nahe Dilthey dem Strukturalismus steht, belegt seine Lokalisie-
rung des Ausdrucksverstehens zwischen dem reinen Sinnverstehen
einerseits und dem Handlungsverstehen andererseits. Das Sinnverstehen ziele auf rein objektive Denkinhalte, die unabhängig vom Kontext, in
dem sie geäußert werden, Geltung besitzen. Beim Handlungsverstehen
dagegen gehe es um die Rekonstruktion situationsbedingter Motive. Das
Ausdrucksverstehen will beide Momente, die Idealität sowie die Kontex-
tualität von Äußerungen, verbinden. Das ist offenbar nur möglich, wenn
man eine dritte Bedeutungsdimension erschließt, die Dilthey «Lebenszusammenhang» nennt. Der Lebenszusammenhang bildet eine Schicht an-
onymer Geistigkeit, psychoanalytisch gesprochen: unbewußter Bilder,
die das Denken und Tun der Menschen bestimmen.

Die Fundierung von Bedeutung in Lebenszusammenhängen bestätigt

Diltheys Begriff der Intersubjektivität. Zum Erleben gehört seines Erachtens notwendig das Verstehen, in dem sich das Individuum der Gemeinsamkeit mit den anderen sicher weiß. Die lebensweltliche Gemeinsamkeit wird in den Geisteswissenschaften zur Allgemeinheit, die sich von logischer Allgemeingültigkeit unterscheidet. Insofern können die Geisteswissenschaften für sich in Anspruch nehmen, die natürliche Lebenspraxis und Lebenserfahrung fortzusetzen, während die naturwissenschaftliche Begriffsbildung im mathematischen Denken ein erfahrungsunabhängiges Zentrum findet, um von diesem aus ihr Naturbild zu konstruieren. Somit läßt sich der Unterschied zwischen Natur- und Geisteswissenschaften nicht auf den von Objektivität und Subjektivität, sondern auf den von Idealität und Solidarität (Gemeinsamkeit) bringen:

Die Gemeinsamkeit der Lebenseinheiten ist nun der Ausgangspunkt für alle Beziehungen des Besonderen und Allgemeinen in den Geisteswissenschaften. Durch die ganze Auffassung der geistigen Welt geht solche Grunderfahrung der Gemeinsamkeit hindurch, in welcher Bewußtsein des einheitlichen Selbst und der Gleichartigkeit mit den Anderen, Selbigkeit der Menschennatur und Individualität miteinander verbunden sind. Sie ist es, die die Voraussetzung für das Verstehen bildet. Von der elementaren Interpretation ab, die nur die Kenntnis von der Bedeutung der Worte und von der Regelhaftigkeit, mit der sie in Sätzen zu einem Sinn verbunden sind, sonach Gemeinsamkeit der Sprache und des Denkens fordert, erweitert sich beständig der Umkreis des Gemeinsamen, welcher den Verständnisvorgang möglich macht, in dem Maß, in welchem höhere Verbindungen von Lebensäußerungen den Gegenstand dieses Vorgangs ausmachen (GS VII, 141).

Diese Äußerungen sind als Absage an die normative Wertphilosophie des Neukantianismus zu lesen, der die gesellschaftliche Welt aus überzeitlichen Prinzipien konstruieren möchte. Diltheys Hermeneutik unternimmt dagegen den Versuch, die Sphäre der Gemeinsamkeit, in der die Menschen verwoben sind, als den Grund aller Objektivationen des Lebens anzuerkennen. Hier tritt die lebensphilosophische Seite der Hermeneutik hervor, die menschliches Leben und Erleben als Ausdruck eines überindividuellen Willens interpretiert. Das Verstehen erweist sich somit als Weg der Erlösung vom Solipsismus, als Erweiterung des Bewußtseins über den engen Kreis des gegenwärtigen Augenblicks:

Auch die psychophysische Lebenseinheit ist sich selbst bekannt durch dasselbe Doppelverhältnis von Erleben und Verstehen, sie wird ihrer selbst in der Gegenwart inne, sie findet sich wieder in der Erinnerung als ein Vergangenes; aber indem sie ihre Zustände festzuhalten und zu erfassen strebt, indem sie die Aufmerksamkeit auf sich selber richtet, machen sich die engen Grenzen einer solchen introspektiven Methode der Selbsterkenntnis geltend: nur seine Handlungen, seine fixierten Lebensäußerungen, die Wirkungen derselben auf andere, belehren den Menschen über sich selbst; so lernt er sich nur auf dem Umweg des Verstehens selber kennen. Was wir einmal waren, wie wir uns entwickelten und zu dem wurden, was wir sind, erfahren wir daraus, wie wir handelten, welche Lebenspläne wir einst faßten, wie wir in einem Beruf wirksam waren, aus alten verschollenen Briefen, aus Urteilen über uns, die vor langen Tagen ausgesprochen wurden. Kurz, es ist der Vorgang des Verstehens, durch den Leben über sich selbst in seinen Tiefen aufgeklärt wird, und andererseits verstehen wir uns selber und andere nur, indem wir unser erlebtes Leben hineintragen in jede Art von Ausdruck eigenen und fremden Lebens. So ist überall der Zusammenhang von Erleben, Ausdruck und Verstehen das eigene Verfahren, durch das die Menschheit als geisteswissenschaftlicher Gegenstand für uns da ist. Die Geisteswissenschaften sind so fundiert in diesem Zusammenhang von Leben, Ausdruck und Verstehen (GS VII, 86 f).

Rekonstruiert man die Bewegung, die vom Erleben zum Verstehen führt, so läßt sich darin eine Denkform erkennen, die aus der neuplatonischen Theologie stammt und in Schopenhauers Willensmetaphysik wiederauflebt. Den Ausgangspunkt bildet das Erleben als Wille zum Leben, in dem alle Wirklichkeit beschlossen liegt. Dieser ruht aber nicht, sondern tendiert zum Ausdruck, der angesichts der unerschöpflichen Fülle der Lebensmöglichkeiten eine Negation darstellt. Die Stufen der Objektivation entfernen sich somit zunehmend von ihrer Quelle. Das Verstehen schließlich hebt die Negation auf, es verwandelt die Wirklichkeit in Möglichkeiten, ein Prozeß, der Aufklärung und Bereicherung des Erlebens zugleich darstellt.

Es kann kein Zweifel daran bestehen, daß Dilthey mit dem hermeneutischen Schema von Erleben, Ausdruck und Verstehen an Schopenhauer anschließt. Aber die Anknüpfung an Schopenhauer, die sich terminologisch in der Verwendung des Begriffs «Objektivation des Lebens» als

Synonym für «Ausdruck» zeigt, bedeutet nicht, daß Dilthey in den Netzen der Willensmetaphysik hängenbleibt. Was sich bei Schopenhauer als Drama der Selbstentzweiung des Willens abspielt, wird von Dilthey in die Praxis des hermeneutischen Zirkels verlegt. Damit bekommt die metaphysische Rückkehrbewegung des Willens zu sich selbst einen wissenschaftstheoretisch einlösbaren Sinn. Verstehen heißt demnach Befreiung der Begriffe von ihrem objektivistischen Schein durch Zurückführung auf die Zusammenhänge, aus denen sie entstanden sind. Damit erhält die Hermeneutik einen deutlich ideologiekritischen Charakter, wobei sich Dilthey allerdings darüber im klaren ist, daß die Aufhebung der Entfremdung des individuellen Bewußtseins nie endgültig gelingt: Geisteswissenschaftliches Verstehen bleibt ein offener Prozeß. Die Offenheit des Verstehens hat Dilthey allerdings nicht erschreckt, weil er darin den Ausdruck der Offenheit des Lebens selbst erblickt. In diesem Sinn empfindet er das «historische Bewußtsein» als Befreiung des Menschen aus dem stählernen Gehäuse metaphysischer Begriffe.

Lebensphilosophie und Weltanschauungslehre

Die hermeneutische Wende mündet beim späten Dilthey in eine lebensphilosophische Phase, die sich in den Aufsätzen «Das Wesen der Philosophie» (1907) und «Die Typen der Weltanschauung und ihre Ausbildung in den metaphysischen Systemen» (1911) niederschlägt. Seine Lebensphilosophie entspricht sicherlich dem Geist der Jahrhundertwende, hat aber nichts von einer Metaphysik des Irrationalen, die ihr von den Kritikern angehängt wird. Er betrachtet die Irrationalität nämlich keineswegs als einen Wert und ein zu erstrebendes Ziel, sondern sieht darin, gut lebensphilosophisch, eine nicht zu leugnende Tatsache menschlicher Existenz:

Der Mittelpunkt aller Unverständlichkeiten sind Zeugung, Geburt, Entwicklung und Tod. Der Lebendige weiß vom Tod und kann ihn doch nicht verstehen. Vom ersten Blick auf einen Toten ab ist dem Leben der Tod unfaßlich, und hierauf beruht zunächst unsere Stellung zur Welt als zu etwas Anderem, Fremdartigem und Furchtbarem. So liegt in der Tatsache des Todes ein Zwang zu Phantasievorstellungen, die diese Tatsache ver-

ständlich machen sollen; Totenglaube, Ahnenverehrung, Kult der Abge-
schiedenen erzeugen die Grundvorstellungen des religiösen Glaubens
und der Metaphysik. Und die Fremdartigkeit des Lebens nimmt zu, indem
der Mensch in Gesellschaft und Natur permanenten Kampf, beständige
Vernichtung des einen Geschöpfes durch das andere, die Grausamkeit
dessen, was in der Natur waltet, erfährt. Seltsame Widersprüche treten
hervor, die in der Lebenserfahrung immer stärker zum Bewußtsein kom-
men und nie aufgelöst werden: die allgemeine Vergänglichkeit und der
Wille in uns zu einem Festen, die Macht der Natur und die Selbständigkeit
unseres Willens, die Begrenztheit jedes Dinges in Zeit und Raum und un-
ser Vermögen, jede Grenze zu überschreiten. Diese Rätsel haben die
ägyptischen und babylonischen Priester so gut beschäftigt als heute die
Predigt des christlichen Geistlichen, Herakleitos und Hegel, den Prome-
theus des Äschylos so gut wie Goethes Faust (GS VIII, 80 f).

Hier bezieht Dilthey für die Erklärung des philosophischen Denkens
einen Standpunkt, der sich radikal vom Idealismus unterscheidet. Nicht
das platonische Staunen über das Wunder der Welt, sondern die Rätsel
und Probleme des irdischen Daseins regen den menschlichen Geist zu
Tätigkeiten an, von denen die Philosophie neben der Kunst und der Religion nur eine ist. Demnach ist Philosophie eine geistige Funktion, die
nicht auf ‹Letztbegründung›, sondern auf «Selbstbesinnung» abzielt. Sie
besteht im Bewußtmachen derjenigen Lebensvollzüge, die dem individuellen Bewußtsein verborgen bleiben:

Die Selbstzeugnisse der Philosophen über ihr Schaffen, die es wohl ver-
dienten, gesammelt zu werden, zeigen zunächst die Jugend aller Denker
vom Kampf mit dem Rätsel des Lebens und der Welt erfüllt, und ihr Ver-
hältnis zum Weltproblem kommt in jedem der Systeme auf eigene Art
zur Geltung, und die formalen Eigenschaften der Philosophen offenba-
ren in ihnen einen geheimen Bezug zu der innersten Richtung auf die
Festigung und Gestaltung der Persönlichkeit, auf das Durchsetzen der
Souveränität des Geistes, auf jene intellektuelle Beschaffenheit, die alles
Tun zum Bewußtsein erheben will und nichts im Dunkel bloßer Verhal-
tens zurücklassen, was um sich selber nicht weiß (GS V, 346).

Die Tendenz zur Bewußtmachung sieht Dilthey in der Struktur des Bewußtseins selbst angelegt, insofern dieses ein Drängen und Fortschreiten

zu immer neuen Zuständen des Geistes darstellt. Dilthey unterscheidet drei historisch aufeinanderfolgende Geisteszustände: den Naturalismus, den Idealismus der Freiheit und den objektiven Idealismus. Er entscheidet sich aber nicht wie Comte für eine dieser Weltanschauungen, sondern das historische Bewußtsein offenbart die Bedingtheit und Relativität jedes dieser Systeme. Philosophie hat die kollektiven Bedingungen freizulegen, unter denen die Produktivität des menschlichen Geistes steht. Insofern ist für den späten Dilthey Philosophie Weltanschauungslehre. Dieses Philosophieverständnis hat ihm scharfe Kritik seitens der Verfechter eines streng wissenschaftlichen Philosophiebegriffs eingetragen. «Historismus» und «Relativismus» lauten die Vorwürfe, die Edmund Husserl 1910 gegen Dilthey erhoben hat und die Diltheys Werk zeitweise verdunkelt haben. Erst Heideggers existenzphilosophische Umdeutung der Hermeneutik hat das Erbe Diltheys für das 20. Jahrhundert bewahrt. Die hermeneutische Philosophie Gadamers stellt die bis heute einflußreichste Weiterentwicklung des Diltheyschen Programms im Sinne Heideggers dar. In letzter Zeit wird Dilthey allerdings verstärkt zum Ausgangspunkt einer pragmatischen Erneuerung der Hermeneutik, eine Tendenz, die nicht überrascht, wenn man bedenkt, daß der pragmatistische Philosoph und Sozialpsychologe George Herbert Mead bei Dilthey studiert und von ihm wichtige Anstöße empfangen hat.

Schriften

Gesammelte Schriften, 20 Bde., hg. v. B. Groethuysen, G. Misch, H. Johach, F. Rodi u. a., Stuttgart/Göttingen 1914 ff *(GS)*. – Der junge Dilthey. Ein Lebensbild in Briefen und Tagebüchern 1852–1870, hg. v. G. Misch, Stuttgart 1960. – Texte zur Kritik der historischen Vernunft, hg. v. H.-G. Lessing, Göttingen 1983. – Das Wesen der Philosophie, hg. v. M. Riedel, Stuttgart 1984. – Das Erlebnis und die Dichtung. Lessing-Goethe-Novalis-Hölderlin, hg. v. R. Rosenberg, Leipzig 1991. – Der Aufbau der geschichtlichen Welt in den Geisteswissenschaften, hg. v. M. Riedel, Frankfurt a. M. 1993. – Briefwechsel zwischen Wilhelm Dilthey und dem Grafen Paul Yorck von Wartenburg 1877–1897, Hildesheim/Zürich/New York 1995.

Literatur

O. F. Bollnow: Dilthey. Eine Einführung in seine Philosophie, Schaffhausen 1980. – F. Fellmann: Symbolischer Pragmatismus. Hermeneutik nach Dilthey, Reinbek bei Hamburg 1991. – G. Fütterer: Historische Phantasie und praktische Vernunft. Eine kritische Auseinandersetzung mit Diltheys Theorie historischer Rationalität, Würzburg 1985. – H. Ineichen: Erkenntnistheorie und geschichtlich-gesellschaftliche Welt. Diltheys Logik der Geisteswissenschaften, Frankfurt a. M. 1975. – H. Johach: Handelnder Mensch und objektiver Geist. Zur Theorie der Geistes- und Sozialwissenschaften bei Wilhelm Dilthey, Meisenheim am Glan 1974. – M. Jung: Dilthey zur Einführung, Hamburg 1996. – R. Knüppel: Diltheys erkenntnistheoretische Logik, München 1991. – P. Krausser: Kritik der endlichen Vernunft. Wilhelm Diltheys Revolution der allgemeinen Wissenschafts- und Handlungstheorie, Frankfurt a. M. 1968. – H.-U. Lessing: Die Idee einer Kritik der historischen Vernunft. Wilhelm Diltheys erkenntnistheoretisch-logisch-methodologische Grundlegung der Geisteswissenschaften, Freiburg/München 1984. – R. A. Makkreel: Dilthey. Philosoph der Geisteswissenschaften, Frankfurt a. M. 1991. – E. W. Orth (Hg.): Dilthey und die Philosophie der Gegenwart, Freiburg/München 1985. – F. Rodi: Morphologie und Hermeneutik. Zur Methode von Diltheys Ästhetik, Stuttgart 1969. – F. Rodi/ H.-U. Lessing (Hg.): Materialien zur Philosophie Wilhelm Diltheys, Frankfurt a. M. 1984. – K. Sauerland: Diltheys Erlebnisbegriff. Entstehung, Glanzzeit und Verkümmerung eines literaturhistorischen Begriffs, Berlin/New York 1972. – Dilthey-Jahrbuch für Philosophie und Geschichte der Geisteswissenschaften, hg. v. F. Rodi u. a., Göttingen 1983 ff.

William James (1842 – 1910)

Leben und Werke

In den letzten Jahrzehnten des 19. Jahrhunderts entsteht in den Vereinigten Staaten von Amerika eine philosophische Richtung zwischen Positivismus und Lebensphilosophie: der Pragmatismus. Mit dem Pragmatismus tritt die amerikanische Lebensform auf die philosophische Weltbühne und wird zum ernsthaften Konkurrenten der europäischen Metaphysik. Zunächst als Ideologie des Amerikanismus verpönt, hat der Pragmatismus das alteuropäische Denken allmählich von seiner Fixierung auf Letztbegründungen befreit. Der populärste Vertreter ist William James. 1842 in New York geboren, verbrachte er einen Großteil seiner Jugend zu Studienzwecken in Europa. Nach einem Medizinstudium begann er 1872 seine Lehrtätigkeit als Lektor für Physiologie an der Harvard-Universität, wo er 1876 das erste Labor für experimentelle Psychologie der USA einrichtete. Im selben Jahr wurde er Lektor für Psychologie, später Professor für Philosophie und Psychologie. Während seiner akademischen Laufbahn stand James in regem Gedankenaustausch mit den bedeutendsten Gelehrten seiner Zeit, zunächst mit dem Darwinisten Louis Agassiz, später unter anderem mit Wilhelm Wundt, Ernst Mach und Henri Bergson.

Der lange Weg über die Naturwissenschaften hat dem Denken von James eine realistische Ausrichtung gegeben, die dem Hegelianismus, der seinerzeit an den amerikanischen Universitäten herrschte, entgegenstand. Verstärkt wurde der experimentelle Zug seines Denkens durch die Mitgliedschaft in einem Diskussionszirkel junger Wissenschaftler in Cambridge und Boston, der sich wegen seiner antimetaphysischen Ausrichtung den ironischen Namen «Metaphysical Club» gegeben hatte. Ihm gehörte neben Juristen, Mathematikern und Historikern auch der Logiker und Philosoph Charles Sanders Peirce an, der geistige Vater des

Pragmatismus. Während die Schriften von Peirce nur einen kleinen Kreis von Fachleuten erreichten, gelang es James, durch seine faszinierende Persönlichkeit sowie seinen religiösen Spiritualismus aus dem Pragmatismus eine breite philosophische Bewegung zu machen. Dadurch erlangte sein Werk einen Bekanntheitsgrad, der sich mit dem seines Bruders, des Romanschriftstellers Henry James, messen kann. Auf dem 3. Internationalen Kongreß für Philosophie in Heidelberg war der Pragmatismus von James das Schwerpunktthema. James starb 1910, kurz nach seiner Rückkehr von einer Europareise, auf der er auch Sigmund Freud begegnet war.

Den Grundstein für seine Philosophie hat James in seinen zweibändigen «Prinzipien der Psychologie» (1890) gelegt, dem wohl einflußreichsten Lehrbuch der Psychologie, das in Deutschland insbesondere die Phänomenologie Edmund Husserls geprägt hat. Mit seinem Werk «Die religiöse Erfahrung in ihrer Mannigfaltigkeit» (1902) wird James zum Begründer der Religionspsychologie. Die Reihe seiner philosophischen Schriften beginnt mit dem Vortrag «Der Wille zum Glauben» (1897), der in einem Aufsatzband erscheint, in dem die lebensphilosophische Ausrichtung des Pragmatismus zum Programm wird. Die erste öffentliche Nennung des Pragmatismus erfolgt in dem Vortrag «Philosophical Conceptions and Practical Results» (1898). Darin erkennt James ausdrücklich an, daß er den Grundgedanken des Pragmatismus seinem Freund Peirce verdankt. Die folgenden Veröffentlichungen sind der Ausarbeitung des pragmatistischen Gedankens gewidmet, so die bekannte Vorlesungsreihe «Der Pragmatismus. Ein neuer Name für alte Denkmethoden» (1907). 1908 erscheint «Das pluralistische Universum», und postum folgt die Aufsatzsammlung «Essays in Radical Empiricism» (1912), die James selbst noch zur Veröffentlichung vorbereitet hat. Die meisten seiner Schriften sind kurz nach ihrem Erscheinen ins Deutsche übersetzt worden.

Neue Wege der Bewußtseinstheorie

Die von Charles S. Peirce in seinem grundlegenden Aufsatz «Wie unsere Ideen zu klären sind» (1878) formulierte «pragmatische Maxime» besagt, daß die Bedeutung eines Begriffs in der Vorstellung seiner möglichen praktischen Konsequenzen besteht. Dieser experimentelle Ansatz, der den Lebensbezug des Wissens betont, fällt bei James auf fruchtbaren Boden. In seiner beschreibend verfahrenden Psychologie orientiert er sich an der Physiologie seiner Zeit, derzufolge alle Bewußtseinsinhalte nach dem Reflexbogenmodell des Nervensystems ablaufen. James betrachtet Bewußtsein nicht als vom Körper abgelöste selbständige Instanz («Geist» oder «Seele»), sondern als emergenten Zustand des Gehirns, welcher zwischen Sinneseindruck und Verhaltensantwort vermittelt. Ihrer Funktion entsprechend haben Bewußtseinsprozesse den Zweck, das Verhalten des Organismus so zu steuern, daß dieser sich in seiner Umwelt behaupten kann. Bewußtsein und Leben fallen somit zusammen. Mit dieser darwinistischen Interpretation des Bewußtseins gelingt es James, zwischen Psychologie und Biologie eine Brücke zu schlagen.

Die pragmatische Verbindung von Bewußtsein und Leben führt zum Bruch mit dem Rationalismus, der von apriorischem Wissen ausgeht. Demgegenüber vertritt James den empiristischen Standpunkt, für den Empfindungen die primären Gegebenheiten des Bewußtseins sind. Allerdings unterscheidet er sich vom traditionellen Empirismus, der die Empfindungen atomistisch auffaßt, durch die Betonung der Kontinuität unserer Bewußtseinszustände. Demzufolge sind Beziehungen oder Relationen wie Gleichheit und Verschiedenheit für James keine hinzugedachten Konstruktionen, sondern direkte Erfahrungen. Daß z. B. ein Gegenstand größer ist als ein anderer, kann man unmittelbar wahrnehmen. Diese Grundeinsicht hat James später dazu bewogen, seinen Pragmatismus «radikalen Empirismus» zu nennen.

Die relationale Struktur des Bewußtseins, der zufolge die Relationen wichtiger sind als die Relata, hat James mit der berühmten Metapher vom «Strom des Denkens» beschrieben. In seiner Psychologie nennt er fünf Eigenschaften des Bewußtseins, die für den Pragmatismus von Bedeutung sind:

Erstens: Jeder Gedanke ist Teil eines personalen Bewußtseins. Die transzendental-philosophische Rede vom ‹Bewußtsein überhaupt› stellt eine unzulässige Abstraktion dar. Zweitens: Das Bewußtsein verändert sich permanent. Es gibt keine identischen Vorstellungen, die unverändert wiederkehren. Drittens: Bewußtsein bildet einen kontinuierlichen Fluß, der rhythmisch in Bewegungs- und in Ruhephasen gegliedert ist. Voraussetzung für das Erlebnis des Strömens sind die unbestimmten

Ränder («fringes»), die alle Bewußtseinszustände umgeben. Viertens: Das Bewußtsein ist immer selektiv auf Gegenstände gerichtet, die als unabhängig vom Wechsel ihres Erscheinens betrachtet werden. Der Gegenstandsbezug macht den kognitiven Charakter des Bewußtseinsstroms aus. Fünftens: Das Bewußtsein wird durch Interessen geprägt. Es hat immer etwas mit Zustimmung oder Ablehnung zu tun.

Alle fünf Charakteristika prägen die Subjektivität, die James wie kaum ein Psychologe vor ihm in ihrer der Introspektion zugänglichen Fülle beschreibt. Er bricht mit dem Substantialismus der idealistischen Subjektphilosophie und definiert Selbstbewußtsein als Erlebnis des Eigenen, wozu James nicht nur Empfindungen, sondern auch so profane Dinge wie Ländereien, eine Segelyacht oder das Bankkonto zählt, die uns beschäftigen. Zum Selbstbewußtsein gehören immer Handlungsdispositionen, denen gemäß sich am Bewußtseinsstrom eine Vielzahl von funktionalen Einheiten unterscheiden läßt, die James mit der Akkusativform «Mich» («Me») bezeichnet: materielles, soziales und geistiges «Mich» oder «Selbst». In der Vielzahl der Selbste spiegelt sich die Objektbezogenheit des personalen Bewußtseins, das seine Einheit in der unteilbaren Gegenwart des Erlebens findet, die James «Ich» oder «Bewußtsein Habendes» nennt. Die Annahme eines Ich als nicht-objektivierbarer Teil des Selbstbewußtseins läßt Raum für die Freiheit des Willens, die den Pragmatismus vom Determinismus des naturwissenschaftlichen Weltbildes jener Zeit unterscheidet. Der Begriff des Willens, dessen sich James später in seiner Erkenntnis- und Wahrheitstheorie bedient, ist allerdings nicht derjenige der Wahlfreiheit, sondern zielt auf das Maß an Anstrengung, die erforderlich ist, um das Chaos der Welt, die uns umgibt, zu organisieren. Wenn James «Wille» sagt, so schwingt dabei immer die Vorstellung der Willensstärke mit, die er als höchsten ethischen Wert betrachtet.

Wille und Glaube

Entsprechend seiner personalen und voluntaristischen Bewußtseinstheorie thematisiert James in seinem Aufsatz «Der Wille zum Glauben» die Rolle des Wollens und Glaubens im Erkenntnisprozeß. Mit Peirce und dem schottischen Psychologen Alexander Bain betrachtet er Erkenntnis als Bildung von Überzeugungen («belief»), deren Inhalt in der Bereit-

schaft besteht, ihnen gemäß zu handeln. Die Auffassung, daß es keine
rein objektive Evidenz gibt, sondern nur Glaube oder Überzeugung,
bringt den Grundgedanken des Pragmatismus zum Ausdruck, daß die
Praxis über die Bedeutung unserer Bewußtseinsinhalte entscheidet.
Denn der Wille zum Glauben an die Wahrheit steht für das Maß an Fiktion, nach dem wir uns im Denken richten müssen, wenn wir im Handeln
Erfolg haben wollen.

Der Glaubens- oder Überzeugungscharakter unseres Wissens äußert
sich laut James in Optionen, d. h. in Entscheidungen, die wir zwischen
zwei Hypothesen zu treffen ständig gezwungen sind. Unter «Hypothesen» versteht James nichtevidente Sätze mit Geltungsanspruch, wobei
zwischen «toten» und «lebendigen» zu unterscheiden ist. Lebendig heißt
eine Hypothese, wenn sie für einen bestimmten Menschen eine realistische Handlungsmöglichkeit darstellt. Das hängt wesentlich von seiner
Situation und Sozialisation ab. Auch Optionen können entsprechend den
Hypothesen, um die es geht, lebendig oder tot heißen. Wenn eine Option
lebendig, unumgänglich und bedeutungsvoll ist, spricht James von einer
«echten Option». Der breite Raum, den er in seinen Ausführungen den
Optionen gibt, läßt erkennen, daß der Pragmatismus menschliches Wissen unter dem Gesichtspunkt von Gewinn und Verlust, Erfolg oder
Scheitern betrachtet. Wissen ist somit kein Selbstzweck, sondern läßt
sich nur pragmatisch als brauchbares Instrument des Handelns rechtfertigen.

Mit dem Willen zum Glauben an die Wahrheit bewegt sich James auf
dem Boden des philosophischen Dogmatismus. Er gesteht das auch ausdrücklich zu, unterscheidet aber zwischen zwei Arten des Dogmatismus:
dem absolutistischen und dem empiristischen. Die Absolutisten gehen
davon aus, daß es intuitives Wissen und darauf aufbauende Letztbegründungen gibt. Dagegen stellt sich James auf die Seite der Empiristen, die
abgesehen von rein analytischen Sätzen keine über die Erfahrung hin-
ausgehenden Evidenzen anerkennen. Dementsprechend betrachtet
James objektive Gewißheit lediglich als Grenzbegriff. Er zweifelt also
nicht an der Möglichkeit der Wahrheit, aber er zweifelt daran, daß wir
wissen können, wann wir die Wahrheit erreicht haben. Was die Absolutisten oder Aprioristen für objektive Gewißheit ausgeben, hält James nur
für eine zusätzliche subjektive Meinung, die den Glaubenscharakter unseres Wissens nicht aufhebt:

Ich bitte sie aber, hierbei zu beachten, daß wir, indem wir als Empiristen die Lehre von der objektiven Gewißheit fallenlassen, damit nicht das Suchen nach Wahrheit und die Hoffnung, sie zu finden, aufgeben. Nach wie vor sind wir der Meinung, daß sich unser Verhältnis zu ihr immer besser gestaltet, indem wir nicht aufhören, systematisch Erfahrungen zu sammeln und darüber nachzudenken. Der große Unterschied zwischen uns und den Scholastikern liegt in der Richtung, nach welcher wir blicken. In ihrem System liegt der Nachdruck in den Prinzipien, im Ursprung, im «terminus a quo» ihres Denkens; bei uns liegt der Nachdruck im Resultat, im Ergebnis «terminus ad quem». Entscheidend ist nicht das Woher, sondern das Wohin. Es kommt einem Empiristen nicht darauf an, woher eine Hypothese, die er findet, stammt; mag er sie mit guten oder bösen Mitteln erworben haben, mag sein Gefühl sie ihm zugeflüstert, mag der Zufall sie ihm an die Hand gegeben haben: – wenn die Gesamtströmung des Denkens sie fortwährend weiter bestätigt, so ist es dies, was er meint, indem er sie wahr nennt (WG, 143f).

Prägend für die Denkform des Pragmatismus und ihre geistesgeschichtliche Bedeutung ist die Art, wie James sich gegen den Skeptizismus verteidigt, der in der Urteilsenthaltung die höchste Form der Rationalität sieht. Das bestreitet James mit dem Argument, skeptische Urteilsenthaltung sei selbst eine Willensentscheidung, die durch unser Gefühlsleben motiviert wird. Im Unterschied zum Pragmatisten, der auf seiner Suche nach der Wahrheit verschiedene und immer neue Gefühle durchlebt, ist der Skeptiker laut James Sklave eines einzigen Gefühls: der Furcht vor dem Irrtum. James betrachtet die skeptische Irrtumsvermeidung als emotionale Fixierung, die dem Menschen jede Chance raubt, sich geistig weiterzuentwickeln. Dagegen plädiert James für Risikobereitschaft im Denken und nimmt damit eine optimistische Einstellung ein, die den amerikanischen Pragmatismus fundamental vom alteuropäischen Rationalismus unterscheidet:

Unsere Irrtümer sind am Ende nicht so hochwichtige Dinge. In einer Welt, wo wir ihnen trotz aller Vorsicht doch einmal nicht aus dem Wege gehen können, erscheint ein gewisses Maß sorglosen Leichtsinns gesunder als diese übertriebene nervöse Angst. Jedenfalls scheint es das Geeignetste zu sein für den, welcher der empiristischen Philosophie zuneigt (WG, 146).

Mit dem Plädoyer für die Leichtigkeit des Denkens verabschiedet sich James von Descartes, der in der Sicherung vor Irrtum und Betrug das oberste Ziel der philosophischen Reflexion sieht. Der Pragmatismus dagegen hält es für wichtiger, daß es im Denken wie im Leben weitergeht, was nur möglich ist, wenn man die Forderung nach absoluter Gewißheit aufgibt und sich dazu durchringt, auf die Vorläufigkeit seiner Hypothesen zu bauen. Das klingt wie ein Nachhall von Nietzsches «Fröhlicher Wissenschaft» und wie ein Vorspiel zum ‹Fröhlichen Positivismus› der Postmoderne.

James sucht die Bestätigung seiner These von der Unhintergehbarkeit des Willens zum Glauben zunächst im Bereich der empirischen Wissenschaften. Hier sind dem subjektiven Meinen durch die Methode der experimentellen Verifikation enge Grenzen gesetzt. Um Mißverständnisse seiner Position zu vermeiden, wird James daher nicht müde, die Objektivität der wissenschaftlichen Forschung zu betonen. Allerdings hält er wissenschaftliche Hypothesen in der Regel nicht für lebenswichtig, so daß die skeptische Haltung des Zweifelns hier durchaus angebracht ist. Das ändert sich allerdings, wenn es zur technischen Umsetzung kommt. In diesem Punkt unterscheidet sich der wissenschaftstheoretische Pragmatismus von James nicht so sehr von der wissenschaftlichen Methode, wie sie Peirce in seinem Aufsatz «Die Festlegung einer Überzeugung» beschreibt. Denn auch Peirce macht die Annahme wissenschaftlicher Wahrheit schließlich davon abhängig, ob eine Hypothese zum gewünschten Handlungserfolg führt. Die Bereiche, in denen James die stärkste Bestätigung für den Willen zum Glauben findet, sind Moral und Religion. Das setzt freilich ein pragmatisches Verständnis beider Bereiche voraus. Unter Moral versteht James die Wertung menschlicher Handlungen, wobei das Kriterium der Nutzen für alle Beteiligten ist. Hier spielt der Glaube in der Tat eine wichtige Rolle, da er der Vater des Erfolgs ist. James verdeutlicht das am Beispiel der Liebe zu einem Mädchen, die in der Regel dann belohnt wird, wenn man nur fest genug davon überzeugt ist, von ihr geliebt zu werden.

Noch wirkungsvoller als auf moralischem Gebiet beurteilt James den Willen zum Glauben in der Religion. Auch hier ist James der Ansicht, daß das religiöse Gefühl den Gegenstand des Glaubens, Gott oder das Universum, wenn auch nicht hervorbringt, so doch bereichert. Hier wird der theologische Hintergrund des Pragmatismus von James deutlich, der auch biographische Wurzeln hat, da James im Geist der Presbyterianischen Kirche erzogen worden ist. Die in seiner Glaubensformel enthaltene Einschränkung der Gewißheit, die pragmatische Zurücknahme der Geltungsansprüche der göttlichen Offenbarung hat allerdings ihren Preis. Dieser besteht darin, daß der göttliche Geist selbst für endlich gehalten wird. Mensch und Gott sind für James nur Mitarbeiter am Entwicklungsprozeß des Universums, der viele Wege der Kooperation offenläßt. Daher gipfelt die Rechtfertigung des Glaubens bei James in einem Aufruf zur Toleranz auf allen Gebieten menschlichen Denkens und Handelns:

Keiner von uns sollte gegen den andern ein Veto schleudern, und wir sollten keine Schimpfreden wechseln. Wir sollten im Gegenteil gegenseitig unserer geistigen Freiheit eine zartfühlende und tiefe Achtung entgegenbringen; nur dann werden wir die intellektuelle Republik zustande bringen; nur dann werden wir den Geist innerer Toleranz besitzen, ohne den alle unsere äußerliche Toleranz seelenlos ist, die Duldsamkeit, die den Ruhm des Empirizismus ausmacht; nur dann werden wir leben und leben lassen, in spekulativen Dingen ebenso wie in praktischen (WG, 157).

Der pragmatische Wahrheitsbegriff

Die Rechtfertigung des Glaubens macht den Pragmatismus zu einer Variante der politischen Theologie, die besagt, daß alle Begriffe der Erkenntnistheorie säkularisierte theologische Begriffe sind. Der theologische Einschlag des Pragmatismus tritt auch an James' neuer Definition der Wahrheit hervor, die später Bertrand Russell einer vernichtenden, aber ungerechten Kritik unterworfen hat. Insbesondere die Rede vom «Barwert der Wahrheit», die den Wahrheitswert an den praktischen Lebensvollzügen mißt, klingt noch heute wie eine Provokation in den Ohren derjenigen, die Wahrheit als absoluten Wert betrachten. Aber James ist weit davon entfernt, die Wahrheit der Beliebigkeit und Willkür menschlicher Zwecksetzungen zu opfern. Nur mißt er den mit der Wahrheit verbundenen Geltungsanspruch am Maßstab der kulturprotestantischen Ethik. Hier geht der Anspruch, dem sich die Menschen gegenübersehen, von der Welt aus, in der wir uns bewähren müssen, wenn wir ein gottgefälliges Leben führen wollen. In diesem Sinn ersetzt James die traditionelle Metapher vom Licht der Wahrheit durch die der Wahrheit als «Führen» und «Vorwärtsbringen» – Begriffe, die ihren theologischen Ursprung nicht verleugnen können.

Für den Pragmatismus ist der Begriff der Wahrheit an den der Wirklichkeit gebunden, die immer auch die Wirksamkeit Gottes ist. Dementsprechend hält James in der sechsten seiner Pragmatismus-Vorlesungen von 1907, welche die prägnanteste Fassung seiner «genetischen» Wahrheitstheorie enthält, an der Korrespondenztheorie der Wahrheit als Übereinstimmung zwischen Aussage und Wirklichkeit fest. Die pragmatische Ergänzung bezieht sich auf das Kriterium, nach dem sich die Übereinstimmung feststellen läßt. Da man die Übereinstimmung nicht direkt beobachten kann, hält sich James an die Folgen, die sich ergeben, wenn man den Aussagen gemäß handelt. Führt die Handlung zu positiven Resultaten, erweist sie sich also im Sinne der verfolgten Absichten als erfolgreich, dann ist eine Aussage wahr. Dahinter steht die Überzeugung, daß nur diejenigen Handlungen erfolgreich verlaufen, die den Tatsachen angemessen sind bzw. ihnen nicht widersprechen. Man kann den pragmatischen Wahrheitsbegriff somit als orientierungspraktische Transformation der Korrespondenztheorie betrachten.

Durch das Kriterium der erfolgreichen Realisierung wird der Wahrheitsbegriff dynamisiert. Wahrheit definiert James nicht als Eigenschaft von Vorstellungen, sondern als Vorgang der Bestätigung von Aussagen, der «Veri-fikation». Dieser Aspekt der pragmatistischen Wahrheitstheorie hat zu Mißverständnissen geführt. Insbesondere deutsche Interpreten neigen dazu, Verifikation konstruktivistisch zu lesen, im Lichte der Auffassung also, daß der Mensch nur das begreift, was er selbst hervorbringt. Zwar billigt James dem Menschen einen aktiven Anteil an der Wahrheitsfindung zu, aber dieser besteht in nichts anderem als in der Verarbeitung aktueller Wahrnehmungen angesichts eingespielter Erfahrungsmuster, die wir ungern ändern. Die Formulierung von Hypothesen ist indes nur eine Seite der Wahrheitsfindung. Die andere Seite besteht in der Bestätigung der Hypothesen, die davon abhängt, ob die Konstruktionen der praktischen Prüfung standhalten. Verifikation bedeutet demnach nichts anderes als Bewährung oder «Selbstbewahrheitung» von Hypothesen durch ihre erfolgreiche Umsetzung in Handlungen. Das Erfolgskriterium bezieht sich allerdings nicht nur auf konkrete Tätigkeiten, sondern auch auf das Auffinden neuer Wahrheiten. Das bewahrt den pragmatischen Wahrheitsbegriff vor einem borniertem Praktizismus, der geistige Tätigkeit restlos in äußerem Handeln aufgehen läßt. Der «genetischen» Wahrheitstheorie kommt es vielmehr auf die Eröffnung eines unbegrenzten Horizonts fortschreitender Bestätigung an, die etwas von Erlösung an sich hat. Das ist der theologische Sinn der Rede von der Wahrheit als Führung durch die Wirklichkeit, der zufolge zwar nicht alles, aber doch vieles möglich ist:

Dieses Führen ist ein nützliches Führen, denn wir gelangen dadurch dorthin, wo Dinge sind, die für uns von Wichtigkeit sind. Wahre Ideen führen uns sowohl zu nützlichen Worten und Begriffen als auch unmittelbar zu sinnenfälligen Dingen. Sie führen uns zur Konsequenz, zur Stabilität, zu ununterbrochenem menschlichem Verkehr. Sie führen uns weg von Exzentrizität und Vereinzelung, weg von verfehltem und unfruchtbarem Denken. Wenn der Leitungsprozeß ungehemmt verläuft, wenn er im allgemeinen frei bleibt von Konflikten und Widersprüchen, so gilt dies als mittelbare Verifikation. Aber alle Wege führen nach Rom, und schließlich und endlich müssen alle Wahrheits-Prozesse irgendwo zu einer anschaulichen Verifikation durch Sinneserfahrung führen, einer Sinneserfahrung, die irgend jemand in seiner Vorstellung abgebildet hat (PM, 135 f).

Als Fazit der pragmatistischen Wahrheitstheorie läßt sich festhalten, daß die Leitidee des Führens den objektiven Geltungsanspruch der Wahrheit mit den praktischen Konsequenzen ihrer Anwendung verbindet. Mit Nachdruck wendet sich James in diesem Zusammenhang gegen den Neukantianer Heinrich Rickert, der die Wahrheit auf ein «absolutes Sollen» zurückführt, für das James weder ein Motiv noch ein Ziel zu entdecken vermag. Darauf aber kommt es dem Protestanten James an, der Gott nur im Werden einer Welt entdecken kann, die dem Menschen Spielraum für die Entfaltung seiner Fähigkeiten gibt. James holt die Wahrheit auf den Boden der (religiösen) Erfahrung zurück, wodurch die Idee der einen Wahrheit durch die Erfahrung mehrerer Wege der Bestätigung ersetzt wird:

Wenn wir von Wahrheit sprechen, so sprechen wir unserer Theorie gemäß von Wahrheiten in der Mehrzahl, von Führungen, die sich im Gebie-

te der Tatsachen abspielen, die nur die eine Eigenschaft gemeinsam ha-
ben, daß sie sich lohnen. Sie lohnen eben deshalb, weil sie uns zu dem
Teile eines Systems hinführen, das an verschiedenen Punkten in die Sin-
neswahrnehmungen eindringt, die wir in Gedanken abbilden können
oder nicht können, mit denen wir aber jedenfalls in derjenigen Art von
Verkehr stehen, die man allgemein als Verifikation bezeichnet (PM, 137).

Eine pluralistische Theorie der Wirklichkeit

Aus dem Pluralismus der Wahrheit schließt James auf einen Pluralismus
der Wirklichkeit, den er in der vierten Pragmatismus-Vorlesung unter
dem Titel «Einheit und Vielheit» skizziert und dem er sein letztes Buch
«Das pluralistische Universum» widmet. Der Pluralismus ist nicht kos-
mologisch im Sinne einer Vielheit von Welten im unendlichen Raum zu
verstehen, sondern bezieht sich auf die Verfassung der gemeinsamen
Wirklichkeit, in der sich die Menschen bewegen. James will deutlich machen, daß die Wirklichkeit in sich selbst ein offenes System darstellt.
Damit wendet er sich nicht nur gegen den materialistischen Monismus,
sondern auch gegen den idealistischen Monismus Hegels, der die Einheit
der Wirklichkeit aus dem absoluten Geist ableitet. Dieser Wirklichkeitsbegriff wird laut James dem Horizontcharakter der Erfahrung nicht gerecht, die immer neue Dimensionen der Wirklichkeit erschließt. Den
Horizontcharakter der menschlichen Erfahrung, der sich auf wissenschaftlicher Ebene in Paradigmawechseln äußert, interpretiert James mit
Hilfe der Unterscheidung von inneren und äußeren Relationen. Neben
den in der Definition enthaltenen inneren Relationen bleiben noch Beziehungen offen, die durch die Konjunktion «und» bezeichnet werden. Die
Nebenordnung ist nicht zwingend durch die Natur der Sache vorgege-
ben, sondern hängt davon ab, was die Menschen für wirklich halten. Die
Wirklichkeit bildet kein starres System, da die äußeren Beziehungen Ab-
stufungen unterliegen, die James mit dem Wort «etwas» (im Sinn von
«ein bißchen») bezeichnet. «Etwas» sowie «Und» haben für James somit
nicht nur logischen, sondern auch ontologischen Charakter; sie beschreiben die Wirklichkeit als Strukturzusammenhang, der verschiedene funktionale Begriffe zuläßt:

Grob genommen und allgemein gesprochen, kann man sagen, daß alle
Dinge miteinander irgendwie zusammenhängen, und daß die Welt tat-
sächlich aus einem System von Netzen und Verkettungen besteht, die aus
ihr ein Kontinuum und eine Art von «Integration» machen. Jede wie im-
mer geartete Wirkungslinie trägt dazu bei, die Welt zur Einheit zu ma-
chen, insofern wir diesen Wirkungslinien von Punkt zu Punkt folgen kön-
nen. Wir können dann in dieser Beziehung und genau in dem Umfang, in
dem die Wirkungslinien vorhalten, sagen: «Die Welt ist eine Einheit».
Insofern aber diese Wirkungslinien nicht vorhalten, ist die Welt eben so
entschieden keine Einheit. Es gibt keine Art von Verbindung, die nicht
versagt, wenn wir statt eines Leiters einen Nichtleiter wählen. Wir müs-
sen dann schon beim ersten Schritt Halt machen und müssen die Welt,
von diesem Gesichtspunkt aus, als reine Vielheit bezeichnen. Wenn unser
Verstand sich für Trennungen ebenso interessiert hätte wie für Verbin-
dungen, dann hätte die Philosophie mit demselben Erfolge die Nichtein-
heit der Welt verkündet (PM, 86).

James entscheidet sich also nicht einseitig für den Pluralismus im Gegensatz zum Monismus, sondern er geht einen Mittelweg, auf dem wir die
Wirklichkeit als Universum und Multiversum zugleich erfahren:

Unser «Multiversum» macht noch immer ein Universum aus: denn jeder
Teil ist, wenn auch nicht in tatsächlicher oder unmittelbarer Verbindung,
so doch in einer möglichen oder mittelbaren Verbindung mit jedem an-
deren noch so entfernten Teile verbunden, und zwar dank der Tatsache,
daß jeder Teil mit seinem nächsten Nachbarn in unlöslicher gegenseitiger
Vermischung zusammenhängt. Es muß zugegeben werden, daß der Ver-
bindungstypus hier verschieden ist von dem monistischen Verbindungs-
typus der Alleinheit. In dem pluralistischen Typus sind die Dinge nicht zu
einer sich gegenseitig bedingenden Einheit zusammengefügt; sie sind
nur aneinander gereiht und den Typus ihrer Verbindung kann man als
Typus der Kontinuität, der Kontiguität oder der Verkettung bezeichnen.
Wenn sie griechische Worte vorziehen, so können sie ihn den synechisti-
schen Typus nennen (DU, 211).

Dieser Abschnitt läßt erkennen, worauf es dem pragmatischen Pluralismus ankommt: auf eine Erweiterung der Wirklichkeit um die Dimension
idealer Konstruktionen, welche Dinge miteinander verbinden, zwischen
denen kein substantielles Band besteht. So entsteht neben der unmittel-

bar wahrnehmbaren Einheit der Gegenstände eine Wirklichkeit zweiter Ordnung, die sich ändert, je nachdem, welche «Wege praktischer Kontinuität» sich auftun. James verdeutlicht das an dem einprägsamen Beispiel eines Balkens, der nacheinander von verschiedenen Personen getragen wird, ohne seine Identität zu verlieren.

Der weltanschauliche Impuls der pluralistischen Ontologie von James liegt in dem Bemühen, den Menschen als tätiges Wesen mit der Welt zu versöhnen. Der idealistische Monismus des absoluten Geistes, den James als philosophisches Pendant zum christlichen Theismus betrachtet, hat in seinen Augen zur Entfremdung von Mensch und Welt geführt. Die Entfremdung, die sich daraus ergibt, daß zwischen dem menschlichen und dem göttlichen Geist keine Gemeinsamkeit besteht, da dieser vollkommen in sich ruht, läßt sich laut James nur aufheben, wenn beide gemeinsam am Werk der Geschichte arbeiten. Daher stellt James auch nicht mehr die traditionelle Frage nach dem Ursprung der Welt, sondern er ist lediglich daran interessiert, wie man die Übel der Welt durch die Praxis vermindern kann. In diesem Sinn spricht er von Vereinheitlichung der Welt, die besagt, daß die Wirklichkeit durch die menschliche Praxis ständig reicher und wohnlicher wird. Mit dieser «Meliorismus» genannten Position schließt sich James dem spezifisch lebensphilosophischen Holismus an, wie ihn der von ihm hochgeschätzte Bergson in seinem Buch «Die schöpferische Entwicklung» (1907) beschrieben hat. Als Wirklichkeit im Werden wird die Welt zum Schauplatz des menschlichen Erfindungsgeistes, der immer neue Zugänge zur Wirklichkeit entdeckt. Mensch und Welt gehören somit in ihrer Entwicklung zusammen, so daß die Alternative von Materialismus und Idealismus für James ihre Ausschließlichkeit verliert. Der Pragmatismus versteht sich als Humanismus, der die Einzelform der empirischen Erfahrung mit der Allform des Denkens verbindet und so aus dem «Block-Universum» eine «Mosaik-Wirklichkeit» macht, die dem menschlichen Willen Raum zum Eingreifen läßt.

Schriften

The Works of William James, 17 Bde., hg. v. F. H. Burckhardt u. a., Cambridge / London 1975–1988. – Das pluralistische Universum. Vorlesungen über die gegenwärtige Lage der Philosophie, übers. v. J. Goldstein, hg. v. K. Schubert u. U. Wilkesmann, Darmstadt 1994 *(DU)*. – Der Pragmatismus. Ein neuer Name für alte Denkmethoden, übers. v. W. Jerusalem, hg. v. K. Oehler, Hamburg 1994 *(PM)*. – Der Wille zum Glauben, in: Texte der Philosophie des Pragmatismus, hg. v. E. Martens, Stuttgart 1992, 128–160 *(WG)*. – Die Vielfalt religiöser Erfahrung: eine Studie über die menschliche Natur, hg. v. E. Herms, Freiburg 1979. – Psychologie, hg. v. M. Dürr, Leipzig 1909.

Literatur

A. J. Ayer: The Origins of Pragmatism. Studies in the Philosophy of Charles Sanders Peirce and William James, London 1990. – K.-J. Bruder: Subjektivität und Postmoderne: William James, in: Ders., Subjektivität und Postmoderne. Der Diskurs der Psychologie, Frankfurt a. M. 1993, 81–135. – W. R. Corti: (Hg.), The Philosophy of William James, Hamburg 1976. – R. Diaz-Bone und K. Schubert: William James zur Einführung, Hamburg 1996. – J. M. Edie: William James and Phenomenology, Bloomington 1987. – F. Fellmann: Leben durch Überzeugungen: William James, in: Ders.: Lebensphilosophie. Elemente einer Theorie der Selbsterfahrung, Reinbek bei Hamburg 1993, 89–107. – E. Herms: Radical Empiricism. Studien zur Psychologie, Metaphysik und Religionstheorie William James', Gütersloh 1977. – J. Linschoten: Auf dem Weg zu einer phänomenologischen Psychologie. Die Psychologie von William James, Berlin 1961. – L. Marcuse: Amerikanisches Philosophieren. Pragmatisten, Polytheisten, Tragiker, Hamburg 1959. – D. Olin: William James-Pragmatism in Focus, London / New York 1992. – R. B. Perry: The Thought and Character of William James, 2 Bde., London 1935. – H. Putnam: Pragmatismus. – Eine offene Frage, Frankfurt a. M. / New York 1995. – R. Rorty: Hoffnung statt Erkenntnis. Eine Einführung in die pragmatische Philosophie, Wien 1994. – H. Schmidt: Der Begriff der Erfahrungskontinuität bei William James und seine Bedeutung für den amerikanischen Pragmatismus, Heidelberg 1959.

Namenregister

Sachregister